Excel
Geheime Tricks

W0187702

Unser Online-Tipp
für noch mehr Wissen ...

... aktuelles Fachwissen rund
um die Uhr – zum Probelesen,
Downloaden oder auch auf Papier.

www.InformIT.de

Bernd Held, Ignatz Schels

Excel
Geheime Tricks

Markt+Technik Verlag

Bibliografische Information Der Deutschen Bibliothek

Die Deutsche Bibliothek verzeichnet diese Publikation in der Deutschen Nationalbibliografie;
detaillierte bibliografische Daten sind im Internet über <http://dnb.ddb.de> abrufbar.

Die Informationen in diesem Buch werden ohne Rücksicht
auf einen eventuellen Patentschutz veröffentlicht.
Warennamen werden ohne Gewährleistung der freien Verwendbarkeit benutzt.
Bei der Zusammenstellung von Texten und Abbildungen wurde mit größter
Sorgfalt vorgegangen.
Trotzdem können Fehler nicht vollständig ausgeschlossen werden.
Verlag, Herausgeber und Autoren können für fehlerhafte Angaben
und deren Folgen weder eine juristische Verantwortung noch
irgendeine Haftung übernehmen.
Für Verbesserungsvorschläge und Hinweise auf Fehler sind Verlag
und Herausgeber dankbar.

Alle Rechte vorbehalten, auch die der fotomechanischen Wiedergabe
und der Speicherung in elektronischen Medien.
Die gewerbliche Nutzung der in diesem Produkt gezeigten Modelle
und Arbeiten ist nicht zulässig.

Fast alle Hardware- und Softwarebezeichnungen und weitere Stichworte
und sonstige Angaben, die in diesem Buch verwendet werden, sind als eingetragene
Marken geschützt. Da es nicht möglich ist, in allen Fällen zeitnah zu ermitteln,
ob ein Markenschutz besteht, wird das ® Symbol in diesem Buch nicht verwendet.

Umwelthinweis:
Dieses Buch wurde auf chlorfrei gebleichtem Papier gedruckt.

10 9 8 7 6 5 4 3 2 1

09 08 07 06

ISBN-13: 978-3-8272-4080-4
ISBN-10: 3-8272-4080-8

© 2006 by Markt+Technik Verlag,
ein Imprint der Pearson Education Deutschland GmbH,
Martin-Kollar-Straße 10–12, D-81829 München/Germany
Alle Rechte vorbehalten
Coverlayout: Marco Lindenbeck, webwo GmbH, mlindenbeck@webwo.de
Lektorat: Brigitte Bauer-Sliewek, bbauer@pearson.de
Herstellung: Claudia Bäurle, cbaeurle@pearson.de
Satz: reemers publishing services gmbh, Krefeld, www.reemers.de
Druck und Verarbeitung: Bercker Graphischer Betrieb, Kevelaer
Printed in Germany

Inhaltsverzeichnis

2   Eine Frage des Formats   101

7 Mit Namen Bezüge im Griff 419

8 Filtern, Sortieren und Pivotieren 453

Vorwort

Sie haben sich entschieden, die letzten Geheimnisse von Excel zu ergründen. Ein Buch über »Geheime Tricks« in Excel zu machen war für uns Autoren eine echte Herausforderung. Als erfahrene Spezialisten kennen wir Excel natürlich bis ins kleinste Detail, aber was sind »Geheimnisse«? Was dem einen längst bekannt ist, kann für den anderen eine völlig neue Erkenntnis sein, und die besten Tipps sind für manche ein alter Hut.

Wir haben uns zu einem Rundumschlag entschlossen und neben den wirklichen Geheimnissen, die wir kennen, besonders pfiffige Tipps und Tricks, nützliche Techniken, wenig oder kaum bekannte Features und viele gute Beispiele aus der Praxis in das Buch eingebracht. Dafür sind es dann auch insgesamt über 800 pfiffige Lösungen geworden, die Ihnen helfen werden, Excel wirklich auszureizen – Spaßfaktor inklusive.

Leider war bei dem Superpreis keine CD mehr drin. Die Beispiele aus dem Buch und die Makros werden wir aber rechtzeitig zum Download im Internet anbieten; schauen Sie auf unseren Homepages vorbei:

www.schels.de

www.held-office.de

Uns hat die Zusammenarbeit für dieses Buch großen Spaß gemacht, und wir sind sicher, Sie werden von unserem komprimierten Fachwissen absolut profitieren und sehr viel Nutzen daraus ziehen. Wenn Sie Fragen an uns haben, schreiben Sie einfach eine Mail an den Verlag, wir helfen Ihnen gern: *info@pearson.de*.

Viel Erfolg mit diesem Buch wünschen Ihnen nun

Bernd Held, Ignatz Schels

Stuttgart/Wolnzach, im Januar 2006

1
Rund um die gelungene Oberfläche

Lernen Sie in diesem Kapitel Tipps & Tricks im Umfeld der Excel-Oberfläche kennen. u. a. finden Sie in diesem Kapitel Lösungen, wie Sie bestimmte Zellen und Bereiche markieren und identifizieren, sowie Tipps, wie Sie allgemeine und individuelle Einstellungen in Excel vornehmen können.

Tabellenübersicht anzeigen

Haben Sie in einer Arbeitsmappe sehr viele Tabellen, dann ist es gar nicht mal so einfach, schnell das richtige Tabellenblatt zu finden. Mit einem einzigen Klick mit der rechten Maustaste ganz links unten auf das Steuerungssymbol bekommen Sie ein Kontextmenü angezeigt, aus dem Sie dann elegant das gewünschte Tabellenblatt auswählen können. Die so ausgewählte Tabelle wird augenblicklich aktiviert (s. Bild 1.1).

Inhaltsverzeichnis anlegen

Möchten Sie dauerhaft einen Überblick über die in der Arbeitsmappe enthaltenen Tabellen erhalten, dann können Sie sich auf einer Tabelle ein Inhaltsverzeichnis anlegen, auf dem alle Tabellen verzeichnet werden.

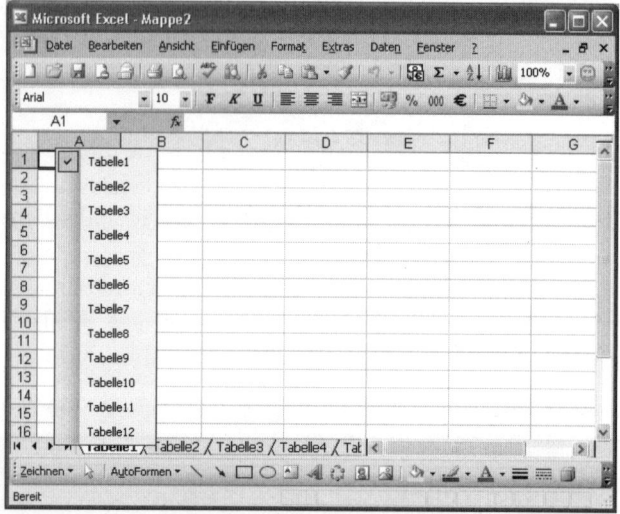

Bild 1.1: Die Schnellübersicht der Tabellen einer Mappe

Um diese Aufgabe auszuführen, gehen Sie wie folgt vor:

1. Setzen Sie den Mauszeiger auf die erste Zelle, in der die erste Tabelle der Mappe verzeichnet werden soll.

2. Drücken Sie die Tastenkombination ⌈Strg⌉ + ⌈k⌉, um das Dialogfeld *Hyperlink einfügen* aufzurufen.

3. Klicken Sie im Dialogfeld auf die Schaltfläche *Aktuelles Dokument* (s. Bild 1.2).

4. Klicken Sie im Listenfeld auf die Tabelle, die Sie aufnehmen möchten.

5. Im Feld *Geben Sie den Zellbezug ein* können Sie festlegen, an welche Stelle der Tabelle automatisch verzweigt werden soll. Standard ist hier immer die erste Zelle der Tabelle.

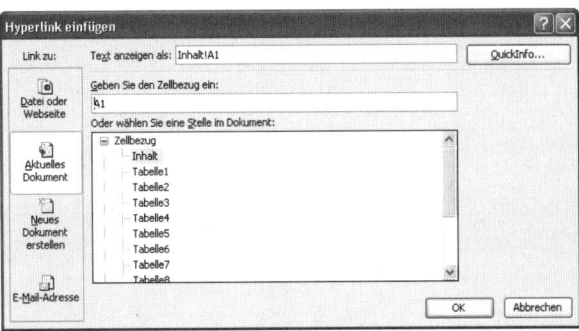

Bild 1.2: Alle Tabellen werden aufgelistet

6. Im Feld *Text anzeigen als* können Sie den eigentlichen Text festlegen, der in der Tabelle angezeigt werden soll.

7. Mit einem Klick auf *OK* beenden Sie diese Aktion.

8. Wiederholen Sie die Schritte 1 bis 7 für alle Tabellen, die Sie ins Inhaltsverzeichnis mitaufnehmen möchten.

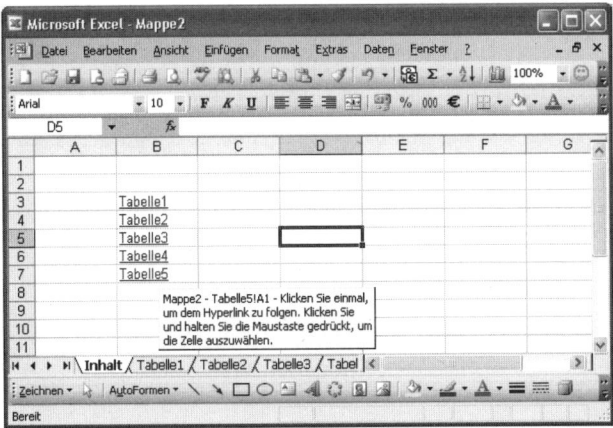

Bild 1.3: Das Inhaltsverzeichnis wurde erstellt

Wenn Sie jetzt auf eine Hyperlinkzelle klicken, dann
wird automatisch auf die hinterlegte Tabelle verzweigt.

Hinweis

Sollen die Hyperlink-Zellen formatiert werden, dann
können die Zeilen über die Pfeiltasten sowie die Taste
⌂ markiert werden.

Schneller Tabellenwechsel

Sie können einzelne Tabellen auch mithilfe von Tastenkombinationen ansteuern. Drücken Sie die Tastenkombination Strg + Bild ↓ , wenn Sie vorwärts von einer
Tabelle zur nächsten springen möchten. Möchten Sie eine
Arbeitsmappe rückwärts durchlaufen, dann drücken Sie
jeweils die Tastenkombination Strg + Bild ↑ .

Hinweis

Haben Sie bereits mehrere Arbeitsmappen geöffnet
und wollen schnell von einer Arbeitsmappe zur anderen wechseln, dann drücken Sie die Tastenkombination Strg + F6 .

Schnelle Navigation in einer Tabelle

Um schnellstmöglich an eine bestimmte Zelle in der Tabelle zu gelangen bzw. um einen Bereich zu markieren, gibt es mehrere Möglichkeiten:

Letzte belegte Zelle ansteuern

Um zur letzten belegten Zelle der Tabelle zu gelangen, drücken Sie die Tastenkombination `Strg` + `Ende`.

Erste Zelle einstellen

Sind Sie momentan in einer Tabelle ganz weit unten bzw. ganz weit rechts und möchten Sie ganz schnell wieder in Zelle A1 gelangen, dann drücken Sie die Tastenkombination `Strg` + `Pos1`.

Zelle ganz links

Wenn Sie sich ziemlich weit rechts in einer Tabelle, beispielsweise Zelle AB20, befinden, dann können Sie mit Drücken der Taste `Pos1` ganz schnell die Zelle in der ersten Spalte, also AB1, aktivieren.

Zelle ganz rechts

Möchten Sie ganz ans rechte Ende der Tabelle (Spalte IV) springen, dann drücken Sie die Tastenkombination `Strg` + `←`. Bei einer gefüllten Tabelle muss diese Tastenkombination gegebenfalls mehrfach wiederholt werden.

Zelle ganz unten

Möchten Sie ganz ans untere Ende der Tabelle (Zeile
65.536) springen, dann drücken Sie die Tastenkombination $\boxed{\text{Strg}}$ + $\boxed{\downarrow}$. Bei einer gefüllten Tabelle muss diese
Tastenkombination gegebenenfalls mehrfach wiederholt
werden.

Zellen am Ende eines Bereichs anspringen

Wenn Sie in einem zusammenhängenden Bereich jeweils
an die Zellen springen möchten, die am äußeren Rand
sind, dann können Sie diese Aufgabe über einen Doppelklick auf den Rand einer Zelle ausführen. So gelten folgende Doppelklicks:

▶ Doppelklick auf unteren Zellenrand: Die unterste
Zelle im Bereich wird aktiviert.

▶ Doppelklick auf den oberen Zellenrand: Die oberste
Zelle im Bereich wird aktiviert.

▶ Doppelklick auf den rechten Zellenrand: Die am weitesten rechts liegende Zelle im Bereich wird aktiviert.

▶ Doppelklick auf den linken Zellenrand: Die am weitesten links liegende Zelle im Bereich wird aktiviert.

Diese Funktion geht immer nur bis zur ersten leeren Zeile
bzw. Spalte, die im Bereich auftritt.

Hinweis

Das Doppelklicken auf den Zellenrand der aktiven
Zelle darf erst erfolgen, wenn der Mauszeiger das
Fadenkreuzsymbol anzeigt.

Bestimmte Zelle aktivieren

Um eine ganz bestimmte Zelle in der Tabelle anzusteuern, ohne umständlich die horizontale und vertikale Bildlaufleiste einsetzen zu müssen, können Sie diese Zelle auch relativ schnell direkt aktivieren, indem Sie wie folgt vorgehen:

1. Drücken Sie die Taste F5.

Bild 1.4: Schnelle Zellenaktivierung

2. Geben Sie im Feld *Verweis* eine gültige Zellenadresse ein.

3. Bestätigen Sie mit *OK*.

Die so angegebene Zelle wird augenblicklich aktiviert.

Verwendeten Bereich markieren

Um den verwendeten Bereich einer Tabelle, ausgehend von der aktuell markierten Zelle, zu markieren, drücken Sie die Tastenkombination ⌈Strg⌉ + ⌈⇧⌉ + ⌈Ende⌉.

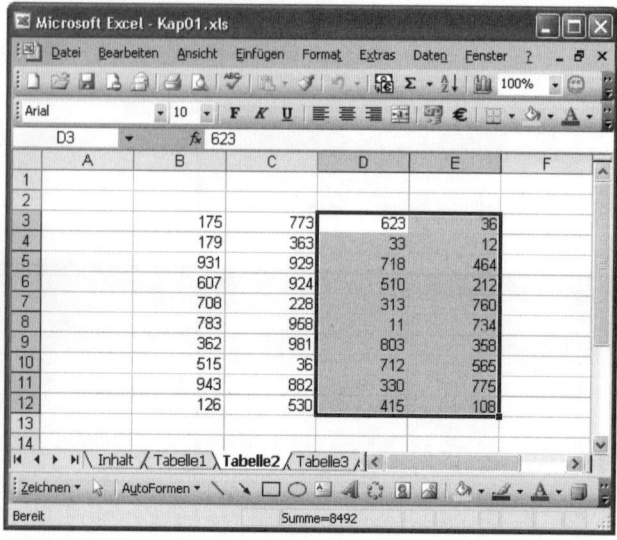

Bild 1.5: Verwendeten Bereich nach rechts und unten markieren

Umliegenden Bereich markieren

Eine ähnliche Markierungsform in einer Tabelle besteht darin, den um eine Zelle liegenden Bereich zu markieren. Dabei wird der Bereich von der ersten freien Zeile bzw. Spalte beendet.

Um diesen Bereich zu markieren, aktivieren Sie zuerst die
Start-Zelle und drücken danach die Tastenkombination
$\boxed{\text{Strg}}$ + $\boxed{\diamond}$ + $\boxed{*}$.

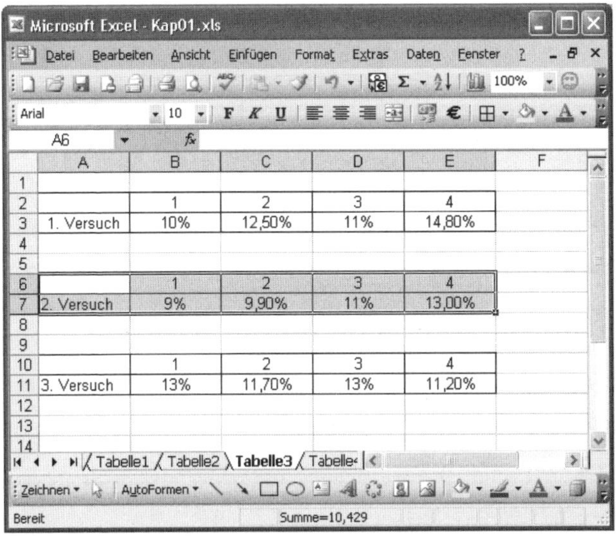

Bild 1.6: Den umliegenden Bereich der Zelle C6 markieren

Einen bestimmten Bereich markieren

Soll ein beliebiger Bereich in einer Tabelle möglichst
schnell markiert werden, dann gehen Sie wie folgt vor:

1. Drücken Sie die Taste $\boxed{\text{F5}}$ (s. Bild 1.7).

2. Geben Sie im Feld *Verweis* einen Zellenbereich an.

3. Bestätigen Sie mit *OK*.

Der so angegebene Bereich wird augenblicklich markiert.

Bild 1.7: Bereich in Tabelle schnell markieren

Mehrere nicht zusammenhängende Bereiche markieren

> ### Hinweis
>
> Um mehrere Bereiche zu markieren, kennzeichnen Sie den ersten Bereich mit der Maus, halten danach die Taste `Strg` gedrückt und markieren danach weitere Bereiche.
>
> Die Mehrfachmarkierung funktioniert übrigens auch über den Dialog *Gehe zu*. Geben Sie dort die einzelnen Zellen bzw. Zellenbezüge getrennt durch Semikolons ein und klicken Sie auf *OK*.

Bild 1.8: Mehrere Bereiche über den Dialog Gehe zu markieren

Ganze Zeilen markieren

Eine ganze Zeile wird markiert, indem auf die Zeilennummerierung mit der linken Maustaste geklickt wird.

Alternativ kann eine Zeile auch über die Tastenkombination ⇧ + ⬚ markiert werden

Ganze Spalten markieren

Eine ganze Spalte wird markiert, indem auf den Spaltenbuchstaben mit der linken Maustaste geklickt wird.

Alternativ kann eine Spalte auch über die Tastenkombination Strg + ⬚ markiert werden

Zeilen aus- und wieder einblenden

Möchten Sie bestimmte Zeilen ausblenden, dann markieren Sie diese, indem Sie die Nummern der Zeilen mit der linken Maustaste markieren, die Sie ausblenden möchten.

Klicken Sie dann mit der rechten Maustaste auf eine markierte Zeilennummer und wählen aus dem Kontextmenü den Befehl *Ausblenden*.

Analog dazu funktioniert auch das Einblenden der Zeilen. Markieren Sie hierzu die noch sichtbaren Zeilen, klicken die Zeilennummern mit der rechten Maustaste an und wählen den Befehl *Einblenden* aus dem Kontextmenü.

Alternativ können Sie über die Tastenkombination ⌷Strg⌷ + ⌷9⌷ ebenso Zeilen ausblenden.

Die Tastenkombination für das Wiedereinblenden der Zeilen lautet:

⌷Strg⌷ + ⌷⇧⌷ + ⌷9⌷.

Spalten und Zeilen aus- und wieder einblenden

Möchten Sie bestimmte Spalten ausblenden, dann markieren Sie diese, indem Sie die Buchstaben der Spaltenbeschriftung mit der linken Maustaste markieren, die Sie ausblenden möchten. Klicken Sie dann mit der rechten Maustaste auf einen markierten Spaltenbuchstaben und wählen aus dem Kontextmenü den Befehl *Ausblenden*.

Analog dazu funktioniert auch das Einblenden der Spalten. Markieren Sie hierzu die noch umliegenden sichtbaren Spalten, klicken die Spaltenbuchstaben mit der rechten Maustaste an und wählen den Befehl *Einblenden* aus dem Kontextmenü.

Alternativ können Sie über die Tastenkombination ⌷Strg⌷ + ⌷8⌷ ebenso Spalten ausblenden.

Die Tastenkombination für das Wiedereinblenden der Spalten lautet: ⌈Strg⌉ + ⌈⇧⌉ + ⌈8⌉. Für Zeilen gilt in Excel 97: ⌈Strg⌉ + ⌈8⌉ drücken, um sie auszublenden, ⌈Strg⌉ + ⌈⇧⌉ + ⌈8⌉, um sie einzublenden. Ab Excel 2000 sieht es so aus: ⌈Strg⌉ + ⌈0⌉ Ausblenden, ⌈Strg⌉ + ⌈⇧⌉ + ⌈0⌉ Einblenden.

Objekte markieren

Neben den Zellen gibt es noch weitere Elemente, die mal schnell markiert werden müssen, um Anpassungen vorzunehmen. So können Sie beispielsweise über den folgenden Trick alle Grafiken, Schaltflächen und sonstigen Objekte markieren:

1. Klicken Sie das erste Objekt an.

2. Drücken Sie die Tastenkombination ⌈Strg⌉ + ⌈⇧⌉ + ⌈⎵⌉, um alle anderen Objekte zusätzlich zu markieren.

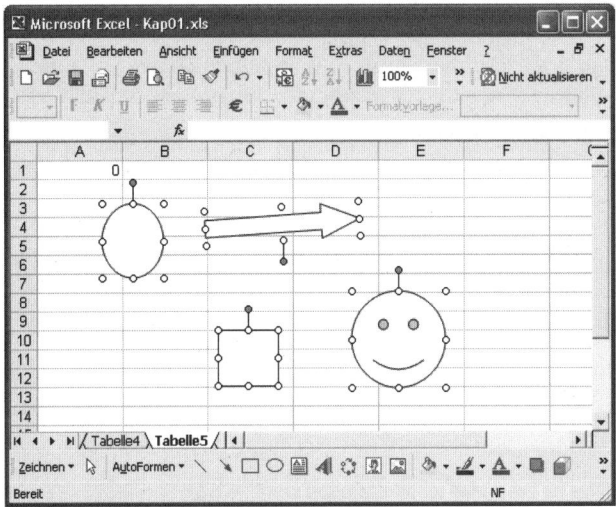

Bild 1.9: Objekte blitzschnell markieren

Hinweis

Eine alternative Methode, um Objekte in einer
Tabelle zu markieren, ist der Einsatz der Funktion
Objekte markieren auf der Symbolleiste *Zeichnen*.
Wenn Sie auf das gleichnamige Symbol klicken, können Sie in der Tabelle einen imaginären Rahmen um
die Objekte ziehen, die Sie markieren möchten.
Danach sind alle Objekte in diesem Rahmen markiert
und können weiter bearbeitet werden. Vergessen Sie
danach aber nicht, das Symbol *Objekte markieren*
mit einem erneuten Klick wieder auszurasten.

Bereich mit Standardwerten füllen

Soll ein Bereich mit einem Text bzw. mit Nullwerten
belegt werden, dann können Sie dies am schnellsten erledigen, indem Sie wie folgt vorgehen:

1. Markieren den Bereich, der mit einem Standardtext
   gefüllt werden soll.

2. Schreiben Sie den Text.

3. Schließen Sie den Vorgang ab, indem Sie die Tastenkombination [Strg] + [Enter] drücken.

Bereich mit fortlaufenden Nummern füllen

Eine fortlaufende Nummerierung können Sie in Excel
ganz leicht über die Funktion *AutoAusfüllen* erledigen.
Dabei geben Sie einen Startwert in einer Zelle vor und
ziehen danach das Ausfüllkästchen bei gedrückt gehalte-

ner Taste `Strg` nach unten. Die Standardschrittweite ist dabei immer der Wert 1.

Soll eine andere Schrittweite gewählt werden, dann müssen Sie zwei Zellen vorgehen:

1. Schreiben Sie beispielsweise den Wert 1 in Zelle A1.

2. Schreiben Sie den Wert 5 in Zelle A2.

3. Markieren Sie diese beiden Zellen.

4. Ziehen das Ausfüllkästchen nach unten.

Die Liste wird nun in 4er-Schritten vervollständigt.

Löschen mit Ausfüllkästchen

Normalerweise können Sie über das Ausfüllkästchen Zahlenreihen oder auch Datumsreihen ausfüllen. Selbst das Löschen von Bereichen kann über das Ausfüllkästchen durchgeführt werden. Packen Sie hierzu einfach ein leere Zelle am Ausfüllkästchen an und ziehen dieses über den Bereich, den Sie löschen möchten.

AutoAusfüllen rückwärts

Sie können das Ausfüllkästchen übrigens nicht nur nach unten oder nach rechts ziehen, sondern auch nach oben oder nach links.

Wenn Sie beispielsweise in Zelle F2 den Wert 1 eingeben und das Ausfüllkästchen bei gedrückt gehaltener Taste `Strg` nach links ziehen, dann erfolgt mit jeder ausgefüllten Zelle eine Subtraktion um den Wert 1.

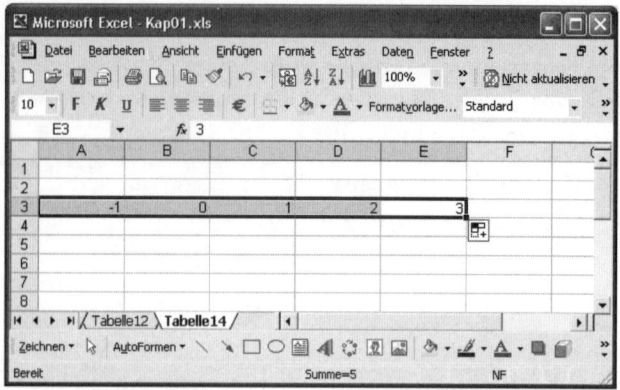

Bild 1.10: Auch rückwärtiges Ausfüllen ist möglich

Darüber liegende Zelle kopieren

Möchten Sie den Inhalt einer Zelle aus der darüber liegenden Zelle kopieren, dann drücken Sie die Tastenkombination ⌈Strg⌉ + ⌈⇧⌉ + ⌈,⌉.

Einmal kopiert, mehrfach eingefügt

Wenn der Zelleninhalt einer Zelle in mehrere andere Zellen gleichzeitig eingefügt werden soll, dann gehen Sie wie
folgt vor:

1. Kopieren Sie die Zelle.

2. Markieren Sie jetzt die Zellen, in die eingefügt werden
   soll. Halten Sie dabei die Taste ⌈Strg⌉ gedrückt, um
   die Mehrfachauswahl zu ermöglichen.

3. Drücken Sie die Tastenkombination ⌈Strg⌉ + ⌈v⌉, um
   die Daten einzufügen.

Drag&Drop deaktivieren

Sollen das Ausfüllkästchen und die Drag&Drop-Funktion deaktiviert werden, dann führen Sie folgende Arbeitsschritte durch:

1. Wählen Sie aus dem Menü *Extras* den Befehl *Optionen*.

2. Wechseln Sie auf die Registerkarte *Bearbeiten*.

3. Deaktivieren Sie das Kontrollkästchen *Drag&Drop von Zellen aktivieren*.

4. Bestätigen Sie diese Einstellung mit *OK*.

Danach ist es nicht mehr möglich, das Ausfüllkästchen einzusetzen. Auch Drag&Drop ist abgeschaltet.

Datumsstempel einfügen

Möchten Sie auf schnellstem Wege das aktuelle Tagesdatum in eine Zelle bringen, dann drücken Sie die Tastenkombination ⌜Strg⌟ + ⌜.⌟.

Zeitstempel einfügen

Neben dem Datumsstempel gibt es auch einen Zeitstempel, über den Sie die aktuelle Uhrzeit in eine Zelle bringen können. Drücken Sie dazu die Tastenkombination ⌜Strg⌟ + ⌜⇧⌟ + ⌜.⌟.

Hinweis

Beide Stempel bedienen sich der Einstellungen der
Uhr in der Systemsteuerung von Windows. Sollte
also die Zeit bzw. das Datum nicht stimmen, dann
ändern Sie die Einstellung in der Systemsteuerung
von Windows.

Bereiche transponieren

In Excel haben Sie die Möglichkeit, auf schnelle Art und
Weise ganze Tabellen zu drehen. Gehen Sie beim folgenden Beispiel einmal von dieser Tabelle aus:

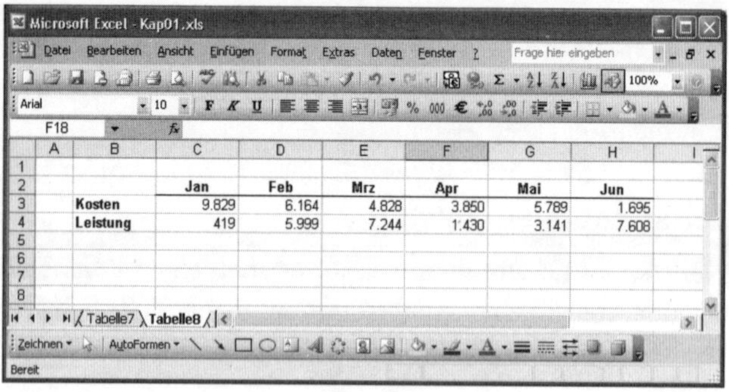

Bild 1.11: Diese Tabelle soll gedreht werden

Um diese Tabelle zu transponieren, gehen Sie wie folgt
vor:

1. Markieren Sie den Bereich B2:H4.

2. Kopieren Sie diesen Bereich. Am schnellsten geht dies über die Tastenkombination $\boxed{\text{Strg}}$ + $\boxed{\text{c}}$.

3. Setzen Sie den Mauszeiger in Zelle B6.

4. Wählen Sie aus dem Menü *Bearbeiten* den Befehl *Inhalte einfügen*.

5. Aktivieren Sie im Dialogfeld *Inhalte einfügen* das Kontrollkästchen *Transponieren*.

6. Bestätigen Sie mit *OK*.

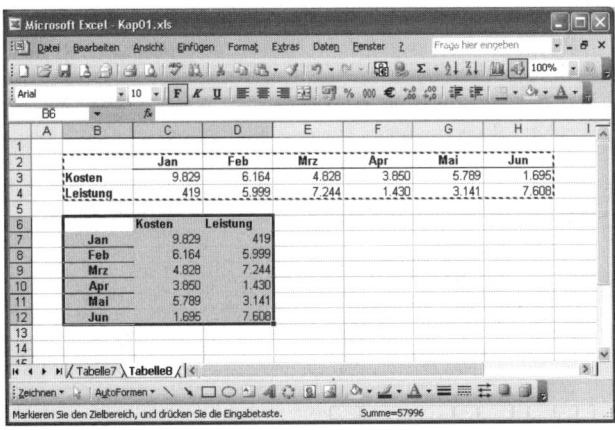

Bild 1.12: Die Tabelle wurde gedreht

Hinweis

Transponieren funktioniert übrigens auch, wenn die Tabelle Formeln enthält. Diese werden von Excel ebenso automatisch angepasst.

Spezialzellen auskundschaften

Neben Zellen, die normalen Inhalt wie Zahlen, Texte oder Datumsangaben enthalten, gibt es in nahezu jeder Tabelle auch Zellen, die weitere Inhalte aufweisen, die auf den ersten Blick leider nicht immer sofort zu sehen sind.

Formelzellen sehen

Möchten Sie auf einen Blick feststellen, welche Formeln in einer Tabelle enthalten sind, dann können Sie die Formelansicht umschalten. Dazu gehen Sie wie folgt vor:

1. Wählen Sie aus dem Menü *Extras* den Befehl *Optionen.*

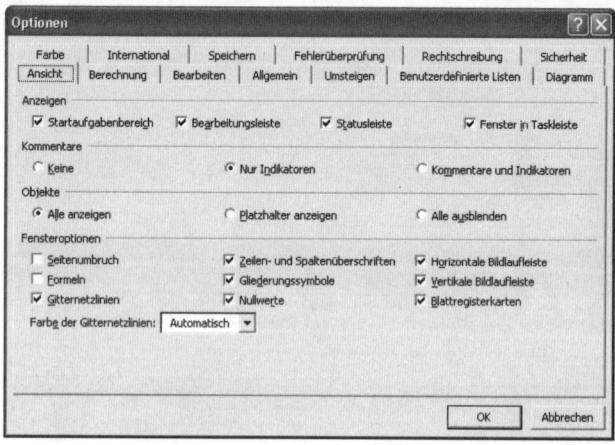

Bild 1.13: Die Formelansicht einstellen

2. Wechseln Sie auf die Registerkarte *Ansicht.*
3. Aktivieren Sie das Kontrollkästchen *Formeln.*

4. Bestätigen Sie diese Einstellung mit *OK*.

Tipp

Schneller können Sie jedoch in die Formelansicht schalten, indem Sie einfach die Tastenkombination ⌈Strg⌉ + ⌈#⌉ drücken. Ein nochmaliges Drücken dieser Tastenkombination stellt die Normalansicht in Excel wieder her.

Formelzellen markieren

Eine elegante Methode, um beispielsweise alle Zellen in einer Tabelle zu markieren, die Formeln enthalten, können Sie über die folgende Vorgehensweise durchführen:

1. Drücken Sie die Taste ⌈F5⌉, um den Dialog *Gehe zu* aufzurufen.

2. Im Dialogfeld *Gehe zu* klicken Sie die Schaltfläche *Inhalte...*

3. Aktivieren Sie die Option *Formeln*.

4. Bestätigen Sie mit *OK*.

Tipp

Wenn Sie jetzt mehrmals die Taste ⌈↹⌉ drücken, springt die Markierung von einer Formelzelle zur anderen. Die Formel wird dabei jeweils in der Bearbeitungsleiste von Excel angezeigt. Über die Tastenkombination ⌈⇧⌉ + ⌈↹⌉ springen Sie in Ihrer Tabelle rückwärts von Formelzelle zu Formelzelle.

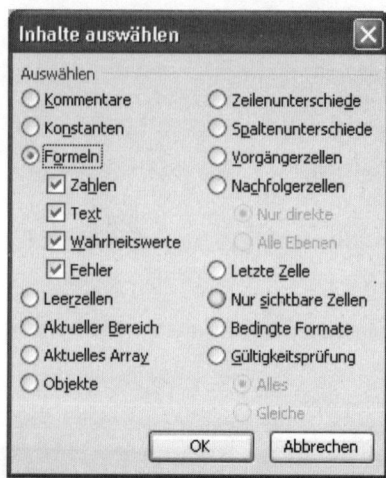

Bild 1.14: Formeln auswählen

Kommentarzelle finden

Um Zellen zu finden, die Kommentare enthalten, können
Sie sich an der Standardformatierung von Kommentaren
orientieren, die durch einen roten Indikator in der rechten oberen Ecke einer Zelle gekennzeichnet werden.
Wenn dieser Indikator jedoch über den Menübefehl
Extras/Optionen auf der Registerkarte *Ansicht* deaktiviert wird, ist nicht zu erkennen, wo in einer Tabelle sich
ein Kommentar befindet. Für diesen Fall können Sie folgende Vorgehensweise durchführen:

1. Drücken Sie die Taste F5, um den Dialog *Gehe zu*
   aufzurufen.

2. Im Dialogfeld *Gehe zu* klicken Sie die Schaltfläche
   Inhalte...

3. Aktivieren Sie die Option *Formeln*.

4. Bestätigen Sie mit *OK*.

> **Hinweis**
>
> Analog zu dieser Vorgehensweise können auch weitere Spezialinfos wie Gültigkeiten, bedingte Formate und andere ausgekundschaftet und markiert werden.

Schnelle Ergebnisse über die Statuszeile

Die wichtigsten Standardfunktionen wie beispielsweise Summe, Max, Min und Mittelwert werden in der Statusleiste ganz rechts angeboten, sobald Sie einen Bereich mit Zahlen markieren. Standardmäßig erscheint in der Statusleiste der Text Summe=<Ergebnis> (s. Bild 1.15).

Soll anstatt der Summe eine andere Funktion ausgeführt werden, dann klicken Sie den Text mit der rechten Maustaste an und wählen aus dem Kontextmenü eine andere Funktion.

Fixieren der Überschriftenzeile

Immer wieder kommt es gerade bei großen Tabellen zu Problemen, sobald weiter nach unten im Arbeitsblatt gescrollt wird. Auf einmal ist dann die Überschrift, die die einzelnen Spalten beschreibt, außer Sicht.

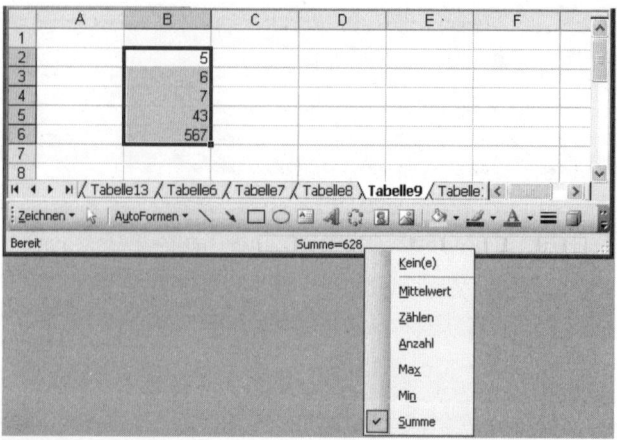

Bild 1.15: Die Statusleiste für schnelle Ergebnisse

Sie wissen dann nicht mehr so genau, in welche Spalte Sie die Daten eingeben müssen.

Um diese Aufgabe zu lösen, können Sie die Überschriftenzeile fixieren. Diese so fixierte Zeile bleibt dann immer im Blickfeld, egal wie weit Sie in der Tabelle nach unten scrollen.

Beim folgenden Beispiel ist eine Überschriftenzeile in Zeile 1 vorgegeben. Gehen Sie wie folgt vor:

1. Setzen Sie den Mauszeiger auf die Zelle A2.

2. Wählen Sie aus dem Menü *Fenster* den Befehl *Fenster fixieren* (s. Bild 1.16).

	A	B	C	D	E	F
1	**Datum**	**Konto**	**Umsatz**	**Kosten**	**Ergbnis**	
11	03.05.2004	1215	2.841 €	1.367 €	1.474 €	
12	03.05.2004	1216	2.041 €	1.423 €	618 €	
13	03.05.2004	1217	2.540 €	1.154 €	1.386 €	
14	04.05.2004	1211	2.879 €	1.238 €	1.641 €	
15	04.05.2004	1215	1.642 €	1.325 €	317 €	
16	04.05.2004	1216	2.319 €	1.042 €	1.277 €	
17	04.05.2004	1217	1.354 €	1.157 €	197 €	
18	05.05.2004	1211	1.759 €	1.243 €	516 €	
19	05.05.2004	1215	2.426 €	1.125 €	1.301 €	
20	05.05.2004	1216	2.072 €	1.478 €	594 €	
21	05.05.2004	1217	1.954 €	1.276 €	678 €	
22						
23						

Bild 1.16: Beim Nach-unten-Blättern bleibt die erste Zeile immer sichtbar

Hinweis

Die Fixierung des Fensters kann wieder aufgehoben werden, indem Sie aus dem Menü *Fenster* den Befehl *Fixierung aufheben* auswählen.

Fixierung auch beim Druck

Zur besseren Orientierung können Sie die Überschriftenzeile auch auf jeder neuen Druckseite ausgeben. Die Vorgehensweise ist dabei wie folgt durchzuführen:

1. Wählen Sie aus dem Menü *Datei* den Befehl *Seite einrichten*.

2. Wechseln Sie auf die Registerkarte *Tabelle*.

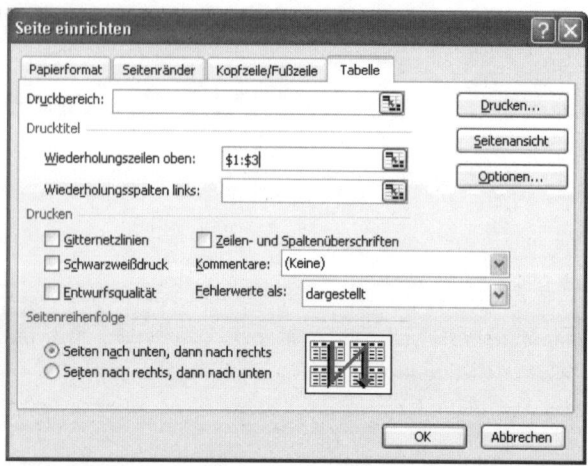

Bild 1.17: Wiederholungszeilen festlegen

3. Setzen Sie den Mauszeiger in das Feld *Wiederholungszeilen oben*.

4. Markieren Sie im Hintergrund auf Ihrer Tabelle die Zeile(n), die Sie als Wiederholungszeilen einsetzen möchten. Der Eintrag wird von Excel dann automatisch im Feld *Wiederholungszeilen* vorgenommen.

5. Bestätigen Sie Ihre Einstellung mit *OK*.

> ## Hinweis
>
> Selbstverständlich können auch Wiederholungsspalten für jede Druckseite angegeben werden. Füllen Sie dazu das Feld *Wiederholungsspalten links* aus.

Zellenzeiger einstellen

Standardmäßig wird der Zellenzeiger nach der Eingabe von Daten und der Bestätigung mit Drücken der Taste [Enter] genau um eine Zelle weiter nach unten versetzt. Dabei ist die Standardeinstellung aktiviert, die in den meisten Fällen auch nützlich ist.

Sie haben aber auch die Möglichkeit, den Mauszeiger nach der Dateneingabe in derselben Zelle zu belassen oder gar eine andere Sprungrichtung einzustellen.

Um beispielsweise die Sprungrichtung zu ändern, verfahren Sie wie folgt:

1. Wählen Sie aus dem Menü *Extras* den Befehl *Optionen*.

2. Wechseln Sie auf die Registerkarte *Bearbeiten*.

3. Wählen Sie im Dropdownfeld *Richtung* die gewünschte Richtung aus.

4. Bestätigen Sie Ihre Einstellungen mit *OK*.

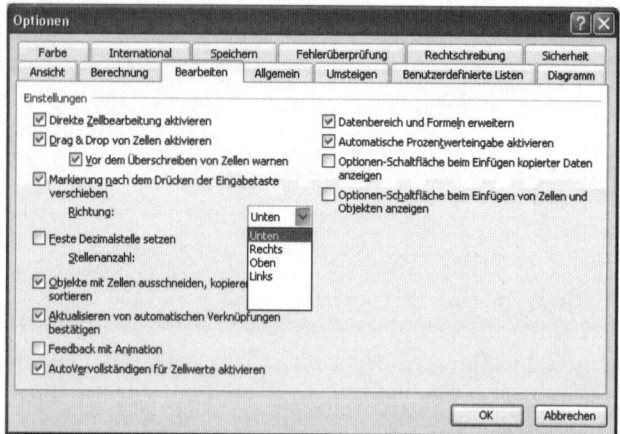

Bild 1.18: Die Laufrichtung des Zellenzeigers ändern

Hinweis

Soll das Wandern des Zellenzeigers unterbleiben, deaktivieren Sie das Kontrollkästchen *Markierung nach dem Drücken der Eingabetaste verschieben*.

Hintergrundgrafik einstellen

Möchten Sie Ihre Daten zwecks einer besseren Wirkung der Daten mit einem Hintergrundbild versehen, dann befolgen Sie die nächsten Arbeitsschritte:

1. Wählen Sie aus dem Menü *Format* den Befehl *Blatt/ Hintergrund*.

2. Wechseln Sie im Dialogfeld *Hintergrund* in das Verzeichnis, welches die Grafik enthält, z.B. das Windows-Verzeichnis.

3. Markieren Sie die Grafikdatei, die Sie als Hintergrund Ihrer Tabelle verwenden möchten, und klicken Sie auf die Schaltfläche *Öffnen*.

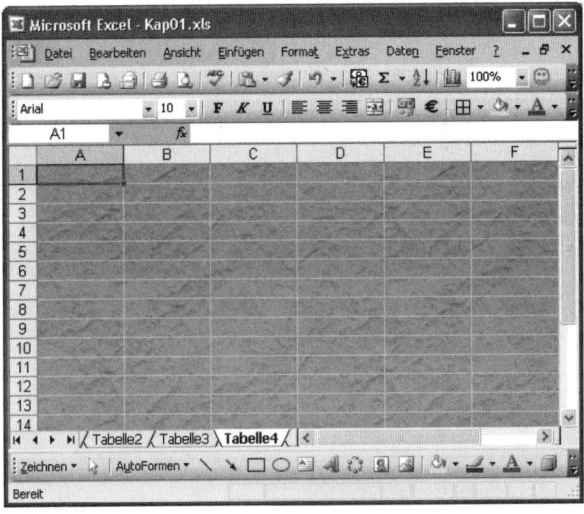

Bild 1.19: Einen Tabellenhintergrund einstellen

Hinweis

Leider lässt sich der eingestellte Hintergrund standardmäßig nicht mitausdrucken. Dieser Hintergrund ist nur für die Ansicht bestimmt. Achten Sie darauf, dass Sie keine zu dunklen Grafiken als Hintergrund einsetzen, da sonst die Daten schlecht lesbar werden.

Und es klappt doch

Die Standardeinstellung von Excel, Hintergrundgrafiken nicht mitauszudrucken, kann umgangen werden, indem man Excel austrickst. Dazu verfahren Sie wie folgt:

1. Markieren Sie den Bereich der Tabelle, der später mitsamt der Hintergrundgrafik ausgedruckt werden soll.

2. Drücken Sie die Taste ⬚ und halten diese gedrückt.

3. Wählen Sie aus dem Menü *Bearbeiten* den Befehl *Bild kopieren*.

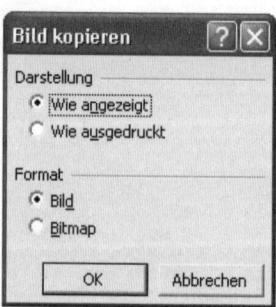

Bild 1.20: Geheime Funktion in Excel

4. Im Dialogfeld *Bild kopieren* aktivieren Sie die Option *Wie angezeigt* sowie die Option *Bild*.

5. Bestätigen Sie mit *OK*.

6. Drücken Sie die Tastenkombination `Strg` + `v`, um das kopierte Bild einzufügen.

> **Hinweis**
>
> Das kopierte Bild liegt nun genau über den Daten und sieht genauso aus wie das darunter liegende Original. Dieses nicht mehr veränderbare Duplikat kann auch mit dem Hintergrundbild ausgedruckt werden. Nach dem Druckvorgang kann das Duplikat wieder gelöscht werden.

Standardschrift anpassen

Standardmäßig wird in Excel die Schriftart Arial in der Schriftgröße 10 für alle Zellen einer Tabelle eingesetzt. Diese Standardeinstellung können Sie ändern, indem Sie wie folgt vorgehen:

1. Wählen Sie aus dem Menü *Extras* den Befehl *Optionen*.

2. Wechseln Sie auf die Registerkarte *Allgemein*.

3. Stellen Sie im Kombinationsfeld *Standardschriftart* die gewünschte Schriftart ein.

4. Im Kombinationsfeld *Schriftgrad* wählen Sie die gewünschte Schriftgröße aus.

5. Bestätigen Sie diese Einstellung mit *OK*.

Hinweis

Erst nach erneutem Excel-Start stehen diese neuen
Definitionen zur Verfügung.

Standardspeicherort anpassen

Alle Arbeitsmappen, die Sie neu anlegen und danach das
erste Mal speichern, werden standardmäßig im Verzeichnis *Eigene Dateien* zum Speichern im Dialogfeld *Speichern unter* angeboten. Soll dieser Ordner durch einen
anderen ersetzt werden, verfahren Sie wie folgt:

1. Wählen Sie aus dem Menü *Extras* den Befehl
   Optionen.
2. Wechseln Sie auf die Registerkarte *Allgemein*.
3. Geben Sie im Feld *Standardspeicherort* den kompletten Pfad des Ordners an, in dem Sie zukünftig neue
   Arbeitsmappen ablegen möchten.
4. Bestätigen Sie die Änderung mit *OK*.

Tipps zum Programmstart

Den Startordner nützen

Wenn Sie jeden Tag mit den gleichen Arbeitsmappen
arbeiten, dann können Sie entweder diese Mappen im
Startordner von Excel speichern oder auch einen Aufgabenbereich definieren.

Wenn es sich um ein, zwei Arbeitsmappen handelt, die Sie beim Starten von Excel automatisch öffnen möchten, dann speichern Sie diese Arbeitsmappen unterhalb des Office-Verzeichnisses im Ordner *XLStart*. Alle darin befindlichen Arbeitsmappen werden beim Starten von Excel automatisch mitgeöffnet.

Zusätzlichen Startordner anlegen

Neben dem Standard-Startordner *XLStart* haben Sie die Möglichkeit, einen weiteren Startordner in Excel einzustellen. Das beispielsweise ist dann sinnvoll, wenn Sie Vorlagen und gemeinsam benuzte Arbeitsmappen auf einem Netzlaufwerk hinterlegt haben.

Um einen zusätzlichen Startordner zu definieren, verfahren Sie wie folgt:

1. Wählen Sie aus dem Menü *Extras* den Befehl *Optionen*.
2. Wechseln Sie auf die Registerkarte *Allgemein*.
3. Tragen Sie im Feld *Beim Start alle Dateien in diesem Ordner laden* den Pfad zu gewünschten Zusatz-Startordnern ein.
4. Bestätigen Sie die Einstellung mit *OK*.

Startmappe vorbereiten

Excel aktiviert mit dem Programmstart eine Standard-Arbeitsmappe mit der Schriftart Arial 10 für alle Zellen. Für diese Mappe gibt es keine Vorlage, Sie können zwar mit *Datei/Speichern unter* eigene Mustervorlagen definieren, diese müssen aber immer separat geladen werden.

Mit diesem Trick legen Sie eine Mustervorlage für die Arbeitsmappe an, die nach dem Start des Programms angezeigt wird:

1. Formatieren Sie eine Arbeitsmappe nach Ihren Wünschen, benutzen Sie v. a. die Formatvorlagen im Formatmenü. Wollen Sie beispielsweise in der gesamten Arbeitsmappe eine andere Schriftart haben, ändern Sie die Formatvorlage *Standard*.

2. Schreiben Sie Zellinhalte vor, definieren Sie Kopf- und Fußzeilen und Tabellenlayouts.

3. Speichern Sie die Mappe dann mit *Datei/Speichern unter*.

4. Wählen Sie *Mustervorlage* als Dateityp. Excel schaltet in den Vorlagenordner um, wechseln Sie in den Startordner *XLSTART*.

5. Tragen Sie als Dateiname ein:

   Mappe

6. Speichern Sie die Datei mit *OK*.

Jetzt wird Excel beim Programmstart diese Mappe als Vorlage für neue Mappen benutzen, die mit dem Pseudonamen *Mappe1*, *Mappe2* benannt werden (s. Bild 1.21).

Es gibt noch weitere Spezial-Arbeitsmappen, die Sie im Startordner anlegen können, um neue Objekte von Excel vorzuformatieren:

Diagramm.xls	Eine Mappe mit dieser Bezeichnung, die nur ein Diagrammblatt enthält, wird die Vorlage für alle neuen Diagrammblätter bilden.

Tabelle.xls	Eine Mappe mit dieser Bezeichnung, die nur ein einzelnes Tabellenblatt enthält, bildet die Vorlage für alle neuen Tabellen, die über das *Einfügen*-Menü eingefügt werden.

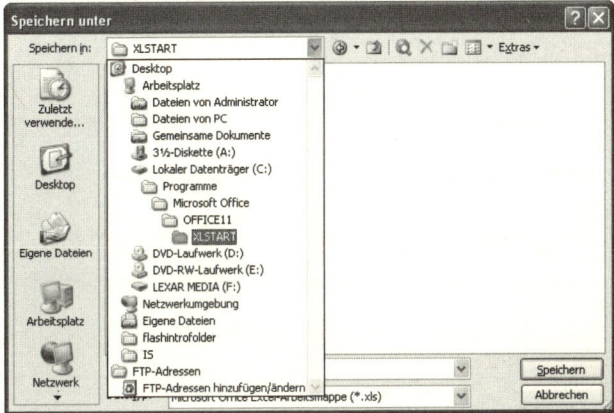

Bild 1.21: Startmappe speichern

Mit Startoption das Startverzeichnis umgehen

Soll das Startverzeichnis von Excel nicht abgearbeitet werden, dann können Sie Excel über die Kommandozeile von Windows über einen zusätzlichen Startparameter starten.

Dabei gehen Sie wie folgt vor:

1. Klicken Sie auf dem Windows-Desktop links unten die Schaltfläche *Start* an.

2. Wählen Sie den Befehl *Ausführen*.

3. Im Dialogfeld *Ausführen* klicken Sie die Schaltfläche *Durchsuchen* an und stellen den Pfad zu Office sowie zur *Excel.exe* ein und klicken auf *Öffnen*.

4. Ergänzen Sie die Pfadangabe durch das Kürzel /S.

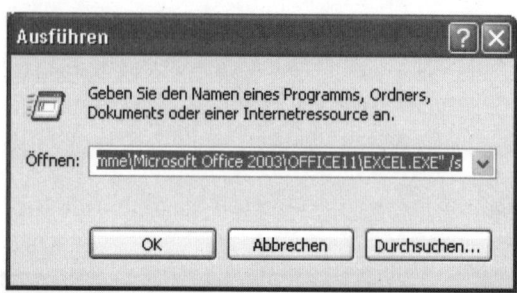

Bild 1.22: Startordner von Excel umgehen

5. Klicken Sie *OK*, um Excel zu starten.

Weitere Startoptionen

Diese Startoptionen können Sie der EXE-Datei beim Start mitgeben. Die Liste stellte Microsoft für die Version 5 zur Verfügung, einige der Optionen funktionieren in den neueren Versionen nicht mehr.

/e	Embedded Mode. Startet Excel ohne eine neue Arbeitsmappe. Das Programmfenster erscheint mit einem leeren Arbeitsbereich.
/i	Excel wird in einem Fenster mit maximaler Größe (Vollbildfenster) gestartet. Einstellungen aus der Registry, die dagegen sprechen würden, werden ignoriert.

/m	Mit dem Start des Programms wird automatisch ein Arbeitsblatt für Excel 4.0-Makros erzeugt.
/o	Damit registriert sich Excel automatisch in der Registry wieder, und zwar unter dem Schlüssel HKEY_CURRENT_USER\Software\ Microsoft\Office\8.0\Excel. Der Schlüssel fügt fehlende Einträge hinzu, falsche Einträge, die bereits gesetzt sind, werden nicht verändert.
/p	Damit bestimmen Sie den Arbeitsordner von Excel vorab. Setzen Sie z.B. den Eintrag so, dass Excel automatisch mit dem Arbeitsordner C:\XLDATEN aktiviert wird: ...EXCEL.EXE /p »C:\XLDATEN«
/s	Mit dieser Option verhindern Sie, dass Dateien aus dem Startordner und dem zusätzlichen Startordner aktiviert werden. Damit starten Sie Excel im sicheren Modus.
/regserver	Excel registriert sich mit dieser Option automatisch und schließt das Programmfenster wieder.
/unreg-server	Mit dieser Option hebt Excel seine eigene Registrierung in der Registry wieder auf und schließt sich automatisch.

Blattanzahl beim Start festlegen

Standardmäßig werden drei Tabellen zur Verfügung gestellt, wenn Sie eine neue Arbeitsmappe einfügen. Diese Standardeinstellung lässt sich ändern, indem Sie die nächsten Arbeitsschritte befolgen.

1. Wählen Sie aus dem Menü *Extras* den Befehl *Optionen*.

2. Wechseln Sie auf die Registerkarte *Allgemein*.

3. Stellen Sie im Kombinationsfeld *Blätter in neuer Arbeitsmappe* einen Wert zwischen 1 und 255 ein.

4. Bestätigen Sie mit *OK*.

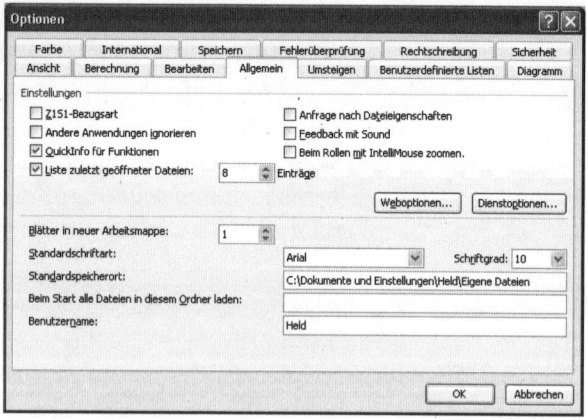

Bild 1.23: Blattanzahl neuer Mappen festlegen

Hinweis

Die Obergrenze von 255 bedeutet hier nicht, dass es nicht möglich wäre, mehr als 255 Tabellen in einer Arbeitsmappe unterzubringen. Es ist nur in diesem Dialog nicht möglich, mehr Tabellen anzugeben. Nach dem Anlegen einer 255 Tabellen enthaltenden Arbeitsmappe können weitere Tabellen jederzeit eingefügt werden. Eine komfortable Technik, wie man diese Aufgabe mit Makros lösen kann, finden Sie in Kapitel 12 (Die besten Makrotricks).

Tipp

Kennen Sie die Tastenkombination, um eine neue Tabelle einzufügen? Sie lautet: `Alt` + `⇧` + `F1` oder `⇧` + `F11`

Danach können Sie über das Drücken der Taste `F4` diesen Vorgang mehrfach wiederholen.

Einen Aufgabenbereich definieren

In einem Aufgabenbereich können Sie mehrere Arbeitsmappen verwalten, die Sie standardmäßig einsetzen oder die sinngemäß zueinander gehören. Dabei wird von Excel eine Datei angelegt, in der diese Arbeitsmappen verzeichnet werden.

Um einen Aufgabenbereich anzulegen, befolgen Sie die nächsten Arbeitsschritte:

1. Öffnen Sie zunächst alle Arbeitsmappen, die Sie in einem Aufgabenbereich verwalten möchten.

2. Wählen Sie aus dem Menü *Datei* den Befehl *Aufgabenbereich speichern*. (In den Excel-Versionen vor 2002 lautete der Befehl noch *Arbeitsbereich speichern*.)

3. Im Dialogfeld *Aufgabenbereich speichern* vergeben Sie einen Namen für den Aufgabenbereich und bestätigen mit *Speichern*.

4. Bestätigen Sie die nachfolgenden Speicherungsmeldungen mit *OK*.

Hinweis

Zukünftig reicht es nun, wenn Sie die Aufgabenbereichsdatei (Endung: *.xlw*) öffnen. Dadurch werden alle Arbeitsmappen automatisch geöffnet, die Sie vorher im Aufgabenbereich definiert hatten.

Farbanpassung durchführen

Excel bietet standardmäßig 56 Farben an. Diese Farben können u.a. für den Zellenhintergrund bzw. für die Schriftfarbe eingesetzt werden. Sollte Ihnen beispielsweise ein Farbton zu kräftig sein, dann können Sie diesen Ton anpassen, indem Sie die nächsten Arbeitsschritte befolgen:

1. Wählen Sie aus dem Menü *Extras* den Befehl *Optionen*.

2. Wechseln Sie auf die Registerkarte *Farbe*.

3. Klicken Sie in der angebotenen Farbpalette auf den Farbton, den Sie anpassen möchten.

4. Klicken Sie die Schaltfläche *Ändern*.

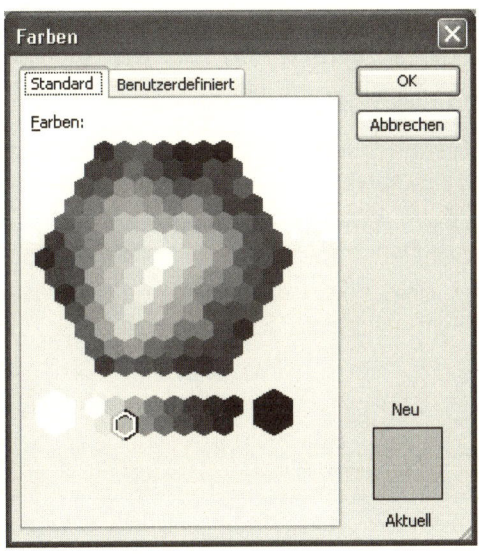

Bild 1.24: Farbanpassung vornehmen

5. Wählen Sie in der Farbpalette die gewünschte Farbe aus.

6. Bestätigen Sie mit *OK*.

> ### Hinweis
>
> Auf der Registerkarte *Benutzerdefiniert* können Sie
> die gewünschte Farbe auch aus den drei Grundfarben
> Rot, Grün und Blau selbst zusammenmischen.

Wiedervorlageliste einstellen

Die Wiedervorlageliste finden Sie im Menü *Datei* ganz
unten im Menü. Dort werden die zuletzt geöffneten
Arbeitsmappen aufgeführt. Der Vorteil daran ist, dass
diese Dateien so schneller wieder geöffnet werden können. Wie viele Dateien dort angezeigt werden, ist Einstel-
lungssache. Um die Wiedervorlageliste anzupassen,
verfahren Sie wie folgt:

1. Wählen Sie aus dem Menü *Extras* den Befehl
   Optionen.
2. Wechseln Sie auf die Registerkarte *Allgemein*.
3. Wählen Sie aus dem Kombinationsfeld *Liste zuletzt
   geöffneter Dateien* einen Wert zwischen 1 und 9. Soll
   die Liste überhaupt nicht angezeigt werden, dann
   deaktivieren Sie diese Option.
4. Bestätigen Sie mit *OK*.

Favoritenliste einsehen

Ein wenig mehr Möglichkeiten haben Sie über den Einsatz der Favoritenliste in Excel. In dieser Liste können Sie

sehen, welche Dateien Sie zuletzt im Zugriff hatten. Um
die Favoritenliste anzuzeigen, wählen Sie aus dem Menü
Datei den Befehl *Öffnen* und klicken danach auf die
Schaltfläche *Zuletzt verwendete Dokumente.*

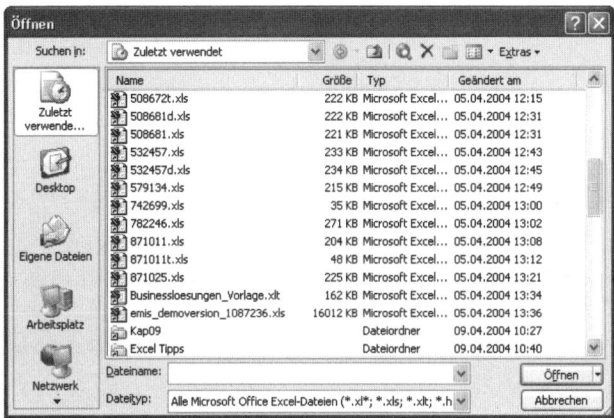

Bild 1.25: Die zuletzt bearbeiteten Arbeitsmappen

Menüs und Symbolleisten

Menüleiste erweitern

Standardmäßig werden neun Menüs in der Arbeitsplatzmenüleiste angezeigt. In diesen Menüs finden Sie nahezu
alle Befehle mehr oder weniger gut versteckt, die Sie in
Excel einsetzen können. Sollten Sie mit einer Funktion
besonders viel arbeiten, dann können Sie diese auch als
eigenes Menü anlegen.

Wenn Sie beispielsweise viel mit Grafiken arbeiten, dann empfiehlt sich folgende Vorgehensweise:

1. Wählen Sie aus dem Menü *Ansicht* den Befehl *Symbolleisten/Anpassen*.

2. Wechseln Sie im Dialog *Anpassen* auf die Registerkarte *Befehle*.

3. Im Listenfeld *Kategorie* stellen Sie den Eintrag *Integrierte Menüs* ein.

4. Im Listenfeld *Befehle* ziehen Sie den Eintrag *Grafik* bei gedrückter linker Maustaste direkt in die Menüleiste an die gewünschte Position.

5. Beenden Sie den Vorgang mit einem Klick auf *OK*.

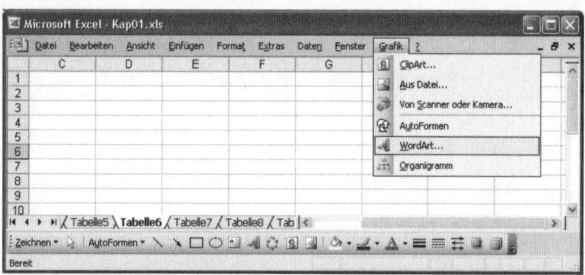

Bild 1.26: Das Zusatzmenü Grafik zum noch schnelleren Arbeiten mit Grafiken

Symbolleiste erweitern

Fehlt das eine oder andere Symbol in einer Ihrer Symbolleisten, dann können Sie jederzeit zusätzliche Symbole einfügen. So können Sie beispielsweise in der Symbolleiste *Standard* ein Symbol einfügen, um eine Arbeitsmappe zu schließen. Dabei verfahren Sie wie folgt:

1. Klicken Sie mit der rechten Maustaste auf die Symbolleiste *Standard*.

2. Wählen Sie aus dem Kontextmenü den Befehl *Anpassen*.

3. Wechseln Sie im Dialogfeld *Anpassen* auf die Registerkarte *Befehle*.

4. Im Listenfeld *Kategorie* stellen Sie den Eintrag *Datei* ein.

Bild 1.27: Symbol hinzufügen

5. Im Listenfeld *Befehle* ziehen Sie den Text *Schließen* bei gedrückt gehaltener linker Maustaste direkt in die Symbolleiste *Standard*.

6. Klicken Sie bei geöffnetem Dialogfeld *Anpassen* auf das neu eingefügte Textsymbol und wählen Sie aus dem Kontextmenü den Befehl *Schaltflächensymbol ändern*.

7. Stellen Sie im Kontextmenü zusätzlich den Befehl *Standard* ein.

8. Beenden Sie den Dialog *Anpassen* mit *OK*.

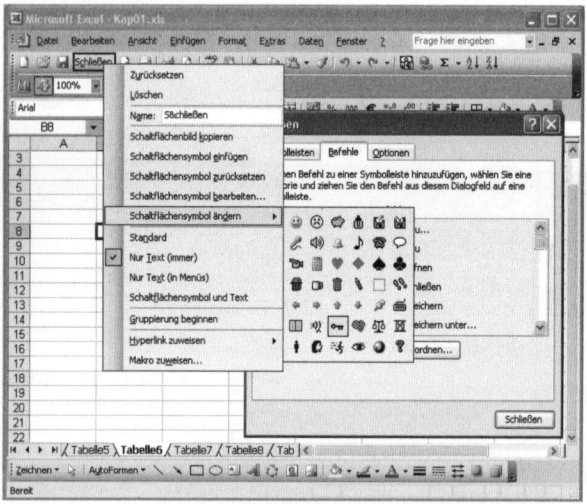

Bild 1.28: Zusätzliche Symbole integrieren

Symbolleisten verschieben

Soll eine Symbolleiste an eine andere Stelle auf dem Bildschirm verschoben werden, dann packen Sie die Symbolleiste am linken Rand bei den Doppelpunkten an und ziehen diese aus der Verankerung an eine neue Stelle (beispielsweise direkt in die Mitte) auf dem Bildschirm.

Bild 1.29: Symbole aus der Halterung herauslösen

Hinweis

Um die Symbolleiste wieder an ihre ursprüngliche Position zu bringen, führen Sie einen Doppelklick auf die Titelleiste der Symbolleiste durch.

Symbole aus Leisten herauslösen

Einzelne Symbole sowie das Symbol *Füllfarbe* und das Symbol *Schriftfarbe* können Sie direkt aus der Symbolleiste *Format* herauslösen, um so schneller in der Tabelle Formatierungen durchführen zu können. Dazu gehen Sie wie folgt vor:

1. Klicken Sie auf den Dropdownpfeil des Symbols *Füllfarbe*.

2. Ziehen Sie die Farbpalette an den nebeneinander stehenden Punkten direkt aus der Halterung.

3. Ordnen Sie die Palette an einer geeigneten Stelle auf dem Bildschirm an.

Hinweis

Soll die Farbpalette wieder an ihre ursprüngliche
Stelle befördert werden, dann klicken Sie das Kreuz-
Symbol in der rechten oberen Ecke der Farbpalette.

Symbole aus einer Symbolleiste entfernen

Möchten Sie ein bestimmtes Symbol aus einer Symbolleiste herausnehmen, dann gehen Sie wie folgt vor:

1. Aktivieren Sie den Dialog *Anpassen*, indem Sie mit der
    rechten Maustaste auf eine beliebige Symbolleiste kli-
    cken und aus dem Kontextmenü den Befehl *Anpassen*
    wählen.

2. Klicken Sie bei geöffnetem Dialog *Anpassen* auf das
    Symbol, das Sie entfernen möchten, ziehen Sie es bei
    gedrückter linker Maustaste aus der Symbolleiste
    heraus und lassen Sie die Maustaste wieder los.

3. Beenden Sie den Vorgang mit einem Klick auf die
    Schaltfläche *Schließen*.

Hinweis

Sollten Sie zu viele Symbole gelöscht haben bzw.
möchten Sie wieder den Ausgangszustand einer Symbolleiste herstellen, setzen Sie die Symbolleiste
zurück.

Symbole kopieren

Möchten Sie Symbole von einer Symbolleiste in eine
andere kopieren, dann halten Sie die Tasten [Alt] +
[Strg] gedrückt, ziehen die Symbole aus der einen Leiste
und lassen das Symbol in der Zielleiste einrasten.

Symbolleiste zurücksetzen

Um eine Symbolleiste auf den ursprünglichen Zustand
zurückzusetzen, befolgen Sie die nächsten Arbeitsschritte:

1. Rufen Sie den Dialog *Anpassen* auf.

2. Wechseln Sie auf das Blattregister *Symbolleisten*.

3. Markieren Sie im Listenfeld *Symbolleisten* die Symbolleiste, welche Sie zurücksetzen möchten. Achten
   Sie darauf, dass Sie dabei nicht das Kontrollkästchen
   deaktivieren (s. Bild 1.30).

4. Klicken Sie die Schaltfläche *Zurücksetzen*.

5. Bestätigen Sie die Sicherheitsnachfrage mit einem
   Klick auf die Schaltfläche *Ja*.

6. Beenden Sie den Vorgang, indem Sie im Dialogfeld
   Anpassen auf die Schaltfläche *Schließen* klicken.

Adaptive Menüs ausschalten

Seit der Excel-Version 2002 gibt es die so genannten
adaptiven Menüs. Dabei werden die Menüs nicht immer
gleich komplett angezeigt, sondern nur die Befehle, die
Sie öfters verwenden. Der Nachteil daran ist, dass Sie
Befehle schwerer finden, die Sie noch nie oder selten verwendet haben. Diese Option lässt sich aber glücklicher-
weise deaktivieren, indem Sie wie folgt vorgehen:

Bild 1.30: Symbolleiste zurücksetzen

1. Klicken Sie mit der rechten Maustaste auf eine beliebige Symbolleiste.

2. Wählen Sie aus dem Kontextmenü den Befehl *Anpassen*.

3. Wechseln Sie auf die Registerkarte *Optionen* (s. *Bild 1.31*).

4. Aktivieren Sie das Kontrollkästchen *Menüs immer vollständig anzeigen*.

5. Bestätigen Sie diese Einstellung mit *OK*.

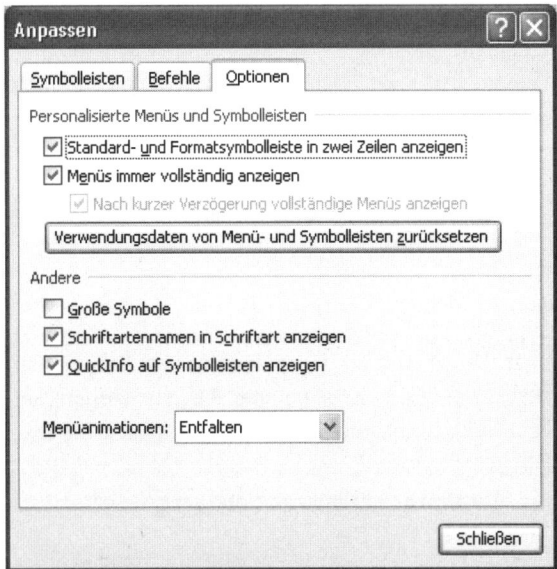

Bild 1.31: Adaptive Menüs abschalten

Zellen-Kontextmenü aufrufen

Wenn Sie mit der rechten Maustaste auf eine Zelle oder einen Zellenbereich klicken, dann wird das Zellenkontextmenü heruntergeklappt.

Das Zellenkontextmenü können Sie auch über die Tastenkombination ⬆ + F10 aufrufen. Über die Taste Esc können Sie es wieder schließen.

Der Trick mit dem Unterstreichen-Symbol

Wenn Sie auf der Symbolleiste *Format* das Symbol *Unterstreichen* anklicken, wird der Inhalt in einer Zelle einfach unterstrichen.

Möchten Sie den Inhalt einer Zelle hingegen doppelt unterstreichen, wie das bei Endsummen üblich ist, dann halten Sie die Taste ⟨⇧⟩ gedrückt und klicken das Symbol *Unterstreichen* an. Der Text wird daraufhin doppelt unterstrichen.

Aufgaben ausführen ohne Öffnen der Mappe

Bestimmte Aktionen wie z.B. das Packen von Arbeitsmappen oder gar die Löschung einzelner Arbeitsmappen können direkt in Excel durchgeführt werden. Rufen Sie dazu den Dialog *Öffnen* aus dem Menü *Datei* auf oder drücken Sie wahlweise die Tastenkombination ⟨Strg⟩ + ⟨o⟩.

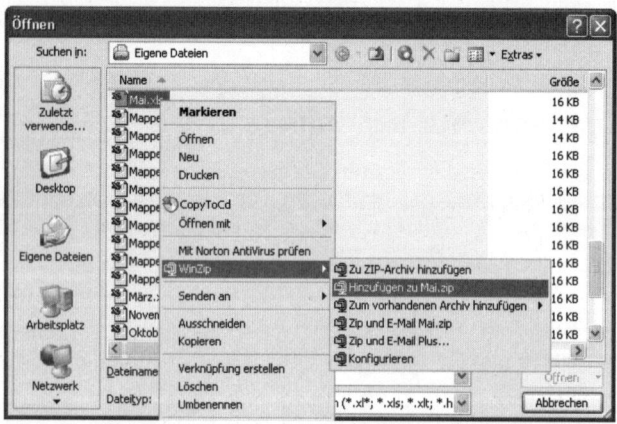

Bild 1.32: Aufgaben aus dem Kontextmenü durchführen

Wenn Sie eine Arbeitsmappe im Dialog *Öffnen* mit der rechten Maustaste anklicken, dann bietet das Kontextmenü einige Funktionen an, von denen Sie die meisten auch bei geschlossener Arbeitsmappe durchführen können.

Dateien in mehreren Verzeichnissen suchen

Haben Sie gewusst, dass Sie im Dialog *Öffnen* zwei Verzeichnisse einstellen können?

Dazu gehen Sie wie folgt vor:

1. Rufen Sie den Dialog *Öffnen* auf, indem Sie die Tastenkombination ⌷Strg⌷ + ⌷o⌷ drücken.

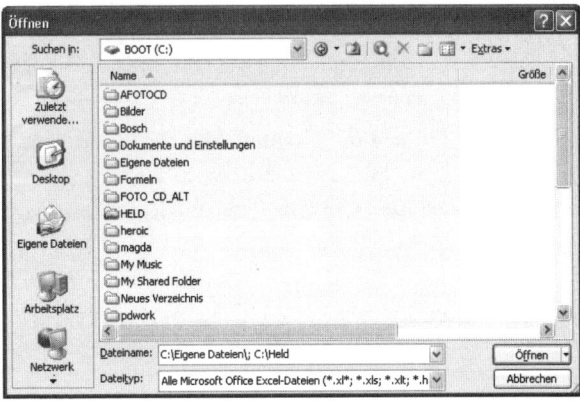

Bild 1.33: Mehrere Ordner angeben

2. Geben Sie im Feld *Dateinamen* die Pfade ein, deren Dateien Sie aufgelistet haben möchten. Trennen Sie dabei die Pfade durch ein Semikolon voneinander.

3. Klicken Sie auf die Schaltfläche *Öffnen*, um den Inhalt
   der Pfade anzuzeigen.

4. Öffnen Sie die gewünschte Mappe durch einen Doppelklick auf die Mappe im Listenfeld.

Excel ohne Startbildschirm starten

Beim normalen Excel-Start wird zuerst ein etwa hand-
großes Excel-Logo angezeigt. Dieses Logo kann unter-
drückt werden, indem Sie Excel über ein Symbol auf
Ihrem Windows-Desktop aufrufen und dabei den Startparameter /e einsetzen.

Um diese Aufgabe umzusetzen, verfahren Sie wie folgt:

1. Starten Sie den Windows-Explorer.

2. Wechseln Sie in das Office-Verzeichnis und kopieren
   Sie die Anwendung *Excel.exe*.

3. Klicken Sie mit der rechten Maustaste auf eine freie
   Stelle Ihres Windows-Desktop und wählen den
   Befehl *Verknüpfung einfügen* aus dem Kontextmenü.

4. Klicken Sie das neue Symbol mit der rechten Maustaste an und wählen Sie den Befehl *Eigenschaften* aus
   dem Kontextmenü.

5. Ergänzen Sie im Feld *Ziel* den Parameter /e am Ende
   des bereits eingetragenen Pfades.

6. Bestätigen Sie mit *OK*.

Bild 1.34: Excel ohne Startbildschirm starten

Alle Mappen schließen

Über das Kreuz-Symbol in der rechten oberen Ecke der Arbeitsmappe können Sie ja bekanntlich die aktive Mappe schließen. Wenn Sie aber alle geöffneten Mappen auf einmal schließen möchten, dann halten Sie die Taste ⇪ gedrückt und wählen aus dem Menü *Datei* den Befehl *Alle schließen.*

Ausschneiden und Einfügen über Drag&Drop

Wenn Sie einen bestimmten Datenbereich von einer Tabelle in eine andere Tabelle bewegen möchten, dann gehen Sie wie folgt vor:

1. Halten Sie die Taste $\boxed{\text{Alt}}$ gedrückt.

2. Markieren Sie nun den Bereich, den Sie auf eine andere Tabelle verschieben möchten.

3. Packen Sie den markierten Bereich am seitlichen Rand der Markierung an und ziehen diesen in Richtung der Registerlaschen.

4. Sobald Sie eine Registerlasche erreicht haben, wird automatisch auf die dazugehörige Tabelle gewechselt.

5. Bewegen Sie dort den markierten Bereich an die Einfügestelle und geben die Taste $\boxed{\text{Alt}}$ wieder frei.

Verknüpfungen durch Festwerte ersetzen (mehrere Zellen)

Möchten Sie in einer Tabelle in einem Bereich die Verknüpfungen zu anderen Arbeitsmappen in Festwerte umwandeln, sodass damit die Verknüpfungen aus der Arbeitsmappe entfernt werden, dann verfahren Sie wie folgt:

1. Markieren Sie den Datenbereich in der Tabelle, der die Verknüpfungen enthält.

2. Packen Sie mit der rechten Maustaste den rechten Rand der Markierung an und ziehen diesen bei

gedrückt gehaltener rechter Maustaste eine Spalte nach rechts und gleich danach wieder nach links.

3. Lassen Sie die rechte Maustaste nun los.

4. Wählen Sie aus dem Kontextmenü den Befehl *Hierhin nur als Werte kopieren*.

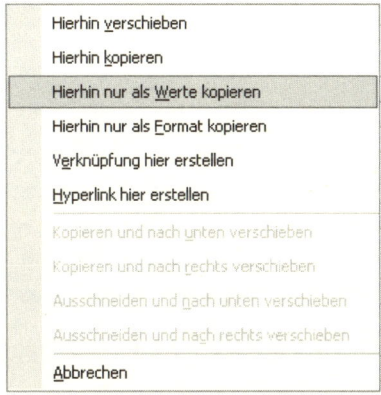

Bild 1.35: Verknüpfungen durch Festwerte ersetzen

Verknüpfungen durch Festwerte ersetzen (einzelne Zelle)

Bei einzelnen Zellen können Sie Verknüpfungen zu anderen Tabellen oder Mappen wie folgt in Festwerte umsetzen:

1. Markieren Sie die Zelle, in der Sie die Verknüpfung durch einen Festwert ersetzen möchten.

2. Drücken Sie die Taste F2, um in die Direktbearbeitung der Zelle zu gelangen.

3. Drücken Sie direkt im Anschluss die Taste $\boxed{\texttt{F9}}$, um
   die Verknüpfung durch den Festwert zu tauschen.

4. Bestätigen Sie mit $\boxed{\texttt{Enter}}$.

Konvertierung in Hyperlinks unterbinden

Alle Internet-Adressen sowie E-Mail-Adressen und
Netzwerkpfade werden standardmäßig direkt nach dem
Erfassen in eine Zelle von Excel in einen Hyperlink
umgewandelt. Soll diese automatische Konvertierung
unterbleiben, dann geben Sie als erstes Zeichen der Inter-
netadresse ein Leerzeichen oder einen Apostroph ein.
Über diesen Trick unterbleibt die automatische Konvertierung.

Möchten Sie dauerhaft verhindern, dass Hyperlinks automatisch direkt nach der Eingabe erstellt werden, dann
gehen Sie folgendermaßen vor:

1. Wählen Sie aus dem Menü *Extras* den Befehl *Auto-
   Korrektur-Optionen*.

2. Wechseln Sie auf die Registerkarte *AutoFormat während der Eingabe*.

3. Deaktivieren Sie das Kontrollkästchen *Internet- und
   Netzwerkpfade durch Hyperlinks*.

4. Bestätigen Sie mit *OK*.

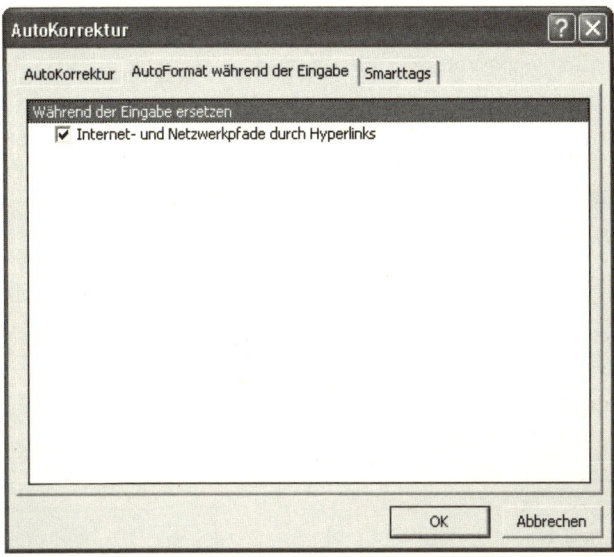

Bild 1.36: Hyperlinkkonvertierung unterdrücken

AutoKorrektur-Spezial

Die Funktion *AutoKorrektur* ist dazu da, um Schreibfehler gleich richtigzustellen. Einige Dinge lassen sich gerade über diese Funktion sehr gut regeln.

Sonderzeichen einfügen über AutoKorrektur

Möchten Sie in einer Tabelle das Copyright-Zeichen in eine Zelle einfügen, dann geben Sie die Zeichenfolge (C) ein. Diese Zeichenfolge wird augenblicklich in das Copyright-Zeichen © umgesetzt.

Andere Sonderzeichen sind (TM) Trademark ™ oder (R) ®.

AutoKorrektur-Einträge ändern

Nicht immer macht die AutoKorrektur das, was sie
eigentlich sollte. So wird der Text ITS automatisch in IST
umgesetzt. Der Text ITS kommt beispielsweise in einigen
Firmen- bzw. Abteilungsbezeichnungen vor. Es ist daher
sehr ungünstig, wenn die AutoKorrektur diese Zeichenfolge umsetzt.

Wenn Sie die Konvertierung nach der Eingabe sofort mitbekommen, dann genügt die Tastenkombination Strg +
Z, um diese AutoKorrektur rückgängig zu machen.

Besser jedoch ist, zweifelhafte Einträge direkt aus der
AutoKorrektur herauszunehmen. Dabei verfahren Sie
wie folgt:

1. Wählen Sie aus dem Menü *Extras* den Befehl *Auto-
   Korrektur-Optionen*.

2. Geben Sie im Feld *Ersetzen* die Zeichenfolge *ITS* ein.
   Dadurch wird der AutoKorrektur-Eintrag gefunden
   und in der Liste angeboten.

3. Klicken Sie auf die Schaltfläche *Löschen*, um diesen
   Eintrag zu entfernen.

4. Beenden Sie den Vorgang über *OK*.

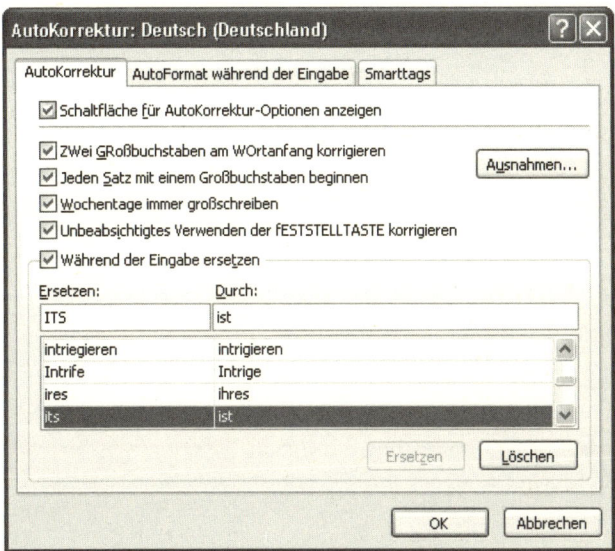

Bild 1.37: AutoKorrektur-Eintrag entfernen

AutoEingabe einsetzen

Hinter dieser Funktion verbirgt sich ein Mechanismus, der automatisch feststellt, welche Einträge in der Tabelle bereits gemacht wurden. Schon nach Eingabe der ersten Buchstaben vergleicht Excel diese Buchstaben mit den bereits erfassten Einträgen der Excel-Tabelle und ergänzt die Buchstaben mit dem jeweiligen gefundenen Eintrag.

Sollte es sich im obigen Bild jedoch um einen anderen Namen handeln, lassen Sie sich nicht irritieren und schreiben Sie einfach weiter. Sollte die Ergänzung zutreffen, brauchen Sie nicht weiter einzugeben.

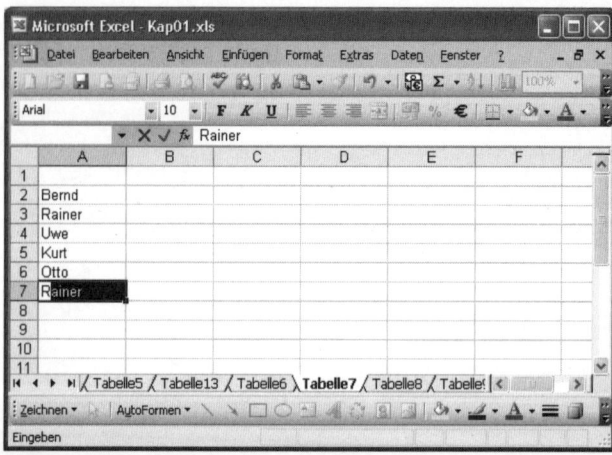

Bild 1.38: Die automatische Eingabeprüfung vervollständigt bereits bekannten Text

Drücken Sie einfach ⌈Enter⌋ und der vorgeschlagene Name wird übernommen.

Hinweis

Diese Funktion ist nur für Spalten verfügbar und bedingt, dass zwischen den bereits eingegebenen Daten und der aktuellen Zelle keine Leerzeilen vorkommen. Bei Einträgen, die nur aus Zahlen, Datums- oder Zeitwerten bestehen, kann diese Funktion ebenso nicht eingesetzt werden.

Elegante Tricks über die Auswahlliste

Eine weitere Möglichkeit, schnell Daten einzugeben, ist die Auswahl der bereits eingegebenen Daten aus einer Auswahlliste.

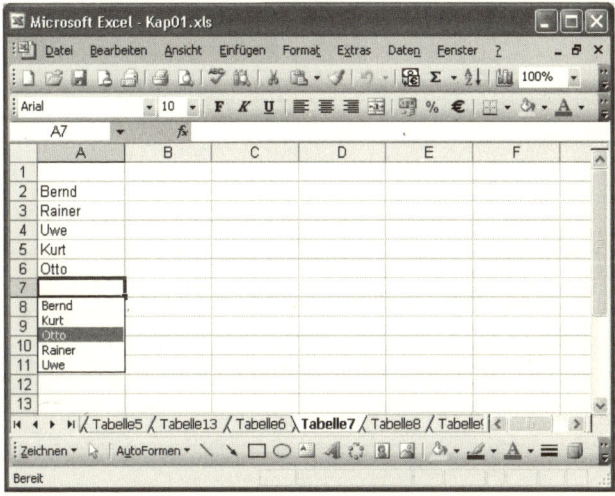

Bild 1.39: Aus einer angebotenen Auswahlliste können bereits bekannte Einträge elegant ausgewählt werden

Die Auswahlliste wird aktiviert, indem Sie mit der rechten Maustaste auf die Zelle klicken und aus dem Kontextmenü den Befehl *Auswahlliste* wählen. Schneller geht es aber über die Tastenkombination ⎗Alt⎘ + ⎗↓⎘ .

Hinweis

Auch diese Funktion ist nur für Spalten verfügbar. Hier dürfen zwischen dem bereits eingegebenen Bereich und der Zielzelle keine Leerzeilen liegen.

Optimale Spaltenbreite einstellen

Wenn Sie einen Text in eine Zelle schreiben, der länger ist als die Spalte, dann wird der Text über die Spaltenbreite hinweg scheinbar in die daneben liegende Zelle geschrieben. Befindet sich jedoch bereits ein Eintrag in der Nebenzelle, dann wird der Text abgeschnitten, d.h. nicht vollständig angezeigt.

Soll nun eine optimale Spaltenbreite eingestellt werden, sodass der komplette Text Platz in der Spalte findet, dann kann aus dem Menü *Format* der Befehl *Spalte/Optimale Breite festlegen* gewählt werden.

Tipp

Noch schneller geht's jedoch, wenn Sie oben bei der Spaltennummerierung zwischen die zu vergrößernde Spalte und der Nebenspalte doppelt klicken. Vor dem Doppelklick muss der Mauszeiger jedoch die Form eines Kreuzes annehmen. Damit wird die Spalte so weit verbreitert, dass der längste Text innerhalb der Zellen dieser Spalte komplett hineinpasst.

Kommentarfenster automatisch anpassen

Standardmäßig werden Kommentare über ein Fenster in einer bestimmten Größe in Tabellen am schnellsten über die Tastenkombination ⌂ + F2 eingefügt. Danach wird ein Text im Kommentarfenster erfasst. Wird das Ende des rechten Fensterrandes erreicht, erfolgt ein Zeilenumbruch im Kommentarfenster. Diese Standardeinstellung kann so angepasst werden, dass das Fenster schon während der Eingabe soweit verbreitert wird, dass der Text in eine Zeile im Kommentarfenster passt.

Um diesen Automatismus nützen zu können, befolgen Sie die nächsten Arbeitsschritte:

1. Nach dem Einfügen eines Kommentars klicken Sie mit der rechten Maustaste auf den Rahmen des markierten Kommentarfensters.

2. Wählen Sie aus dem Kontextmenü den Befehl *Kommentar formatieren*.

3. Wechseln Sie auf die Registerkarte *Ausrichtung*.

4. Aktivieren Sie das Kontrollkästchen *Automatische Größe*.

5. Bestätigen Sie Ihre Einstellung mit *OK*.

Hinweis

Wenn in dem so eingestellten Kommentarfenster eine Notiz hinterlegt wird, dann wird das Kommentarfenster bereits während der Eingabe laufend in der Breite angepasst.

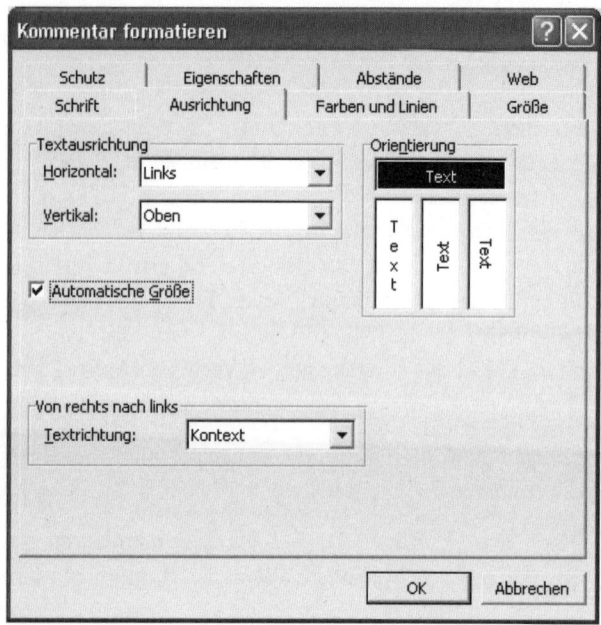

Bild 1.40: Das Kommentarfenster wird bereits bei der Eingabe vergrößert

Kommentar mit Bild zusammenbasteln

Wenn Sie beispielsweise eine Artikelliste in einer Tabelle anlegen, bei der Sie zusätzlich zu den Artikelinformationen eine kleine Grafik der einzelnen Artikel hinterlegen möchten, dann können Sie entweder einen Hyperlink zur Grafik herstellen oder besser noch die Kommentarfunktion von Excel einsetzen, um eine Grafik zum Artikel anzuzeigen. Diese »Kommentar-Grafik« wird immer dann eingeblendet, wenn Sie den Mauszeiger auf die Zelle setzen, die den Kommentar enthält.

Um eine Grafik in einen Kommentar einzubauen, befolgen Sie die nächsten Arbeitsschritte:

1. Fügen Sie zunächst einen Kommentar ein. Am schnellsten geht das über die Tastenkombination ⇧ + F2.

2. Klicken Sie mit der rechten Maustaste auf die Umrandung des Kommentarfelds und wählen Sie aus dem Kontextmenü den Befehl *Kommentar formatieren*.

3. Im Dialog *Kommentar formatieren* wechseln Sie auf die Registerkarte *Farben und Linien*.

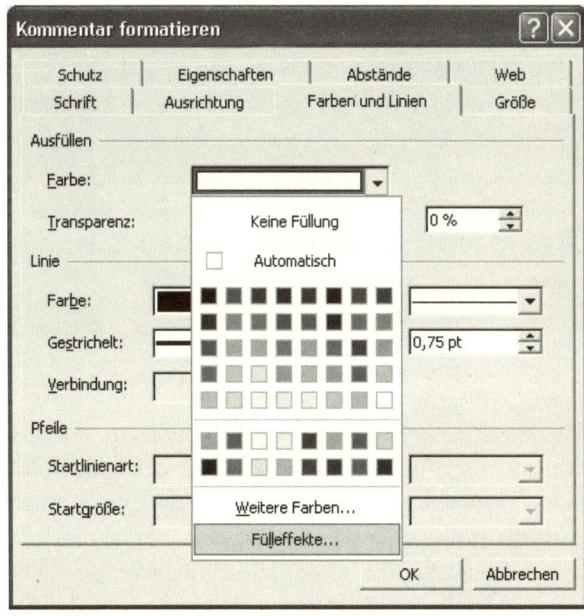

Bild 1.41: Die Fülleffekte aufrufen

4. Im Gruppenfeld *Ausfüllen* wählen Sie aus dem Dropdownfeld *Farbe* den Eintrag *Fülleffekte*.

5. Im Dialog *Fülleffekte* wechseln Sie auf die Registerkarte *Grafik*.

6. Klicken Sie dort die Schaltfläche *Grafik auswählen*.

7. Im Dialog *Bild auswählen* weisen Sie eine Grafik
   Ihrer Wahl zu.

8. Bestätigen Sie mit einem Klick auf die Schaltfläche
   Einfügen (s. Bild 1.42).

Hinweis

Die Grafik wird nun als Hintergrund für Ihr Kommen-
tarfeld eingestellt. Sie haben daher die Möglichkeit,
Text und Grafik gemeinsam in einem Kommentarfenster darzustellen. Über das Menü *Extras* und den Befehl
Optionen können Sie auf der Registerkarte *Ansicht* im
Gruppenfeld *Kommentare* angeben, wie Kommentare
in der Arbeitsmappe angezeigt werden sollen

SmartTags einsetzen

Ab der Version Excel 2002 gibt es die so genannten
SmartTags. Dabei handelt es sich um einen weiteren
Automatismus, der Ihnen zusätzliche Arbeit abnehmen
bzw. erleichtern soll. So wird beispielsweise beim Kopie-
ren von Zellen gefragt, in welcher Art die kopierten
Informationen nun weiter verwendet werden sollen.

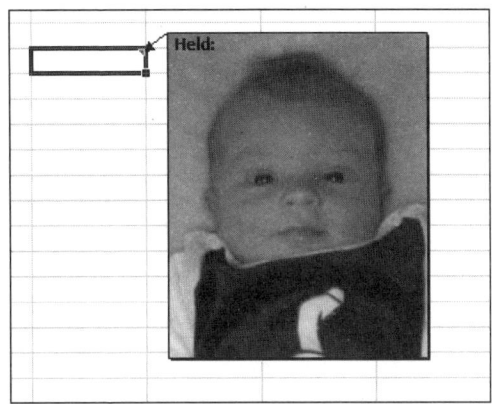

Bild 1.42: Kommentar mit Bild wurde eingefügt

Dabei wird ein Dropdown automatisch eingeblendet, wenn Sie die kopierten Daten, beispielsweise über die Tastenkombination $\boxed{\texttt{Strg}}$ + $\boxed{\texttt{v}}$, wieder einfügen möchten. Dieses Dropdown bietet Ihnen nun einige Aktionen an, die mit Ihrem Arbeitsgang einhergehen könnten.

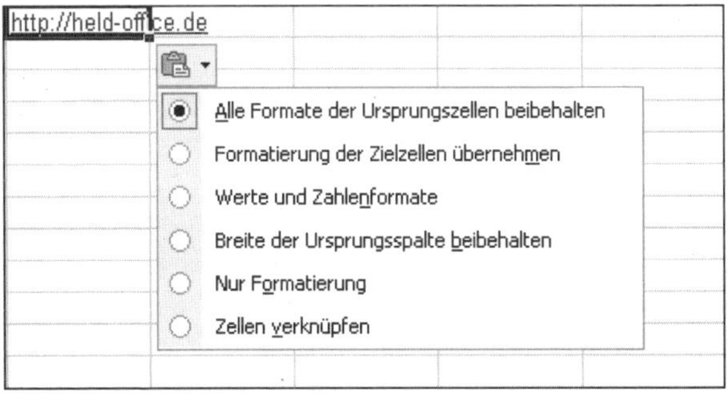

http://held-office.de

- ⊙ Alle Formate der Ursprungszellen beibehalten
- ○ Formatierung der Zielzellen übernehmen
- ○ Werte und Zahlenformate
- ○ Breite der Ursprungsspalte beibehalten
- ○ Nur Formatierung
- ○ Zellen verknüpfen

Bild 1.43: Arbeiten mit SmartTags

Die neue Methode der SmartTags sorgt dafür, dass Ihnen weitere folgende Arbeitsschritte, wie beispielsweise das Einstellen der Spaltenbreite bzw. bestimmte Umformatierungen, erleichtert werden.

Tipp

Wen Ihnen dieser Automatismus ein wenig zu weit geht, können Sie die SmartTags abschalten, indem Sie wie folgt vorgehen:

1. Wählen Sie aus dem Menü *Extras* den Befehl *Optionen*.

2. Wechseln Sie auf die Registerkarte *Bearbeiten*.

3. Deaktivieren Sie die Kontrollkästchen *Optionen-Schaltfläche beim Einfügen kopierter Daten anzeigen* bzw. *Optionen-Schaltfläche beim Einfügen von Zellen und Objekten anzeigen*.

4. Bestätigen Sie die Einstellung mit *OK*.

Benutzerdefinierte Listen einsetzen

In Excel liegen standardmäßig schon einige benutzerdefinierte Listen vor. Diese können Sie einsetzen oder gar neue Listen selbst erstellen, um sich in Zukunft viel Arbeit zu ersparen.

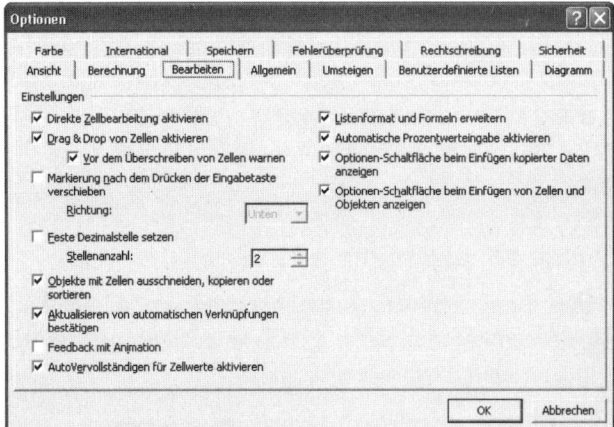

Bild 1.44: SmartTags deaktivieren

Die Standardlisten

U.a. können Sie eine benutzerdefinierte Liste nützen, indem Sie einen Monatsnamen wie z.B. Januar in eine Zelle schreiben und danach über das Ausfüllkästchen (rechte untere Ecke der Zelle) dieser Zelle nach rechts ziehen. Dadurch werden die folgenden Monatsnamen Februar, März, usw. automatisch in die Nebenzellen eingefügt.

Die gleiche Vorgehensweise funktioniert übrigens auch mit Tagesnamen. Geben Sie hierzu in die Zelle A1 einer Tabelle den Montag ein und ziehen das Ausfüllkästchen bis in Zelle A7. Excel weiß automatisch, dass es hier die restlichen Tage in der Liste komplettieren muss. Dabei wird jeweils der nächste Tag in die Folgezellen geschrieben.

Bei den letzten beiden Beispielen handelt es sich um
bereits fest integrierte benutzerdefinierte Listen, die Sie
im Menü *Extras* unter dem Befehl *Optionen* auf der
Registerkarte *Benutzerdefinierte Listen* (Excel 2002)
bzw. der Registerkarte *AutoAusfüllen* (Excel 97, 2000)
einsehen können.

Eigene benutzerdefinierte Listen erstellen

Neben diesen Standard-Listen haben Sie die Möglichkeit,
eigene benutzerdefinierte Listen anzulegen, um später
schneller Daten erfassen zu können.

Im folgenden Beispiel wird eine Liste mit verschiedenen
Verlagen angelegt. Dazu verfahren Sie wie folgt:

1. Wählen Sie aus dem Menü *Extras* den Befehl
   Optionen.

2. Wechseln Sie auf die Registerkarte *Benutzerdefinierte
   Listen* (Excel 2002) bzw. auf die Registerkarte *Auto-
   Ausfüllen* (Excel 97, Excel 2000).

3. Setzen Sie den Mauszeiger in das Feld *Listeneinträge*.

4. Erfassen Sie nun die einzelnen Verlage untereinander.
   Jeder Verlag wird in eine separate Zeile geschrieben,
   indem nach jeder Eingabe die Taste ⌈Enter⌋ gedrückt
   wird.

5. Klicken Sie auf die Schaltfläche *Hinzufügen*.

6. Bestätigen Sie die Anlage mit einem Klick auf *OK*.

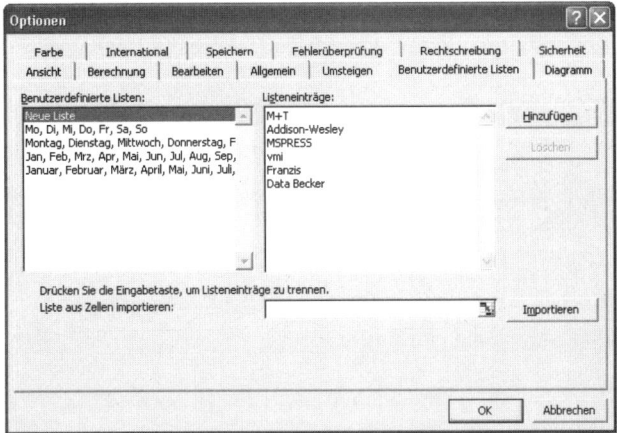

Bild 1.45: Eine eigene benutzerdefinierte Liste anlegen

Hinweis

Testen Sie die neue Liste, indem Sie in einer beliebigen Zelle auf Ihrer Tabelle einen in der Liste enthaltenen Verlag eingeben. Packen Sie die Zelle danach mit der linken Maustaste am Ausfüllkästchen an und ziehen die Zelle nach unten. Die Liste wird nun automatisch komplettiert. Wird der letzte Satz in der Liste erreicht, beginnt die Liste wieder beim ersten Eintrag.

Benutzerdefinierte Liste aus Tabelle generieren

Selbstverständlich ist es auch möglich, bereits erfassten Text in einer Tabelle als benutzerdefinierte Liste zu hinterlegen.

Im nächsten Beispiel wurden auf einer Tabelle einige Mitarbeiternamen beginnend ab Zelle A1 eingetragen.

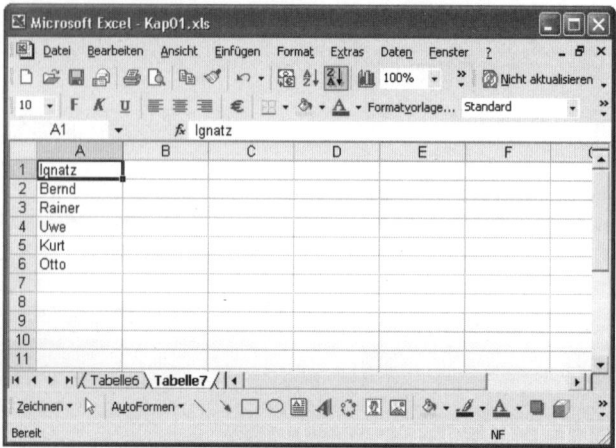

Bild 1.46: Namen stehen für die Liste bereit

Die Namen sollen nun zukünftig aus einer benutzerdefinierten Liste generiert werden, um noch schneller arbeiten zu können. Um diese Funktion einzustellen, befolgen Sie die nächsten Arbeitsschritte:

1. Markieren Sie den Bereich A1:A6.

2. Wählen Sie aus dem Menü *Extras* den Befehl *Optionen*.

3. Wechseln Sie auf die Registerkarte *Benutzerdefinierte Listen* (Excel 2002) bzw. auf die Registerkarte *Auto-Ausfüllen* (Excel 97, Excel 2000).

4. Im Kombinationsfeld *Liste aus Zellen importieren* ist bereits die gerade vorher markierte Liste automatisch übernommen worden.

5. Klicken Sie die Schaltfläche *Importieren*.

6. Bestätigen Sie Ihre Einstellung mit *OK*.

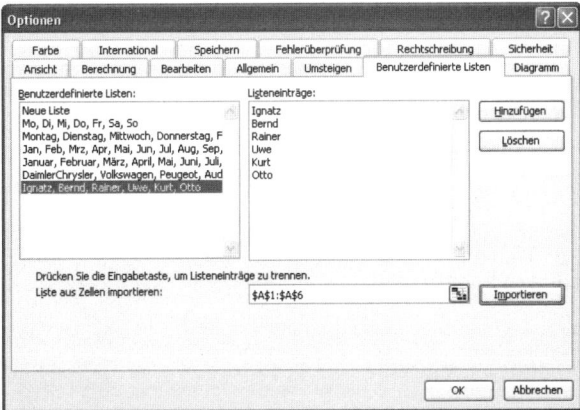

Bild 1.47: Die Daten wurden aus der Tabelle als neue Liste übernommen

---

Hinweis

Zukünftig reicht es aus, wenn Sie einen beliebigen Namen aus der Liste in eine Zelle schreiben und dann nach unten ausfüllen, um die anderen Namen einzufügen. Alternativ können Sie aber auch im Dialog *Optionen* auf der Registerkarte *Benutzerdefinierte Listen* (Excel 2002) bzw. Registerkarte *AutoAusfüllen* (Excel 97, Excel 2000) die Liste komplett über die Tastenkombination Strg + c herauskopieren und über die Tastenkombination Strg + v in der Tabelle einfügen.

Rechtschreibprüfung durchführen

Die integrierte Rechtschreibprüfung können Sie standardmäßig über die Taste ⌷F7⌷ für die aktive Tabelle starten.

Soll die Rechtschreibprüfung auf allen Tabellen der Arbeitsmappe erfolgen, dann gehen Sie wie folgt vor:

1. Klicken Sie mit der rechten Maustaste auf einen beliebigen Tabellenreiter.

2. Wählen Sie aus dem Kontextmenü den Befehl *Alle Blätter auswählen*.

3. Drücken Sie die Taste ⌷F7⌷, um die Rechtschreibprüfung zu starten.

Verknüpfungsabfrage ausschalten

Standardmäßig wird beim Öffnen von Arbeitsmappen, die Verknüpfungen zu anderen Arbeitsmappen enthalten, eine Aktualisierungsabfrage eingeblendet, die weggedrückt werden muss. Diese Meldung können Sie bei Bedarf zukünftig unterdrücken, indem Sie wie folgt vorgehen:

1. Wählen Sie aus dem Menü *Extras* den Befehl *Optionen*.

2. Wechseln Sie auf die Registerkarte *Berechnung*.

3. Deaktivieren Sie das Kontrollkästchen *Remotebezüge aktualisieren*.

4. Bestätigen Sie mit *OK*.

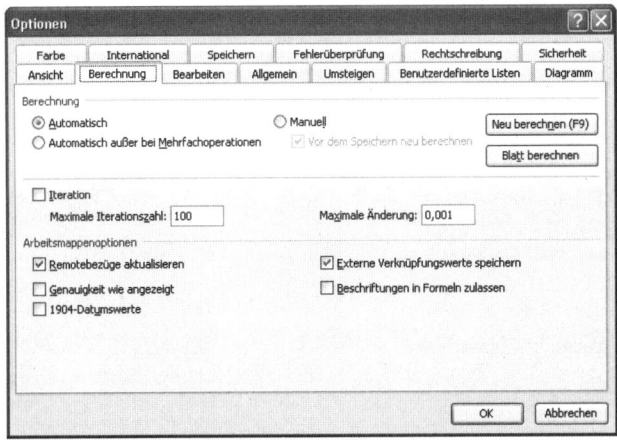

Bild 1.48: Verknüpfungsabfrage unterdrücken

Auf eine Druckseite skalieren

Liegt Ihnen eine Tabelle vor, die normalerweise auf zwei bis drei Seiten ausgedruckt wird, dann haben Sie die Möglichkeit, die Daten auf einer einzigen Seite zusammenzufassen und auszudrucken.

Dazu verfahren Sie wie folgt:

1. Wählen Sie aus dem Menü *Datei* den Befehl *Seite einrichten.*

2. Aktivieren Sie die Option *Anpassen 1 Seite(n) breit und 1 Seite(n) hoch*

3. Bestätigen Sie mit *OK.*

4. Drucken Sie die Tabelle am schnellsten über die Tastenkombination Strg + p.

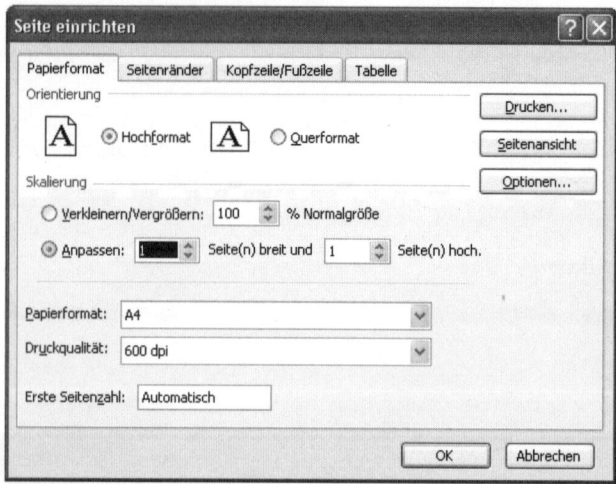

Bild 1.49: Auf eine einzige Druckseite skalieren

Mehrere Tabellen auf einmal befüllen

Excel enthält die so genannte *Gruppierungsfunktion*, über die Sie mehrere Tabellen gruppieren können. So haben Sie die Möglichkeit, eine Tabelle auszufüllen und im Hintergrund dann die gruppierten Tabellen mit gleichen Daten zu füllen, ähnlich wie bei einer Blaupause also.

Um Tabellen zu gruppieren, gehen Sie wie folgt vor:

1. Klicken Sie auf den Tabellenreiter der ersten Tabelle, die Sie in einer Gruppe zusammenfassen möchten.

2. Halten Sie die Taste [Strg] gedrückt.

3. Klicken Sie auf weitere Tabellen, die Sie in die Gruppierung mitaufnehmen möchten.

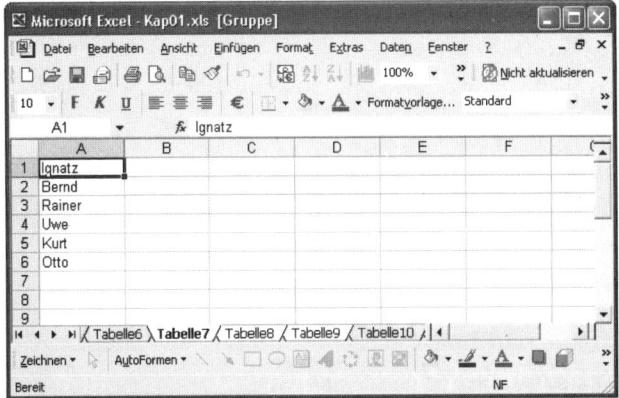

Bild 1.50: Einige Tabellen sind gruppiert

Die Gruppierung von Tabellen können Sie daran erkennen, dass die Registerkarte mit der Hintergrundfarbe *Weiß* ausgestattet wird. Außerdem wird im Fenstertitel der Zusatz [*Gruppe*] ausgegeben.

Hinweis

Sollen alle Tabellen markiert werden, dann können Sie einen beliebigen Tabellenreiter mit der rechten Maustaste anklicken und aus dem Kontextmenü den Befehl *Alle Blätter auswählen* aktivieren.

Tabellen kopieren

Möchten Sie eine Tabelle kopieren, dann bitte nicht über die Zwischenablage, sondern gehen Sie besser wie folgt vor:

1. Klicken Sie den Tabellenreiter der Tabelle, die Sie kopieren möchte, mit der rechten Maustaste an.

2. Wählen Sie aus dem Kontextmenü den Befehl *Verschieben/Kopieren*.

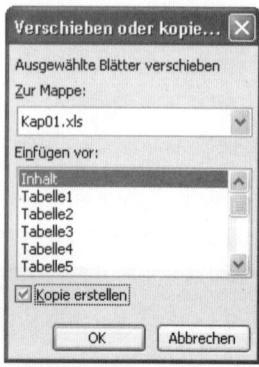

Bild 1.51: Tabelle kopieren

3. Aktivieren Sie das Kontrollkästchen *Kopie erstellen*.

4. Klicken Sie auf *OK*.

Tabelle in neue Arbeitsmappe kopieren

Ganz ähnlich wie der letzte Tipp ist auch der folgende. Dabei soll eine Tabelle in eine neue Arbeitsmappe kopiert werden:

1. Klicken Sie den Tabellenreiter der Tabelle, die Sie kopieren möchten, mit der rechten Maustaste an.

2. Wählen Sie aus dem Kontextmenü den Befehl *Verschieben/Kopieren*.

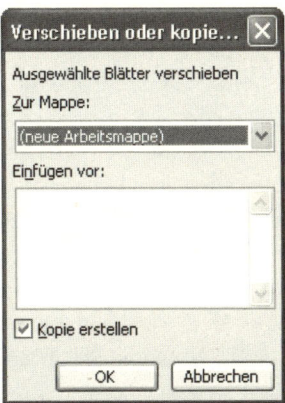

Bild 1.52: Kopie in neuer Mappe erstellen

3. Wählen Sie aus dem Kombinationsfeld *Zur Mappe* den Eintrag *(neue Arbeitsmappe)*.

4. Aktivieren Sie das Kontrollkästchen *Kopie erstellen*.

5. Bestätigen Sie den Vorgang mit *OK*.

Tabellen löschen oder umbenennen

Auch diese beiden Aktionen können über das Kontextmenü ausgeführt werden, indem Sie mit der rechten Maustaste auf den Tabellenreiter der Tabelle klicken. Beim Löschen erfolgt sicherheitshalber noch eine Rückfrage.

Das Umbenennen einer Tabelle geht noch schneller, wenn Sie einen Doppelklick auf den Tabellenreiter durchführen, den neuen Namen der Tabelle schreiben und mit Enter bestätigen.

Mappen vergleichen

In Excel können Sie zwei Arbeitsmappen nebeneinander anordnen und zeilenweise vergleichen. In früheren Excel-Versionen gab es das Problem, dass zwar ein Anordnen der Arbeitsmappen nebeneinander möglich war, dass aber jedes Fenster einen separat geregelten Bildlauf hatte, was bedeutete, dass man jeweils beide Bildläufe getrennt voneinander bedienen musste, um zeilenweise vergleichen zu können. Ab der neuen Version Excel 2003 sind beide Bildläufe synchronisiert, d.h. wenn Sie in einem Fenster scrollen, wird das andere Fenster synchron dazu eingestellt. So fällt es viel leichter, eventuelle Unterschiede zwischen den Arbeitsmappen zu erkennen.

Um zwei Mappen miteinander zu vergleichen, gehen Sie wie folgt vor:

1. Öffnen Sie beide Mappen.

2. Wählen Sie aus dem Menü *Fenster* den *Befehl Nebeneinander mit <Dateiname> vergleichen*.

Hinweis

In den früheren Versionen können Sie die Fenster über den Befehl *Anordnen* aus dem Menü *Fenster* vergleichen, jedoch entfällt, wie gesagt, der synchrone Bildlauf.

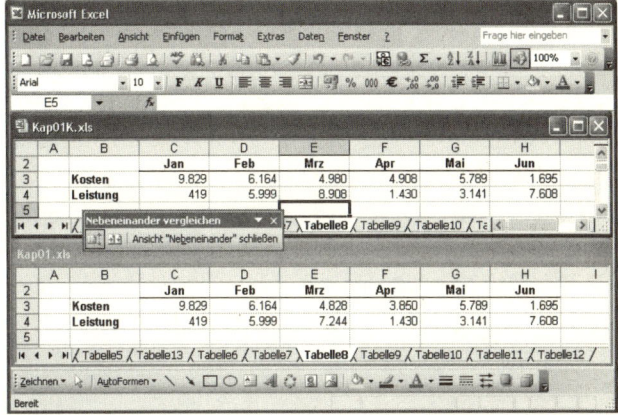

Bild 1.53: Der erleichterte Abgleich zwischen Mappen ab Excel 2003

Suchen von Daten

Das Suchen von bestimmten Daten oder Texten in einer Arbeitsmappe können Sie über die eingebaute *Suchen*-Funktion von Excel vornehmen. Dazu gehen Sie wie folgt vor:

1. Klicken Sie mit der rechten Maustaste ein beliebiges Tabellenregister an.

2. Wählen Sie aus dem Kontextmenü den Befehl *Alle Blätter auswählen*.

3. Rufen Sie den *Suchen*-Dialog über die Tastenkombination ⎡Strg⎤ + ⎡F⎤ auf.

4. Geben Sie im Feld *Suchen nach* den Suchtext ein.

5. Klicken Sie auf die Schaltfläche *Alle suchen*.

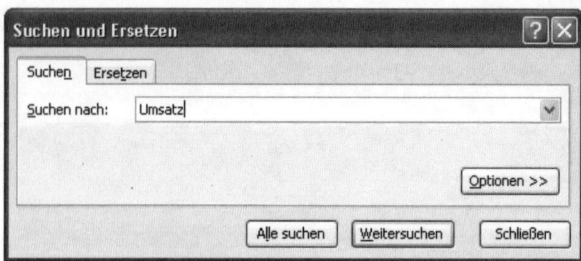

Bild 1.54: Texte suchen

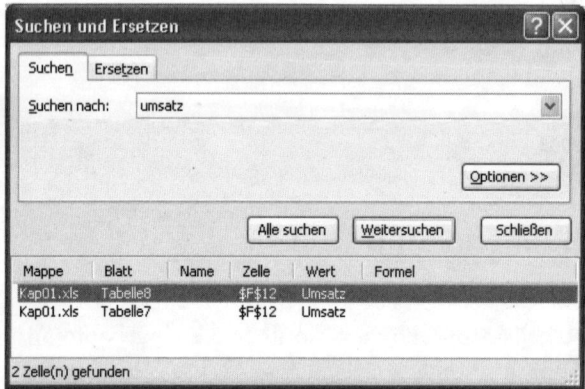

Bild 1.55: Alle Suchtreffer werden aufgelistet

6. Mit einem Klick auf den gewünschten Eintrag im Listenfeld werden die entsprechende Tabelle sowie die gefundene Zelle aktiviert.

2
Eine Frage des Formats

In diesem Kapitel dreht sich alles um das Thema Formatierung. Die Formatierung Ihrer Daten dient zwar in erster Linie der Optik, trotzdem hilft sie, Zahlen und Texte hervorzuheben und somit mehr Wirkung und vielleicht auch mehr Akzeptanz zu erzeugen.

Formate übertragen

Haben Sie einige Zellen schon wie gewünscht formatiert und möchten Sie die Formatierung auf andere Zellen übertragen, dann gehen Sie wie folgt vor:

1. Markieren Sie die Zellen, die bereits formatiert wurden.

2. Klicken Sie auf der Symbolleiste *Formatierung* das Symbol *Format übertragen* an.

3. Markieren Sie danach die Zellen, auf die das Format übertragen werden soll.

4. Die Formatierung wird nun auf diese Zellen angewendet.

Hinweis
Bei dieser Methode ist nur eine einmalige Formatübertragung möglich.

Formate mehrfach übertragen

Da bei der letzten Methode gleich mehrmals das Symbol *Format übertragen* geklickt werden muss, wenn eine Formatierung auf mehrere nicht zusammenhängende Bereiche angewendet werden soll, gibt es gerade für diese Aufgabe eine bessere Vorgehensweise:

1. Markieren Sie die Zellen, die bereits formatiert wurden.

2. Führen Sie auf der Symbolleiste *Formatierung* einen Doppelklick auf das Symbol *Format übertragen* durch. Dadurch rastet dieses Symbol ein.

3. Markieren Sie danach die Zellen, auf die das Format übertragen werden soll.

4. Markieren Sie weitere Zellen und Bereiche, auf die das Format übertragen werden soll.

5. Die Formatierung wird jeweils auf diese Zellen bzw. Bereiche angewendet.

6. Führen Sie am Ende einen Doppelklick auf das Symbol *Format übertragen* durch, um es wieder auszurasten.

Formatierung löschen

Möchten Sie eine Formatierung in einer Zelle oder in einem Bereich löschen, dann markieren Sie die Zelle bzw. den Bereich und wählen Sie danach aus dem Menü *Bearbeiten* den Befehl *Löschen/Formate*.

Besser und schneller ist, das Symbol *Formatierung löschen* mit in die Symbolleiste *Format* aufzunehmen. Dazu verfahren Sie folgendermaßen:

1. Klicken Sie mit der rechten Maustaste auf die Symbolleiste *Format*.

2. Wählen Sie aus dem Kontextmenü den Befehl *Anpassen*.

3. Wechseln Sie auf die Registerkarte *Befehle*.

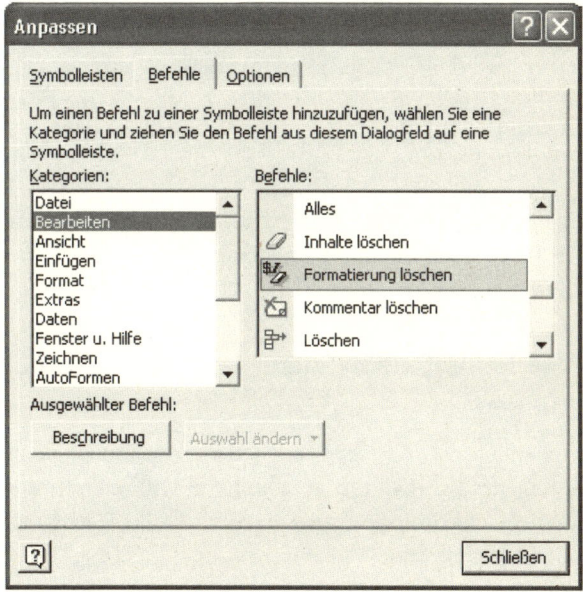

Bild 2.1: Symbol einer Symbolleiste hinzufügen

4. Stellen Sie im Listenfeld *Kategorie* den Eintrag *Bearbeiten* ein.

5. Markieren Sie im Listenfeld *Befehle* das Symbol *Formatierung löschen*.

6. Ziehen Sie das Symbol bei gedrückt gehaltener linker Maustaste aus dem Dialog direkt in die Symbolleiste *Format*, bis es einrastet.

7. Beenden Sie den Dialog *Anpassen* über *OK*.

Benutzerdefinierte Formate einsetzen

Wenn Sie die Tastenkombination Strg + 1 drücken, dann wird der Dialog *Zellen formatieren* aufgerufen. Auf der Registerkarte *Zahlen* werden bereits fertige Formate angeboten, die Sie für Ihre tägliche Arbeit einsetzen können.

Wenn Sie unter diesen Kategorien kein geeignetes Format für Ihre Daten finden, können Sie selbstverständlich auch Ihr eigenes Format erstellen.

Eine Einheit als benutzerdefiniertes Format anlegen

Stellen Sie sich vor, Sie brauchen eine zusätzliche Einheit als eigenes Format. z.B. möchten Sie Millimeterwerte mit zwei Nachkommastellen eingeben. Dabei verfahren Sie wie folgt:

1. Setzen Sie den Mauszeiger auf die Zelle, welche die noch unformatierten Werte enthält.

2. Drücken Sie die Tastenkombination Strg + 1.

3. Klicken Sie auf das Register *Zahlen*.

4. Klicken Sie im Listenfeld *Kategorie* auf den Eintrag *Benutzerdefiniert*.

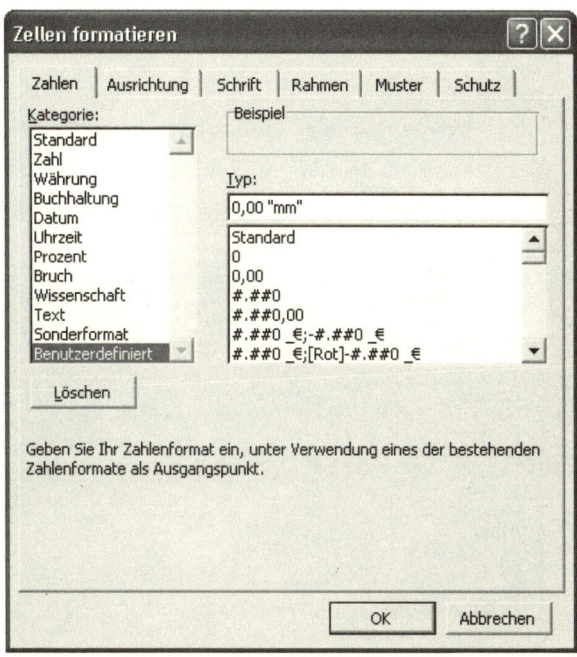

Bild 2.2: Ein benutzerdefiniertes Format anlegen

5. Erfassen Sie im Eingabefeld *Typ* das Format 0,00 "mm".

6. Bestätigen Sie das neue Format mit *OK*.

Wochentag anhand des Datums erkennen

Über ein benutzerdefiniertes Format können Sie anhand
eines Datums auch den dazugehörigen Wochentag erkennen. Dabei verfahren Sie wie folgt:

1. Fügen Sie zunächst einmal ein beliebiges Datum, beispielsweise eines in der Zukunft, in eine Zelle ein.

2. Wählen Sie aus dem Menü *Format* den Befehl *Zellen*.

3. Wechseln Sie auf die Registerkarte *Zahlen*.

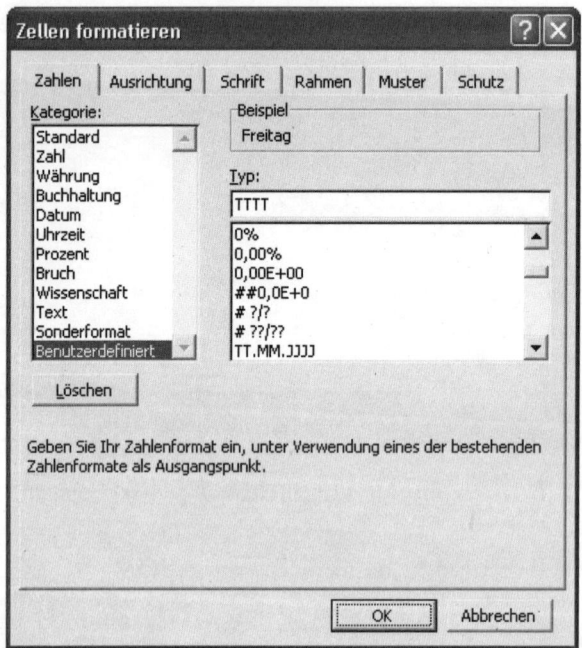

Bild 2.3: Datum als Wochentag anzeigen

4. Stellen Sie im Listenfeld *Kategorie* den Eintrag *Benutzerdefiniert* ein.

5. Füllen Sie das Feld *Typ* wie in Bild 2.3 angezeigt aus.

6. Bestätigen Sie mit *OK*. Das Datum wird nun als Wochentag angezeigt.

Die Anzahl des Buchstabens T gibt die Art der Formatierung des Tages an. So gelten folgende Regeln:

Kürzel	Beispiel
TT	09
TTT	Fr
TTTT	Freitag

Tabelle 2.1: Die Formatkürzel für den Tag

Monatsnamen anhand des Datums erkennen

Über ein benutzerdefiniertes Format können Sie anhand eines Datums auch den dazugehörigen Monatsnamen erkennen. Dabei verfahren Sie wie folgt:

1. Fügen Sie zunächst einmal ein beliebiges Datum, beispielsweise ein zukünftiges, in eine Zelle ein.

2. Wählen Sie aus dem Menü *Format* den Befehl *Zellen*.

3. Wechseln Sie auf die Registerkarte *Zahlen*.

4. Stellen Sie im Listenfeld *Kategorie* den Eintrag *Benutzerdefiniert* ein.

5. Füllen Sie das Feld *Typ* wie in Bild 2.4 angezeigt aus.

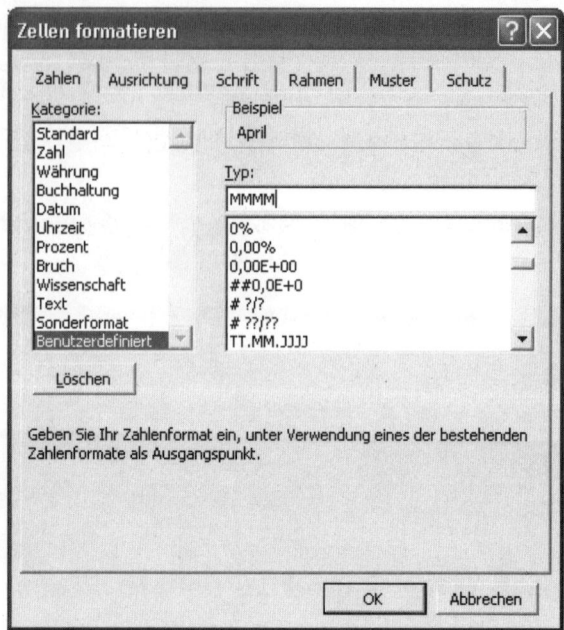

Bild 2.4: Den Monatsnamen aus einem Datum ermitteln

Die Anzahl des Buchstabens M gibt die Art der Formatierung des Monats an. So gelten folgende Regeln:

Kürzel	Beispiel
MM	04
MMM	Apr
MMMM	April

Tabelle 2.2: Die Formatkürzel für den Monat

6. Bestätigen Sie mit *OK*. Das Datum wird nun als Monatsname angezeigt.

Stundensummierung, aber richtig!

Haben Sie schon einmal versucht, Stunden zu addieren? Im folgenden Beispiel sollen Stunden für ein Projekt summiert werden. Sehen Sie sich hierzu das nachfolgende Bild an.

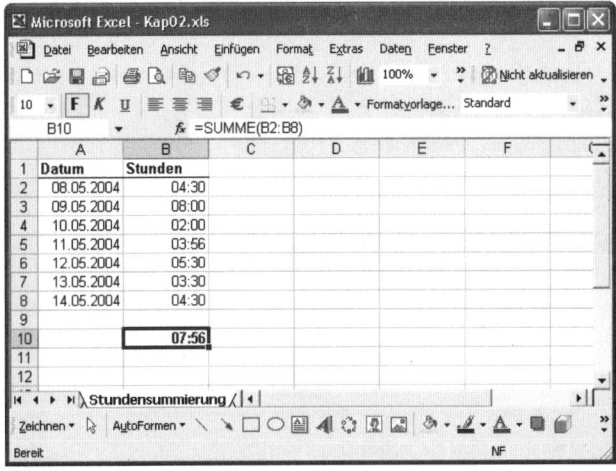

Bild 2.5: Ein falsches Ergebnis!

Die Stundensummierung wird offensichtlich nicht richtig ausgeführt. Dabei macht Excel folgenden Fehler: Wenn 24 Stunden voll sind, wird wieder von vorne begonnen, was natürlich in diesem Fall nicht in Ordnung ist.

Über einen Trick bewegen Sie Excel dazu, richtig zu rechnen:

1. Setzen Sie den Mauszeiger in Zelle B10.

2. Drücken Sie die Tastenkombination ⌷Strg⌷ + ⌷1⌷, um den Dialog *Zellen formatieren* aufzurufen.

3. Wechseln Sie auf die Registerkarte *Zahlen*.

4. Aktivieren Sie die Kategorie *Benutzerdefiniert*.

5. Geben Sie im Feld *Typ* das Format [hh]:mm ein.

6. Bestätigen Sie mit *OK*.

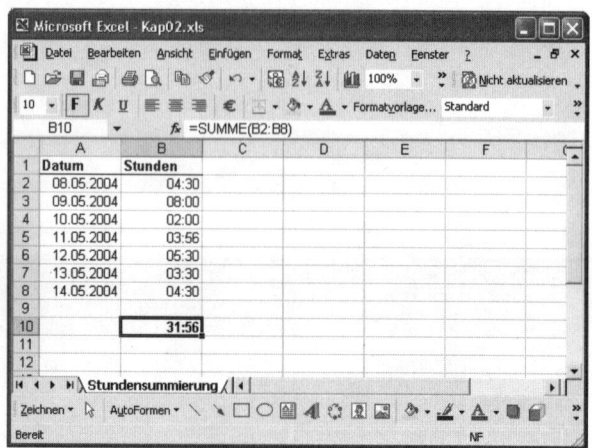

Bild 2.6: Das Ergebnis stimmt jetzt

Beträge in T€ angeben

Wenn die Kosten in einer Tabelle zu hoch werden, dann empfiehlt es sich, zwecks einer besseren Optik die Werte durch 1.000 zu dividieren und das benutzerdefinierte Format *T€* anzuwenden. Dabei kann die Position des Formats entweder hinter oder vor der Zahl sein.

1. Markieren Sie den Zellenbereich, der diese Formatierung erhalten soll.

2. Wählen Sie aus dem Menü *Format* den Befehl *Zellen*.

3. Wechseln Sie auf die Registerkarte *Zahlen*.

4. Stellen Sie im Listenfeld *Kategorie* den Eintrag *Benutzerdefiniert* ein.

5. Erfassen Sie im Feld *Typ* das Format

#.##0 "T€"

oder

"T€ " #.##0

6. Bestätigen Sie mit *OK*.

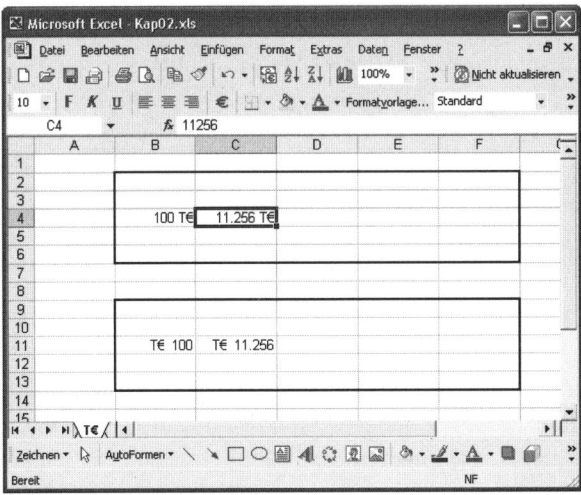

Bild 2.7: Das benutzerdefinierte Format T€

> **Hinweis**
>
> Das Euro-Zeichen können Sie übrigens einfügen, indem Sie die Tastenkombination `Alt Gr` + `e` drücken.

Mit diesem Format wird der Zahl das Währungszeichen für 1.000 Euro zugewiesen, die Zahl selbst wird nicht durch 1.000 geteilt. Das können Sie über Formeln oder mit einem Spezialformat bewirken:

1. Markieren Sie die Zahlen, die Sie optisch durch 1.000 teilen wollen.

2. Wählen Sie *Format/Zellen* und geben Sie auf der Registerkarte *Zahlen* dieses benutzerdefinierte Format ein:

```
#.##0." T€"
```

oder

```
#.##0." TEUR"
```

Der Punkt hinter der Null sorgt dafür, dass die Zahl durch 1.000 geteilt wird.

Ausrichtung von Zahlen am Komma

Über ein benutzerdefiniertes Format können Sie erreichen, dass Zahlen am Dezimalkomma untereinander ausgerichtet werden. Erfassen Sie zu diesem Zweck einmal

ein paar Zahlen mit bis zu drei Nachkommastellen untereinander in einer Tabelle. Danach gehen Sie wie folgt vor:

1. Markieren Sie den Zellenbereich, der diese Formatierung erhalten soll.

2. Wählen Sie aus dem Menü *Format* den Befehl *Zellen*.

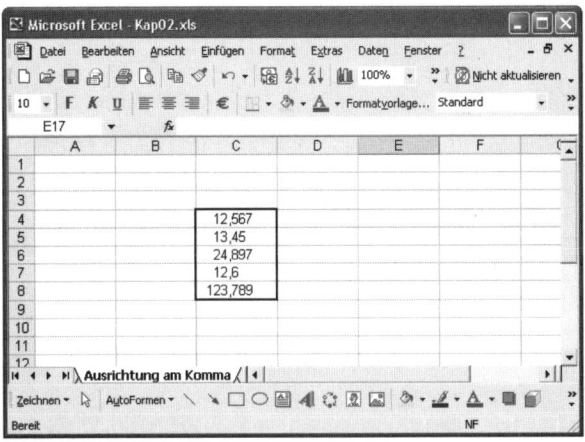

Bild 2.8: Ausrichtung am Dezimalkomma

3. Wechseln Sie auf die Registerkarte *Zahlen*.

4. Stellen Sie im Listenfeld *Kategorie* den Eintrag *Benutzerdefiniert* ein.

5. Erfassen Sie im Feld *Typ* das Format 0,0?????

6. Bestätigen Sie mit *OK*.

> ### Hinweis
>
> Die Anzahl der eingegebenen Fragezeichen im benutzerdefinierten Format ist abhängig von der Anzahl der maximalen Nachkommastellen.

Gleiche Anzahl von Stellen einstellen

Beim nächsten Tipp geht es darum, dass für einen Zellenbereich immer eine bestimmte Anzahl von Zeichen (im Beispiel vier Zeichen) eingegeben werden soll. Wenn weniger als vier Zeichen erfasst werden, dann sollen die restlichen Stellen mit dem Wert 0 aufgefüllt werden. Dabei muss ein benutzerdefiniertes Format wie folgt eingestellt werden:

1. Markieren Sie den Zellenbereich, der diese Formatierung erhalten soll.

2. Wählen Sie aus dem Menü *Format* den Befehl *Zellen*.

3. Wechseln Sie auf die Registerkarte *Zahlen*.

4. Stellen Sie im Listenfeld *Kategorie* den Eintrag *Benutzerdefiniert* ein.

5. Erfassen Sie im Feld *Typ* das Format 0000.

6. Bestätigen Sie mit *OK*.

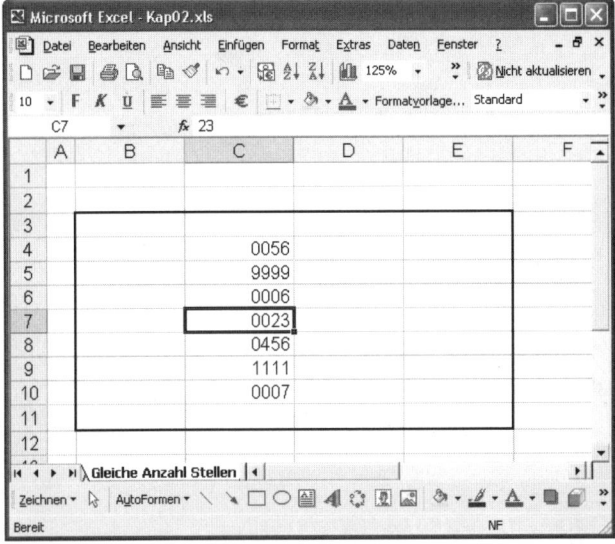

Bild 2.9: Das Format auf gleiche Anzahl von Stellen trimmen

> **Hinweis**
>
> Die Anzahl der Nullen im benutzerdefinierten Format entspricht der maximalen Anzahl der gewünschten Stellen.

Ein Auffüllzeichen einstellen

Vielleicht haben Sie es ja schon einmal auf einem Formular gesehen: ein Feld, auf dem ein Auffüllzeichen wie das Zeichen X oder gar Punkte oder ein durchgezogener Unterstrich eingesetzt werden. Diese Zeichen müssen Sie keineswegs selbst erfassen, sondern Sie können diese Aufgabe elegant über ein benutzerdefiniertes Format regeln.

1. Markieren Sie den Zellenbereich, der diese Formatierung erhalten soll.

2. Wählen Sie aus dem Menü *Format* den Befehl *Zellen*.

3. Wechseln Sie auf die Registerkarte *Zahlen*.

4. Stellen Sie im Listenfeld *Kategorie* den Eintrag *Benutzerdefiniert* ein.

5. Erfassen Sie im Feld *Typ* das Format @*.

6. Bestätigen Sie mit *OK*.

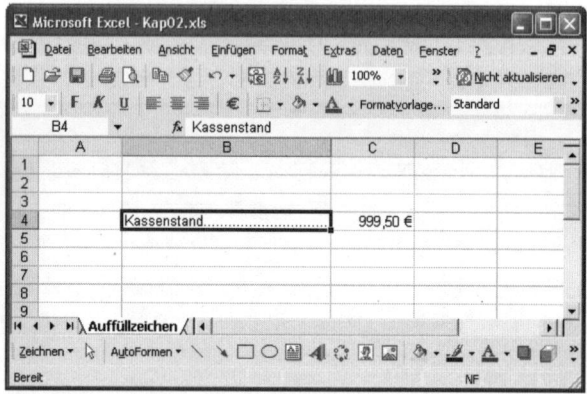

Bild 2.10: Den Punkt als Auffüllzeichen einsetzen

Nachkommastellen nur bei Werten größer Null anzeigen

Beim folgenden Beispiel werden nur bei Zahlen, die grö
ßer als Null sind, die Nachkommastellen angezeigt. Über
ein benutzerdefiniertes Format kann diese Aufgabe
gelöst werden.

1. Markieren Sie den Zellenbereich, der diese Formatierung erhalten soll.

2. Wählen Sie aus dem Menü *Format* den Befehl *Zellen*.

3. Wechseln Sie auf die Registerkarte *Zahlen*.

4. Stellen Sie im Listenfeld *Kategorie* den Eintrag *Benutzerdefiniert* ein.

5. Erfassen Sie anschließend im Feld *Typ* das Format
   [>0]#.##0,00;[=0] #.##0;#.##0

6. Bestätigen Sie mit *OK*.

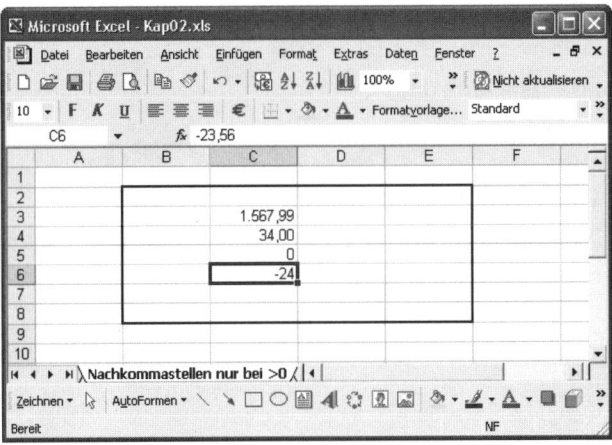

*Bild 2.11: Nachkommastellen nur bei positiven Zahlen über
Null anzeigen*

Werte oder Texte verstecken

Oft findet man in Excel-Tabellen versteckte Werte, die
dann über die Schriftfarbe *Weiß* formatiert sind und
somit nicht mehr auf den ersten Blick wahrgenommen

werden können, sofern auch der Hintergrund der Zelle *Weiß* bleibt.

Eine bessere Methode, um Texte oder Zahlen zu verstecken, liefert der folgende Trick:

1. Markieren Sie den Zellenbereich, in dem Werte versteckt werden sollen.

2. Wählen Sie aus dem Menü *Format* den Befehl *Zellen*.

3. Wechseln Sie auf die Registerkarte *Zahlen*.

4. Stellen Sie im Listenfeld *Kategorie* den Eintrag *Benutzerdefiniert* ein.

5. Erfassen Sie im Feld *Typ* das Format ; ; ;

6. Bestätigen Sie mit *OK*.

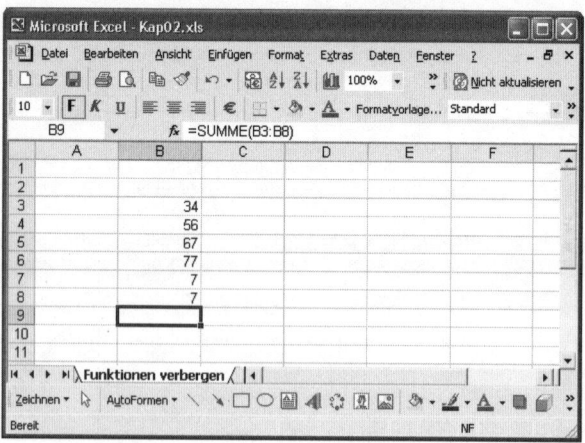

Bild 2.12: Formel ist nur in der Bearbeitungsleiste sichtbar, nicht in der Zelle selbst

Werte nach Wertgröße färben

Über eine benutzerdefinierte Formatierung können Sie Zahlenwerte nach ihrer Größe formatieren. Bei folgendem Beispiel gelten folgende Formatierungsregeln:

Bedingung	Farbe
Größer Null	Rot
Größer Null und kleiner 250	Blau
Größer 250	Grün

Tabelle 2.3: Die Formatierungsregeln

So geht's:

1. Markieren Sie den Zellenbereich, der diese Formatierung erhalten soll.

2. Wählen Sie aus dem Menü *Format* den Befehl *Zellen*.

3. Wechseln Sie auf die Registerkarte *Zahlen*.

4. Stellen Sie im Listenfeld *Kategorie* den Eintrag *Benutzerdefiniert* ein.

5. Erfassen Sie im Feld *Typ* das Format `[Grün] [>=250]#,##0;[Blau][>=0]#,##0;[Rot]#,##0`

6. Bestätigen Sie mit *OK*.

> ### Hinweis
>
> Der hier vorgestellte Trick kann eleganter und schneller über die *Bedingte Formatierung* von Excel durchgeführt werden (siehe nächstes Kapitel).

Kubikmeter als Format verwenden

Beim folgenden Trick wird gezeigt, wie Sie die Einheit
Kubikmeter in Excel als benutzerdefiniertes Format
anwenden können. Verfahren Sie dazu wie folgt:

1. Markieren Sie den Zellenbereich, der diese Formatierung erhalten soll.

2. Wählen Sie aus dem Menü *Format* den Befehl *Zellen*.

3. Wechseln Sie auf die Registerkarte *Zahlen*.

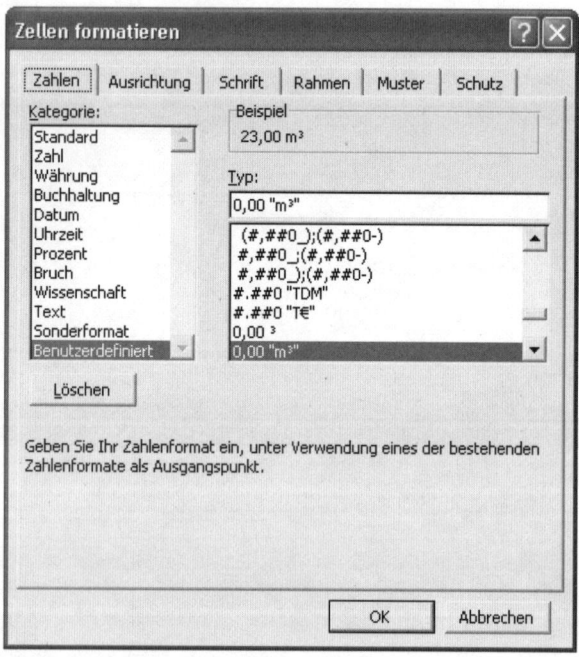

Bild 2.13: Die Einheit Kubikmeter einstellen

4. Stellen Sie im Listenfeld *Kategorie* den Eintrag *Benutzerdefiniert* ein.

5. Erfassen Sie im Feld *Typ* die Einheit Kubikmeter wie in Bild 2.13 angezeigt. Um die hochgestellte Zahl einzufügen, drücken Sie die Tastenkombination `Alt Gr` + `3`.

6. Bestätigen Sie mit *OK*.

Das Grad-Zeichen für heiße Temperaturen

Um bei Wettertabellen das Gradzeichen einzufügen, stellen Sie ein benutzerdefiniertes Format wie folgt ein:

1. Markieren Sie den Zellenbereich, der diese Formatierung erhalten soll.

2. Wählen Sie aus dem Menü *Format* den Befehl *Zellen*.

3. Wechseln Sie auf die Registerkarte *Zahlen*.

4. Stellen Sie im Listenfeld *Kategorie* den Eintrag *Benutzerdefiniert* ein.

5. Erfassen Sie im Feld *Typ* die Einheit Grad wie in Bild 2.14 angezeigt. Um das Grad-Zeichen einzufügen, drücken Sie die Tastenkombination `Alt` + `248` auf dem Ziffernblock.

6. Bestätigen Sie mit *OK*.

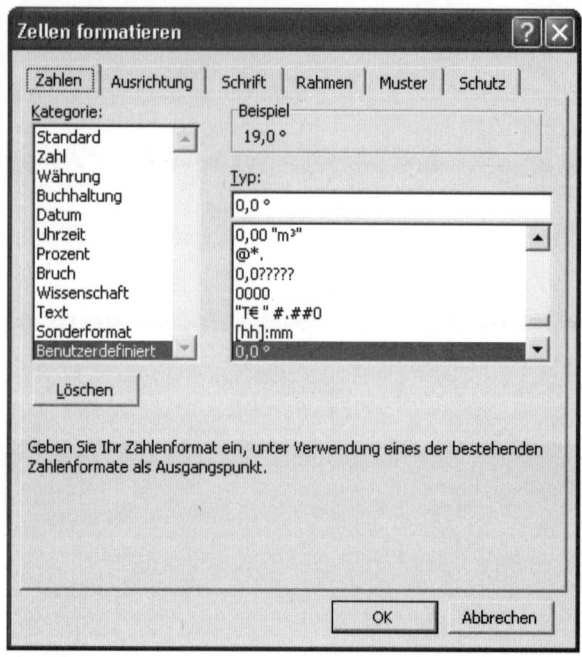

Bild 2.14: Temperaturen über das Grad-Zeichen kennzeichnen

Alkoholtest mit Excel

Auch das Promillezeichen kann in Excel über ein benutzerdefiniertes Format eingestellt werden. Dazu verfahren
Sie wie folgt:

1. Markieren Sie den Zellenbereich, der diese Formatierung erhalten soll.

2. Wählen Sie aus dem Menü *Format* den Befehl *Zellen*.

3. Wechseln Sie auf die Registerkarte *Zahlen*.

4. Stellen Sie im Listenfeld *Kategorie* den Eintrag *Benutzerdefiniert* ein.

5. Erfassen Sie im Feld *Typ* die Einheit Promille wie in Bild 2.15 angezeigt. Um das Promille-Zeichen einzufügen, drücken Sie die Tastenkombination [Alt] + [0137] auf dem Ziffernblock.

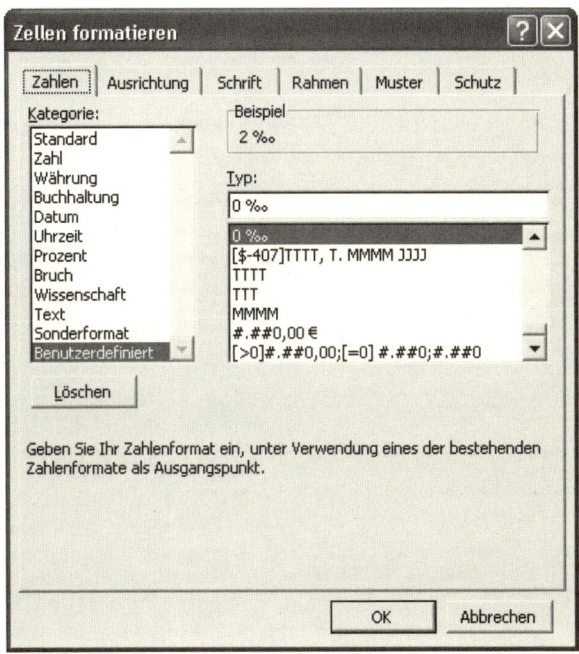

Bild 2.15: Das Promille-Zeichen angeben

Die Ausrichtung von Zellen

Über die Ausrichtung von Daten in den Zellen können Sie bemerkenswerte Effekte erzielen, die jetzt beschrieben werden.

Texte einrücken

Für die bessere Optik ist es vorteilhaft, bestimmte Daten vom linken Zellenrand her gesehen einzurücken. Dazu müssen Sie nicht die Leertaste quälen, sondern eben den Zellenbereich vorab so formatieren, dass der Einzug automatisch vorgenommen wird. Dabei verfahren Sie wie folgt:

1. Markieren Sie den Zellenbereich, der diese Formatierung erhalten soll.

2. Wählen Sie aus dem Menü *Format* den Befehl *Zellen*.

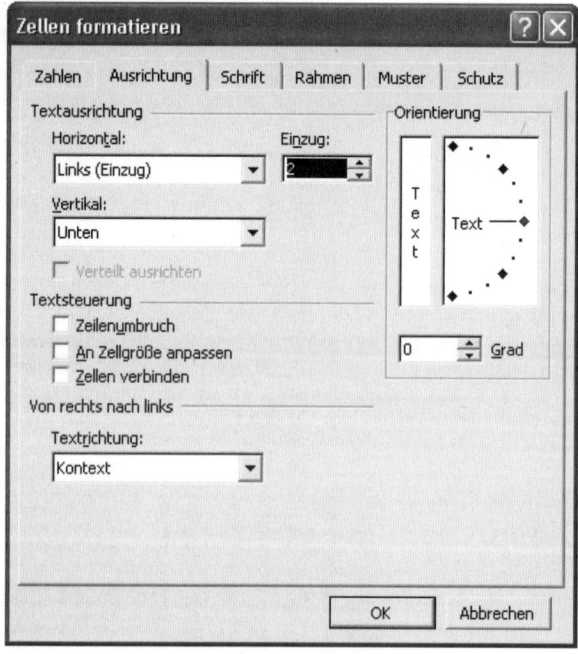

Bild 2.16: Einen linken Einzug einstellen

3. Wechseln Sie auf die Registerkarte *Ausrichtung*.

4. Wählen Sie aus dem Kombinationsfeld *Horizontal* den Eintrag *Links (Einzug)*.

5. Geben Sie im Drehfeld *Einzug* den gewünschten Einzug an. Möglich sind dabei Werte zwischen 1 und 15.

6. Bestätigen Sie mit *OK*.

Hinweis

Auf der Symbolleiste *Format* finden Sie alternativ zur noch schnelleren Bearbeitung der Daten die beiden Symbole *Einzug verkleinern* bzw. *Einzug vergrößern*.

Zelle automatisch auffüllen

Eine weitere sehr bemerkenswerte Formatierung ist das Ausfüllen einer Zelle beispielsweise mit Buchstaben oder Zahlen. Dazu reicht bereits ein einziger Buchstabe – Excel füllt den Rest der Zelle mit diesem Buchstaben auf. Gehen Sie dazu wie folgt vor:

1. Geben Sie z.B. den Buchstaben X in Zelle A1 ein.

2. Drücken Sie die Tastenkombination $\boxed{\text{Strg}}$ + $\boxed{1}$.

3. Wechseln Sie auf das Register *Ausrichtung*.

4. Aus dem Kombinationsfeld *Horizontal* wählen Sie den Eintrag *Ausfüllen*.

5. Bestätigen Sie Ihre Wahl mit *OK*.

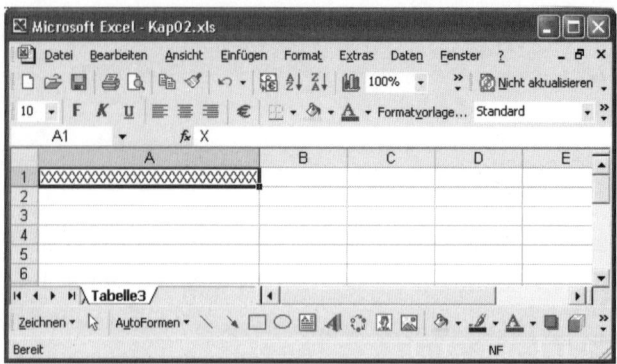

Bild 2.17: Der Buchstabe muss nur einmal eingegeben werden

Der Buchstabe wird nur ein einziges Mal erfasst. Excel
füllt diesen Buchstaben solange auf, bis die ganze Breite
der Zelle erreicht ist. Verändern Sie die Breite der Spalte,
wird die Formatierung automatisch angepasst.

Buchstaben untereinander ausrichten

Möchten Sie einen Text Buchstabe für Buchstabe in einer
Zelle untereinander ausrichten, dann befolgen Sie die
nächsten Schritte:

1. Markieren Sie die Zelle, die diese Formatierung erhalten soll.

2. Wählen Sie aus dem Menü *Format* den Befehl *Zellen*.

3. Wechseln Sie auf die Registerkarte *Ausrichtung*.

4. Im Gruppenfeld *Orientierung* klicken Sie das linke
   Feld an.

5. Bestätigen Sie Ihre Wahl mit *OK*.

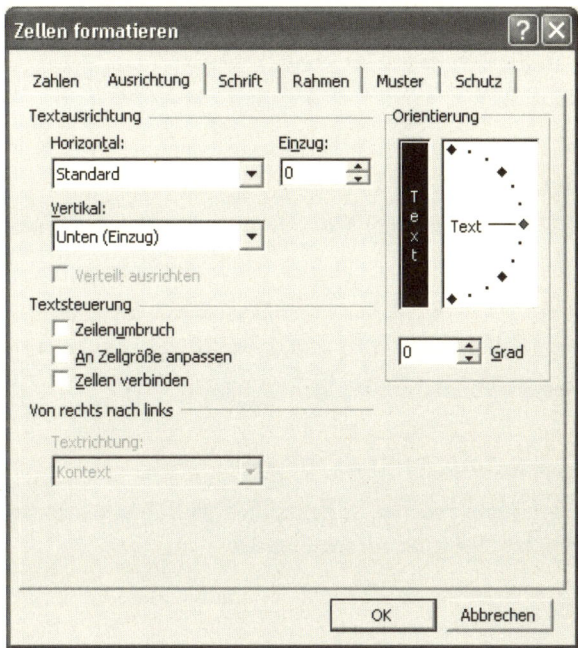

Bild 2.18: Texte untereinander ausrichten

Mit Zeilenumbrüchen arbeiten

Wenn Sie innerhalb einer Zelle mehrere Zeilen eingeben möchten, ist die eleganteste Vorgehensweise, zuerst die erste Zeile zu erfassen, dann die Tastenkombination [Alt] + [Enter] zu drücken, mit der zweiten Zeile zu beginnen, dann wiederum dieselbe Tastenkombination zu drücken, dann die dritte Zeile zu schreiben usw. Haben Sie alle Zeilen eingegeben, drücken Sie die Taste [Enter]. Excel passt die Zeilenhöhe der Zelle jetzt automatisch für Sie an, damit alle eingegebenen Daten auch sichtbar sind.

Schriftgröße an Zellenbreite anpassen

Soll die Schriftgröße so gewählt werden, dass der Text genau in die Zelle passt, dann gehen Sie wie folgt vor:

1. Markieren Sie den Zellenbereich, der diese Ausrichtung erhalten soll.

2. Wählen Sie aus dem Menü *Format* den Befehl *Zellen*.

3. Wechseln Sie auf die Registerkarte *Ausrichtung*.

4. Aktivieren Sie das Kontrollkästchen *An Zellgröße anpassen*.

5. Bestätigen Sie Ihre Wahl mit *OK*.

Zellen miteinander verbinden

Sollen mehrere Zellen miteinander verbunden werden, dann gehen Sie folgendermaßen vor:

1. Markieren Sie den Zellenbereich, der diese Formatierung erhalten soll.

2. Wählen Sie aus dem Menü *Format* den Befehl *Zellen*.

3. Wechseln Sie auf die Registerkarte *Ausrichtung*.

4. Aktivieren Sie das Kontrollkästchen *Zellen verbinden*.

5. Bestätigen Sie Ihre Wahl mit *OK*.

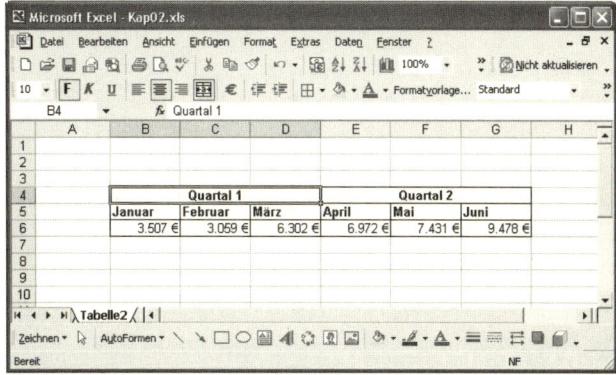

Bild 2.19: Zellen verbinden und zentrieren

Hinweis

Die verbundenen Zellen können wie eine einzelne
Zelle behandelt werden. Sie dienen in erster Linie der
Optik von Daten.

Schnellformatierung durch Tastenkombinationen

Wenn Sie Zellen mit einem bestimmten Zellenformat wie
mit dem Fettdruck formatieren möchten, dann können
Sie entweder die Symbolleiste *Format* dazu einsetzen
oder noch schneller folgende Tastenkombinationen
anwenden:

Tastenkombination	Formatierung
Strg + 2	fett
Strg + 3	kursiv
Strg + 4	unterstrichen
Strg + 5	durchgestrichen

Tabelle 2.4: Die gebräuchlichsten Formate

Automatisch formatieren

Autoformate anwenden

Eine Zahlentabelle kann auf schnelle Art und Weise vollautomatisch formatiert werden. Bei der folgenden Aufgabe gehen Sie von der Tabelle aus Bild 2.20 aus.

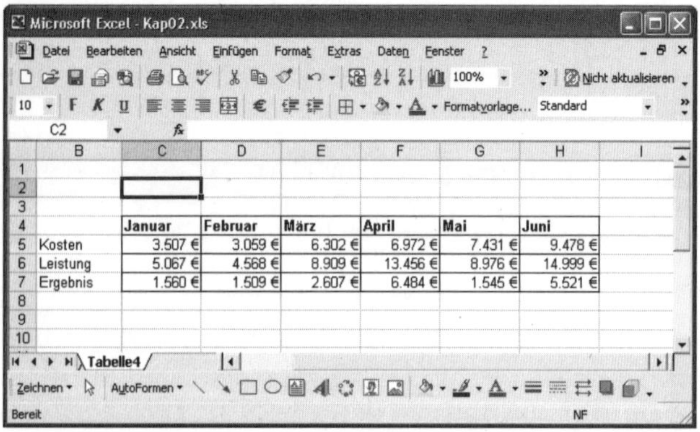

Bild 2.20: Die noch etwas unformatierte Tabelle

Um diese Tabelle auf schnelle Art und Weise zu formatieren, stellt Excel Ihnen die Funktion *AutoFormat* zur Verfügung, die Sie wie folgt einsetzen können:

1. Markieren Sie Ihre noch nicht formatierte Zahlentabelle.

2. Wählen Sie aus dem Menü *Format* den Befehl *Auto-Format*.

3. Entscheiden Sie sich für ein bereits fertiges Autoformat.

4. Mit einem Klick auf die Schaltfläche *Optionen* steht Ihnen eine Auswahl von Formaten zur Verfügung.

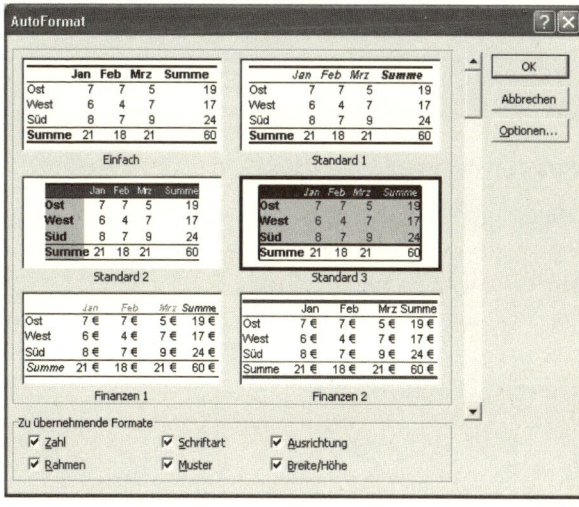

Bild 2.21: Die fertigen Autoformate nützen

5. Klicken Sie auf *OK*, um die ausgewählten Formate auf Ihre Tabelle zu übertragen.

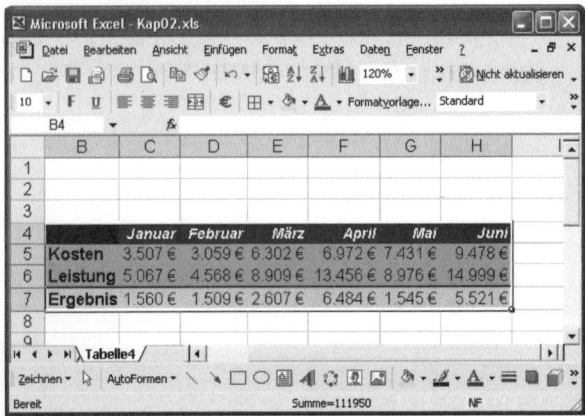

Bild 2.22: Mit ein paar Klicks fertig formatiert

Formatvorlagen verwenden

Nicht nur Word, die Textverarbeitung, stellt Formatvorlagen zur Verfügung, über die eine Überschrift, ein Kastentext oder eine Kursivschrift schnell und v. a. einheitlich im Text zugewiesen werden kann. Excel bietet ebenfalls Formatvorlagen, die aber hauptsächlich für Zahlen und Währungen gelten.

1. Wählen Sie *Format/Formatvorlage*.

2. Sehen Sie sich die Formatvorlagen an, stellen Sie fest, welche Formatierungen diese übernehmen. Mit Klick auf *Ändern* können Sie die eingestellte Formatvorlage ändern.

3. Speichern Sie die Formatvorlage mit *OK* zurück, sie gilt ab sofort für alle Zellen, die dieses Format tragen.

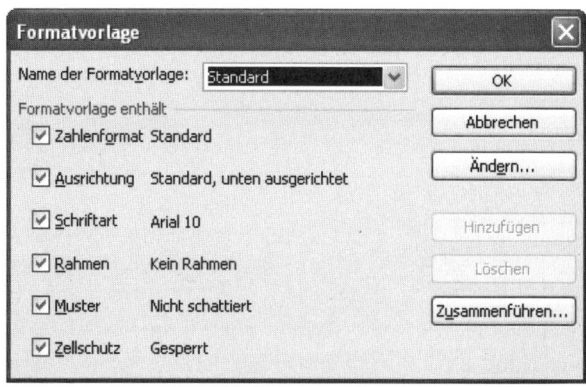

Bild 2.23: Die Formatvorlage Standard

Wenn Sie die Formatvorlage *Standard* ändern, wirkt sich das auf alle Zellen aus, die keine andere Formatvorlage haben, und das sind bei neuen Mappen natürlich alle Zellen.

Die Formatvorlage *Währung* hat eine Sonderstellung: Sie übernimmt das Währungsformat aus der Systemsteuerung. Ändern Sie dieses unter *Start/Systemsteuerung/Regions- und Sprachoptionen*, wird sich das sofort auf alle Zellen auswirken, die mit dieser Formatvorlage formatiert sind.

Das Währungssymbol in der Symbolleiste *Format* ist mit dieser Formatvorlage gekoppelt; ein Klick auf dieses Symbol weist die Formatvorlage *Währung* zu.

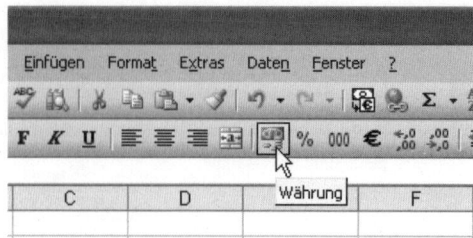

Bild 2.24: Das Währungsssymbol überträgt die Formatvorlage Währung

Schnelle Formatvorlagenzuweisung

Machen Sie sich die Arbeit mit Formatvorlagen komfortabler, der Aufruf über das *Format*-Menü ist nicht besonders komfortabel und die Zuweisung neuer Formatvorlagen muss auch schneller gehen. Hier ein Beispiel:

Sie brauchen häufig für einzelne Zellen einen Zeilenumbruch, nämlich immer dann, wenn größere Textpassagen in die Zelle geschrieben wurden. Die Zuweisung über *Format/Zellen* ist lästig, eine Komplettformatierung der ganzen Tabelle ist nicht sinnvoll. Erstellen Sie sich eine Formatvorlagenliste in der Symbolleiste und schreiben Sie neue Formatvorlagen einfach in diese Liste:

1. Wählen Sie *Ansicht/Symbolleisten/Anpassen*.

2. Schalten Sie auf die Registerkarte *Befehle* um, suchen Sie die Kategorie *Format*.

3. Ziehen Sie das Listensymbol für die Formatvorlagen mit gedrückter Maustaste nach oben in die Symbolleiste *Format*, am besten rechts neben die Schriftformat-Symbole.

4. Schließen Sie die *Anpassen*-Box.

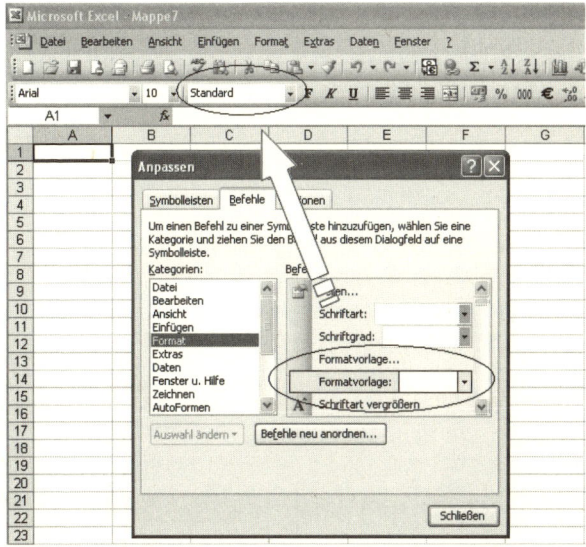

Bild 2.25: Die Formatvorlagenliste wird in die Symbolleiste integriert

5. Schreiben Sie einen Text mit mehreren Worten in eine Zelle und formatieren Sie diese Zelle mit *Format/Zellen/Ausrichtung/Zeilenumbruch*.

6. Klicken Sie in die neue Formatvorlagenliste in Ihrer Symbolleiste und schreiben Sie die Bezeichnung für die neue Formatvorlage, die diese Zellformatierung jetzt übernimmt.

7. Bestätigen Sie mit [Enter], und die neue Formatvorlage ist erstellt.

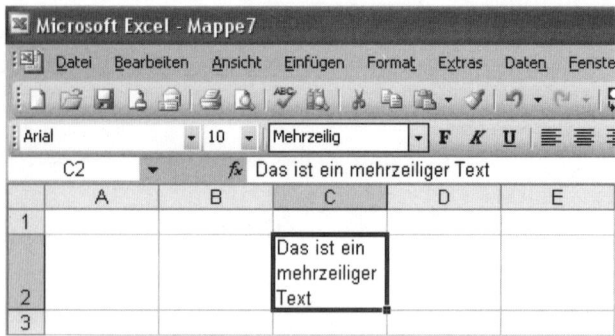

Bild 2.26: Eine neue Formatvorlage entsteht

Benötigen Sie anschließend in irgendeiner Zelle wieder
einen Zeilenumbruch, klicken Sie auf den Listenpfeil und
holen Sie die neue Formatvorlage ab.

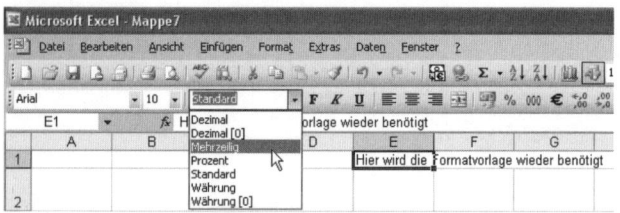

Bild 2.27: Zwei Klicks, und das Format ist zugewiesen

Formatierung von Hyperlinks ändern

Standardmäßig werden alle URLs und E-Mail-Adressen
bei der Eingabe in Excel-Tabellen automatisch in das
Hyperlink-Format umgewandelt. Dabei wird der Zelleninhalt unterstrichen und die Schriftfarbe *Blau* zugewiesen. Außerdem kann der Zellentext danach mit der linken

Maus nicht mehr aktiviert werden, da sonst gleich das hinterlegte Hyperlink-Ziel angesprungen wird. Möchten Sie die Schriftart sowie die Schriftfarbe ändern, dann haben Sie dazu zwei Möglichkeiten:

1. Klicken Sie mit der rechten Maustaste auf die Zelle, die den Hyperlink enthält.

2. Wählen Sie aus dem Kontextmenü den Befehl *Zellen formatieren*.

3. Wechseln Sie im Dialog *Zellen formatieren* auf die Registerkarte *Schrift*.

4. Hier können Sie die Schriftart, die Schriftfarbe, den Schriftschnitt sowie die Schriftgröße des Hyperlinks bestimmen.

5. Übertragen Sie die so eingestellte Formatierung mithilfe des Symbols *Übertragen* aus der Symbolleiste *Standard* auch auf andere Zellen, die Hyperlinks enthalten.

Soll die Änderung der Hyperlinks dauerhaft in Excel angepasst werden, dann gehen Sie wie folgt vor:

1. Wählen Sie in der Tabelle, die die Hyperlinks enthält, aus dem Menü *Format* den Befehl *Formatvorlage*.

2. Wählen Sie aus dem Dropdownfeld *Formatvorlagenname* den Eintrag *Hyperlink*. Sie sehen nun die aktuelle Formatierungseinstellung für Hyperlinks in Excel.

3. Klicken Sie auf die Schaltfläche *Ändern*.

4. Wechseln Sie im Dialogfeld *Zellen formatieren* auf die Registerkarte *Schrift*.

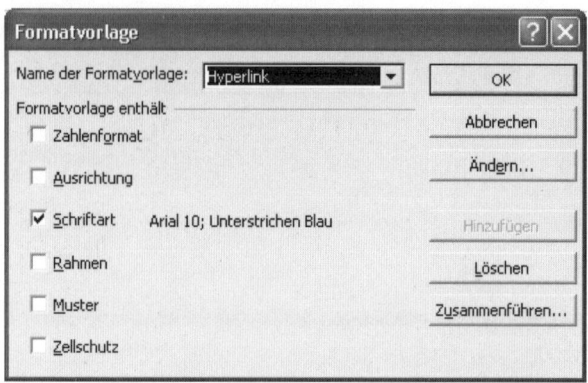

Bild 2.28: Die Formatierung von Hyperlinks dauerhaft anpassen

5. Hier können Sie die Schriftart, die Schriftfarbe, den Schriftschnitt sowie die Schriftgröße des Hyperlinks bestimmen und mit *OK* bestätigen.

Hinweis

Ist diese Formatvorlage einmal angepasst, werden alle neuen Hyperlinks, die Sie in Ihre Tabellen einfügen, mit dieser Formatierung belegt.

3
Highlights der bedingten Formatierung

Die bedingte Formatierung gibt es in Excel schon seit der Version Excel 97. Seit dieser Zeit ist es möglich, sehr viel Automatismus in Tabellen zu bringen, ohne eine einzige Zeile in VBA programmieren zu müssen. Dieses Kapitel beschreibt Speziallösungen sowie Tipps und Tricks, die mithilfe der bedingten Formatierung in Excel umgesetzt werden können.

Zeilen im Wechsel färben

In einer Tabelle sollen die Zeilen abwechselnd mit *Grau* und *Weiß* eingefärbt werden, ohne dass dafür ein Makro verwendet werden darf. Um diese Aufgabe zu lösen, führt man folgende Arbeitsschritte durch:

1. Markierten Sie die Zeilen, die Sie mit der bedingten Formatierung belegen wollen.

2. Aus dem Menü *Format* wählen Sie den Befehl *Bedingte Formatierung*.

3. Im Kombinationsfeld *Bedingung 1* stellen Sie den Eintrag *Formel ist* ein.

4. Als Formel wird `=REST(ZEILE();2)=0` eingegeben.

5. Klicken Sie auf die Schaltfläche *Format*.

6. Wechseln Sie auf die Registerkarte *Muster*.

7. Klicken Sie auf der Farbpalette auf die Farbe *Grau*.

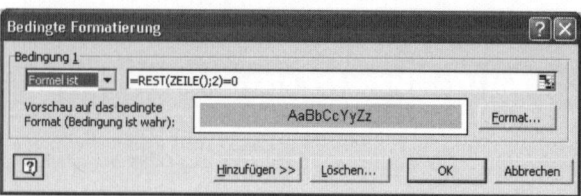

Bild 3.1: Die Formel wurde eingestellt

8. Klicken Sie auf *OK*, um die Anpassungen wirksam werden zu lassen.

Über die Tabellenfunktion ZEILE wird die aktuelle Zeilennummer ermittelt. Mithilfe der Funktion REST wird diese Zeilennummer durch den Wert 2 dividiert. Bleibt dabei kein Rest übrig, handelt es sich um eine gerade Zeilennummer, die dann über die bedingte Formatierung eingefärbt wird.

Hinweis

Analog zur ersten Aufgabe ist es selbstverständlich auch möglich, Spalten im Wechsel einzufärben. Die dazugehörende Formel, die als bedingte Formatierung eingestellt werden muss, lautet: =REST(SPALTE ();2)=0.

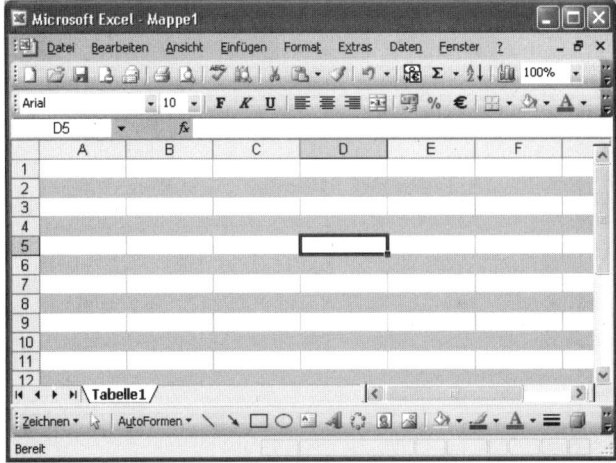

Bild 3.2: Zeilen im Wechsel einfärben

Den letzten Satz einer Tabelle hervorheben

Im nächsten Beispiel soll jeweils der letzte Satz einer Tabelle hervorgehoben werden, indem um den letzten Eintrag ein Rahmen gezogen wird.

Um diese Aufgabe zu lösen, müssen folgende Arbeitsschritte durchgeführt werden:

1. Die Spalte A wird komplett markiert, indem auf den Spaltenbuchstaben geklickt wird.

2. Aus dem Menü *Format* wählen Sie den Befehl *Bedingte Formatierung*.

3. Im Kombinationsfeld *Bedingung 1* stellen Sie den Eintrag *Formel ist* ein.

4. Als Formel wird =ANZAHL2(A:A)=ZEILE(A1) eingegeben.

5. Klicken Sie auf die Schaltfläche *Format*.

6. Wechseln Sie auf die Registerkarte *Muster*.

7. Klicken Sie auf der Farbpalette auf die Farbe *Blau*.

8. Klicken Sie auf *OK*, um die Anpassungen wirksam werden zu lassen.

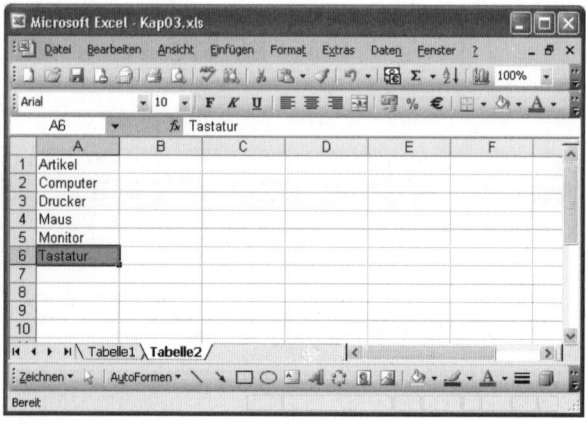

Bild 3.3: Letzte belegte Zelle in Spalte A kennzeichnen

Einen bestimmten Tag kennzeichnen

Wenn Sie in einer Excel-Tabelle beispielsweise in Zeile 3 eine Datumsleiste haben und nun ein bestimmtes Datum auf dieser Leiste automatisch kennzeichnen möchten, dann können Sie für diesen Zweck die bedingte Formatierung einsetzen. Das Vergleichsdatum, das auf der

Datumsleiste gefunden werden soll, wird in Zelle A1 erfasst.

Um diese Aufgabe zu lösen, werden folgende Arbeitsschritte durchgeführt:

1. Markieren Sie den Zellenbereich A3:F3.

2. Aus dem Menü *Format* wählen Sie den Befehl *Bedingte Formatierung*.

3. Im Kombinationsfeld *Bedingung 1* stellen Sie den Eintrag *Formel ist* ein.

4. Als Formel wird =$A$1=A$3 eingegeben.

5. Klicken Sie auf die Schaltfläche *Format*.

6. Wechseln Sie auf die Registerkarte *Muster*.

7. Klicken Sie auf der Farbpalette auf die Farbe *Orange*.

8. Klicken Sie auf *OK*, um die Anpassungen wirksam werden zu lassen.

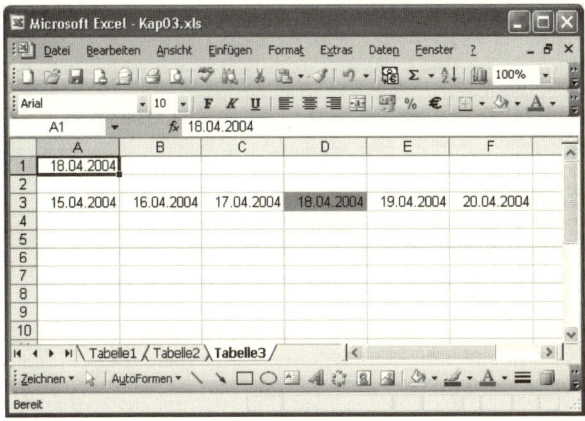

Bild 3.4: Einen Tag finden und kennzeichnen

Bei dieser Aufgabe wird jeweils die Zeile 3 mit dem
Datum verglichen, das in Zelle A1 steht. Kann eine Übereinstimmung festgestellt werden, dann wird der vorher
markierte Bereich am linken und rechten Rand des aktuellen Tages mit einem Hintergrund in der Farbe *Orange*
versehen.

Den größten Wert in einem Bereich finden

Beim folgenden Tipp wird der größte Wert in einem
Bereich gefunden und gekennzeichnet. Gehen Sie dazu
wie folgt vor:

1. Geben Sie in einer neuen Tabelle im Bereich B2:E10
   beliebige Zahlenwerte ein.

2. Markieren Sie diesen Bereich.

3. Aus dem Menü *Format* wählen Sie den Befehl
   Bedingte Formatierung.

4. Im Kombinationsfeld *Bedingung 1* stellen Sie den
   Eintrag *Formel ist* ein.

5. Als Formel wird =B2=MAX($B$2:$E$10) eingegeben.

6. Klicken Sie auf die Schaltfläche *Format*.

7. Wechseln Sie auf die Registerkarte *Muster*.

8. Klicken Sie auf der Farbpalette auf die Farbe *Hell-
   blau*.

9. Klicken Sie auf *OK*, um die Anpassungen wirksam
   werden zu lassen.

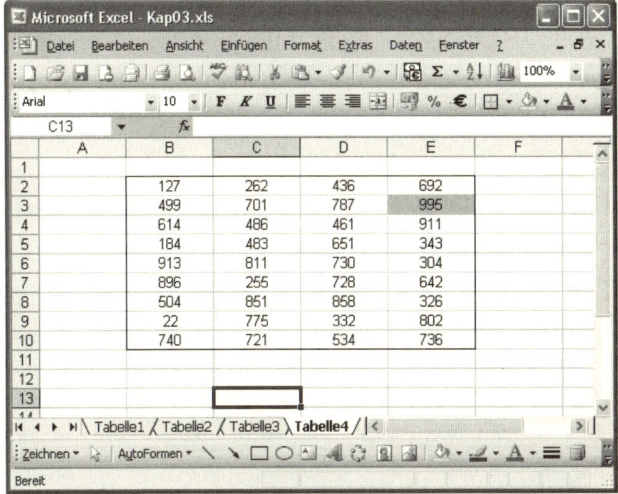

Bild 3.5: Den größten Wert eines Bereichs finden und kennzeichnen

Hinweis

Soll der kleinste Wert im Bereich gefunden werden, dann verwenden Sie die Funktion MIN.

Die drei größten Werte eines Bereichs ermitteln

Wenn Sie die drei größten Werte in einem Bereich kennzeichnen möchten, dann gehen Sie wie folgt vor:

1. Geben Sie in einer neuen Tabelle im Bereich B2:E10 beliebige Zahlenwerte ein.

2. Markieren Sie diesen Bereich.

3. Aus dem Menü *Format* wählen Sie den Befehl
   Bedingte Formatierung.

4. Im Kombinationsfeld *Bedingung 1* stellen Sie den
   Eintrag *Formel ist* ein.

5. Als Formel wird =B2=KGRÖSSTE($B$2:$E$10;1) eingegeben.

6. Klicken Sie auf die Schaltfläche *Format*.

7. Wechseln Sie auf die Registerkarte *Muster*.

8. Klicken Sie auf der Farbpalette auf die Farbe *Rot*.

9. Klicken Sie die Schaltfläche *Hinzufügen*, um eine
   zusätzliche Bedingung hinzuzufügen.

10. Wiederholen Sie auf die letzten Schritte, bis Sie die
    drei Bedingungen eingestellt haben.

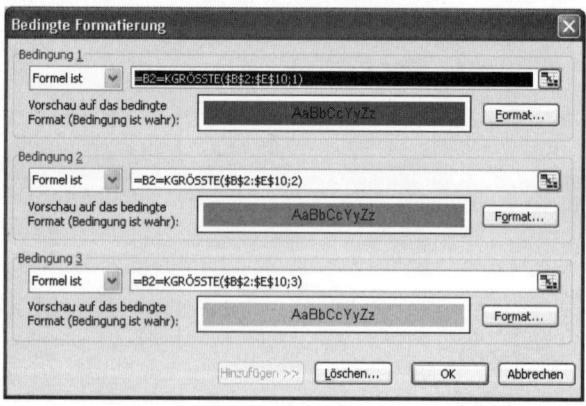

Bild 3.6: Bei drei Bedingungen ist Schluss

11. Klicken Sie auf *OK*, um die Anpassungen wirksam werden zu lassen.

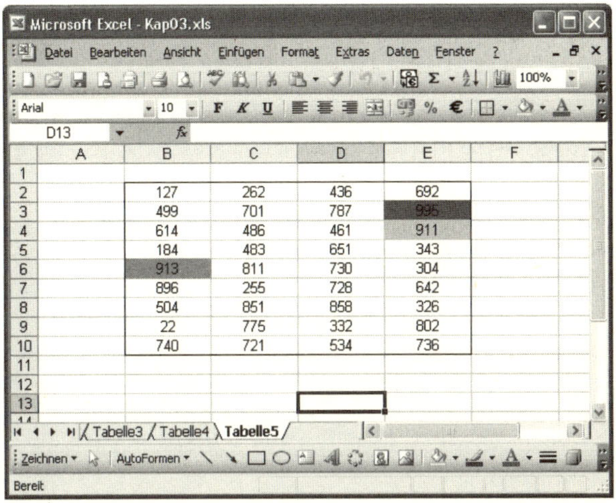

Bild 3.7: Die drei höchsten Werte werden farblich hervorgehoben

---

Hinweis

Wenn zwei Werte gleich hoch sind, dann werden beide Werte gleichermaßen eingefärbt. Sollen die drei kleinsten Werte gefunden werden, dann setzen Sie die Tabellenfunktion KKLEINSTE ein.

Leider ist bei drei Bedingungen in Excel Schluss. Im Kapitel »Die besten Makros für den Alltag« lernen Sie eine Lösung kennen, die dynamisch ist.

Wochenenden hervorheben

Wenn Sie sich einen Kalender in Excel basteln, dann können Sie sich mit Hilfe der bedingten Formatierung die Wochenenden kennzeichnen lassen. Dazu gehen Sie wie folgt vor:

1. Geben Sie in einer neuen Tabelle in Zelle A1 das Startdatum ein.

2. Ziehen Sie das Ausfüllkästchen nach unten, um die Datumsleiste nach unten fortzusetzen.

3. Markieren Sie den gefüllten Bereich.

4. Aus dem Menü *Format* wählen Sie den Befehl *Bedingte Formatierung*.

5. Im Kombinationsfeld *Bedingung 1* stellen Sie den Eintrag *Formel ist* ein.

6. Als Formel wird =WOCHENTAG(A1)=7 eingegeben.

7. Klicken Sie auf die Schaltfläche *Format*.

8. Wechseln Sie auf die Registerkarte *Muster*.

9. Klicken Sie auf der Farbpalette auf die Farbe *Hellgrau*.

10. Klicken Sie auf die Schaltfläche *Hinzufügen*, um eine zusätzliche Bedingung hinzuzufügen.

11. Im Kombinationsfeld *Bedingung 2* stellen Sie den Eintrag *Formel ist* ein.

12. Als Formel wird =WOCHENTAG(A1)=1 eingegeben.

13. Führen Sie die Schritte 7 bis 9 durch.

14. Beenden Sie die bedingte Formatierung mit *OK*.

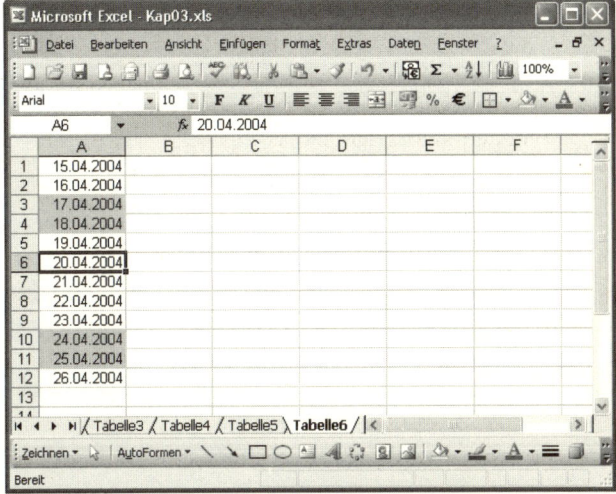

Bild 3.8: Samstage und Sonntage hervorheben

Hinweis

Die Funktion `WOCHENTAG(Datum;Typ)` meldet einen Wert zwischen 1 und 7 zurück. Ein wenig ungewöhnlich ist hier, dass die neue Woche mit dem Sonntag (1) beginnt. Sehen Sie in der Hilfe zu dieser Funktion nach, wie das zweite Argument Einfluss auf die Berechnung nimmt:

`=WOCHENTAG(Datum;1)` oder   1 = Sonntag, 7 = Samstag
`=WOCHENTAG(Datum)`

=WOCHENTAG(Datum;2)	1 = Montag, 7 = Sonntag
=WOCHENTAG(Datum;3)	0 = Montag, 6 = Sonntag

Fehlermeldungen ausblenden

Excel quittiert den Versuch, eine Zahl durch den Wert 0 zu teilen, mit der Fehlermeldung »DIV/0«. Diese Meldung sieht in Zellen immer etwas unschön aus und kann über den Einsatz der bedingten Formatierung ausgeblendet werden. Gehen Sie bei der folgenden Aufgabe von einer Tabelle aus, die in etwa so aussieht wie auf dem folgenden Bild.

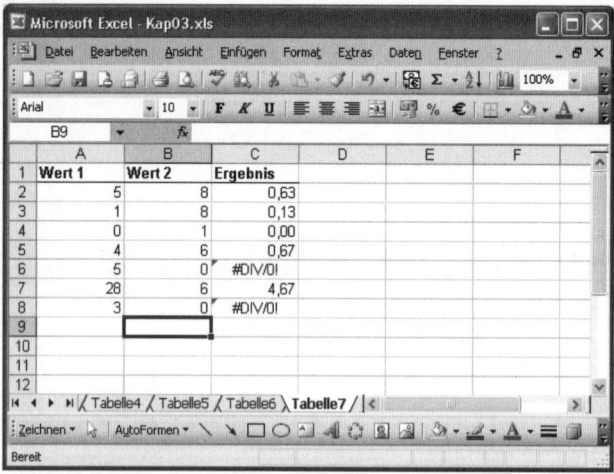

Bild 3.9: Fehlerwerte werden angezeigt

Um die Fehler wegzublenden, verfahren Sie folgendermaßen:

1. Markieren Sie den Bereich C2:C8.

2. Aus dem Menü *Format* wählen Sie den Befehl *Bedingte Formatierung*.

3. Im Kombinationsfeld *Bedingung 1* stellen Sie den Eintrag *Formel ist* ein.

4. Als Formel wird `=FEHLER.TYP(C2)=2` eingegeben.

5. Klicken Sie auf die Schaltfläche *Format*.

6. Wechseln Sie auf die Registerkarte *Schrift*.

7. Wählen Sie im Kombinationsfeld *Farbe* die Farbe *Weiß* aus.

8. Bestätigen Sie zweimal mit *OK*.

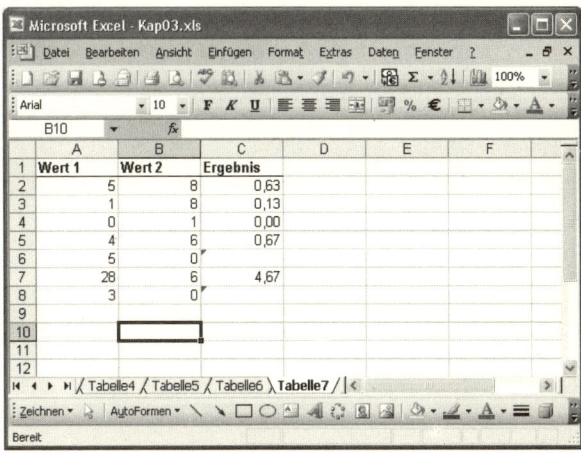

Bild 3.10: Fehlerwerte wurden unsichtbar gemacht

> ## Hinweis
>
> Eine andere Fehlermeldung in Excel ist »NV«. Diese
> Meldung erscheint, wenn ein gesuchter Wert nicht
> gefunden werden kann.
>
> Um diese Zellen wegzublenden, setzen Sie als Bedin-
> gung folgende Formel ein:
>
> `=ISTNV(C2`

Doppelte Werte aufspüren

Beim nächsten Trick geht es darum, mithilfe der bedingten Formatierung doppelte Werte in einer Spalte aufzuspüren. Sehen Sie sich als Ausgangssituation einmal das
Bild 3.11 an.

Um die doppelten Werte zu finden und zu kennzeichnen,
verfahren Sie wie folgt:

1. Markieren Sie den Bereich A2:A9.

2. Aus dem Menü *Format* wählen Sie den Befehl
   Bedingte Formatierung.

3. Im Kombinationsfeld *Bedingung 1* stellen Sie den
   Eintrag *Formel ist* ein.

4. Als Formel wird `=ZÄHLENWENN($A:$A;A2)>1` eingegeben.

5. Klicken Sie auf die Schaltfläche *Format*.

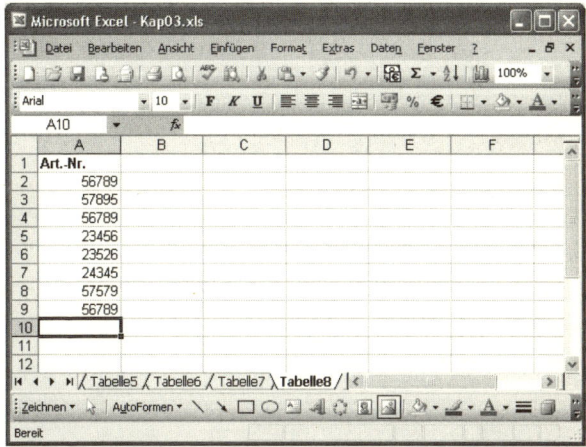

Bild 3.11: In dieser Liste sind doppelte Werte vorhanden

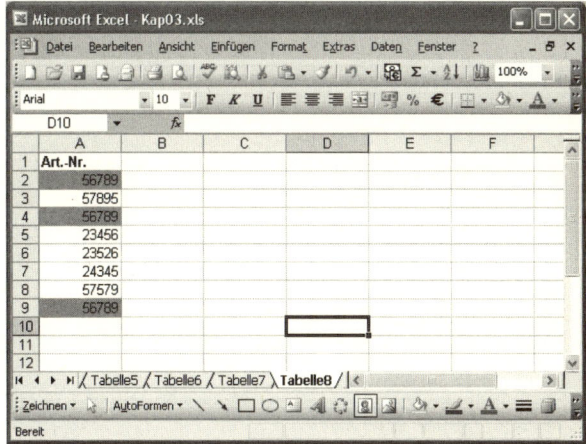

Bild 3.12: Doppelte Werte wurden gekennzeichnet

6. Wechseln Sie auf die Registerkarte *Muster*.

7. Klicken Sie in der Farbpalette auf die Farbe *Rot*.

8. Bestätigen Sie zweimal mit *OK* (s. Bild 3.12).

Eine Kontrollspalte definieren

Beim folgenden Tipp soll in einer Tabelle eine Kontroll-spalte geführt werden. Über eine Eingabe in diese Spalte soll je nach Eintrag die ganze dazugehörige Zeile einge-färbt werden.

Sehen Sie sich dazu vorab einmal das Bild 3.13 an.

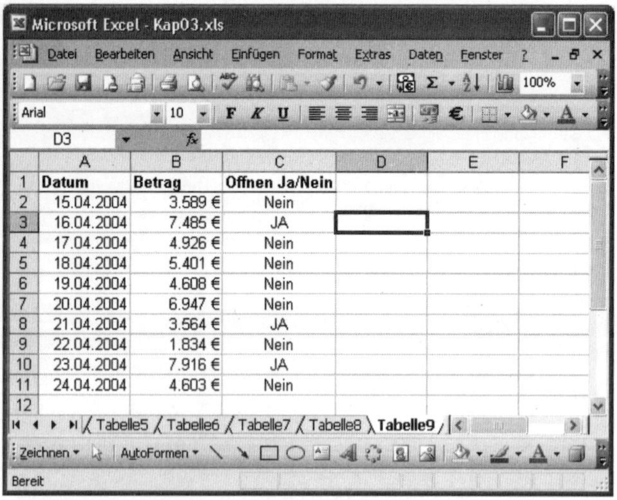

Bild 3.13: Die Ausgangsposition – eine Liste mit noch offenen Rechnungen

Um nun die Zeilen automatisch einzufärben, die noch einen offenen Rechnungsstatus haben, gehen Sie wie folgt vor:

1. Markieren Sie den Bereich A2:C11.

2. Aus dem Menü *Format* wählen Sie den Befehl *Bedingte Formatierung*.

3. Im Kombinationsfeld *Bedingung 1* stellen Sie den Eintrag *Formel ist* ein.

4. Als Formel wird =$C2="JA" eingegeben.

5. Klicken Sie auf die Schaltfläche *Format*.

6. Wechseln Sie auf die Registerkarte *Muster*.

7. Klicken Sie in der Farbpalette auf die Farbe *Rot*.

8. Bestätigen Sie zweimal mit *OK*.

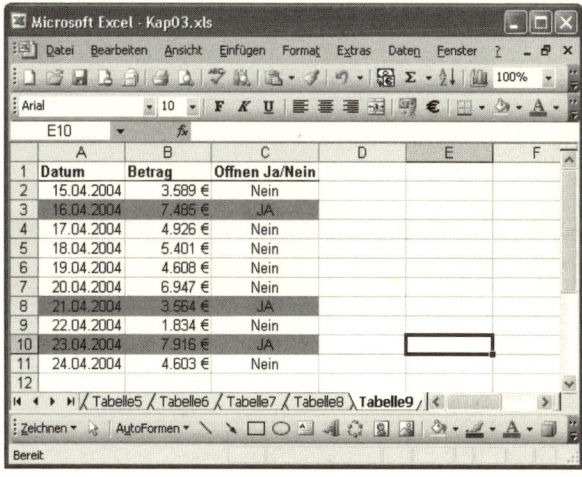

Bild 3.14: Alle noch offenen Positionen

Prozentuale Abweichungen feststellen

In einer Liste werden die Kosten zweier Jahre verglichen. Jetzt soll festgestellt werden, welche Positionen Abweichungen von –5% oder +5% haben. Sehen Sie sich zunächst die Ausgangstabelle aus Bild 3.15 an.

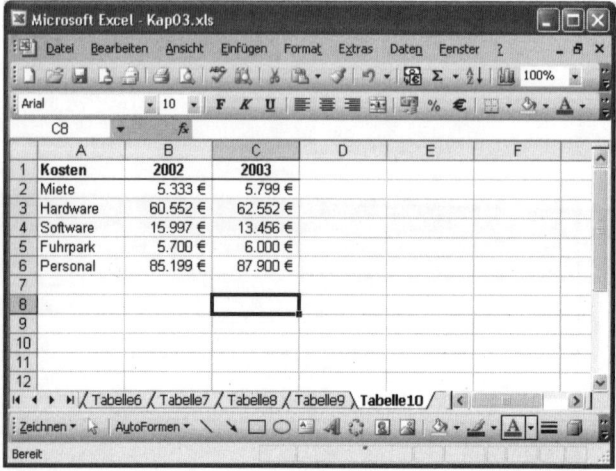

Bild 3.15: Welche Kosten sind um mehr als 5% gestiegen bzw. gesunken?

So geht's:

1. Markieren Sie den Bereich C2:C6.

2. Aus dem Menü *Format* wählen Sie den Befehl *Bedingte Formatierung*.

3. Im Kombinationsfeld *Bedingung 1* stellen Sie den Eintrag *Formel ist* ein.

4. Als Formel wird =ODER((C2/B2)-1>5%;(C2/B2)-1 <-5%) eingegeben.

5. Klicken Sie auf die Schaltfläche *Format*.

6. Wechseln Sie auf die Registerkarte *Muster*.

7. Klicken Sie in der Farbpalette auf die Farbe *Grau*.

8. Bestätigen Sie zweimal mit *OK*.

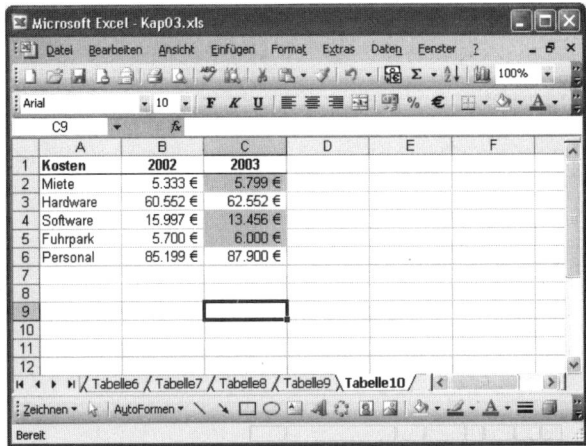

Bild 3.16: Mehr als 5% Zuwächse/Reduktionen werden grau hinterlegt

Datensuche in Spalte

Bei der Tabelle aus Bild 3.17 wird in Zelle A2 ein Suchbegriff eingegeben. Über die bedingte Formatierung von Excel sollen anschließend alle darunter liegenden Zellen (A4:A14), die den Suchbegriff enthalten, farbig gekennzeichnet werden.

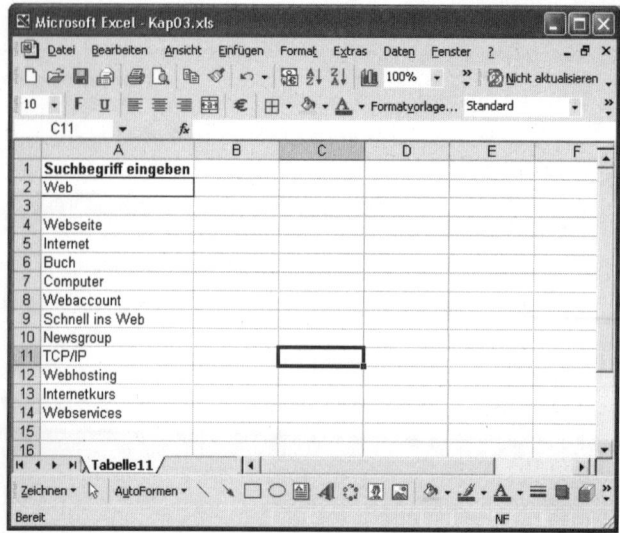

Bild 3.17: Alle Zellen mit »Web« sollen formatiert werden

Um diese Aufgabe zu lösen, befolgen Sie die nächsten Arbeitsschritte:

1. Markieren Sie den Bereich A4:A14.

2. Aus dem Menü *Format* wählen Sie den Befehl *Bedingte Formatierung*.

3. Im Kombinationsfeld *Bedingung 1* stellen Sie den Eintrag *Formel ist* ein.

4. Als Formel wird `=FINDEN($A$2;A4)>0` eingegeben.

5. Klicken Sie auf die Schaltfläche *Format*.

6. Wechseln Sie auf die Registerkarte *Muster*.

7. Klicken Sie in der Farbpalette auf die Farbe *Orange*.

8. Bestätigen Sie zweimal mit *OK*.

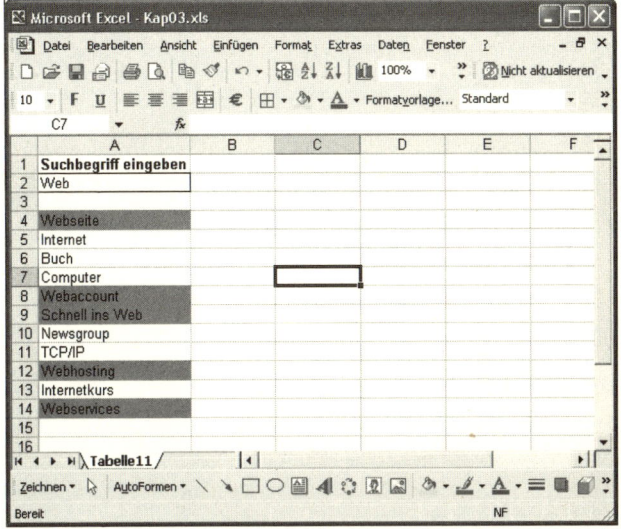

Bild 3.18: Alle Zellen mit Webinhalt wurden gefärbt

4
Diagramm-Tipps

Umschlagbar ist Excel bei der Produktion von Diagrammen, was die Anzahl der Werkzeuge und die Fülle der Möglichkeiten angeht. In diesem Kapitel werden Sie zahlreiche Tipps und Tricks rund um das Thema Diagramm kennen lernen.

Das schnellste Diagramm überhaupt

Um ein Standarddiagramm auf die schnellste Art und Weise zu erzeugen, markieren Sie Ihre Datenbasis und drücken die Taste F11. Dadurch wird standardmäßig ein Säulendiagramm auf einer separaten Tabelle erstellt.

Standard oder benutzerdefiniert?

Standarddiagramm ändern

Verwenden Sie bei Ihrer täglichen Arbeit eher einen anderen Diagrammtyp als das Säulendiagramm, dann können Sie den Standard-Diagrammtyp wie folgt ändern:

1. Erstellen Sie zunächst ein Diagramm nach Ihren Wünschen.

2. Klicken Sie mit der rechten Maustaste auf die Diagrammfläche und wählen Sie den Befehl *Diagramm-typ* aus dem Kontextmenü.

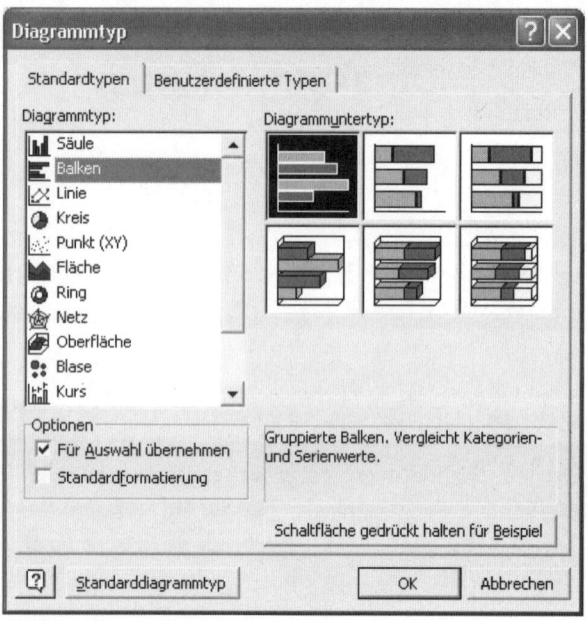

Bild 4.1: Standarddiagramm festlegen

3. Klicken Sie die Schaltfläche *Standarddiagrammtyp*.

4. Bestätigen Sie die Rückfrage mit *Ja*.

5. Beenden Sie den Diagramm-Assistenten mit *OK*.

Benutzerdefinierten Diagrammtyp speichern

Sie haben sich viel Mühe gemacht und ein Diagramm nach allen Regeln der Kunst formatiert. Jetzt wollen Sie diese Formatierungen irgendwie sichern, damit sie auch beim nächsten Diagramm zur Verfügung stehen.

So gehen Sie vor:

1. Wählen Sie *Diagramm/Diagrammtyp*.
2. Schalten Sie auf die Registerkarte *Benutzerdefinierte Typen* um.
3. Klicken Sie auf die Option *Benutzerdefiniert* und auf *Hinzufügen*.
4. Geben Sie einen Namen für die neue Diagrammvorlage an und tragen Sie eine Beschreibung ein.
5. Mit *OK* wird die neue Vorlage gespeichert.

Wenn Sie das nächste Diagramm so formatieren wollen wie das eben gespeicherte, wählen Sie *Diagramm/Diagrammtyp/Benutzerdefiniert* und weisen die gespeicherte Diagrammvorlage zu.

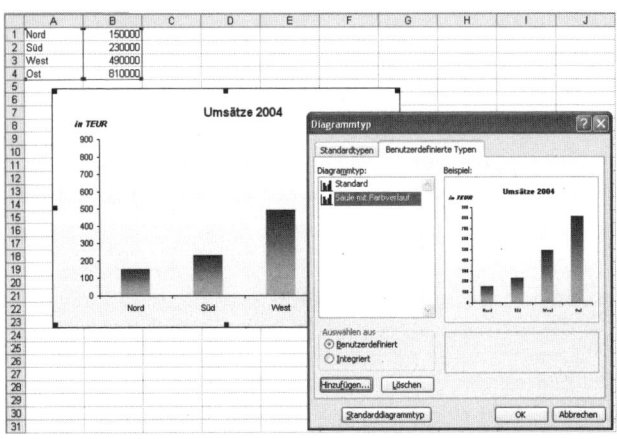

Bild 4.2: Eigene Diagrammvorlagen speichern

Wo werden benutzerdefinierte Diagrammtypen gespeichert?

Haben Sie sich auch schon gefragt, woher die benutzer-definierten Typen stammen, die der Dialog *Diagramm-typ* anbietet? Und was passiert mit den Vorlagen, die Sie neu anlegen, wo werden diese gespeichert? Das wäre wichtig zu wissen, Sie könnten diese nämlich für alle Mit-arbeiter verfügbar machen und einen firmeneigenen Stan-dard schaffen.

Die Lösung: Excel speichert die benutzerdefinierten Dia-grammtypen in einer Datei namens

```
XL8GALRY.XLS
```

im Ordner

```
C:\Programme\Microsoft Office\Office11\1031
```

In den anderen Versionen heißen Datei und Ordner ent-sprechend der Versionsnummer. Wenn Sie also andere Diagrammtypen sehen oder die Vorlagen anpassen wol-len, ändern Sie einfach die Diagramme in dieser Datei und speichern sie wieder zurück.

Die benutzerdefinierten Vorlagen, die Sie selbst anlegen, werden nicht in dieser Datei hinterlegt, für Sie hat Excel noch eine weitere Arbeitsmappe reserviert:

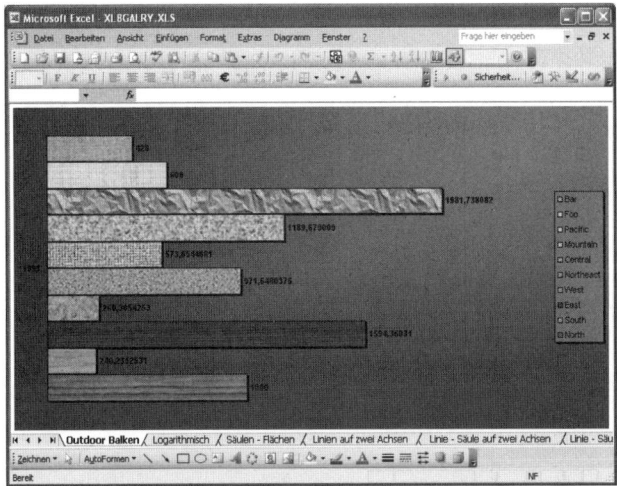

Bild 4.3: In dieser Mappe sind die benutzerdefinierten Typen zu finden

```
XLUSRGAL.XLS
```

Diese Datei steht im Profil des Benutzers, bei Windows XP also hier:

```
Dokumente und Einstellungen\Benutzername\
Anwendungsdaten\Microsoft\Excel
```

Kopieren Sie die Mappe auf die Profile anderer Mitarbeiter, können alle mit einheitlichen Diagrammvorlagen arbeiten.

> ### Hinweis
>
> Achten Sie bei der Suche nach diesen beiden Dateien darauf, dass die Mappen von Excel versteckt angelegt werden.

Tricks mit 3D-Diagrammen und Layouts

Mehr Tiefe erreichen

Sollen 3D-Diagramme noch räumlicher wirken, dann können Sie dies wie folgt erreichen:

1. Erstellen Sie zunächst ein 3D-Diagramm, beispielsweise den Diagrammtyp *Gruppierte 3D-Säulen*.

2. Klicken Sie eine beliebige Säule mit der rechten Maustaste an und wählen Sie aus dem Kontextmenü den Befehl *Datenreihen formatieren*.

3. Wechseln Sie auf die Registerkarte *Optionen* (s. Bild 4.4).

4. Betätigen Sie den oberen Pfeil im Drehfeld *Diagrammtiefe* und beobachten Sie die direkte Umsetzung in der darunter liegenden Vorschau.

5. Bestätigen Sie diese Einstellung mit *OK*.

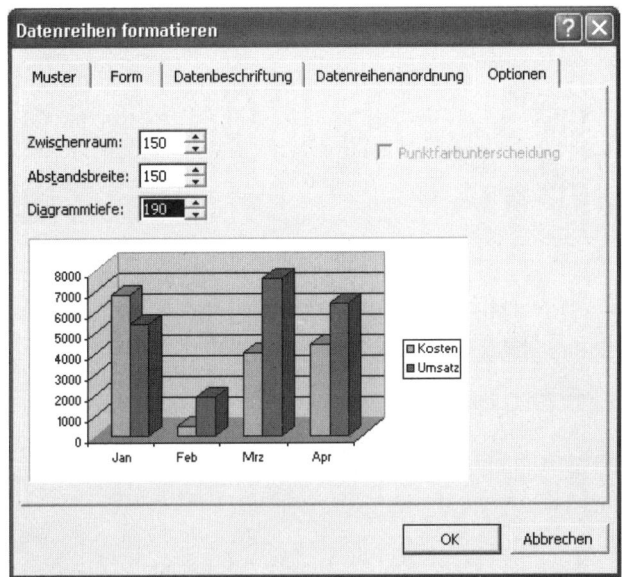

Bild 4.4: Mehr Tiefe in Diagrammen erzeugen

Perspektive mit der Maus ändern

Für die Perspektivenänderung des 3D-Diagramms steht im Diagramm-Menü eine Option bereit:

1. Wählen Sie *Diagramm/3D-Ansicht*.

2. Ändern Sie die Betrachtungshöhe, die Winkel und die Perspektive (s. Bild 4.5).

Mit diesem Trick geht's schneller:

1. Klicken Sie auf eine Ecke des Diagramms. Im Namensfeld wird das Element »Ecken« angezeigt.

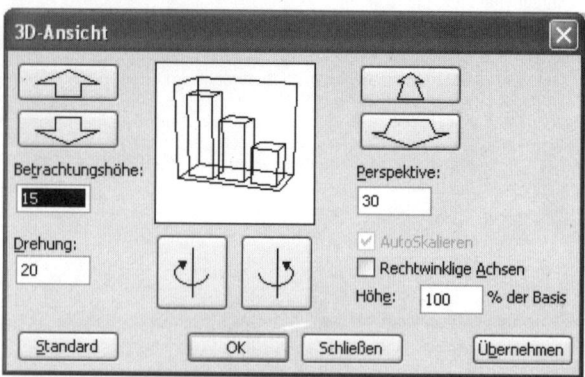

Bild 4.5: Die 3D-Ansicht

2. Halten Sie die Maustaste gedrückt, und ziehen Sie die
   Ecke in eine neue Position. Das Diagramm zeigt ein
   Gittermuster an. Lassen Sie die Maustaste los, wird
   das Diagramm in der neuen Perspektive und Drehung
   gezeichnet.

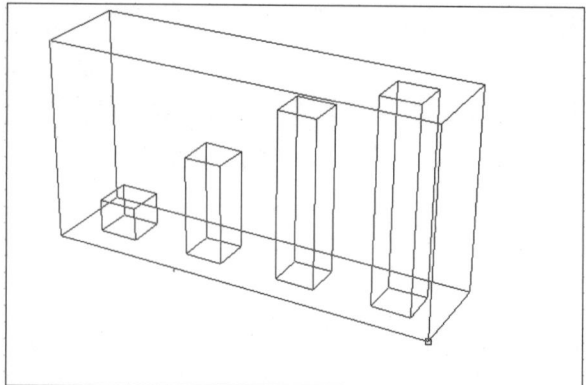

Bild 4.6: Perspektive und Drehung mit der Maus ändern

3. Wenn Sie bei der Aktion noch die ⌐Strg¬-Taste gedrückt halten, sehen Sie auch die Konturen der Datenreihen (s. Bild 4.6).

Variablen Titel im Diagramm erstellen

Den Titel eines Diagramms können Sie so einstellen, dass er sich auf einen bestimmten Zelleninhalt bezieht. So können Sie den Titel eines Diagramms in Abhängigkeit von einer Zelle variabel halten. Sehen Sie sich vorab einmal das Bild 4.7 an.

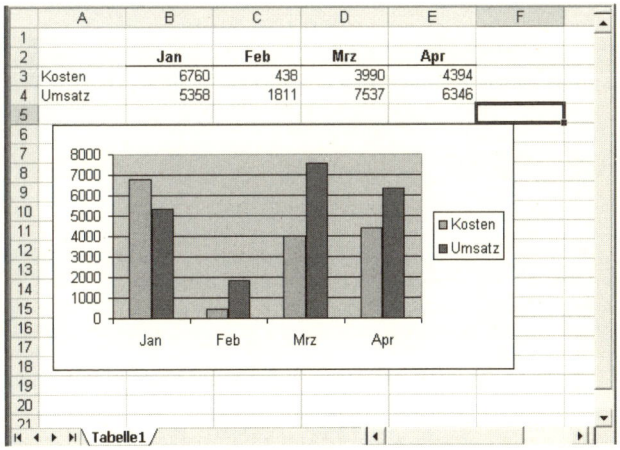

Bild 4.7: Die Ausgangssituation

Gehen Sie jetzt wie folgt vor:

1. Schreiben Sie den Text *Kosten und Umsätze der Monate Januar-April* in Zelle A1.

2. Klicken Sie das Diagramm mit der rechten Maustaste an und wählen Sie aus dem Kontextmenü den Befehl *Diagrammoptionen*.

3. Wechseln Sie auf die Registerkarte *Titel*.

4. Geben Sie im Feld *Diagrammtitel* zunächst einmal einen Dummy-Titel, beispielsweise *Test*, ein.

5. Bestätigen Sie mit *OK*.

6. Setzen Sie den Mauszeiger in die Bearbeitungsleiste.

7. Klicken Sie jetzt direkt in Zelle A1.

8. Bestätigen Sie mit [Enter].

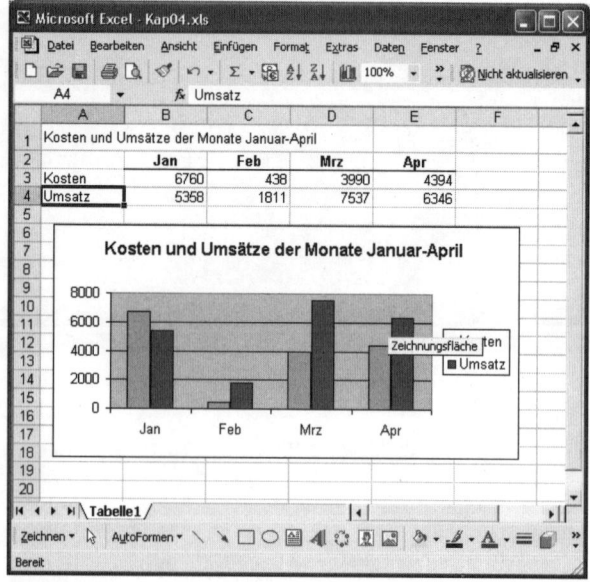

Bild 4.8: Der Titel des Diagramms ist abhängig vom Inhalt der Zelle A1

Säulen einen plastischen Effekt verpassen

Wenn Sie über den Diagramm-Assistenten ein Säulendiagramm erstellen, dann sieht das auf den ersten Blick schon mal gar nicht schlecht aus. Verbessern kann man hier die Optik, indem man den einzelnen Säulen einen plastischen Effekt hinzufügt. Sehen Sie sich zunächst die Ausgangssituation aus Bild 4.9 an.

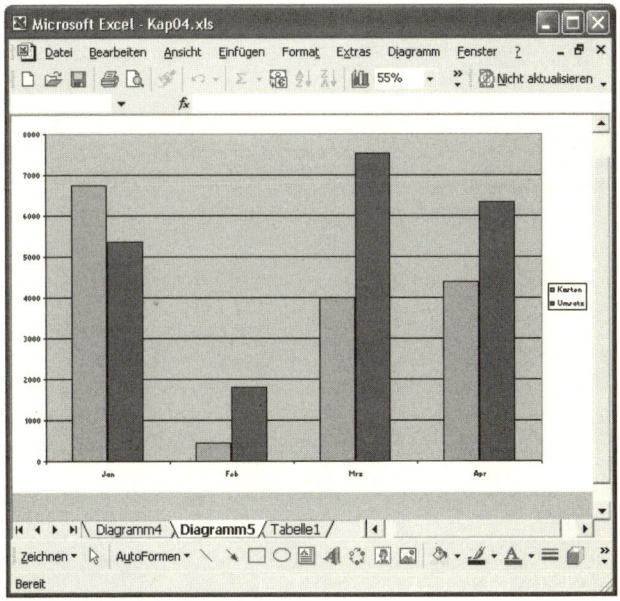

Bild 4.9: Die Säulen wirken noch nicht so recht …

Um den Säulen mehr Wirkung zu geben, befolgen Sie die
nächsten Arbeitsschritte:

1. Führen Sie einen Doppelklick auf eine Säule durch.

2. Wechseln Sie auf die Registerkarte *Muster*.

3. Klicken Sie auf die Schaltfläche *Fülleffekte*.

4. Wechseln Sie auf die Registerkarte *Graduell*.

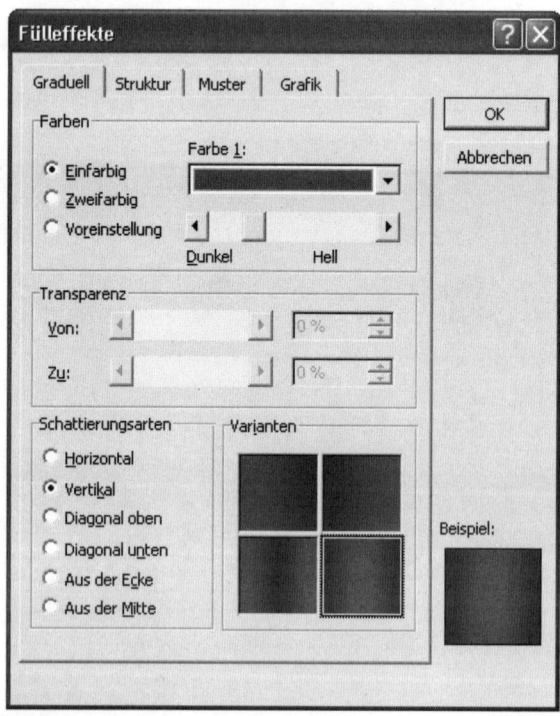

Bild 4.10: Schattierungsart einstellen

5. Aktivieren Sie im Gruppenfeld *Schattierungsarten* die
    Option *Vertikal*.

6. Im Gruppenfeld *Varianten* entscheiden Sie sich für die Variante in der rechten unteren Ecke.

7. Bestätigen Sie mit *OK*.

8. Führen Sie die Schritte 1 bis 7 für die restlichen Säulen durch.

9. Bestätigen Sie am Ende mit *OK*.

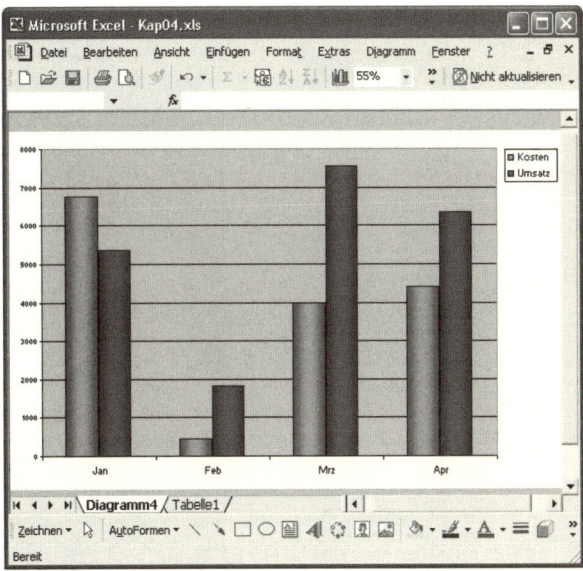

Bild 4.11: Die Säulen wirken runder und tiefer

Abstand zwischen Säulen anpassen

Kleben Säulen in einem Diagramm zu eng aneinander, dann geht viel an Übersichtlichkeit verloren. Sie haben daher die Möglichkeit, den Abstand der einzelnen Säulen voneinander zu beeinflussen.

Gehen Sie dazu wie folgt vor:

1. Klicken Sie eine beliebige Säule mit der rechten Maustaste an und wählen Sie den Befehl *Datenreihen formatieren* aus dem Kontextmenü.

2. Wechseln Sie auf die Registerkarte *Optionen*.

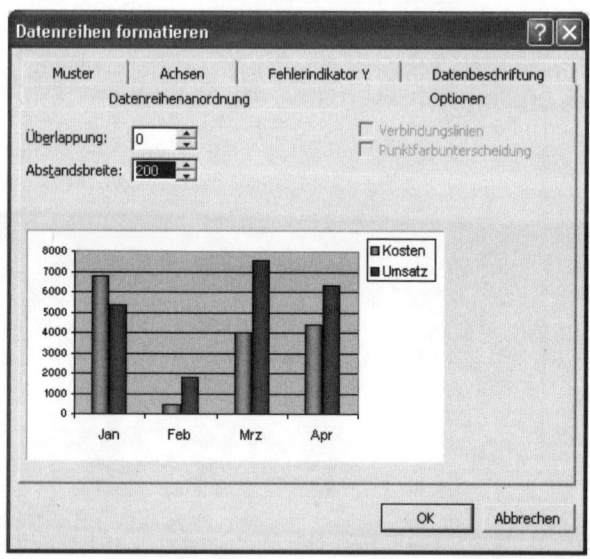

Bild 4.12: Die Abstandbreite zwischen den Säulen festlegen

3. Betätigen Sie das Drehfeld *Abstandsbreite* über den
   Pfeil nach oben, um den Abstand zwischen den Säulen
   zu vergrößern.

4. Bestätigen Sie diese Einstellung mit *OK*.

> ## Hinweis
>
> Durch das Vergrößern des Säulenabstands werden die einzelnen Säulen dünner.

Reihenfolge der Datenreihe ändern

Möchten Sie beispielsweise die Reihenfolge zweier Säulen in einem Diagramm tauschen, dann verfahren Sie wie folgt:

1. Klicken Sie mit der rechen Maustaste auf eine der Säulenreihen und wählen Sie aus dem Kontextmenü den Befehl *Datenreihen formatieren*.

2. Wechseln Sie auf die Registerkarte *Datenreihenanordnung* (s. Bild 4.13).

3. Markieren Sie im Listenfeld *Datenreihenanordnung* die Reihe, die Sie umstellen möchten.

4. Klicken Sie die Schaltfläche *Nach oben verschieben* bzw. *nach unten verschieben*.

5. Bestätigen Sie die Einstellung mit *OK*.

Negative Werte invertieren

Um die negativen Werte, d.h. die Werte im Säulen-Diagramm, die von der Rubrikenachse abwärts gezeichnet werden, zu invertieren, gehen Sie so vor:

1. Klicken Sie doppelt auf die Datenreihe für den Dialog *Datenreihe formatieren*.

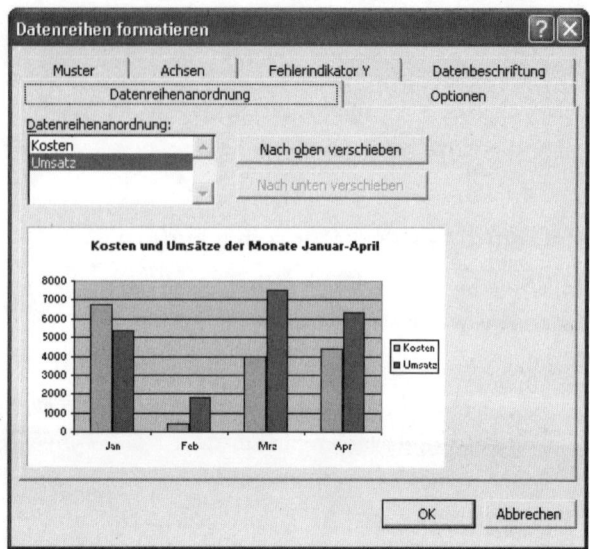

Bild 4.13: Die Datenreihenanordnung anpassen

2. Kreuzen Sie auf der Registerkarte *Muster* diese Option an:

```
Invertieren falls negativ
```

Schwieriger gestaltet sich die Prozedur, dem invertierten Wert jetzt gezielt eine bestimmte Farbe zuzuweisen, z.B. *Rot* bei blauen positiven Balken:

1. Entfernen Sie das Häkchen vor der Option wieder und klicken Sie auf Fülleffekte.

2. Weisen Sie der Balkenreihe einen zweifarbigen Farbverlauf zu. Verwenden Sie als erste Farbe *Blau* und als zweite Farbe *Rot*.

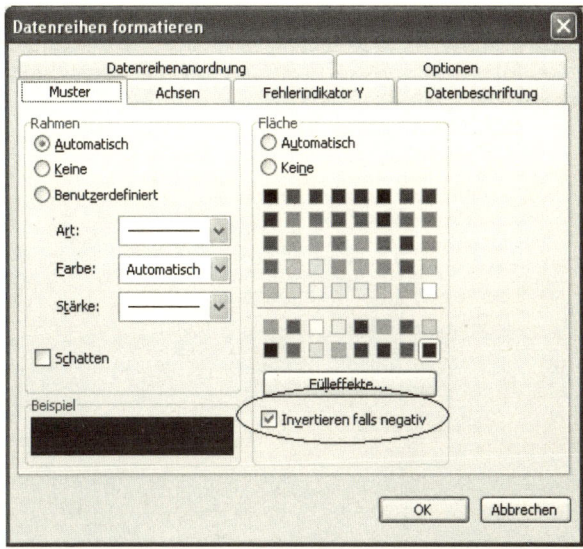

Bild 4.14: Negative Werte werden invertiert

3. Bestätigen Sie den Farbverlauf und starten Sie die Datenreihenformatierung noch einmal.

4. Kreuzen Sie jetzt die Option *Invertieren*, falls negativ, an und klicken Sie auf die blaue Farbe, um den Farbverlauf zu entfernen.

Damit werden die negativen Werte in der zweiten Farbe formatiert, die zuvor für den Farbverlauf reserviert war.

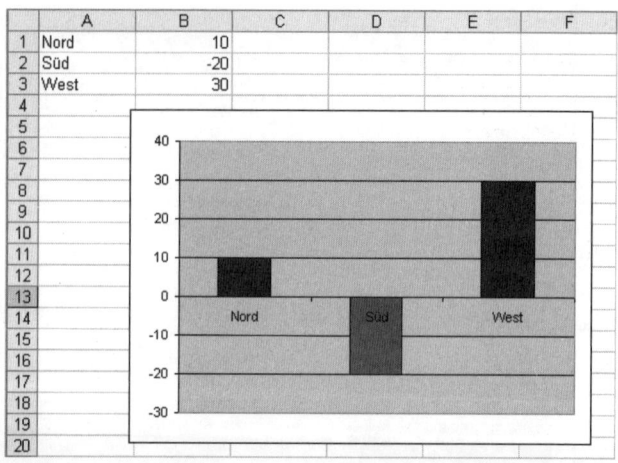

Bild 4.15: Der Farbverlauf sorgt für die zweite Farbe

Neue Daten dem Diagramm hinzufügen

Sollen in ein bestehendes Diagramm zusätzliche Daten
mit aufgenommen werden, dann verfahren Sie wie folgt:

1. Markieren Sie das Diagramm.

2. Wählen Sie aus dem Menü *Diagramm* den Befehl
   Daten hinzufügen.

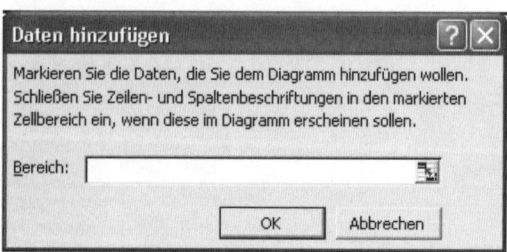

Bild 4.16: Daten hinzufügen

3. Markieren Sie bei geöffnetem Dialog *Daten hinzufügen* den Datenbereich, den Sie im Diagramm mit aufnehmen möchten.

4. Bestätigen Sie mit *OK*.

Datenreihen aus Diagramm entfernen

Um eine bereits bestehende Datenreihe aus einem Diagramm herauszunehmen, markieren Sie diese und drücken danach die Taste Entf. Dabei wird lediglich die Datenreihe im Diagramm, nicht aber in der Datenbasis entfernt.

Diagramm platzieren

In Excel haben Sie standardmäßig die Möglichkeit, ein Diagramm auf einer Tabelle als Objekt einzufügen oder auf einem separaten Diagrammblatt zu speichern.

Diese beiden Einstellungen lassen sich jederzeit ändern. Um beispielsweise ein Diagrammobjekt auf einer Tabelle in ein separates Diagrammblatt zu überführen, verfahren Sie wie folgt:

1. Klicken Sie das Diagrammobjekt in der Tabelle mit der rechten Maustaste an.

2. Wählen Sie aus dem Kontextmenü den Befehl *Speicherort*.

3. Aktivieren Sie die Option *Als neues Blatt*.

4. Bestätigen Sie mit *OK*.

In Excel 97 heißt diese Menüoption übrigens *Platzieren*.

Bild 4.17: Speicherort des Diagramms ändern

Tipps zur Skalierung

Skalierung eines Diagramms anpassen

Um die Skalierung eines Diagramms anzupassen, gehen
Sie wie folgt vor:

1. Führen Sie einen Doppelklick auf die Skalierung der
   Y-Achse durch.

2. Im Dialogfeld *Achsen formatieren* wechseln Sie auf
   die Registerkarte *Skalierung* (s. Bild 4.18).

Hinweis

Die Skalierung der Daten hängt natürlich von Ihren
Daten ab, die Sie im Diagramm darstellen möchten.
Um beispielsweise Kosten nicht ganz so hoch erscheinen zu lassen, können Sie den Wert im Feld *Maximum*
um ein Vielfaches höher eintragen als den eigentlichen
Höchstwert in den Daten. Diese und ähnliche Tricks
können Sie durch die bloße Skalierung von Daten
erreichen.

3. Ändern Sie die Skalierung der Achse wie gewünscht.

4. Bestätigen Sie mit *OK*.

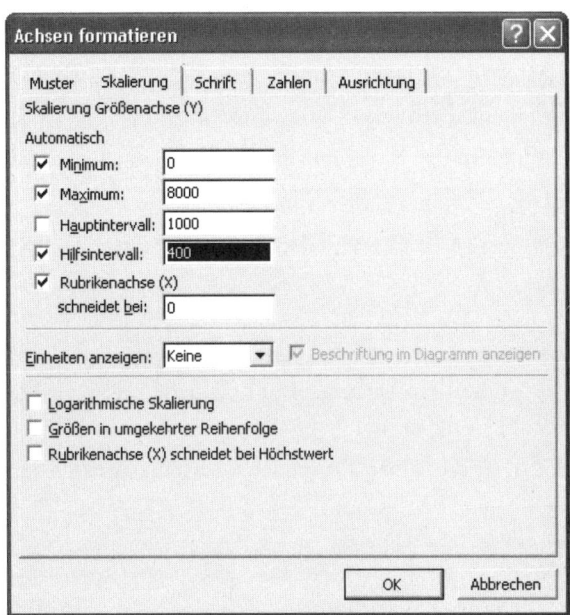

Bild 4.18: Die Skalierung anpassen

Größenachse mit Tausenderformatierung

Wenn Ihr Diagramm Zahlen in größeren Dimensionen präsentiert, enthält die Größenachse naturgemäß viele Nullen, denn die Zahlen der senkrechten Achse werden direkt aus dem Datenbereich gebildet. Das macht sich in Live-Präsentationen nicht so gut, die Zahlen sind schlecht lesbar und nehmen viel Platz weg.

Greifen Sie zu diesem Supertrick, um Ihre Zahlen im Tausenderformat zu präsentieren:

1. Zeichnen Sie das Diagramm mit den Tausenderwerten in der Größenachse.

2. Markieren Sie die Achse per Doppelklick und schalten Sie auf die Registerkarte *Zahlen* um.

3. Wählen Sie die Kategorie *Benutzerdefiniert* und tragen Sie dieses Zahlenformat ein:

```
0.
```

4. Der Punkt hinter der Null reduziert die Anzeige um drei Nullen, ein weiterer Punkt würde sechs Nullen (Million) ausblenden.

5. Wollen Sie die halben Tausender anzeigen, schreiben Sie:

```
0,0.
```

Die Zahlen in der Tabelle bleiben bei dieser optischen Anpassung der Größenachse unverändert. Sie können dieses Zahlenformat natürlich auch auf Zellbezüge anwenden (s. Bild 4.19).

Daten auf zwei Achsen darstellen

Wenn Daten recht unterschiedlich sind, wie z.B. Mitarbeiteranzahl und Kosten, dann können diese beiden Informationen nicht übersichtlich auf einer Achse dargestellt werden. Man setzt zu diesem Zweck ein so genanntes *Verbunddiagramm* ein. Sehen Sie sich als Vorbereitung einmal die Tabelle aus Bild 4.20 an.

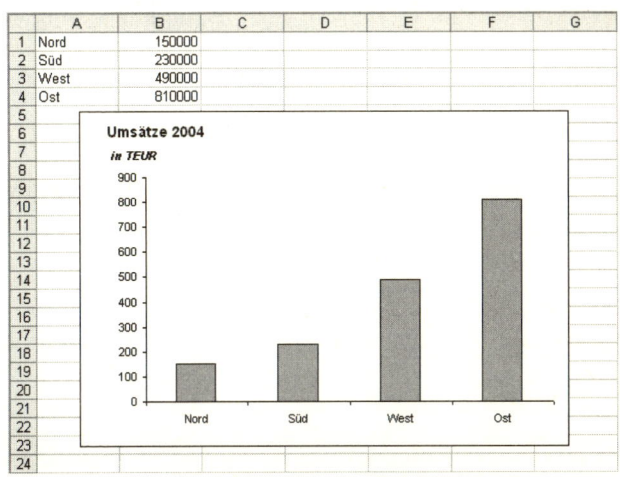

Bild 4.19: Tausenderformat für die Größenachse

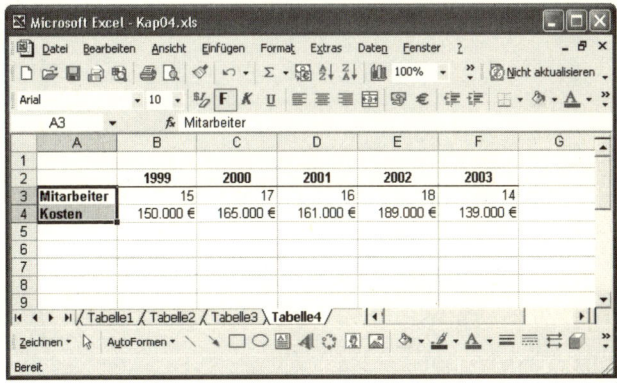

Bild 4.20: Unterschiedliche Größen von Daten

Erstellen Sie nun ein Verbunddiagramm, indem Sie wie folgt vorgehen:

1. Markieren Sie den Datenbereich A1:F4.

2. Wählen Sie aus dem Menü *Einfügen* den Befehl *Diagramm*.

3. Wechseln Sie im Diagramm-Assistenten auf die Registerkarte *Benutzerdefinierte Typen*.

4. Wählen Sie das Diagramm *Linie – Säule auf zwei Achsen*.

5. Klicken Sie auf die Schaltfläche *Fertig stellen*.

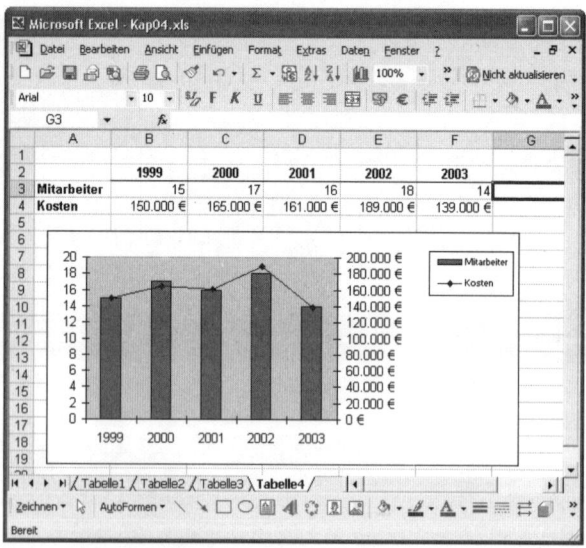

Bild 4.21: Links die Köpfe und rechts die Kosten

Kein Abfall auf Null beim Liniendiagramm

Wenn Sie ein Liniendiagramm wie in Bild 4.22 erstellen, dann fällt die Linie nach unten, sofern noch Werte fehlen.

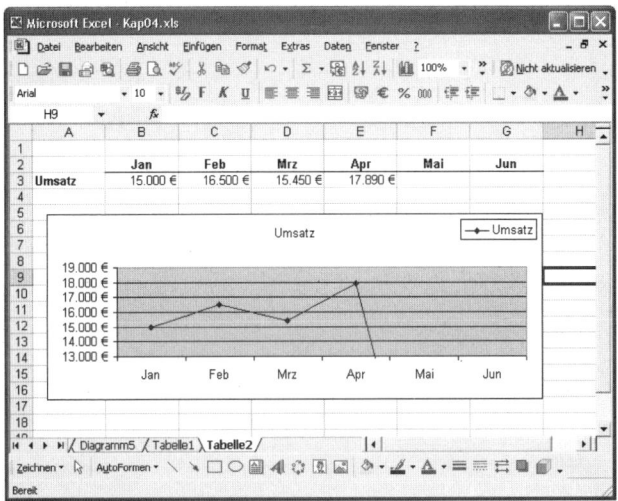

Bild 4.22: Der Knick in der Linie darf nicht sein

Diesen Abfall können Sie verhindern, indem Sie wie folgt vorgehen:

1. Klicken Sie auf das Diagramm.

2. Wählen Sie aus dem Menü *Extras* den Befehl *Optionen.*

3. Wechseln Sie auf die Registerkarte *Diagramm.*

4. Aktivieren Sie die Option *Nullwerte werden nicht gezeichnet (übersprungen).*

5. Bestätigen Sie mit *OK.*

> ### Hinweis
>
> Alternativ zu dieser Vorgehensweise können Sie auch den Wert #NV in die Zellen F3 und G3 schreiben, um den Linienabfall zu vermeiden.

Diagramm an Fenstergröße anpassen

Soll ein Diagrammblatt an die Fenstergröße angepasst werden, dann aktivieren Sie das Diagrammblatt und wählen aus dem Menü *Ansicht* den Befehl *Fenstergröße angepasst*.

Füllungen spezial

Eigene Grafiken als Füllmaterial verwenden

Für das folgende Beispiel legen Sie sich zunächst eine Datentabelle an und fügen ein Säulendiagramm unterhalb der Datenbasis ein. Stellen Sie nun eine Grafik in die Säulen ein, indem Sie wie folgt vorgehen:

1. Klicken Sie die Säulenreihe mit der rechten Maustaste an und wählen Sie den Befehl *Datenreihen formatieren* aus dem Kontextmenü.
2. Wechseln Sie auf die Registerkarte *Muster*.
3. Klicken Sie die Schaltfläche *Fülleffekte*.
4. Wechseln Sie auf die Registerkarte *Grafik*.
5. Klicken Sie die Schaltfläche *Grafik auswählen*.

6. Wechseln Sie im Dialog *Bild einfügen* in das Verzeichnis, welches Ihre Grafik enthält, und markieren Sie die gewünschte Grafik.

7. Klicken Sie die Schaltfläche *Einfügen*.

8. Wählen Sie aus dem Gruppenfeld *Format* beispielsweise den Befehl *Stapeln*.

9. Bestätigen Sie zweimal mit *OK*.

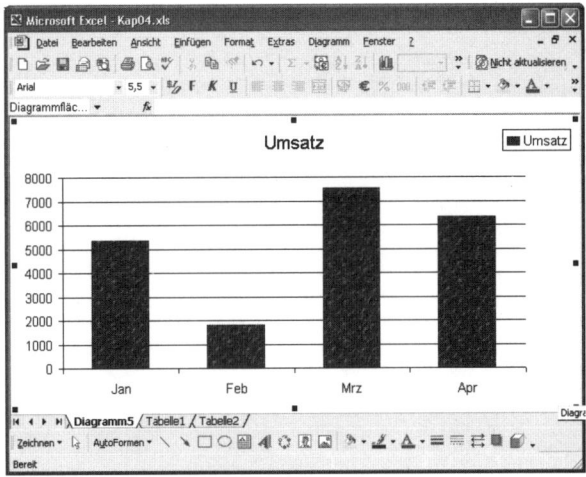

Bild 4.23: Bild als Füllmuster für Säule einsetzen

Hinweis

Weitere Füllmuster finden Sie auf der Registerkarte *Struktur*. Diese Füllmuster eignen sich ebenso hervorragend als Füllung von Säulen, Balken und Kreisen.

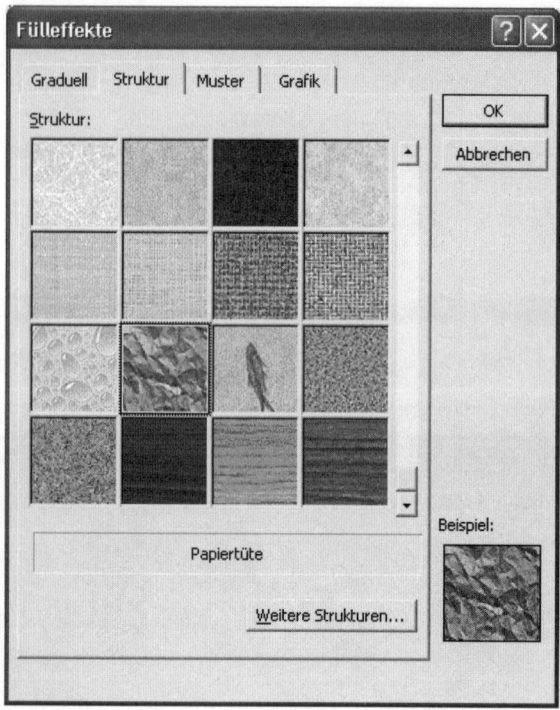

Bild 4.24: Tolle Fülleffekte für Diagramme auswählen

WordArt als Füllung einsetzen

Wenn Sie möchten, dann können Sie beispielsweise auch eine WordArt als Füllmuster für Ihr Säulen- oder Balkendiagramm verwenden. Erstellen Sie zunächst eine Tabelle sowie ein Diagramm nach folgendem Vorbild.

Gehen Sie jetzt wie folgt vor:

1. Klicken Sie auf der Symbolleiste *Zeichnen* auf das Symbol *WordArt*.

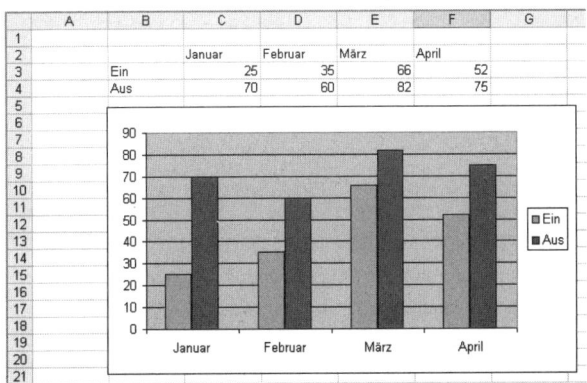

Bild 4.25: Die Ausgangsbasis

2. Im Dialogfeld *WordArt-Katalog* wählen Sie ein WordArt mit vertikalem Text aus und bestätigen Sie mit *OK*.

3. Im Dialogfeld *WordArt-Text bearbeiten* schreiben Sie den Text *Ein* und bestätigen mit *OK*.

4. Klicken Sie das WordArt mit der rechten Maustaste an und wählen Sie aus dem Kontextmenü den Befehl *WordArt formatieren*.

5. Wechseln Sie auf die Registerkarte *Farben und Linien*.

6. Im Gruppenfeld *Ausfüllen* wählen Sie aus dem Kombinationsfeld *Farbe* die gewünschte Farbe und bestätigen mit *OK*.

7. Wiederholen Sie die Schritte 2 bis 6 auch für das zweite WordArt *Aus*.

8. Kopieren Sie das erste WordArt, markieren die erste Säulenreihe und drücken die Tastenkombination ⌨Strg + v.

9. Wiederholen Sie den Vorgang auch für die zweite Säulenreihe.

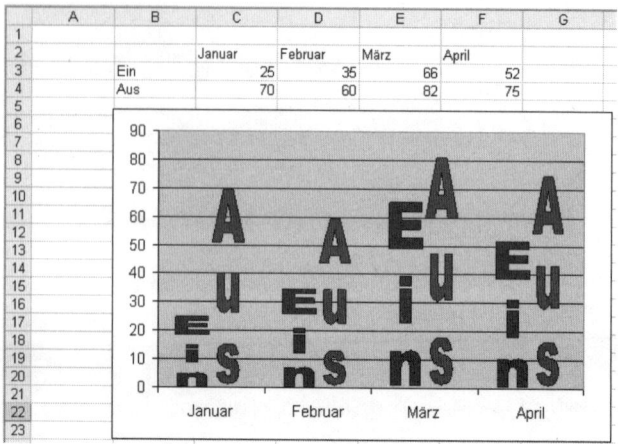

Bild 4.26: WordArt als Füllmuster verwenden

Punktmarkierung im Liniendiagramm verstärken

Mit dem Trick der Grafik auf der Datenreihe lösen Sie ein Gestaltungsproblem bei Liniendiagrammen: Die Markierungen auf den einzelnen Datenpunkten sind in der Regel nicht besonders groß, je nach Drucker und Bildschirmauflösung meist sogar winzig klein. So können Sie die Markierungspunkte verstärken:

1. Zeichnen Sie über die Zeichenwerkzeuge aus der *Zeichnen*-Symbolleiste einen Kreis in die Tabelle.

2. Kopieren Sie diesen Kreis mit ⌷Strg⌷ + ⌷c⌷.

3. Markieren Sie eine Linie im Liniendiagramm, und fügen Sie den Kreis mit ⌷Strg⌷ + ⌷v⌷ wieder ein.

Sie können auch andere gezeichnete Grafiken oder Grafikobjekte aus Grafikdateien verwenden; sie müssen aber die richtige Größe haben und dürfen nicht im Tabellenblatt skaliert sein.

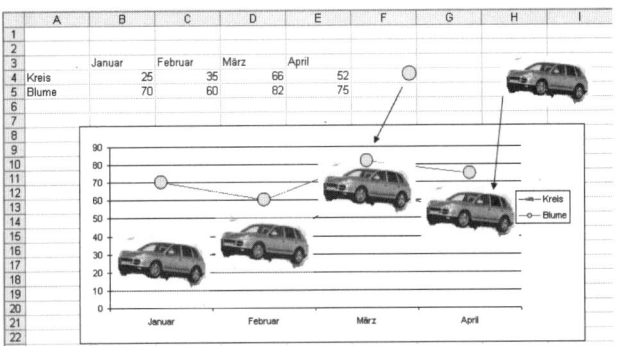

Bild 4.27: Linienmarkierung einmal anders

Diagramm als Grafik übernehmen

Wenn Sie Diagramme von Excel nach Word oder PowerPoint übertragen, kann es zu Problemen mit der Formatierung kommen. So werden diese so transferierten Diagramme gern verrissen, wenn Sie sie weiterverarbeiten möchten. In solchen Fällen ist es besser, wenn Sie die Diagramme als Grafiken übertragen. Die so übertragenen Diagramme können nicht mehr geändert werden.

So geht's:

1. Markieren Sie das Diagramm-Objekt in der Tabelle.

2. Halten Sie die Taste ⇧ gedrückt und wählen Sie aus dem Menü *Bearbeiten* den Befehl *Bild kopieren*.

3. Übergehen Sie den Dialog *Bild kopieren* mit einem Klick auf *OK*.

4. Setzen Sie den Mauszeiger auf eine beliebige Zelle und drücken die Tastenkombination ⌜Strg⌝ + ⌜V⌝, um das kopierte Diagramm als Grafik einzufügen.

Dieses Grafik-Diagramm-Objekt können Sie ohne viele Probleme in andere Office-Anwendungen übernehmen.

Mehr Diagrammtipps

Hyperlinks auf Diagrammblätter einfügen

Standardmäßig ist es nicht möglich, Hyperlinks in Diagrammblätter einzufügen. Der Menübefehl *Einfügen/Hyperlink* ist bei Diagrammblättern stets deaktiviert.

Über einen Trick können Sie Excel aber hereinlegen:

1. Blenden Sie die Symbolleiste *Zeichnen* ein.

2. Klicken Sie das Symbol *Rechteck* und ziehen es in der gewünschten Größe auf Ihrem Diagramm auf.

3. Drücken Sie gleich im Anschluss daran die Tastenkombination ⌜Strg⌝ + ⌜K⌝, um den Dialog *Hyperlink einfügen* aufzurufen.

4. Klicken Sie auf die Schaltfläche *Aktuelles Dokument*.

5. Markieren Sie die Tabelle im Listenfeld, auf die verzweigt werden soll.

6. Bestätigen Sie mit *OK*.

Immer wenn Sie jetzt über die Fläche des eingefügten Rechtecks streichen, verwandelt sich der Mauspfeil in eine Hand. Sie können dann mit einem Klick das gerade eingestellte Sprungziel aktivieren.

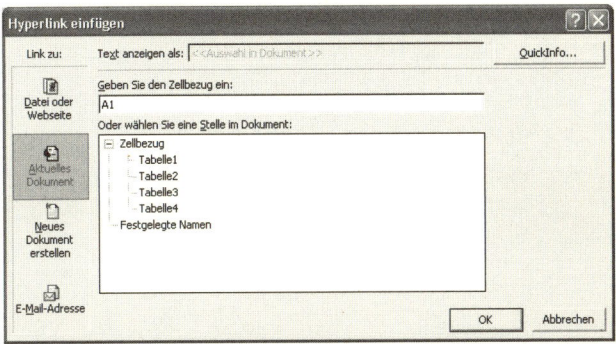

Bild 4.28: Sprungziel festlegen

Hinweis

Den noch sichtbaren Rahmen des Rechtecks können Sie wegnehmen, indem Sie mit der rechten Maustaste auf den Rahmen des Rechtecks klicken und aus dem Kontextmenü den Befehl *AutoForm formatieren* auswählen. Auf der Registerkarte *Farben und Linien* wählen Sie aus dem Kombinationsfeld *Farbe* den Eintrag *Keine Linie* und bestätigen mit *OK*.

Vorsicht bei Drag&Drop!

Alle Daten, die Sie in einer Tabelle ändern, auf die sich ein Diagramm bezieht, werden automatisch auch im Diagramm angepasst, das ist klar! Haben Sie aber gewusst, dass, wenn Sie beispielsweise eine Säule im Diagramm anpacken und nach oben oder unten ziehen, dadurch auch die Daten in der Tabelle geändert werden?

Wenn Sie dies auf jeden Fall verhindern möchten, dann
gehen Sie wie folgt vor:

1. Ziehen Sie aus der Symbolleiste *Zeichnen* ein Rechteck über das komplette Diagramm.

2. Klicken Sie das Rechteck mit der rechten Maustaste an
   und wählen den Befehl *AutoForm formatieren* aus
   dem Kontextmenü.

3. Wechseln Sie auf die Registerkarte *Farben und Linien*.

4. Im Gruppenfeld *Ausfüllen* wählen Sie aus dem Kombinationsfeld den Eintrag *Keine Füllung*.

5. Im Gruppenfeld *Linie* wählen Sie aus dem Kombinationsfeld *Farbe* den Eintrag *Keine Linie*.

6. Bestätigen Sie mit *OK*.

7. Drücken Sie gleich im Anschluss daran die Tastenkombination Strg + K, um den Dialog *Hyperlink
   einfügen* aufzurufen.

8. Klicken Sie auf die Schaltfläche *Aktuelles Dokument*.

9. Markieren Sie die Tabelle im Listenfeld, auf die verzweigt werden soll.

10. Bestätigen Sie mit *OK*.

Hinweis

Immer wenn jetzt versucht wird, das Diagramm zu
verändern, wird der Anwender automatisch zur ver-
linkten Tabelle befördert, ohne dass er die Chance
hat, das Diagramm und somit auch die Daten zu
ändern.

Ein Klick – zwei Klicks

Mit einem Klick aktivieren Sie jeweils die komplette Datenreihe in einem Diagramm. In einem Säulendiagramm wäre das eine komplette Säulenreihe. Wenn Sie kurz danach noch einmal klicken, dann wird der einzelne Datenpunkt, also eine einzelne Säule, markiert. So haben Sie die Möglichkeit, auch einzelne Säulen andersfarbig zu formatieren.

Tastatur contra Maus

Wenn Sie lieber mit der Tastatur als mit der Maus arbeiten, dann können Sie beim aktivierten Diagramm auch mit den Pfeiltasten arbeiten, um die einzelnen Objekte wie Diagrammtitel, Rubrikenachse, Legende usw. anzuspringen.

Mit der Tastenkombination ⇧ + F10 können Sie das jeweils dazugehörige Kontextmenü herunterklappen.

Diagramm drucken und exportieren

Diagramm nicht drucken

Soll ein Diagramm zwar am Bildschirm betrachtet, jedoch nicht ausgedruckt werden können, dann gehen Sie wie folgt vor:

1. Klicken Sie die Diagrammfläche mit der rechten Maustaste an und wählen Sie den Befehl *Datenfläche formatieren* aus dem Kontextmenü.
2. Wechseln Sie auf die Registerkarte *Eigenschaften*.

3. Deaktivieren Sie das Kontrollkästchen *Objekt drucken*.

4. Bestätigen Sie diese Einstellung mit *OK*.

Nur Objekt drucken

Wenn Sie nur das Diagrammobjekt auf einer Tabelle drucken wollen, markieren Sie dieses und wählen *Datei/Drucken*.

Der Druck-Dialog bietet jetzt an Stelle von *Markierung* das Diagramm zum Drucken an.

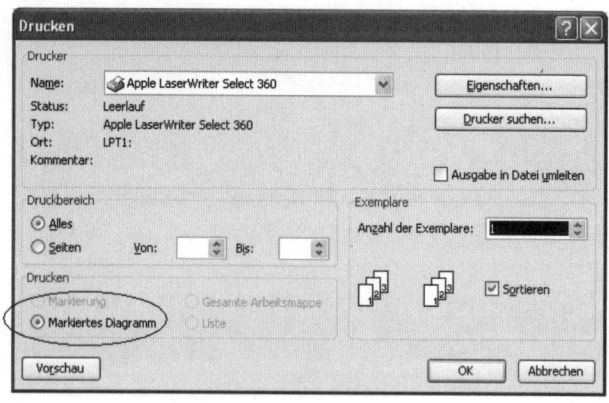

Bild 4.29: Nur Diagrammobjekt drucken

Diagramm als Bildkopie exportieren

Excel-Diagramme kommen beim Export in andere Programme nicht immer so an, wie man möchte. Speziell mit PowerPoint gibt es Probleme; hier werden die aus Excel importierten Diagramme oft an den Seiten abgeschnitten oder falsch proportioniert. Nutzen Sie die Technik der Bildkopie, um die Qualität des Objekts zu verbessern:

1. Markieren Sie das Diagrammobjekt in der Tabelle oder das Diagramm im Diagrammblatt.

2. Halten Sie die ⌂-Taste gedrückt, und wählen Sie *Bearbeiten/Bild kopieren* (*Grafik kopieren* in Excel 97).

3. Kopieren Sie das Diagramm *Wie angezeigt* oder *Wie ausgedruckt*, variieren Sie je nach Bildschirmauflösung oder Drucker. Bei guten Farbdruckern bringt die Option *Wie ausgedruckt* die beste Qualität.

4. Wechseln Sie zu PowerPoint, und fügen Sie das Objekt aus der Zwischenablage in die aktuelle Folie ein.

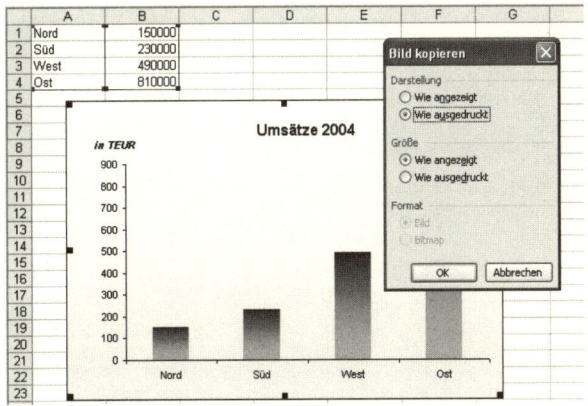

Bild 4.30: Die Bildkopie verbessert die Qualität

Ein Nachteil der Bildkopie: Sie liefert keine Verknüpfung, die Grafik ist nicht mit Excel oder seinen Zellbereichen verknüpft.

Verknüpfung zur Tabelle entfernen

Wenn Sie ein Diagramm als Objekt exportieren oder in
eine andere Mappe kopieren, wird in der Regel die Verknüpfung auf die Tabellendaten angepasst. Sie können
diese Verbindung aber jederzeit lösen und das Diagramm
völlig unabhängig von der Tabelle gestalten:

1. Erstellen Sie ein Diagramm aus einem Zahlenbereich
   der Tabelle.

2. Klicken Sie auf die erste Reihe (Balken, Linien oder
   Torten ...).

3. In der Bearbeitungsleiste wird jetzt die Funktion
   DATENREIHE() angezeigt. Markieren Sie diese, ziehen
   Sie den Mauszeiger über die Formel.

4. Drücken Sie [F9] und bestätigen Sie mit [Enter].

5. Verfahren Sie so mit allen weiteren Datenreihen.

Jetzt ist das Diagramm unabhängig von den Tabellenwer-
ten; diese wurden mit der Formelberechnung mit [F9]
direkt in das Diagramm eingebaut.

Hinweis

Die oben beschriebenen Diagrammvorlagen in
XL8GALRY.XLS verwenden übrigens auch solche Wertereihen ohne Verknüpfungen.

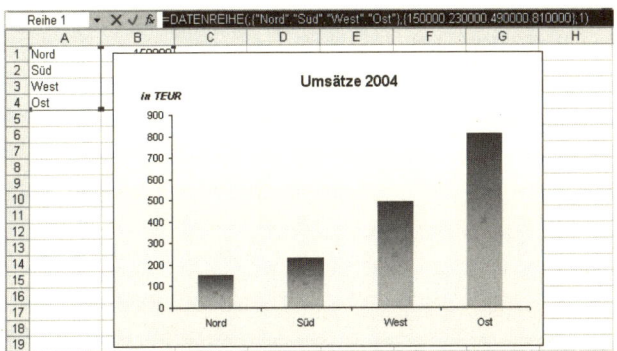

Bild 4.31: DATENREIHE-Formel mit F9 *auflösen*

Spezialdiagramme

Dynamisches Diagramm erzeugen

Beim nächsten Tipp erzeugen Sie ein dynamisches Diagramm. Gehen Sie dabei von der Ausgangssituation aus der folgenden Tabelle aus (s. Bild 4.32).

So verfahren Sie:

1. Markieren Sie die Spalte A.

2. Wählen Sie aus dem Menü *Einfügen* den Befehl *Namen/Definieren.*

3. Im Dialogfeld *Namen definieren* geben Sie im Feld *Namen* in der Arbeitsmappe den Namen *SpalteA* ein.

4. Im Feld *Bezieht sich auf* erfassen Sie die Formel
   ```
   =BEREICH.VERSCHIEBEN(Tabelle7!$A$2;0;0;
   ANZAHL2(Tabelle7!$A:$A);1).
   ```

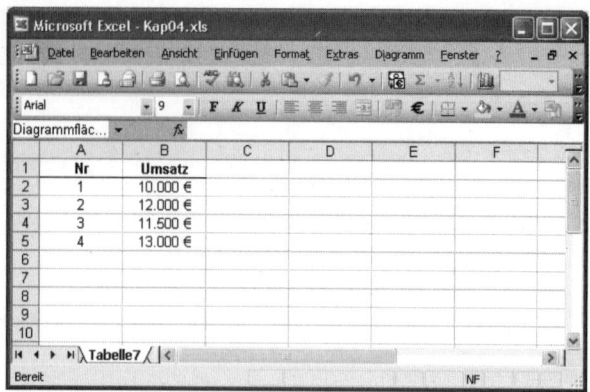

Bild 4.32: Die Ausgangstabelle für das dynamische Diagramm

5. Bestätigen Sie mit *OK*.

6. Legen Sie einen weiteren Namen *SpalteB* an und erfassen die dazugehörige Formel =BEREICH.VER SCHIE-BEN(Tabelle7!$B$2;0;0;ANZAHL2(Tabelle7!$B:$B);1).

7. Klicken Sie auf die Schaltfläche *Schließen*.

8. Markieren Sie das Diagramm und wählen Sie aus dem Menü *Diagramm* den Befehl *Datenquelle*.

9. Wechseln Sie auf die Registerkarte *Reihe*.

10. Löschen Sie die dort bereits eingestellte Datenreihe mit einem Klick auf *Entfernen*.

11. Klicken Sie auf *Hinzufügen* (s. Bild 4.33).

12. Im Feld *Werte* erfassen Sie die Formel =Kap04.xls! SpalteA.

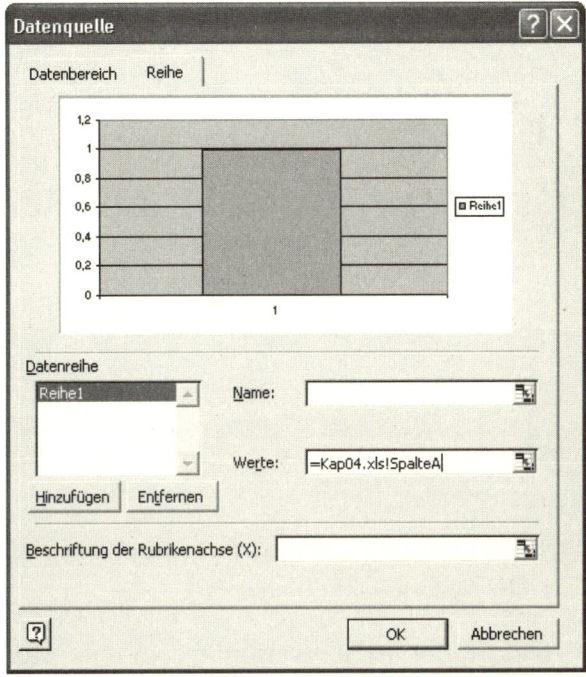

Bild 4.33: Neue Datenreihe definieren

13. Klicken Sie auf *Hinzufügen.*

14. Im Feld *Werte* erfassen Sie die Formel =Kap04.xls!
SpalteB.

15. Bestätigen Sie mit *OK.*

Als Ergebnis erhalten Sie ein dynamisches Diagramm.

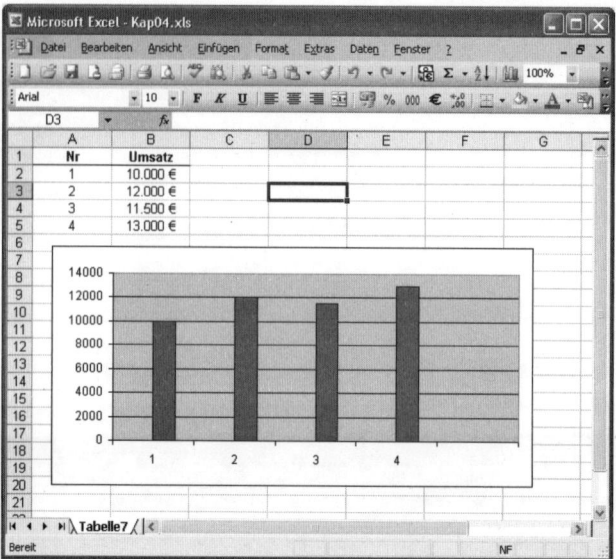

Bild 4.34: Das dynamische Diagramm

Projektdauer im Schwebediagramm darstellen

Als Beispieltabelle sind drei Projekte vorgegeben, die Sie in dem folgenden Bild ersehen können (s. Bild 4.35).

Um diese Projektdaten übersichtlich in einem so genannten Gantt-Diagramm darzustellen, gehen Sie wie folgt vor:

1. Fügen Sie eine zusätzliche Spalte ein, um die Projektdauer zu ermitteln. Schreiben Sie dazu in Zelle E3 die Formel =C3-B3 und ziehen Sie die Formel nach unten.

2. Formatieren Sie den Zellenbereich E3:E5 mit dem Format *Standard*.

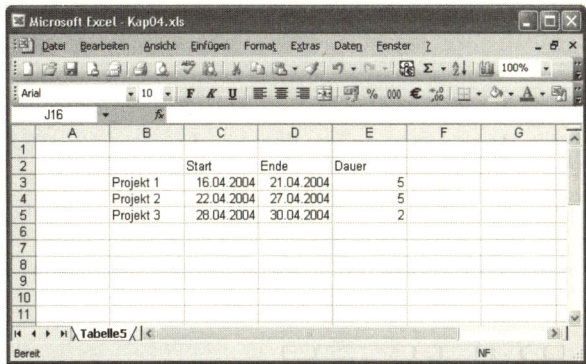

Bild 4.35: Projekte in einer Tabelle

3. Markieren Sie den Zellenbereich B2:C5 und E2:E5. Halten Sie dabei die Taste ⌈Strg⌋ gedrückt.

4. Rufen Sie den Diagramm-Assistenten auf und wechseln Sie auf die Registerkarte *Benutzerdefinierte Typen.*

5. Im Listenfeld *Diagrammtyp* klicken Sie auf das Diagramm *Schwebebalken.*

6. Klicken Sie auf *Fertig stellen.*

7. Führen Sie einen Doppelklick auf die Zeitachse durch, passen Sie die Skalierung sowie die Formatierung des Datums an.

8. Bestätigen Sie mit *OK.*

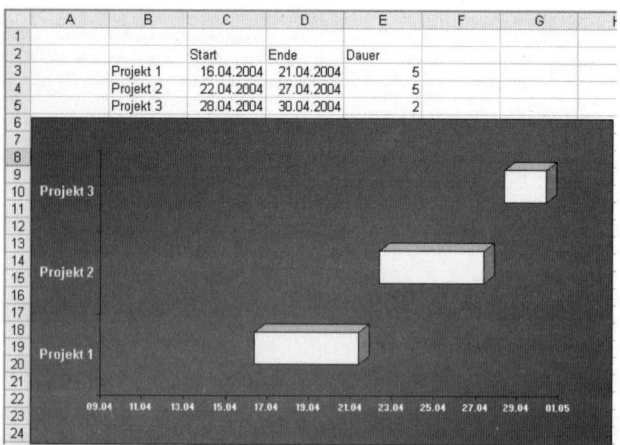

Bild 4.36: Die Projekte werden übersichtlich angezeigt

Das Wasserfall-Diagramm

Im nächsten Beispiel werden Sie zunächst ein Diagramm vom Typ Säulendiagramm mit gestapelten Säulen und daraus dann ein Wasserfall-Diagramm erstellen. Was aber genau ist ein Wasserfall- oder auch Treppenstufen-Diagramm? Nun, stellen Sie sich einmal vor, Sie müssten die Umsatzentwicklung in Ihrem Unternehmen in einem Diagramm darstellen. Gehen Sie dabei von der Tabelle aus, die in Bild 4.37 dargestellt wird.

In einem Wasserfall-Diagramm, das leider in Excel nicht standardmäßig angeboten wird, werden nur die Umsatz-Plus-Daten angezeigt, sodass bei steigendem Umsatz eine Art Treppe bzw. Wasserfalleffekt entsteht.

Um diese Aufgabe zu lösen, muss die Tabelle aus dem letzten Bild noch um eine Zeile erweitert werden.

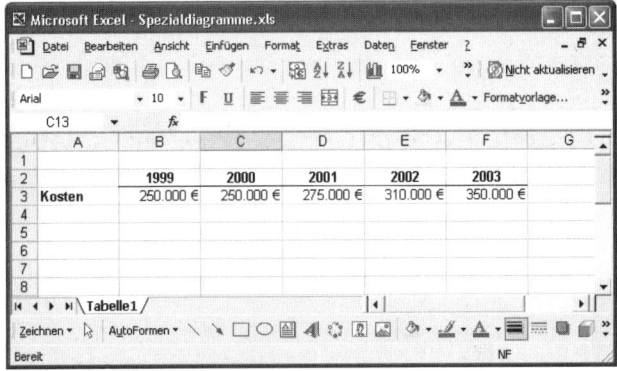

Bild 4.37: Die Ausgangssituation

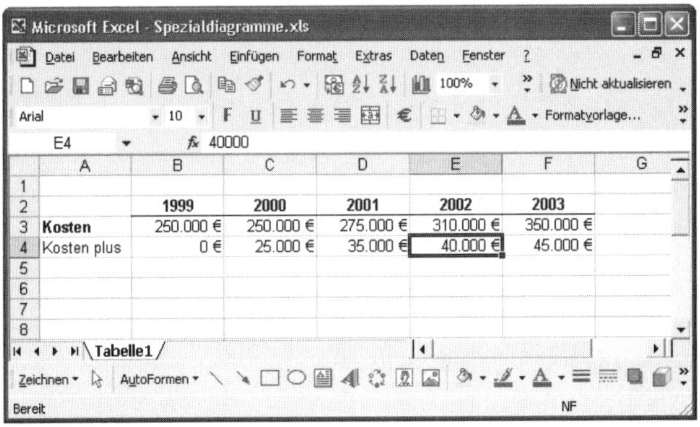

Bild 4.38: Die zusätzlichen Kosten von Jahr zu Jahr werden mit aufgenommen

Die Kosten vom folgenden Jahr ergeben sich immer aus den Kosten des Vorjahres und dem Kosten-Plus. Packen Sie diese Tabelle jetzt in ein Diagramm mit gestapelten Säulen, wie Sie es im folgenden Bild sehen können.

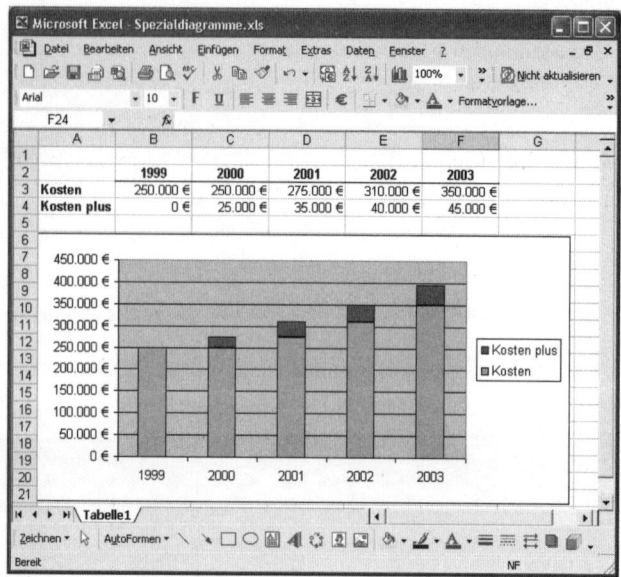

Bild 4.39: Das vorläufige Diagramm

Die beiden Kosteninformationen werden in gestapelten Säulen im Diagramm dargestellt. Um daraus nun das Wasserfall-Diagramm herzustellen, befolgen Sie die nachfolgenden Arbeitsschritte:

1. Klicken Sie den Diagrammhintergrund (grauer Hintergrund) doppelt an.

2. Im Dialogfeld *Zeichnungsfläche formatieren* klicken Sie im Gruppenfeld *Fläche* auf die Option *Keine*. Ebenso aktivieren Sie im Gruppenfeld *Rahmen* die Option *Keinen*.

3. Bestätigen Sie diese Einstellung mit *OK*.

4. Führen Sie auf die untere Säulenreihe einen Doppelklick durch, um den Dialog *Datenreihen formatieren* aufzurufen.

5. Aktivieren Sie dort im Gruppenfeld *Rahmen* die Option *Keinen*. Ebenso aktivieren Sie im Gruppenfeld *Fläche* die Option *Keine*.

6. Bestätigen Sie mit *OK*.

7. Markieren Sie im Diagramm die noch sichtbare Datenreihe.

8. Ändern Sie in der Bearbeitungsleiste die Formel `=DATENREIHE(Tabelle1!$A$4;Tabelle1!$B$2:$F$2;` `Tabelle1!$B$4:$F$4;2)` wie folgt: `=DATENREIHE("Kos` `ten";Tabelle1!$B$2:$F$2;Tabelle1!$B$4:$F$4;2)`

9. Klicken Sie in der Legende auf das noch sichtbare Symbol zweimal und drücken Sie danach die Taste `Entf`.

Das Diagramm sieht nun schon recht gut aus. Fügen Sie jetzt noch einen Diagrammtitel ein, indem Sie mit der rechten Maustaste auf die Diagrammfläche klicken und aus dem Kontextmenü den Befehl *Diagrammoptionen* wählen. Auf der Registerkarte *Titel* tragen Sie im Feld *Diagrammtitel* einen Text Ihrer Wahl ein und bestätigen mit *OK*.

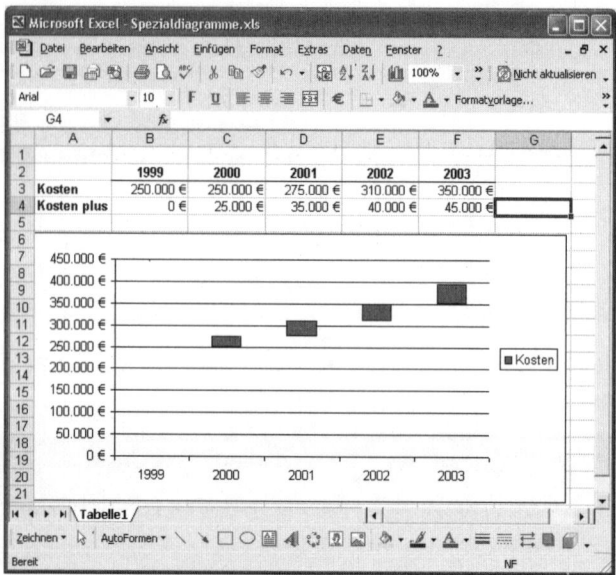

Bild 4.40: Das Wasserfall-Diagramm kurz vor der Fertigstellung

---

Tipp

Im nächsten Schritt werden Sie die restlichen Säulen noch optisch etwas hervorheben. Dazu gehen Sie wie folgt vor:

1. Klicken Sie die Säulenreihe doppelt an, um den Dialog *Datenreihen formatieren* aufzurufen.

2. Wechseln Sie auf die Registerkarte *Muster*.

3. Klicken Sie die Schaltfläche *Fülleffekte*.

4. Auf der Registerkarte *Graduell* aktivieren Sie im Gruppenfeld Schattierungsarten die Option *Vertikal*.

5. Markieren Sie im Gruppenfeld *Varianten* die Variante in der rechten unteren Ecke.

6. Bestätigen Sie zweimal mit *OK*.

Als Ergebnis erhalten Sie im Diagramm einen räumlichen 3D-Effekt.

Tipp

Fügen Sie zum Abschluss noch Verbindungslinien ein, indem Sie die folgenden Arbeitsschritte befolgen:

1. Klicken Sie die Säulenreihe mit der rechten Maustaste an und wählen Sie den Befehl *Datenreihen formatieren* aus dem Kontextmenü.

2. Wechseln Sie auf die Registerkarte *Optionen*.

3. Aktivieren Sie das Kontrollkästchen *Verbindungslinien*.

4. Bestätigen Sie mit *OK*.

Das Ring-Diagramm

In der nächsten Aufgabe sollen ein Ring-Diagramm sowie im Anschluss daran eine Abwandlung zu einem Halbring-Diagramm dargestellt werden.

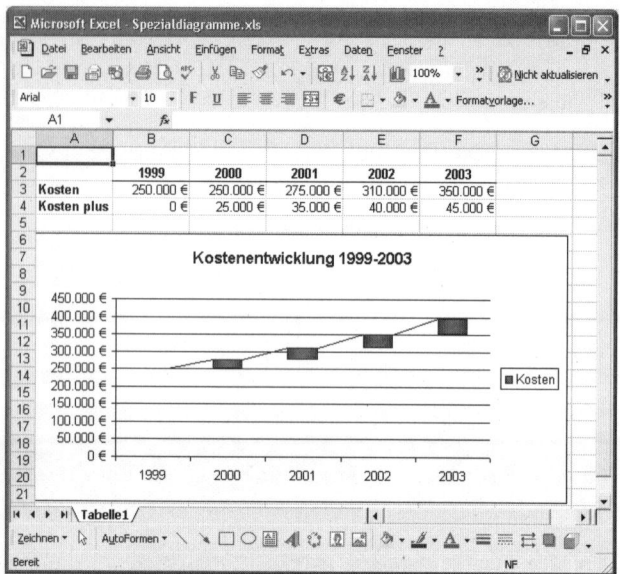

Bild 4.41: Das fertige Wasserfall-Diagramm

Sicher haben Sie schon einmal die Diagramme im Fernsehen gesehen, die bei Bundes- oder Landtagswahlen gezeigt werden. Hier gibt es diverse Diagramme, von denen wir zwei herausgreifen möchten: das Ring-Diagramm, um das Ergebnis der Wahl in Prozenten optisch besser darzustellen, und das Halbring-Diagramm, um die Sitzverteilung im Parlament zu präsentieren. (s. Bild 4.42)

Das erste Diagramm gehört zum Standardumfang der Diagramme in Excel und kann über den Diagramm-Assistenten auf Basis der Daten aus dem folgenden Bild eingefügt werden.

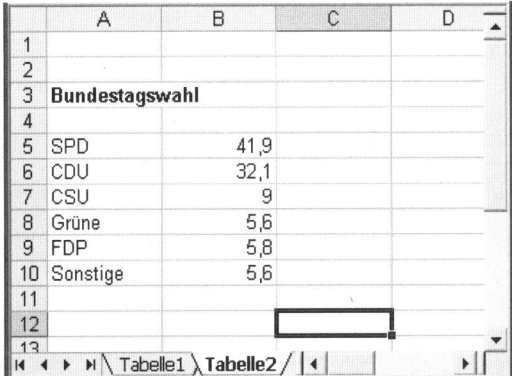

Bild 4.42: Die Datenbasis

Um das Ring-Diagramm einzufügen, befolgen Sie die nächsten Arbeitsschritte:

1. Markieren Sie den Datenbereich A5:B10.

2. Klicken Sie auf der Symbolleiste *Standard* das Symbol *Diagramm-Assistent* an.

3. Wechseln Sie im Diagramm-Assistenten auf die Registerkarte *Standardtypen.*

4. Markieren Sie im Feld *Diagrammtyp* den Typ *Ring.*

5. Wählen Sie rechts daneben den ersten Diagrammuntertyp aus.

6. Klicken Sie zweimal auf *Weiter.*

7. Erfassen Sie den Titel des Diagramms im dritten Schritt des Diagramm-Assistenten und klicken Sie auf *Weiter.*

8. Im letzten Schritt des Diagramm-Assistenten aktivieren Sie die Option *Als Objekt* in *Tabelle2* und klicken anschließend auf die Schaltfläche *Fertig stellen.*

Bild 4.43: Das Ring-Diagramm

Zeigen Sie die Prozentwerte der einzelnen Parteien im Diagramm an. Dazu gehen Sie wie folgt vor:

1. Klicken Sie den Ring mit der rechten Maustaste an und wählen aus dem Kontextmenü den Befehl *Daten-reihen formatieren*.

2. Wechseln Sie auf die Registerkarte *Datenbeschriftung*.

3. Aktivieren Sie im Gruppenfeld *Beschriftung enthält* die beiden Kontrollkästchen *Kategoriename* und *Pro-zentsatz*.

4. Im Dropdownfeld *Trennzeichen* stellen Sie das Komma ein.

5. Bestätigen Sie diese Anpassung mit *OK*.

Als Ergebnis werden sowohl die Parteinamen als auch die Ergebnisse in Prozent direkt auf dem Ring ausgegeben. Diese Beschriftung können Sie einzeln an die gewünschte Position des Diagramms ziehen, indem Sie die jeweilige Beschriftung zweimal anklicken, um die Beschriftung zu markieren, danach den Rahmen der Beschriftung anzukli-cken und diesen an die gewünschte Stelle zu ziehen.

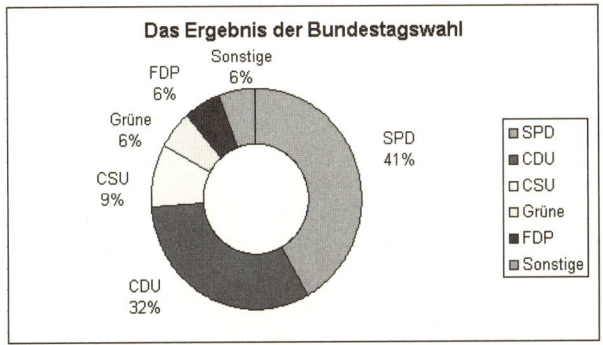

Bild 4.44: Das fertige Ring-Diagramm

Auf dem Weg zum Halbring-Diagramm

Bei der nächsten Aufgabenstellung müssen Sie zu einem Trick greifen. Es soll die Sitzverteilung im Parlament dargestellt werden. Wenn Sie sich erinnern, dann wird die Sitzverteilung in TV-Übertragungen oft in einem Halbring-Diagramm dargestellt. Da dieses Halbring-Diagramm nicht zum Standard von Excel gehört, erstellen Sie zuerst einen Ring und halbieren diesen dann direkt im Anschluss.

Bei der folgenden Aufgabe gehen Sie als Basis von der Tabelle des folgenden Bildes aus.

Bei der letzten Zelle LEER handelt es sich um eine Hilfszelle, die im späteren Diagramm keine Funktion hat. Diese Zelle stellt im Prinzip die zweite Hälfte des Ring-Diagramms dar, die später dann ausgeblendet wird.

	A	B	C	D
1				
2	**Sitzverteilung**			
3	SPD	247		
4	CDU	189		
5	CSU	58		
6	Grüne	55		
7	FDP	47		
8	**LEER**	**596**		
9				
10				
11				
12				
13				

H ◄ ► ►I / Tabelle2 \ Tabelle3 / | ◄ | | ►|

Bild 4.45: Die Ausgangsbasis fürs Diagramm

Um das Diagramm für die Sitzverteilung zu erstellen, befolgen Sie die nächsten Arbeitsschritte:

1. Markieren Sie den Datenbereich A3:B8.

2. Klicken Sie in der Symbolleiste *Standard* auf das Symbol *Diagramm-Assistent*.

3. Wechseln Sie auf die Registerkarte *Standardtypen*.

4. Im Feld *Diagrammtyp* wählen Sie den Typ *Ring* sowie im Feld *Diagrammuntertyp* das erste Diagramm aus.

5. Befolgen Sie die restlichen Anweisungen des Diagramm-Assistenten und klicken am Ende auf die Schaltfläche *Fertig stellen* (s. Bild 4.46).

Das breite Ringsegment am linken Diagrammrand muss jetzt in die richtige Position, nämlich unten, sowie danach ausgeblendet werden, damit der Effekt des Halbrings entsteht.

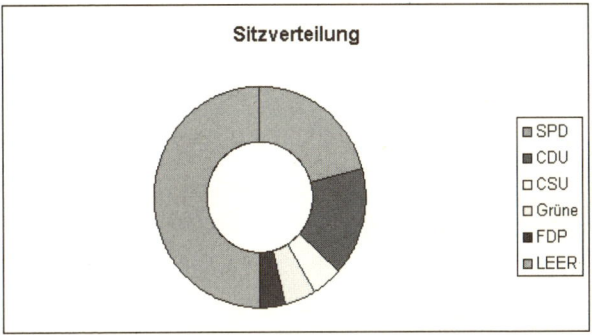

Bild 4.46: Das vorläufige Ergebnis

Dazu verfahren Sie folgendermaßen:

1. Klicken Sie den Ring mit der rechten Maustaste an und wählen Sie aus dem Kontextmenü den Befehl *Datenreihen formatieren*.

2. Wechseln Sie auf die Registerkarte *Optionen* (s. Bild 4.47).

3. Stellen Sie im Drehfeld *Winkel des ersten Kreissegments* die Gradzahl so ein, dass der leere Ring ganz unten angeordnet ist.

4. Bestätigen Sie Ihre Einstellung mit *OK*

Tipp

Alles, was Sie jetzt noch machen müssen, ist, das leere Kreissegment auszublenden. Dazu befolgen Sie die nächsten Arbeitschritte:

1. Klicken Sie das untere Kreissegment zweimal hintereinander an, um es zu markieren.

2. Klicken Sie danach mit der rechten Maustaste und wählen Sie den Befehl *Datenpunkt formatieren* aus dem Kontextmenü.

3. Wechseln Sie auf die Registerkarte *Muster*.

4. Im Gruppenfeld *Rahmen* aktivieren Sie die Option *Keine*.

5. Im Gruppenfeld *Fläche* aktivieren Sie die Option *Keine*.

6. Bestätigen Sie Ihre Einstellung mit *OK*.

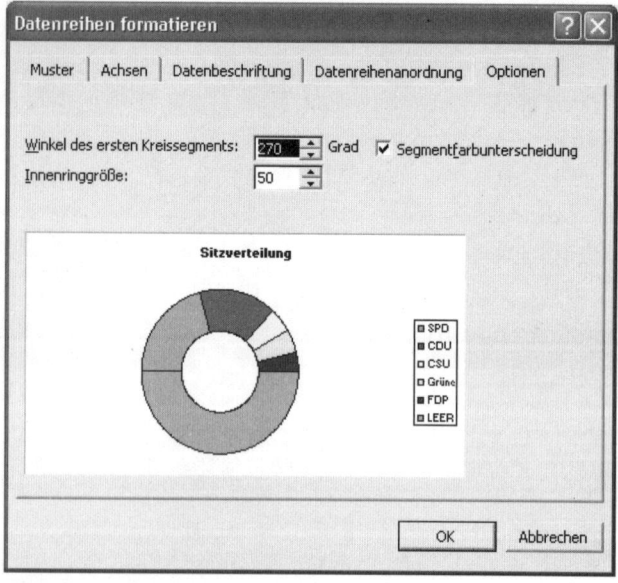

Bild 4.47: Das Kreissegment in die gewünschte Position bringen

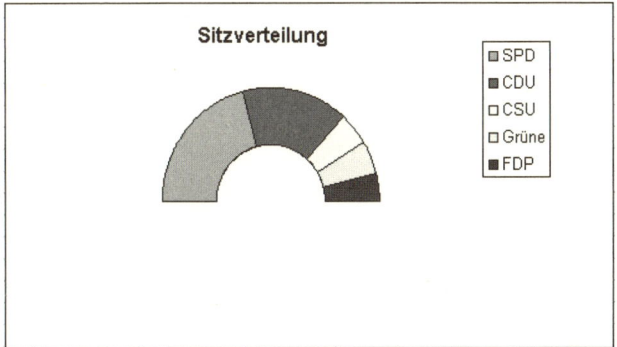

Bild 4.48: Der untere Ring wurde ausgeblendet

Ein Histogramm erstellen

Möchten Sie Werte einer Auszählung als Histogramm darstellen, dann können Sie das Standarddiagramm *Punkt* verwenden und daraus dann ein Histogramm basteln. Bei der folgenden Aufgabe gehen Sie von der Datenbasis des folgenden Bildes aus (s. Bild 4.49).

In der Zelle B1 wird die Formel =ZÄHLENWENN($A$1: $A1;A1) eingegeben und dann anschließend nach unten kopiert. Damit wird das Vorkommen einer jeder Zahl in Spalte A ermittelt.

Um ein Histogramm zu erstellen, befolgen Sie die nächsten Arbeitsschritte:

1. Markieren Sie den Datenbereich A1:B10.

2. Rufen Sie den Diagramm-Assistenten auf und erstellen Sie zunächst ein Punkt-Diagramm, Untertyp *Punkte*; es vergleicht Werte paarweise.

3. Markieren Sie einen Punkt und wählen Sie aus dem Menü *Format* den Befehl *Markierte Datenreihen*.

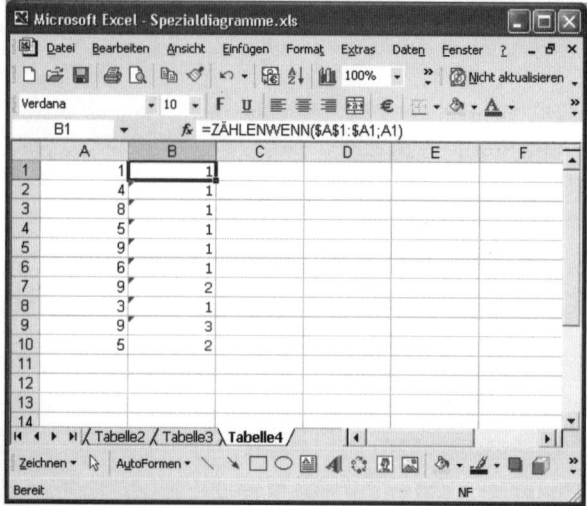

Bild 4.49: Die Ausgangssituation

4. Wechseln Sie auf die Registerkarte *Muster*.

5. Im Dropdownfeld *Art* stellen Sie das Kreuzsymbol ein.

6. Im Dropdownfeld *Vordergrund* wählen Sie die gewünschte Farbe aus.

7. Im Feld *Hintergrund* wird der Eintrag *Keine Farbe* eingestellt.

8. Im Drehfeld *Größe* stellen Sie die Größe *8* ein.

9. Bestätigen Sie mit *OK*.

10. Führen Sie einen Doppelklick auf die *Diagramm-fläche* (Grauer Hintergrund) durch, um den Dialog *Zeichnungsfläche formatieren* aufzurufen.

11. In der Registerkarte *Muster* aktivieren Sie in den bei-
    den Gruppenfeldern die Optionen *Keinen* bzw. *Keine*
    und bestätigen mit *OK*.

12. Klicken Sie jetzt die Y-Achse doppelt an, wechseln Sie
    auf die Registerkarte *Skalierung* und füllen Sie den
    Dialog wie im folgenden Bild aus:

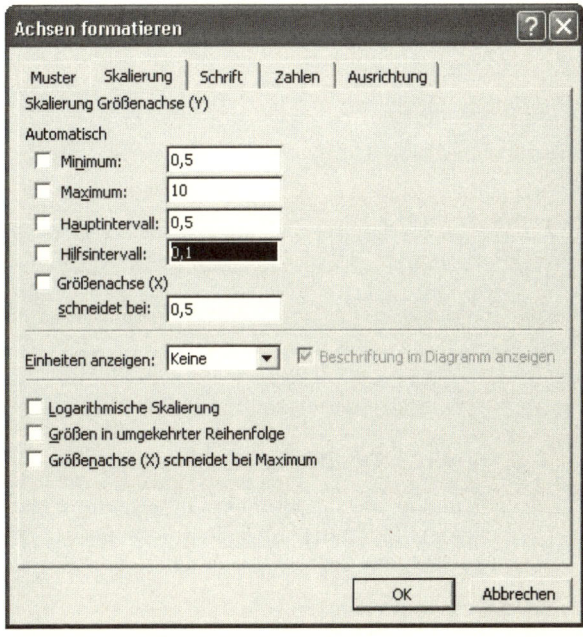

Bild 4.50: Die Skalierung einstellen

13. Entfernen Sie die Y-Achse, indem Sie diese anklicken
    und danach mit der Taste ⌈Entf⌉ drücken.

14. Markieren Sie eine Gitternetzlinie und drücken Sie
    ebenfalls die Taste ⌈Entf⌉.

15. Entfernen Sie zuletzt noch die Legende.

16. Passen Sie bei Bedarf die Skalierung der X-Achse an.

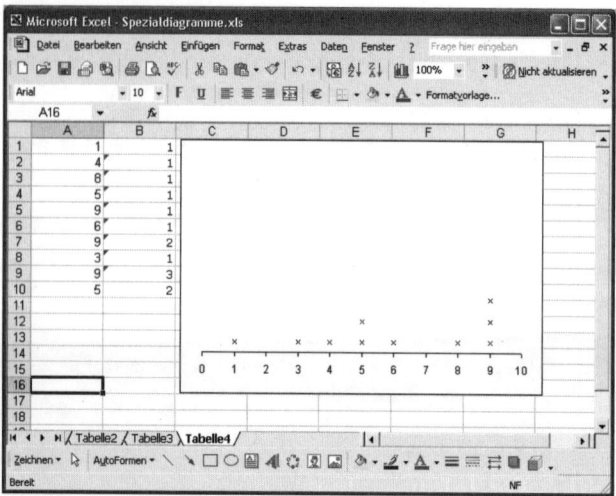

Bild 4.51: Das fertige Histogramm

Das spezielle OrgChart

Bei der folgenden Lösung wird ein Organigramm erstellt, welches die Daten für die Beschriftung der einzelnen Knoten aus einer Tabelle zieht. Gehen Sie bei der folgenden Aufgabe vom nächsten Bild 4.52 aus.

In Spalte E werden die Informationen aus den Spalten A bis D verknüpft. Dabei wird nach jeder Information ein Zeilenumbruch durchgeführt.

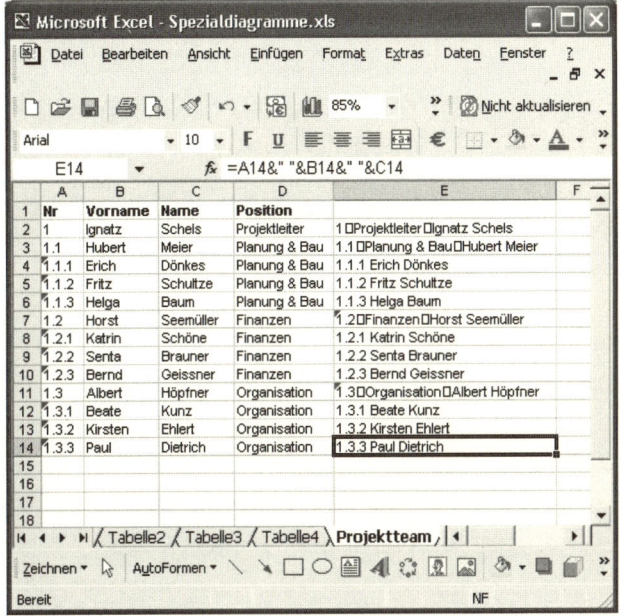

Bild 4.52: Die Ausgangssituation für das Organigramm

Erstellen Sie nun das Organigramm, indem Sie wie folgt vorgehen:

1. Blenden Sie die Symbolleiste *Zeichnen* ein.

2. Erstellen Sie ein Organigramm mithilfe von Textfeldern und Pfeilsymbolen.

3. Füllen Sie nun die noch leeren Textfelder mit den Daten aus der Spalte E. Dazu klicken Sie das erste Textfeld (ganz oben) an.

4. Setzen Sie den Mauszeiger in die Bearbeitungsleiste und erfassen Sie die Formel =E2.

5. Bestätigen Sie mit Enter.

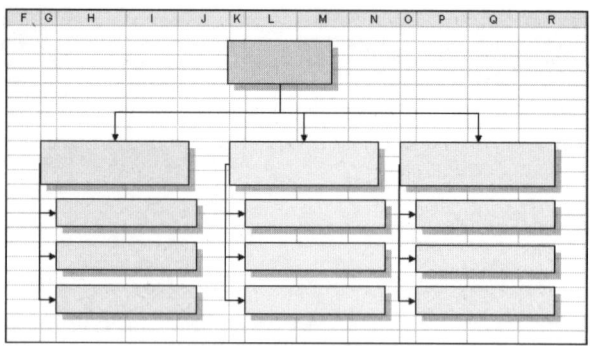

Bild 4.53: Das noch leere Organigramm

6. Wiederholen Sie diese Vorgehensweise auch für die anderen Felder.

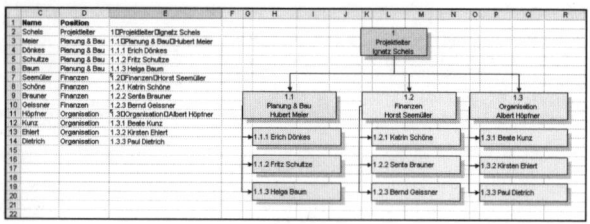

Bild 4.54: Das fertige Organigramm

Ein Gantt-Diagramm für die Urlaubsplanung

Das Gantt-Diagramm gehört zur Standardausstattung von Projektmanagement-Software wie beispielsweise Microsoft Project. Es verdeutlicht die Zeitdauer von Projektvorgängen über Balken, die auf einer Zeitreihe aufgetragen werden. Jeder Vorgang bekommt dabei seinen eigenen Balken, Verschiebungen auf Vorgangs- oder Projektebene lassen sich so leicht erkennen. Excel führt zwar in seinem Angebot an Diagrammtypen nichts Vergleichbares, mit ein paar Tricks lässt sich aber auch ein praktisches Gantt-Chart mit Bordmitteln erzeugen.

Sie haben die Aufgabe, den Urlaubsplan der Mitarbeiter Ihrer Firma zu zeichnen. Die Anträge liegen bereits vor, berechnen Sie nur noch die Anzahl der Urlaubstage aus den Datumswerten *Anfang* und *Ende*.

	A	B	C	D
1	Urlaubsübersicht Firma Test GmbH			
2				
3				
4	Name	Urlaubsbeginn	Urlaubsende	Anzahl Tage
5	Heinz Müller	16. Jul 04	30. Jul 04	
6	Sabine Frisch	20. Aug 04	09. Sep 04	
7	Robert Dietrich	12. Sep 04	24. Sep 04	
8	Gustav Neumaier	15. Sep 04	01. Okt 04	
9	Hans Häberle	01. Aug 04	22. Aug 04	
10	Gerda Braun	30. Sep 04	08. Okt 04	
11				

Bild 4.55: Die Urlaubstabelle liegt vor, berechnen Sie die Urlaubstage

So gehen Sie vor:

1. Setzen Sie den Zellzeiger in die Zelle D5.
2. Schreiben Sie diese Formel:

```
=C5-B5+1
```

3. Klicken Sie doppelt auf das Füllkästchen am Zellzeiger, um die Formel auf alle Zeilen der Liste zu kopieren.

Jetzt können Sie das Diagramm erstellen. Die erste Reihe wird den Namen in der Rubrik erhalten und den ersten Urlaubstag als Datenreihe:

1. Markieren Sie den Bereich A4:B10.

2. Klicken Sie auf das Symbol des Diagramm-Assistenten und zeichnen Sie ein Diagrammobjekt in die Tabelle.

3. Wählen Sie den Diagrammtyp *Balken* mit dem Untertyp *2*.

4. Klicken Sie mehrfach auf *Weiter* und erstellen Sie das Diagrammobjekt mit Klick auf *Fertig stellen*.

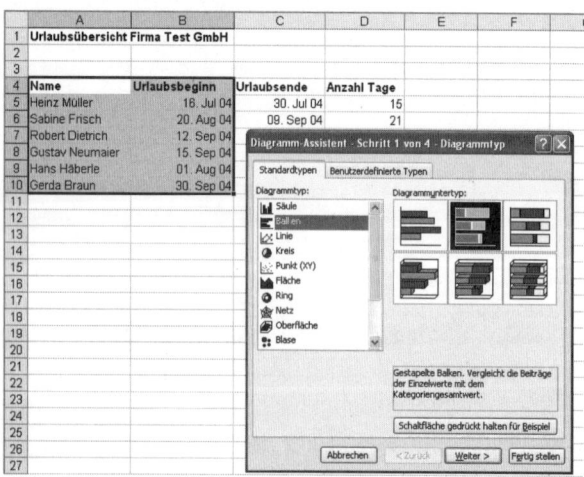

Bild 4.56: Ein gestapeltes Balkendiagramm

Die zweite Datenreihe im Diagramm wird aus der
Anzahl der Urlaubstage gebildet; kopieren Sie diese einfach in das Objekt:

1. Markieren Sie den Bereich D4:D10.
2. Kopieren Sie die Auswahl mit `Strg` + `c`.
3. Klicken Sie das Diagrammobjekt an, und drücken Sie
   die `Enter`-Taste, um die kopierte Reihe einzufügen.

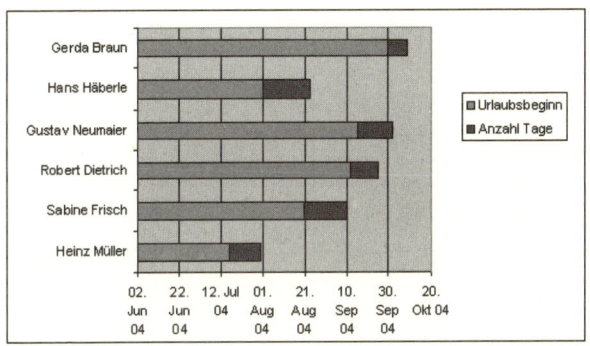

Bild 4.57: Die zweite Datenreihe fügt sich an die erste an

Im nächsten Schritt entfernen Sie die erste Reihe, aber nur
optisch, damit der Effekt erhalten bleibt, und passen die
Skalierung so an, dass die Monate der 2. Jahreshälfte
angezeigt werden:

1. Klicken Sie doppelt in die erste (blaue) Datenreihe,
   und nehmen Sie im Muster-Dialog den Rahmen und
   die Füllung weg:

```
Muster
Rahmen: Keine
Fläche: Keine
```

2. Formatieren Sie die Rubrikenachse so, dass die Monate der 2. Jahreshälfte angezeigt werden.

3. Klicken Sie doppelt in die Rubrikenachse.

4. Schalten Sie auf die Karte *Skalierung* um, und geben Sie diese Werte ein:

```
Minimum: 1.6.2004
Maximum: 31.12.2004
Schrittweite: 30
```

5. Wechseln Sie in die Registerkarte *Zahlen*, und geben Sie dieses benutzerdefinierte Zahlenformat ein:

```
MMMM
```

6. Bestätigen Sie mit *OK*, und das Diagramm ist fertig formatiert. Die Legende entfernen Sie mit der ⏎Entf⏎-Taste, fügen Sie noch über *Diagramm/Diagrammoptionen* horizontale Gitternetzlinien hinzu.

Noch ein heißer Tipp dazu: Berechnen Sie Ihren Mitarbeitern die Anzahl der Arbeitstage (Nettoarbeitstage), die sie mit ihrer Urlaubssequenz belegen. Schreiben Sie diese als Datenbeschriftung auf oder neben die Balken:

1. Schreiben Sie die Datumswerte der Feiertage und freien Tage des Jahres in eine Spalte oder berechnen Sie diese mithilfe der Feiertagsberechnung (siehe Kapitel 6).

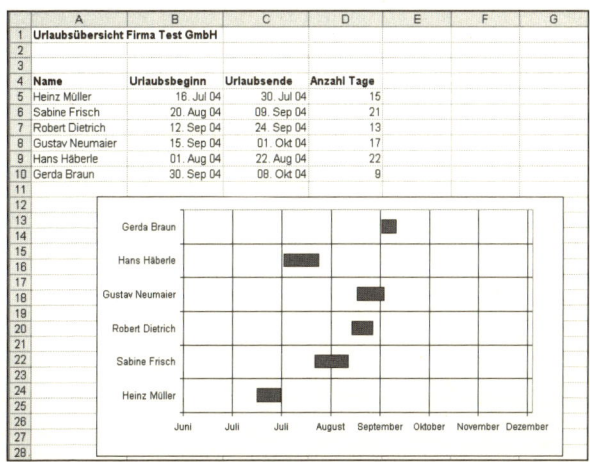

*Bild 4.58: Das Gantt-Diagramm für die Urlaubsplanung ist
fertig*

2. Geben Sie dieser Liste den Bereichsnamen *FreieTage*.

3. Schalten Sie unter *Extras/Add-Ins* bzw. *Add-Ins-
   Manager* (Excel 97) das Add-In *Analysefunktionen*
   hinzu, das brauchen Sie für die nächste Funktion.

4. Berechnen Sie die Nettotage zwischen Urlaubsbeginn
   und Urlaubsende. Die freien Tage werden als drittes
   Argument angegeben, fallen einzelne Feiertage auf
   Samstage oder Sonntage, werden sie nicht abgezogen:

```
E4: Netto-Arbeitstage
E5: =NETTOARBEITSTAGE(B5;C5;FreieTage)
```

Wenn Sie der zweiten Reihe des Diagramms über *Diagramm/Diagrammoptionen* dann die Datenbeschriftung *Werte* zuweisen, können Sie die einzelnen Bruttowerte markieren und gegen die Nettowerte austauschen.

	E5	▼	ƒx =NETTOARBEITSTAGE(B5;C5;FreieTage)						
	A	B	C	D	E	F	G	H	I
1	Urlaubsübersicht Firma Test GmbH								03.10.2004
2									01.11.2004
3								FreieTage	25.12.2004
4	Name	Urlaubsbeginn	Urlaubsende	Anzahl Tage	Arbeitstage				26.12.2004
5	Heinz Müller	18. Jul 04	30. Jul 04	15	11				31.12.2004
6	Sabine Frisch	20. Aug 04	09. Sep 04	21	15				
7	Robert Dietrich	12. Sep 04	24. Sep 04	13	10				
8	Gustav Neumaier	15. Sep 04	01. Okt 04	17	13				
9	Hans Häberle								
10	Gerda Braun	Gerda Braun				12			
11									
12		Hans Häberle		22					
13									
14		Gustav Neumaier			17				
15									
16		Robert Dietrich			13				
17									

Bild 4.59: Die Berechnung der Netto-Arbeitstage

Hinweis

In Kapitel 12 finden Sie ein Makro, das die Datenreihenbeschriftung aus einer anderen Spalte übernimmt.

5
Grafik und Layout

Ein gelungenes Tabellenlayout ist ebenso wichtig wie die gute Kalkulation. Der Eindruck zählt, die Präsentation der Tabelle sollte hohen Ansprüchen gerecht werden. In diesem Kapitel finden Sie Tipps & Tricks zur Erstellung von Vorlagen und über den Umgang mit Grafiken in Excel.

Eine Tabellenvorlage erstellen

Standardmäßig wird eine leere Tabelle in Excel eingefügt, wenn Sie aus dem Menü *Einfügen* den Befehl *Tabellenblatt* auswählen. Nun, anstelle dieser Standardtabelle können Sie eine vorformatierte Tabelle einsetzen, die Sie dann bei Bedarf verwenden können. Diese Tabelle könnte z. B. schon fertige Kopf- und Fußzeilen enthalten.

Um eine Tabellenvorlage mit vordefinierten Kopf- und Fußzeilen zu erstellen, verfahren Sie wie folgt:

1. Wählen Sie aus dem Menü *Datei* den Befehl *Seite einrichten*.

2. Wechseln Sie auf die Registerkarte *Kopfzeile/Fußzeile*.

3. Klicken Sie die Schaltfläche *Benutzerdefinierte Kopfzeile*.

4. Bestücken Sie die Kopfzeile mit den Informationen, die Sie standardmäßig haben möchten.

5. Bestätigen Sie mit *OK*.

6. Wiederholen Sie die Vorgehensweise auch für die Fußzeile.

7. Bestätigen Sie mit *OK*.

8. Wählen Sie aus dem Menü *Datei* den Befehl *Speichern unter*.

9. Im Dialog *Speichern unter* stellen Sie im Kombinationsfeld *Dateityp* den Eintrag *Mustervorlage (*.xlt)* ein.

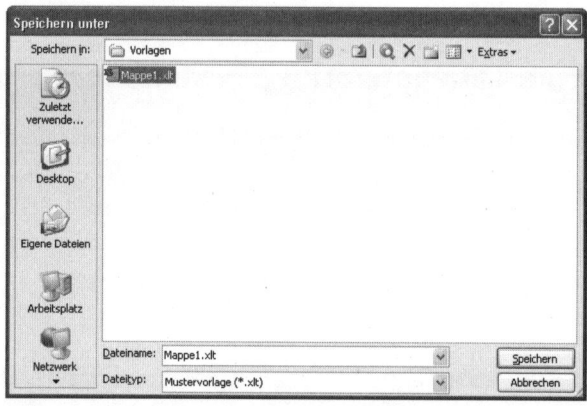

Bild 5.1: Tabelle als Mustervorlage speichern

10. Vergeben Sie im Feld *Dateiname* einen Namen, beispielsweise *EigeneVorlage*.

11. Klicken Sie auf die Schaltfläche *Speichern*.

Eigene Tabellenvorlage verwenden

Möchten Sie eine Tabelle auf Basis Ihrer eigenen Tabellenvorlage erstellen, dann verfahren Sie wie folgt:

1. Wählen Sie aus dem Menü *Datei* den Befehl *Neu*.

2. Klicken Sie im Aufgabenbereich den Hyperlink *Allgemeine Vorlagen*.

3. Wechseln Sie auf die Registerkarte *Allgemein*.

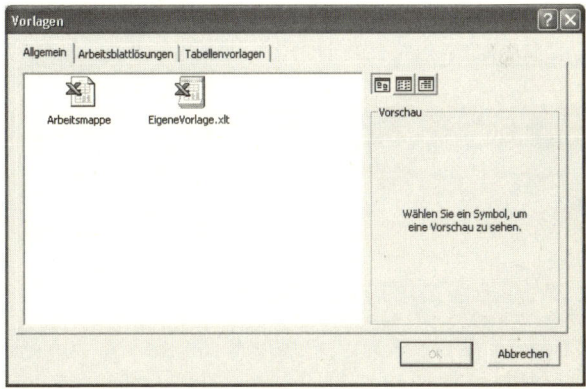

Bild 5.2: Neue Tabelle auf Basis einer Vorlage erstellen

4. Führen Sie einen Doppelklick auf Ihre eigene Vorlage durch.

Hinweis

In Kapitel 1.14 lesen Sie, wie Sie spezielle Mustervorlagen für neue Arbeitsmappen und neue Tabellenblätter anlegen können.

Kopfzeilen/Fußzeilen

Einige wichtige Dinge, die Sie über Kopf- und Fußzeilen wissen müssen, werden jetzt beschrieben.

Die Ignoranz des Zeichens &

Haben Sie gewusst, dass Excel in der Kopf- bzw. Fußzeile das kaufmännische Und-Zeichen & ignoriert?

Legen Sie einmal eine Kopfzeile an, die im mittleren Bereich einen Firmennamen wie beispielsweise Held & Co. beinhaltet.

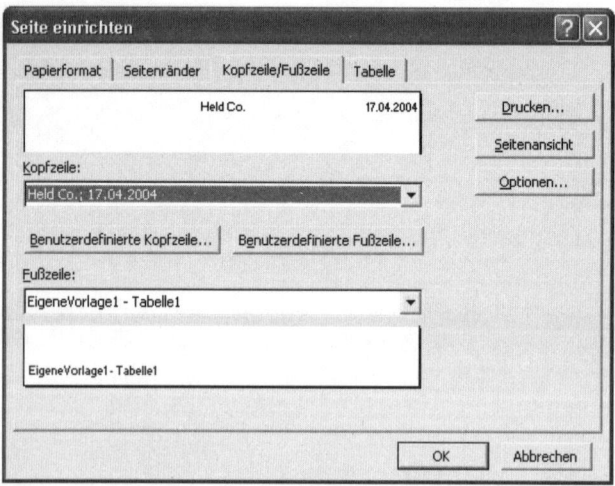

Bild 5.3: Das Zeichen & wird verschluckt

Excel verschluckt standardmäßig das Zeichen &, weil es bei den Kopf- und Fußzeilen als Steuerzeichen interpretiert wird. Um Excel dazu zu bewegen, dieses Zeichen dennoch in der Kopf- oder Fußzeile anzuzeigen, geben

Sie einfach dieses Zeichen zweimal ein, also *Held && Co.*
Excel verschluckt dann das erste, beim zweiten gibt Excel
auf und zeigt das Zeichen an.

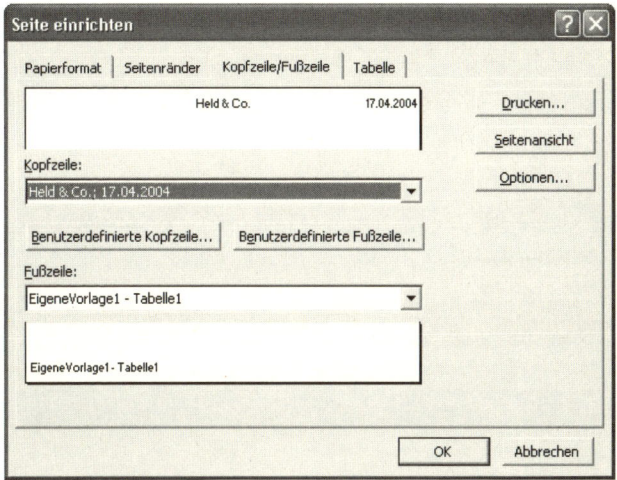

*Bild 5.4: Auch das Zeichen & wird akzeptiert, wenn es doppelt
erfasst wird*

Kopfzeile mit Bild

Ab der Version Excel 2002 ist es möglich, standardmäßig
Bilddateien in Kopf- und Fußzeilen anzuzeigen. Anwender älterer Versionen müssen zu einem Spezialtrick greifen, um Excel auszutricksen:

1. Fügen Sie zunächst auf einer leeren Tabelle eine Grafik ein, indem Sie aus dem Menü *Einfügen* den Befehl
Grafik/aus Datei wählen.

2. Im Dialog *Grafik einfügen* stellen Sie das Verzeichnis
ein, das die gewünschte Grafik enthält, markieren Sie

die Grafik und fügen diese über einen Klick auf die Schaltfläche *Einfügen* ein.

3. Positionieren Sie die eingefügte Grafik auf Ihrer Tabelle und verkleinern Sie die Grafik über die Eckpunkte so, dass sie in den ersten fünf Zeilen Platz findet.

4. Wählen Sie danach aus dem Menü *Datei* den Befehl *Seite einrichten*.

5. Wechseln Sie auf die Registerkarte *Tabelle*.

6. Setzen Sie den Mauszeiger in das Feld *Wiederholungszeilen oben*.

7. Markieren Sie im Hintergrund in der Tabelle die ersten fünf Zeilen.

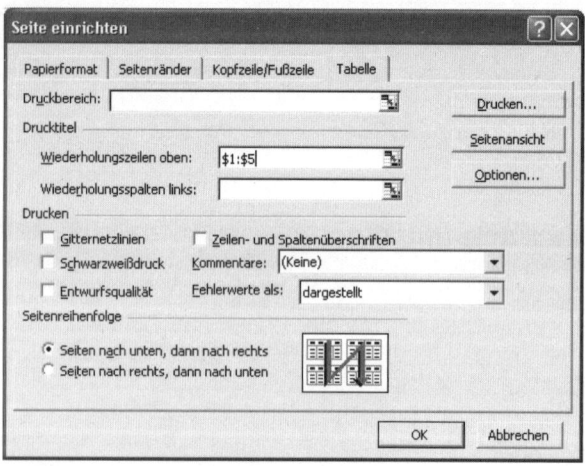

Bild 5.5: Wiederholungszeilen definieren

8. Bestätigen Sie mit *OK*.

Hinweis

Die ersten fünf Zeilen werden auf jeder Druckseite wiederholt. Dabei wird selbstverständlich auch die Grafik wiederholt, da sie genau in den fünf als Wiederholungszeilen definierten Zeilen liegt.

Mehrzeilige Kopf- und Fußzeilen

Auch das Definieren von mehrzeiligen Kopf- und Fußzeilen ist in Excel kein Problem. Wenn Sie beispielsweise eine dreizeilige Fußzeile erstellen möchten, dann gehen Sie wie folgt vor:

1. Wählen Sie aus dem Menü *Datei* den Befehl *Seite einrichten*.

2. Wechseln Sie auf die Registerkarte *Kopfzeile/Fußzeile*.

3. Klicken Sie auf die Schaltfläche *Benutzerdefinierte Fußzeile*.

4. Setzen Sie den Mauszeiger in das Feld *Linker Abschnitt* und geben Sie die erste Zeile ein. Drücken Sie danach die Taste [Enter], erfassen Sie die zweite Zeile usw.

5. Bestätigen Sie mit einem Klick auf *OK*.

6. Schließen Sie den Vorgang mit einem Klick auf *OK* ab.

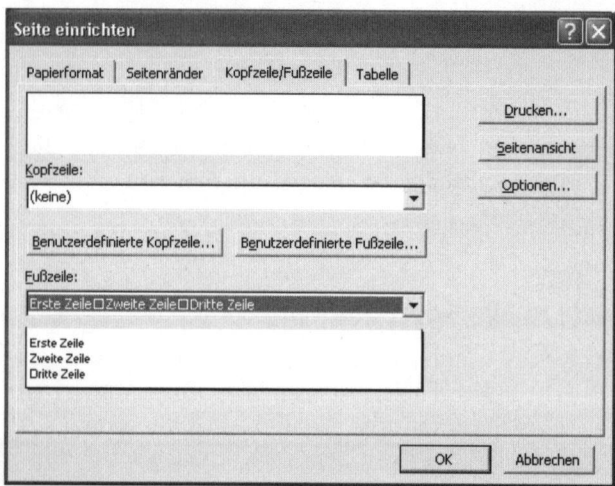

Bild 5.6: Mehrere Zeilen in Fußzeile angeben

Bei 255 ist Schluss

Sie können für die Gestaltung der Kopf- und Fußzeilen
maximal 255 mögliche Zeichen einsetzen. Diese Grenze
kann nicht umgangen werden.

Kompletter Pfad in Kopfzeile bringen

Diese Aufgabe zu erledigen geht leider bei den Versionen
vor Excel 2002 nur über ein Makro, das Sie im Kapitel
»Die besten Makros für den Alltag« nachschlagen können.

Wenn Sie den Pfad einer Arbeitsmappe in die Kopfzeile
bringen möchten, dann können Sie folgenden Trick
anwenden:

1. Speichern Sie zunächst Ihre Arbeitsmappe, sofern sie noch nicht gespeichert wurde.

2. Schreiben Sie in Zelle A1 die Formel `=ZELLE("Datei name")`.

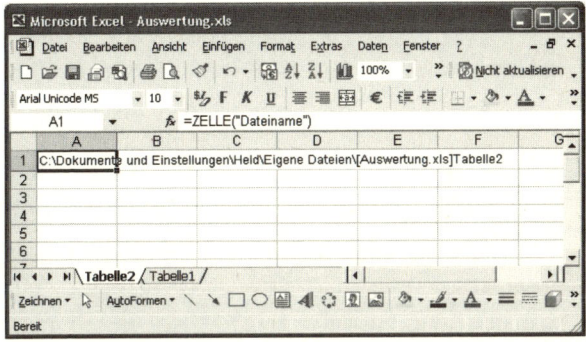

Bild 5.7: Den Pfad- und Dateinamen ermitteln

3. Wählen Sie danach aus dem Menü *Datei* den Befehl *Seite einrichten*.

4. Wechseln Sie auf die Registerkarte *Tabelle*.

5. Setzen Sie den Mauszeiger in das Feld *Wiederholungszeilen oben*.

6. Klicken Sie im Hintergrund in der Tabelle auf die Zelle A1.

7. Bestätigen Sie mit *OK*.

Hinweis

Die erste Zeile wird auf jeder Druckseite wiederholt. Dabei wird selbstverständlich auch der Inhalt der Zelle A1 wiederholt. Vom Anschein her könnte man jetzt denken, dass die Pfadangabe in der Kopfzeile untergebracht ist.

Hinweis

Bei den Excel-Versionen ab 2002 gibt es bei der Definition von Kopf- und Fußzeilen ein separates Symbol, um diese Aufgabe per Standardeinstellung zu lösen.

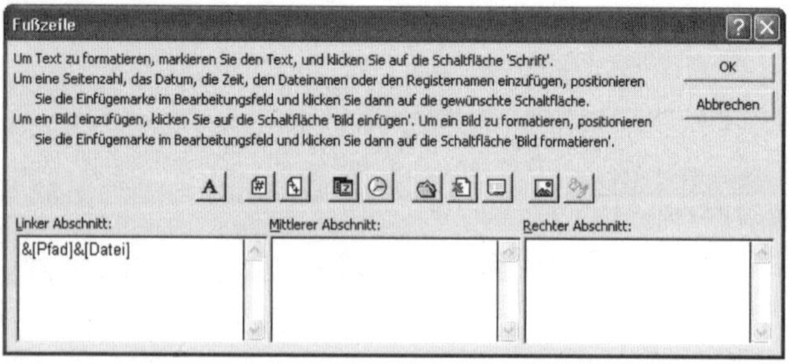

Bild 5.8: Tabellen mit Pfadangabe ab Excel 2002

Horizontalen Trennstreifen in Fußzeile einziehen

Möchten Sie in einer mehrzeiligen Fußzeile einen horizontalen Trennstreifen einziehen, dann befolgen Sie die nächsten Arbeitsschritte:

1. Wählen Sie aus dem Menü *Datei* den Befehl *Seite einrichten*.

2. Wechseln Sie auf die Registerkarte *Kopfzeile/Fußzeile*.

3. Klicken Sie auf die Schaltfläche *Benutzerdefinierte Fußzeile*.

4. Setzen Sie den Mauszeiger in das Feld *Linker Abschnitt* und geben Sie die erste Zeile ein. Drücken Sie danach die Taste Enter.

5. Drücken Sie jetzt mehrmals hintereinander die Tastenkombination Alt + 196. Geben Sie dabei die Zahl auf dem Ziffernblock der Tastatur ein.

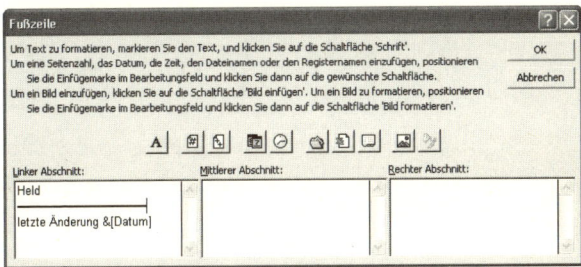

Bild 5.9: Eine horizontale Linie einziehen

6. Wiederholen Sie diese Tastenkombination, bis Sie eine ausreichend lange Linie haben.

7. Bestätigen Sie mit *OK*.

8. Schließen Sie den Vorgang über *OK* ab.

Alle Tabellen einer Mappe mit Kopf- und Fußzeile ausstatten

Wenn alle Tabellen einer Arbeitsmappe mit einer einheitlichen Kopf- und Fußzeile ausgestattet werden sollen, dann verfahren Sie wie folgt:

1. Klicken Sie die erste Tabelle in der Arbeitsmappe mit der rechten Maustaste am Tabellenreiter an und wählen Sie den Befehl *Alle Blätter auswählen* aus dem Kontextmenü.

2. Wählen Sie aus dem Menü *Datei* den Befehl *Seite einrichten*.

3. Wechseln Sie auf die Registerkarte *Kopfzeile/Fußzeile*.

4. Stellen Sie die gewünschten Formatierungen für die Kopf- und Fußzeile ein und bestätigen Sie mit *OK*.

Hinweis

Wenn Sie auf das Symbol *Seitenansicht* in der Symbolleiste *Standard* klicken, dann können Sie alle Tabellen der Arbeitsmappe nacheinander in der Seitenansicht ansehen und damit besser die Kopf- und Fußzeilen kontrollieren.

Seitenränder bei Kopf- und Fußzeilen

Wenn die Seitenränder einer Tabelle über einen bestimmten Wert verkleinert werden, dann fällt auf, dass die Ränder für die Kopf- und Fußzeilen hier nicht mitspielen.

Leider ist der Seitenrand für die Kopf- bzw. Fußzeile in Excel fest definiert und liegt bei 0,75 inch (etwa 1,9 cm). Dieses Maß wird auch durch Änderungen der Randeinstellungen nicht angepasst. Eine Möglichkeit, dies zu umgehen, ist, die Excel-Tabelle in ein Word-Dokument einzubinden und die Kopf- bzw. Fußzeilen in Word zu definieren. Dort gelten dieselben Randeinstellungen für Kopf- bzw. Fußzeilen und das restliche Dokument.

Hinweis

Beim rechten Seitenrand kann man sich aushelfen, indem man ein paar Leerzeichen nach dem eigentlichen Inhalt der Kopfzeile einfügt.

Tipp

Eine weitere Möglichkeit für die genaue Festlegung von Kopf- und Fußzeilen wäre, ein Zusatztool einzusetzen. Dazu gibt es im Internet unter der URL *http://www.fineprint.com* ein Tool mit dem Namen *FinePrint*, das Sie für diese Zwecke nehmen können.

Schriftgröße in Kopfzeile verändern

Soll die Schriftgröße in einer Kopfzeile angepasst werden,
dann gehen Sie wie folgt vor:

1. Wählen Sie aus dem Menü *Datei* den Befehl *Seite einrichten*.

2. Wechseln Sie auf die Registerkarte *Kopfzeile/Fuß-
   zeile*.

3. Klicken Sie auf die Schaltfläche *Benutzerdefinierte
   Kopfzeile*.

4. Setzen Sie den Mauszeiger in das Feld *Linker
   Abschnitt* und geben Sie die Zeichenfolge &8 ein,
   gefolgt von dem Text, den Sie in der Kopfzeile haben
   möchten.

5. Bestätigen Sie mit *OK*.

6. Schließen Sie den Vorgang mit *OK* ab.

Hinweis

Die Zeichenfolge &8 bedeutet, dass der Schriftgrad auf
die Größe 8 eingestellt werden soll. Selbstverständlich haben Sie hierbei auch die Möglichkeit, über den
Dialog *Schrift* zu gehen, den Sie aufrufen, indem Sie
das Symbol mit dem großen Buchstaben *A* klicken.

Phänomen des Tabellenschutzes

Haben Sie gewusst, dass Sie die Möglichkeit haben, die
Kopf- und Fußzeilen zu ändern, obwohl eine Tabelle
vorher mit einem Tabellenschutz über den Menübefehl
Extras/Schutz/Blatt schützen eingestellt wurde?

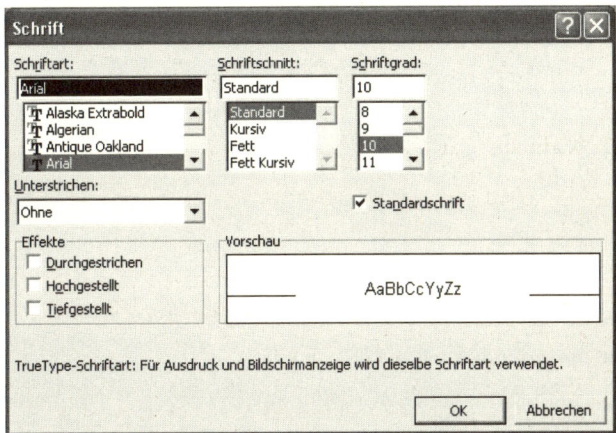

Bild 5.10: Schrifteinstellungen bei Kopf- und Fußzeilen

Dieses Verhalten von Excel ist standardmäßig so definiert und kann derzeit nicht anders gelöst werden.

Copyright-Zeichen in der Fußzeile

Soll das Copyright-Zeichen © in die Fußzeile eingefügt werden, dann befolgen Sie die nächsten Arbeitsschritte:

1. Wählen Sie aus dem Menü *Datei* den Befehl *Seite einrichten*.

2. Wechseln Sie auf die Registerkarte *Kopfzeile/Fußzeile*.

3. Klicken Sie auf die Schaltfläche *Benutzerdefinierte Fußzeile*.

4. Setzen Sie den Mauszeiger in das Feld *Rechter Abschnitt* und drücken Sie die Tastenkombination [Alt] + [0169] auf dem Ziffernblock Ihrer Tastatur.

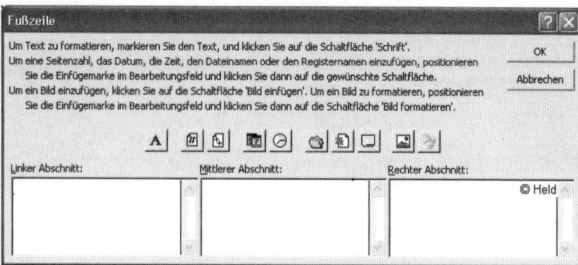

Bild 5.11: Copyright-Zeichen einfügen

5. Bestätigen Sie mit *OK*.

6. Schließen Sie den Vorgang mit *OK* ab.

Benutzerdefinierte Seitennummerierung einstellen

Soll in einer Fußzeile die Seitennummerierung »Seite x von y« ausgegeben werden, dann verfahren Sie wie folgt:

1. Wählen Sie aus dem Menü *Datei* den Befehl *Seite einrichten*.

2. Wechseln Sie auf die Registerkarte *Kopfzeile/Fußzeile*.

3. Klicken Sie auf die Schaltfläche *Benutzerdefinierte Fußzeile*.

4. Setzen Sie den Mauszeiger in das Feld *Rechter Abschnitt* und geben zunächst den Text *Seite*, gefolgt von einem Leerzeichen, ein.

5. Klicken Sie danach auf das zweite Symbol von links.

6. Geben Sie danach ein Leerzeichen und den Text *von* ein. Auch hier wird wieder ein Leerzeichen nachgestellt.

7. Klicken Sie auf das dritte Symbol von links.

8. Fügen Sie ein Leerzeichen ein und schreiben Sie den Text *Seiten*.

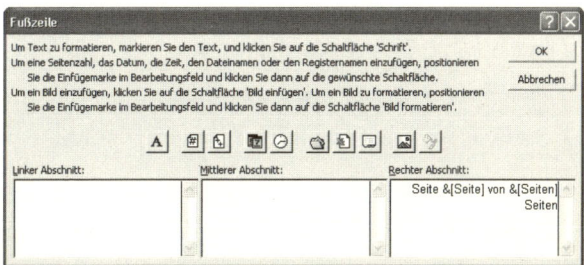

Bild 5.12: Benutzerdefinierte Seitennummerierung zusammenstellen

9. Bestätigen Sie mit *OK*.

10. Schließen Sie den Vorgang mit *OK* ab.

Formatcodes für Kopf- und Fußzeilen

Im Dialogfeld für Kopf- und Fußzeilen stehen Symbole für den Eintrag von Formatcodes zur Auswahl. Diese Auswahl ist unvollständig; es gibt weit mehr Codes, die direkt in die Bereiche der Kopf-/Fußzeilen eingetragen werden können, die meisten werden durch die Auswahl einer Schriftformatierung erzeugt.

Hier eine Liste aller Formatcodes:

Nachfolgende Zeichen linksbündig:	&L
Nachfolgende Zeichen zentriert:	&Z
Nachfolgende Zeichen rechtsbündig:	&R
Doppelt Unterstreichen ein- oder ausschalten:	&E
Hochstellen ein- oder ausschalten:	&X
Tiefstellen ein- oder ausschalten:	&Y
Fettdruck ein- oder ausschalten:	&F
Kursivdruck ein- oder ausschalten:	&K
Unterstreichen ein- oder ausschalten:	&T
Durchstreichen ein- oder ausschalten:	&H
Konturschrift ein oder aus (nur Macintosh):	&O
Schattieren ein oder aus (nur Macintosh):	&H
Das aktuelle Datum:	&D
Die aktuelle Zeit:	&U
Name des Dokuments:	&N
Name des Registers einer Arbeitsmappe:	&B
Seitenzahl:	&S
Seitenzahl plus Zahl:	&S+Zahl
Seitenzahl abzüglich Zahl:	&S-Zahl
Gesamtseitenzahl:	&A
Ein einzelnes kaufmännisches Und-Zeichen:	&&

Schriftart:	&»Schrift art«
Schriftgröße:	&nn

Wenn Sie mit der Makrosprache VBA Kopf- und Fußzeilen anprogrammieren, müssen Sie die englischsprachigen Codes verwenden, aus &F für »Fettdruck« wird dann eben &B für »Bold«. So sieht ein Makro aus, das in der Kopfzeile links den Namen des Dokuments fettgedruckt einträgt, rechts das Datum und in der Mitte der Fußzeile »Seite x von y« schreibt:

```
Sub KopfUndFußzeile()
  With ActiveSheet.PageSetup
    .LeftHeader = "&B&F"
    .RightHeader = "&D"
    .CenterFooter = "&ISeite &N von &P"
  End With
End Sub
```

Hier die Liste mit Kopf-/Fußzeilencodes, die in der Makrosprache VBA an Stelle der deutschen Codes verwendet werden müssen:

Nachfolgende Zeichen linksbündig:	&L
Nachfolgende Zeichen zentriert:	&C
Nachfolgende Zeichen rechtsbündig:	&R
Doppelt Unterstreichen ein- oder ausschalten:	&E
Hochstellen ein- oder ausschalten:	&X
Tiefstellen ein- oder ausschalten:	&Y
Fettdruck ein- oder ausschalten:	&B

Kursivdruck ein- oder ausschalten:	&I
Unterstreichen ein- oder ausschalten:	&U
Durchstreichen ein- oder ausschalten:	&S
Das aktuelle Datum:	&D
Die aktuelle Zeit:	&T
Name des Dokuments:	&F
Name des Registers einer Arbeitsmappe:	&A
Seitenzahl:	&N
Seitenzahl plus Zahl:	&N+Zahl
Seitenzahl abzüglich Zahl:	&N-Zahl
Gesamtseitenzahl:	&P
Ein einzelnes kaufmännisches Und-Zeichen:	&&
Schriftart:	&»Schriftart«
Schriftgröße:	&nn

Nicht druckbare Informationen hinterlegen

Möchten Sie in einer Tabelle Informationen hinterlegen, die zwar gesehen, aber nicht ausgedruckt werden können, dann verfahren Sie dabei wie folgt:

1. Blenden Sie die Symbolleiste *Zeichnen* ein.

2. Klicken Sie auf das Symbol *Textfeld* und ziehen Sie es in der gewünschten Größe und Form auf Ihrer Tabelle auf.

3. Erfassen Sie den Text des Textfeldes.

4. Klicken Sie mit der rechten Maustaste auf den Rand des Textfeldes und wählen Sie den Befehl *Textfeld formatieren* aus dem Kontextmenü.

5. Wechseln Sie auf die Registerkarte *Eigenschaften*.

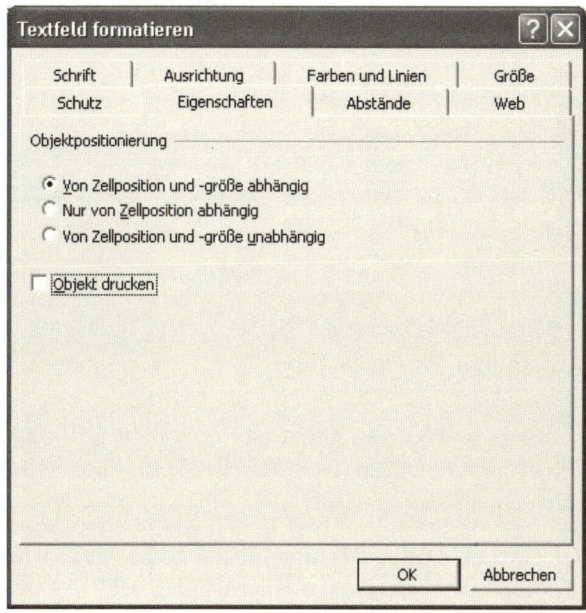

Bild 5.13: Textfeld nicht ausdrucken

6. Deaktivieren Sie das Kontrollkästchen *Objekt drucken*.

7. Bestätigen Sie mit *OK*.

Das Textfeld ist jetzt zwar in der Tabelle sichtbar, auf dem Ausdruck fehlt es jedoch.

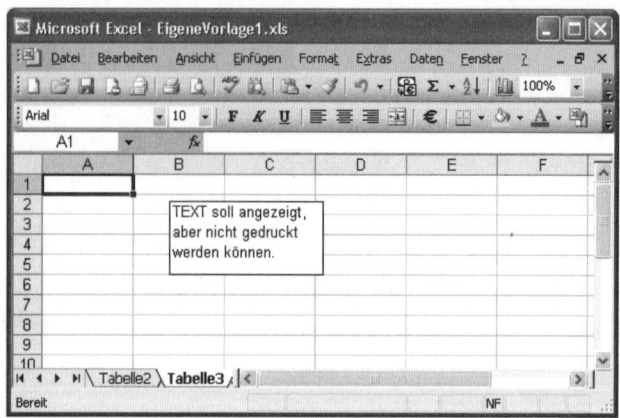

Bild 5.14: Textfeld zwar sichtbar, aber nicht druckbar

Schattiertes Rechteck punktgenau einfügen

Um ein schattiertes Rechteck so einzufügen, dass es genau auf einen markierten Bereich passt, können Sie zu folgendem Trick greifen:

1. Markieren Sie zunächst einmal den Zellenbereich, der durch ein Rechteck verdeckt werden soll.

2. Blenden Sie die Symbolleiste *Zeichnen* ein.

3. Klicken Sie in der Symbolleiste *Zeichnen* auf das Symbol *Schattenart*.

4. Wählen Sie aus der Symbolpalette das Symbol *Schattenart 17*.

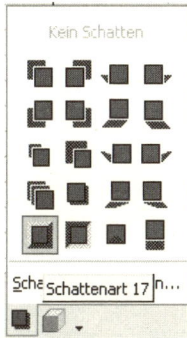

Bild 5.15: Ein Rechteck einfügen

> **Hinweis**
>
> Wenn Sie das eingefügte Objekt markieren, können Sie über die rechte Maustaste das Kontextmenü aufrufen und den Befehl *AutoForm formatieren* aktivieren. Auf der Registerkarte *Farben und Linien* können Sie die Füllfarbe festlegen.

Der Trick mit der Alt-Taste

Wenn Sie mit Zeichnungsobjekten wie Rechtecken, Textfeldern, AutoFormen und dergleichen in der Tabelle arbeiten und diese Objekte an den Gitternetzlinien ausrichten möchten, dann muss vorher ordentlich Zielwasser getrunken werden oder Sie halten bei der Ausrichtung der Objekte die Taste Alt gedrückt. Dadurch unterstützt Excel Sie tatkräftig bei der Ausrichtung der Objekte.

Der perfekte Kreis

Wenn Sie aus der Symbolleiste *Zeichnen* auf das Symbol *Ellipse* klicken, dann können Sie damit in Ihrer Tabelle einen Kreis zeichnen. Wie können Sie aber sicherstellen, dass dieser Kreis gleichförmig aussieht?

Um einen Kreis so rund wie möglich zu machen, gehen Sie wie folgt vor:

1. Klicken Sie auf der Symbolleiste *Zeichnen* auf das Symbol *Ellipse*.
2. Halten Sie die Taste ⌈Strg⌉ gedrückt, während Sie den Kreis in der gewünschten Größe auf Ihrer Tabelle aufziehen.

Excel kümmert sich automatisch darum, dass der Kreis wirklich wie ein Kreis aussieht.

Hinweis

Diesen Trick können Sie auch bei Rechtecken und vielen anderen Autoformen anwenden. Excel sorgt dafür, dass diese Elemente immer symmetrisch aussehen.

Bildgröße anpassen

Wenn Sie in einer Tabelle ein Bild vergrößern oder verkleinern möchten und dabei den Maßstab behalten, dann packen Sie das Bild an der rechten unteren Ecke an und ziehen es im 45-Grad-Winkel nach unten, um es zu vergrößern, bzw. im 45-Grad-Winkel in Richtung Mitte des Bildes, um es zu verkleinern.

Möchten Sie hundertprozentig sicherstellen, dass das Bild auch wirklich maßstabsgerecht in der Größe angepasst wird, dann gehen Sie wie folgt vor:

1. Klicken Sie das eingefügte Bild mit der rechten Maustaste an und wählen den Befehl *Grafik formatieren* aus dem Kontextmenü.

2. Wechseln Sie auf die Registerkarte *Größe*.

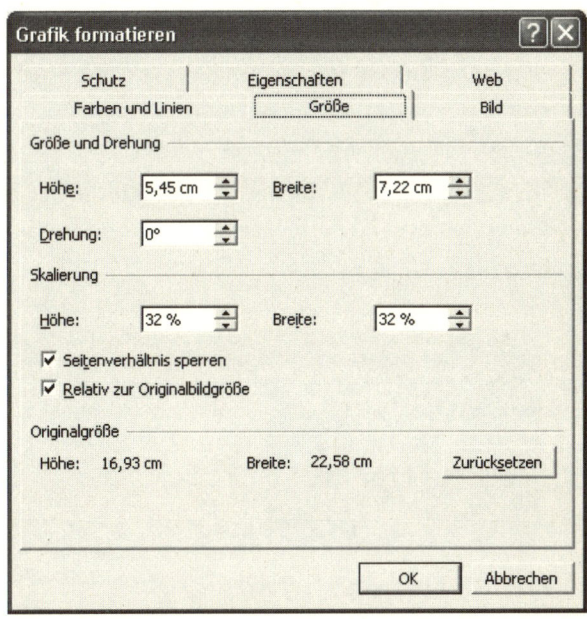

Bild 5.16: Maßstabsgerechte Anpassung eines Bildes

3. Im Gruppenfeld *Skalierung* geben Sie in den Kombinationsfeldern *Höhe* und *Breite* die gewünschte Größe in Prozent ein.

4. Bestätigen Sie mit *OK*.

Bild ausbleichen

Möchten Sie ein Foto ausbleichen, dann können Sie dies relativ einfach über das Kontextmenü der eingefügten Grafik machen:

1. Klicken Sie die eingefügte Grafik mit der rechten Maustaste an und wählen Sie den Befehl *Grafik formatieren* aus dem Kontextmenü.

2. Wechseln Sie auf die Registerkarte *Bild*.

3. Im Gruppenfeld *Bildsteuerung* wählen Sie aus dem Kombinationsfeld *Farbe* den Effekt *Ausgeblichen*.

4. Bestätigen Sie mit *OK*.

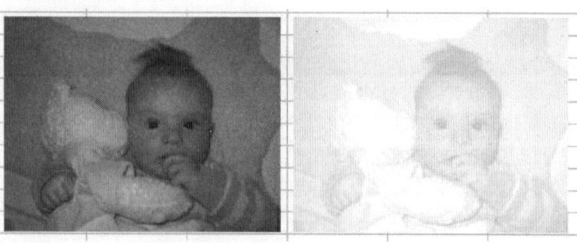

Bild 5.17: Original und gebleichtes Duplikat

Grafiken zurechtschneiden

Ist ein eingefügtes Grafikobjekt zu groß, dann können Sie
es direkt nach dem Einfügen auf die gewünschte Größe
zurechtschneiden. Beim folgenden Beispiel wird nur der
mittlere Teil des Fotos benötigt und der umliegende
Bereich weggeschnitten. Sehen Sie sich dazu die Ausgangssituation in Bild 5.18 an.

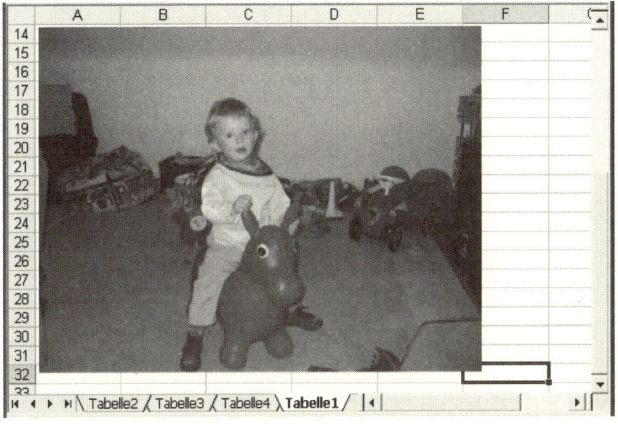

Bild 5.18: Das Bild soll zugeschnitten werden

Um das Bild zuzuschneiden, verfahren Sie wie folgt:

1. Blenden Sie die Symbolleiste *Grafik* ein.

2. Markieren Sie das eingefügte Bild.

3. Klicken Sie auf der Symbolleiste *Grafik* auf das Symbol *Zuschneiden*. Das Bild wird jetzt an den Ecken mit
   Klammern gekennzeichnet.

4. Ziehen Sie diese Ecken in Richtung Bildmitte, um das
   Bild zuzuschneiden.

5. Klicken Sie am Ende nochmals auf das Symbol
   Zuschneiden, um das Symbol wieder freizugeben.

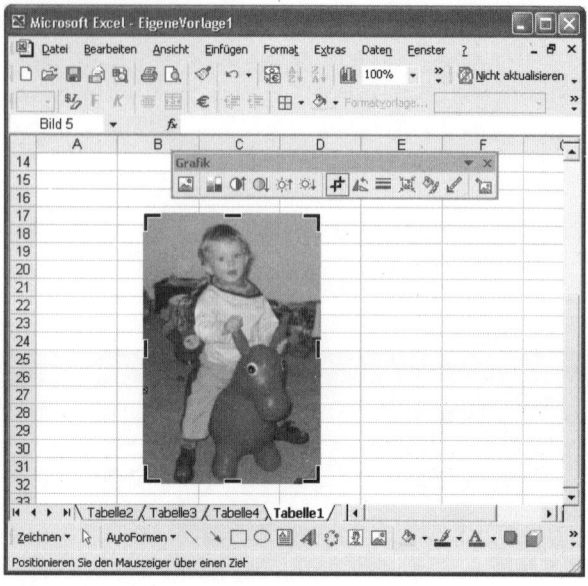

Bild 5.19: Bild wurde zugeschnitten

Objekte ein- und ausblenden

Sollen Grafikobjekte in einer Arbeitsmappe ausgeblendet
werden, dann gehen Sie wie folgt vor:

1. Wählen Sie aus dem Menü *Extras* den Befehl
   Optionen.

2. Wechseln Sie auf die Registerkarte *Ansicht*.

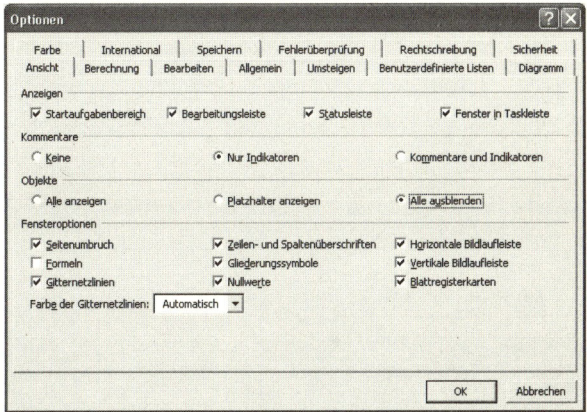

Bild 5.20: Objekte ausblenden

3. Aktivieren Sie die Option *Alle ausblenden* im Gruppenfeld *Objekte*.

4. Bestätigen Sie mit *OK*.

Hinweis

Über die Tastenkombination ⎣Strg⎦ + ⎣6⎦ können Sie Objekte auch ganz schnell ein- und wieder ausblenden. Drücken Sie diese Tastenkombination testweise ein paarmal hintereinander.

Grafikobjekte ausrichten

Haben Sie einige Grafik- oder Zeichnungsobjekte in einer Tabelle eingefügt und möchten Sie diese jetzt bündig anordnen, dann verfahren Sie wie folgt:

1. Markieren Sie zunächst ein Grafikobjekt.

2. Drücken Sie die Tastenkombination ⌈Strg⌉ + ⌈⇧⌉ +
   ⌈_____⌉, um die restlichen Objekte zu markieren.

3. Klicken Sie auf der Symbolleiste *Zeichnen* die Schaltfläche *Zeichnen*.

4. Wählen Sie aus dem Kontextmenü den Befehl *Ausrichten oder verteilen/Linksbündig*.

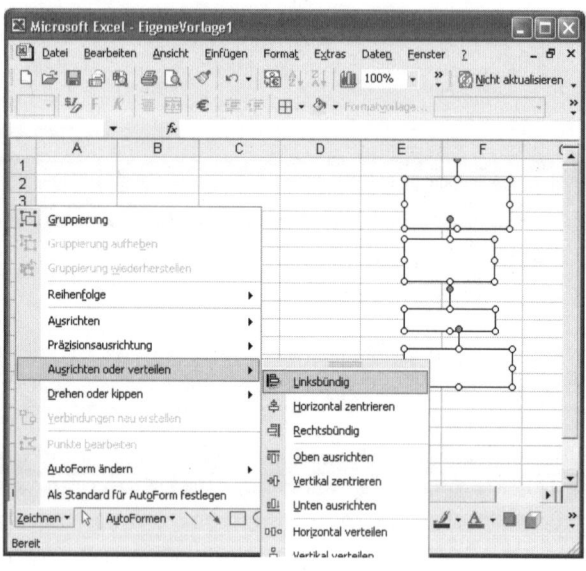

Bild 5.21: Ausrichten von Grafikobjekten

Gruppieren von Grafikobjekten

Wenn Sie beispielsweise ein Ablaufdiagramm mithilfe der Symbolleiste *Zeichnen* erstellt haben, dann können Sie am Ende der Arbeit diese einzelnen Objekte gruppieren, um das Gesamtobjekt dann in der Größe besser anzupassen.

Gehen Sie wie folgt vor, um einzelne Objekte zu gruppieren:

1. Klicken Sie in der Symbolleiste *Zeichnen* auf das Symbol *Objekte markieren*.
2. Ziehen Sie auf Ihrer Tabelle einen imaginären Rahmen, um die Objekte zu markieren.
3. Klicken Sie mit der rechten Maustaste auf die markierte Fläche und wählen Sie aus dem Kontextmenü den Befehl *Gruppierung/Gruppierung*.
4. Klicken Sie abermals auf das Symbol *Objekte markieren*, um dieses Symbol wieder auszurasten.

Hinweis

Um die Gruppierung von Objekten wieder aufzuheben, klicken Sie mit der rechten Maustaste auf die gruppierte Fläche und wählen den Befehl *Gruppierung/Gruppierung aufheben* aus dem Kontextmenü.

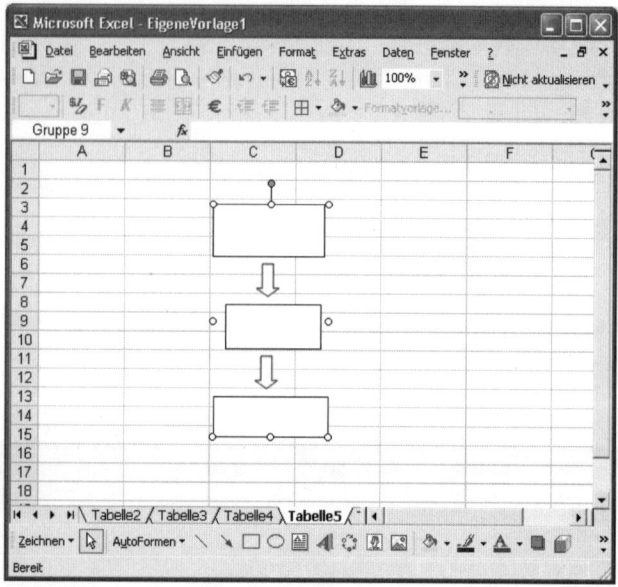

Bild 5.22: Objekte wurden gruppiert

Auf den zweiten Klick kommt es an

Wenn Sie einen Klick auf ein Objekt der gruppierten Fläche durchführen, werden alle Objekte, die sich in der
Gruppierung befinden, markiert. Ein zweiter Klick auf
das gleiche Objekt markiert genau dieses Objekt. Die
anderen bleiben davon unberührt. So ist es möglich, auch
einzelne Objekte innerhalb einer Gruppierung individu-
ell zu formatieren.

ClipArts zerlegen

Die meisten ClipArts sind aus vielen einzelnen Objekten
zusammengebastelt. So haben Sie die Möglichkeit, Clip-

Arts zu zerlegen, zu formatieren und im Anschluss daran wieder zusammenzusetzen.

Bei dem folgenden Beispiel wurde ein ClipArt, das einen Hund zeigt, zerlegt, die Farbe des Hundes geändert und anschließend wieder zusammengebastelt.

Bild 5.23: Die Ausgangssituation

»Zerlegen« Sie nun den Hund und färben die einzelnen Teile anders ein, indem Sie wie folgt vorgehen:

1. Klicken Sie das ClipArt mit der rechten Maustaste an und wählen Sie aus dem Kontextmenü den Befehl *Gruppierung/Gruppierung aufheben*. Dieser Befehl kann besonders bei ClipArts öfters wiederholt wer-

den, da ein ClipArt sehr oft aus mehreren gruppierten Objekten besteht.

2. Bestätigen Sie die Folgemeldung mit *Ja*.

3. Entfernen Sie die Teile des Hundes, die Ihnen nicht gefallen, indem Sie die Einzelteile markieren und die Taste (Entf) drücken.

4. Klicken Sie einen farbigen Teil des Hundes mit der rechten Maustaste an und wählen aus dem Kontextmenü den Befehl *AutoForm formatieren*. Sollte das Markieren der Einzelteile Schwierigkeiten bereiten, dann vergrößern Sie den Zoom in Ihrer Tabelle.

5. Auf der Registerkarte *Farben und Linien* weisen Sie im Kombinationsfeld *Farbe* eine andere Farbe oder auch den Eintrag *Keine Füllung* zu.

6. Klicken Sie das nächste Einzelteil an.

7. Drücken Sie die Taste (F4), um die zuletzt vorgenommene Formatierung zu wiederholen.

8. Wiederholen Sie die Schritte 5 bis 6, bis der Hund komplett weiß ist (s. Bild 5.24).

Ein Banner einfügen

Um einmal eine etwas andere Überschrift in eine Tabelle zu bekommen, können Sie auch ein Banner einfügen, indem Sie wie folgt vorgehen:

1. Blenden Sie bei Bedarf die Symbolleiste *Zeichnen* ein.

2. Klicken Sie auf dieser Leiste die Schaltfläche *AutoFormen* an und wählen aus der Kategorie *Sterne und Banner* ein gewünschtes Banner.

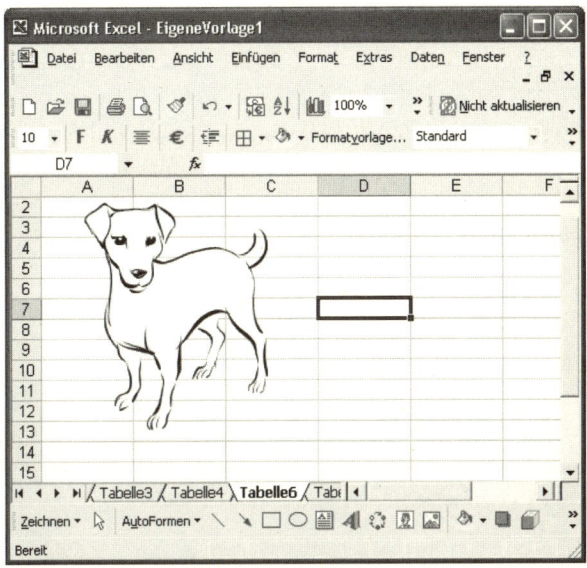

Bild 5.24: Ein völlig anderer Hund

3. Klicken Sie mit der rechten Maustaste auf das eingefügte Banner und wählen Sie aus dem Kontextmenü den Befehl *Text hinzufügen*.

4. Geben Sie einen Text ein.

5. Klicken Sie mit der rechten Maustaste auf die Umrandung des Banners und wählen Sie aus dem Kontextmenü den Befehl *AutoForm formatieren*.

6. Wechseln Sie auf die Registerkarte *Ausrichtung*.

7. Im Kombinationsfeld *Horizontal* wählen Sie den Eintrag *Zentriert* aus

8. Im Kombinationsfeld *Vertikal* wählen Sie den Eintrag *Zentrieren* aus.

9. Bestätigen Sie mit *OK*.

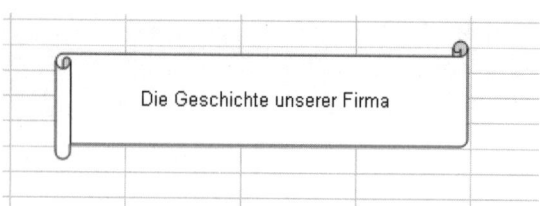

Bild 5.25: Die etwas andere Überschrift für eine Tabelle

Aus 2D wird 3D

Wenn Sie eine Autoform in eine Tabelle eingefügt haben und daraus eine 3D-Form machen möchten, dann geht das zwar nicht für alle Autoformen, aber immerhin für einige. Gehen Sie beispielsweise wie folgt bei einem Rechteck vor:

1. Fügen Sie über die Symbolleiste *Zeichnen* ein Rechteck in Ihre Tabelle ein.

2. Stellen Sie sicher, dass das Rechteck noch markiert ist.

3. Klicken Sie in der Symbolleiste *Zeichnen* auf das Symbol *3D-Art* und wählen die gewünschte 3D-Formatierung aus (s. Bild 5.26).

Lichteinfallswinkel bestimmen

Über die Symbolleiste *3D-Einstellungen* können Sie neben der Form des 3D-Objekts auch noch den Einfallswinkel des Lichts bestimmen.

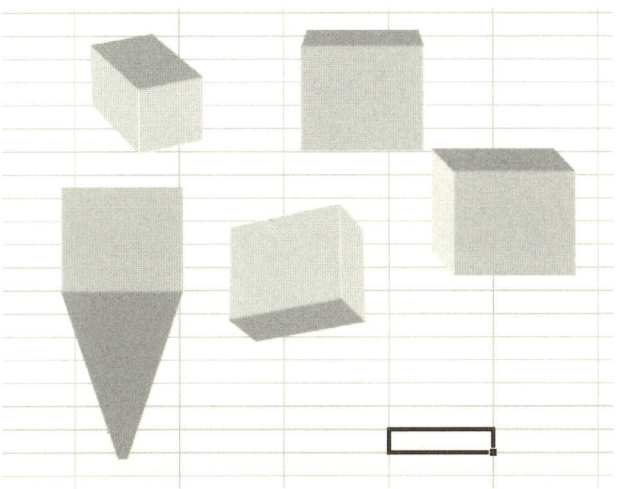

Bild 5.26: Einige 3D-Formatierungen

Gehen Sie dazu wie folgt vor:

1. Markieren Sie das eingefügte Objekt.

2. Klicken Sie auf der Symbolleiste *Zeichnen* auf das Symbol *3D-Art*.

3. Klicken Sie anschließend in der Formpalette die Schaltfläche *3D-Einstellungen*.

4. Klicken Sie in der nun eingeblendeten Symbolleiste *3D-Einstellungen* auf das Symbol *Beleuchtung*.

5. Wählen Sie den gewünschten Lichteinfallswinkel bzw. einen der dort angebotenen Lichteffekte.

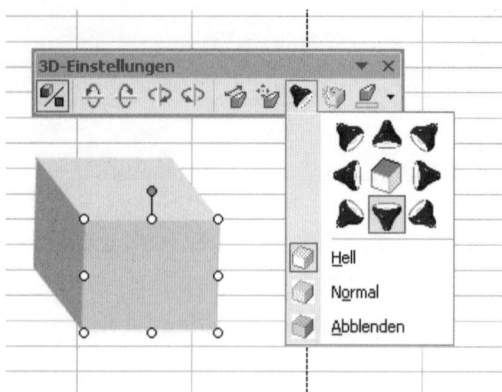

Bild 5.27: Die Beleuchtung auswählen

Wasserzeichen erstellen

Um ein Wasserzeichen in eine Tabelle einzufügen, können Sie folgende Vorgehensweise befolgen:

1. Fügen Sie ein WordArt in Ihre Tabelle ein, indem Sie das Symbol *WordArt einfügen* in der Symbolleiste *Zeichnen* anklicken.

2. Im Dialogfeld *WordArt-Katalog* markieren Sie eine gewünschte Form.

3. Bestätigen Sie mit *OK*.

4. Im Dialogfeld *WordArt-Text bearbeiten* geben Sie den Text ein, der als Wasserzeichen eingegeben werden soll.

5. Bestätigen Sie mit *OK*.

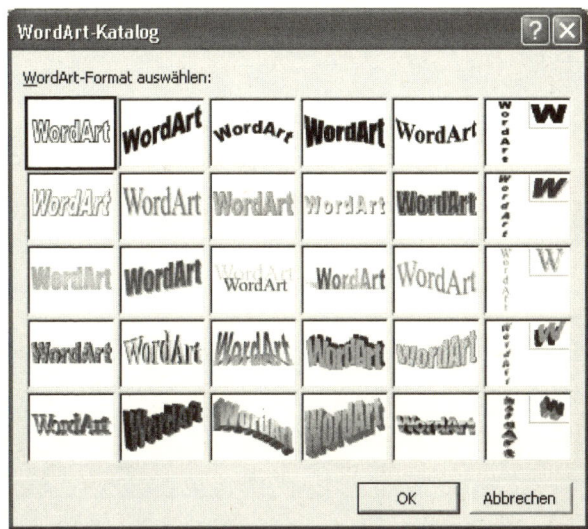

Bild 5.28: WordArt einfügen

6. Klicken Sie mit der rechten Maustaste auf das eingefügte WordArt und wählen Sie aus dem Kontextmenü
   den Befehl *WordArt formatieren*.

7. Wechseln Sie auf die Registerkarte *Farben und Linien*.

8. Im Gruppenfeld *Ausfüllen* wählen Sie aus dem Kombinationsfeld *Farbe* den Eintrag *Keine Füllung*.

9. Im Gruppenfeld *Linie* wählen Sie aus dem Kombinationsfeld *Farbe* einen leichten Grauton aus.

10. Bestätigen Sie diese Einstellungen mit *OK*.

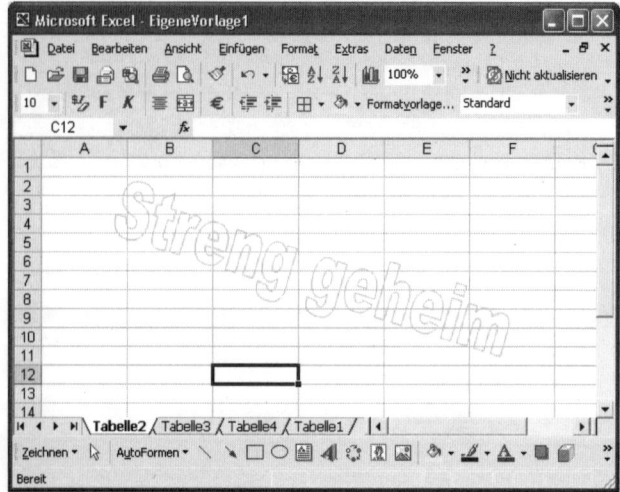

Bild 5.29: Das Wasserzeichen ist nur ganz leicht sichtbar

Formularelemente

Die Symbolleiste *Formular* bietet einige nützliche Werkzeuge, die ganz ohne Makroprogrammierung auskom-
men und Tabellen zu funktionellen Formularen umgestalten.

Dropdown-Elemente für Kundennummer und Firmenname

In der Kundendatenbank sind die vollständigen Adressen
der Kunden hinterlegt. Werden Rechnungen und Angebote an Kunden geschickt, muss der Sachbearbeiter
immer die Daten von einem Blatt in das andere kopieren.
Das wird jetzt automatisiert:

▶ Die Kundenliste wird zur Datenbank erklärt.

▶ Spalte A und Spalte B erhalten Bereichsnamen, damit sie in Dropdownlisten eingesetzt werden können.

▶ Ein Rechnungsvordruck wird Dropdowns für die Kundennummer und die Firma anbieten.

▶ Alle weiteren Daten werden über Verknüpfungsformeln automatisch übernommen.

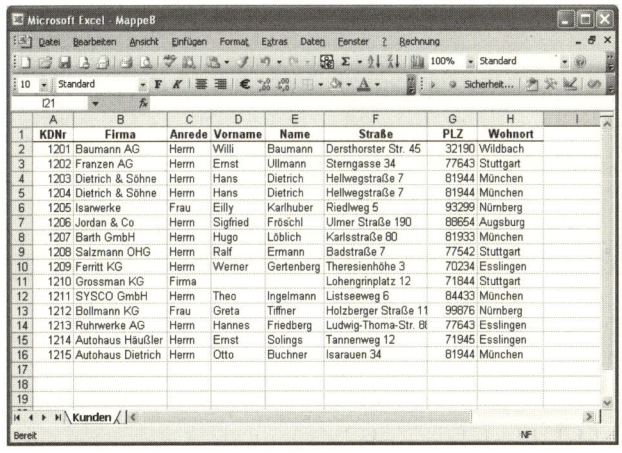

Bild 5.30: Eine Kundendatenbank

So geht's:

1. Klicken Sie in die Liste, drücken Sie [Strg] + [⇧] + [*], um alle Daten zu markieren.

2. Erstellen Sie den Bereichsnamen *Datenbank* für die markierte Liste, drücken Sie dazu [Strg] + [F3], und tragen Sie den Namen ein.

3. Erstellen Sie drei weitere Bereichsnamen:

Daten	`=BEREICH.VERSCHIEBEN(Daten-` `bank;1;;ZEILEN(Datenbank)-1;)`
KDNR	`=INDEX(Daten;;1)`
FIRMEN	`=INDEX(Daten;;2)`

4. Verwenden Sie die nächste freie Tabelle oder fügen Sie ein Tabellenblatt ein. Geben Sie ihm den Registernamen *Rechnungsvordruck*.

5. Aktivieren Sie über *Ansicht/Symbolleisten* die Symbolleiste *Formular*, und zeichnen Sie ein Dropdown-Element (Kombinationskästchen) ein.

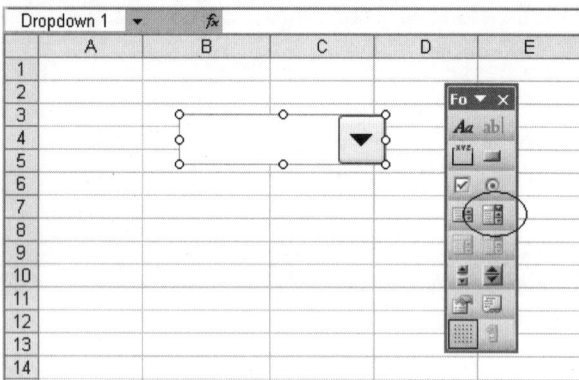

Bild 5.31: Ein Dropdown-Element

6. Im Kontext-Menü der rechten Maustaste finden Sie auf dem Element die Menüoption *Steuerelement formatieren*. Wählen Sie dieses Menü, und tragen Sie in die Dialogbox ein:

```
Eingabebereich:      =KDNR
Zellverknüpfung (Ausgabeverknüpfung): $E$1
Dropdownzeilen: 8
```

7. Schließen Sie mit *OK* ab, und zeichnen Sie ein weiteres Element rechts neben das erste. Weisen Sie zu:

```
Eingabebereich:      =Firmen
Zellverknüpfung (Ausgabeverknüpfung): $E$1
Dropdownzeilen: 8
```

8. Mit einem Klick in eine beliebige Zelle wird das Element aktiv, und ein Klick auf den Pfeil präsentiert die per Bereichsnamen berechneten Spalten aus der Datenbank.

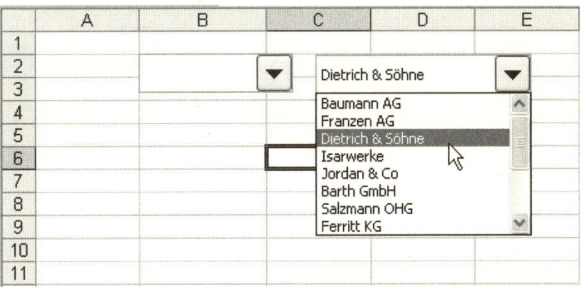

Bild 5.32: Fertig: Das Element zeigt die Spalte aus der Datenbank an

9. Jetzt können Sie mit INDEX-Funktionen die restlichen Firmendaten berechnen, die Sie in der Rechnung brauchen. Da die Ausgabeverknüpfung (Zelle $E$1) für beide Dropdown-Elemente gleich ist, wird

sowohl die Auswahl einer Kundennummer als auch
die Auswahl eines Firmennamens die Nummer des
gewählten Listenelements in dieser Zelle hinterlassen,
und die können Sie wiederum als Zeilennummer des
Bereichs Daten (die Datenbank ohne Kopfzeile) verwenden.

10. Fügen Sie die INDEX-Funktionen ein, die mithilfe der
    Ausgabeverknüpfung auf die Einzeldaten aus der
    Datenbank verweisen:

```
A5  =INDEX(Daten;$E$1;2)
A6  =INDEX(Daten;$E$1;3)
A7  =INDEX(Daten;$E$1;4)&" _
"&INDEX(Daten;$E$1;5)
A8  =INDEX(Daten;$E$1;6)
A10 =INDEX(Daten;$E$1;7)&" _
"&INDEX(Daten;$E$1;8)
```

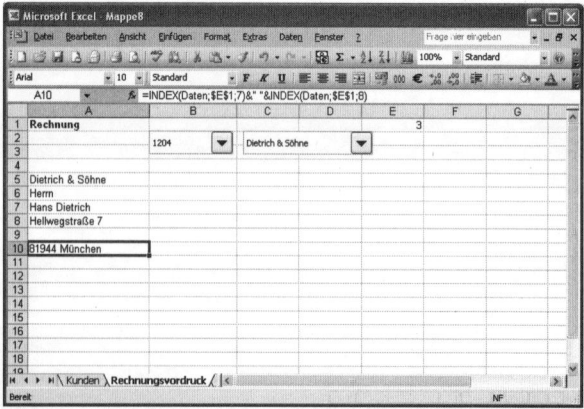

*Bild 5.33: Mit INDEX() werden die Daten aus der Daten-
bank geholt*

Optionsfelder für die Zahlungsart

Das Rechnungsformular soll für die Zahlungsart drei Optionen zur Auswahl anbieten:

1. Zeichnen Sie eine Optionsfeldgruppe und drei Optionsfelder aus der Symbolleiste *Formular* in die Tabelle.

2. Weisen Sie den drei Optionsfeldern einheitlich die Zelle $H$1 als Ausgabeverknüpfung zu.

3. Um die gewählte Ausgabeart im Formular zu berechnen und als Text wiederzugeben, schreiben Sie diese Formel:

```
=WAHL($H$1;"bar";"gegen Rechnung"; _
"per Nachnahme")
```

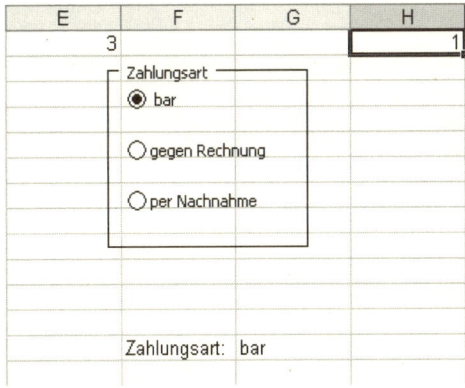

Bild 5.34: Optionsfelder für die Zahlungsart

6
Formeln und Funktionen

Die Funktionen bilden das Getriebe im Mechanismus einer Tabellenkalkulation. Richtig eingesetzt und nach allen Regeln der Kunst verschachtelt, holen Sie mit Funktionen alles aus Ihren Tabellenmodellen heraus. In diesem Kapitel finden Sie die besten Tipps & Tricks zum Thema Formeln und Funktionen.

Formeln verstecken

Möchten Sie die Anzeige der Formeln in Ihren Tabellen verhindern, dann müssen Sie die Tabelle schützen. Dazu gehen Sie folgendermaßen vor:

1. Markieren Sie die Zellen, die Sie schützen möchten.
2. Wählen Sie aus dem Menü *Format* den Befehl *Zellen*.
3. Wechseln Sie auf die Registerkarte *Schutz*.
4. Aktivieren Sie das Kontrollkästchen *Ausgeblendet*.
5. Wählen Sie aus dem Menü *Extras* den Befehl *Schutz/ Blatt schützen*.

Danach werden die so geschützten Formeln in der Tabelle nicht mehr angezeigt.

> ## Hinweis
>
> Um die Formeln anzuzeigen bzw. zu ändern, müssen Sie den Blattschutz wieder über den Menübefehl *Extras/Schutz/Blattschutz aufheben* entfernen.

Formeln in Festwerte umwandeln

Da Formeln sich ändern, sobald Zellen, auf die sie sich beziehen, geändert werden, bieten Formeln somit die allergrößte Dynamik. Nicht immer ist dies aber gewünscht. Wenn Sie beispielsweise eine Kalkulation in Excel vorgenommen haben, die sich auf keinen Fall mehr ändern darf, dann wandeln Sie alle verwendeten Formeln in Festwerte um. Dazu befolgen Sie folgende Arbeitsschritte:

1. Markieren Sie den kompletten verwendeten Bereich in Ihrer Tabelle. Dazu setzen Sie den Mauszeiger in Zelle A1 und drücken die Tastenkombination Strg + ⇧ + Ende.

2. Kopieren Sie den markierten Bereich, indem Sie aus dem Menü *Bearbeiten* den Befehl *Kopieren* wählen.

3. Wählen Sie aus dem Menü *Bearbeiten* den Befehl *Inhalte einfügen*.

4. Aktivieren Sie im Dialog *Inhalte einfügen* die Option *Werte*.

5. Bestätigen Sie diese Aktion mit *OK*.

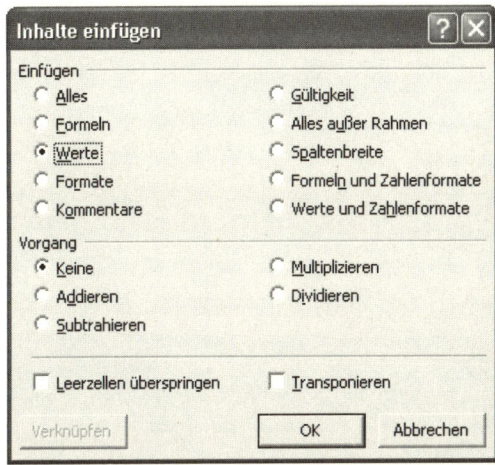

Bild 6.1: Formeln in Werte konvertieren

Danach werden alle Formeln in der Tabelle durch Festwerte ersetzt.

Alternativ können Sie auch folgende Vorgehensweise
wählen:

1. Markieren Sie den Bereich, in dem Sie die Formeln in
   Festwerte umsetzen möchten.

2. Klicken Sie mit der rechten Maustaste auf den rechten
   Rand der Markierung und ziehen Sie den markierten
   Bereich eine Spalte weiter nach rechts. Halten Sie
   dabei die rechte Maustaste gedrückt.

3. Schieben Sie den markierten Bereich wieder an den
   Ausgangsort zurück und lassen Sie die rechte Maustaste los. Dadurch wird automatisch ein Kontextmenü
   angeboten.

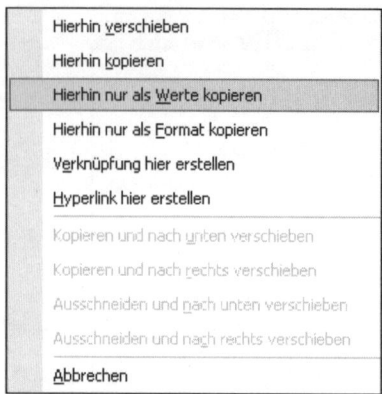

Bild 6.2: Das Kontextmenü fürs Kopieren und Einfügen

4. Wählen Sie aus dem Kontextmenü den Befehl *Hierhin nur als Werte kopieren*.

Hinweis

Eine einzelne Formel können Sie in einer Zelle schneller umwandeln, wenn Sie den Zellenzeiger auf die Zelle setzen, dann die Taste F2 und direkt im Anschluss die Taste F9 drücken. Bestätigen Sie diese Aktion mit der Taste Enter.

Formelansicht aktivieren

Standardmäßig werden in Excel Formeln nur in der Bearbeitungsleiste von Excel angezeigt, sobald Sie eine Zelle, die eine Formel enthält, markieren. Für eine bessere

Übersichtlichkeit kann aber auch die Formelansicht eingestellt werden. Dazu verfahren Sie wie folgt:

1. Wählen Sie aus dem Menü *Extras* den Befehl *Optionen*.

2. Wechseln Sie auf die Registerkarte *Ansicht*.

3. Aktivieren Sie im Gruppenfeld *Fensteroptionen* das Kontrollkästchen *Formeln*.

4. Bestätigen Sie mit *OK*.

Tipp

Schneller können Sie diese Aufgabe lösen, indem Sie die Tastenkombination `Strg` + `#` drücken. Damit werden alle Zellen vergrößert und der Formeltext angezeigt. Ebenso werden Funktionen und Verknüpfungen zu anderen Tabellen sowie Dateien in dieser leicht lesbaren Form angezeigt. Ein wiederholtes Drücken der Tastenkombination stellt die Normalansicht wieder her.

Tipp

Möchten Sie sehen, auf welche Zellen sich in einer Tabelle eine Formel bezieht, dann markieren Sie die Zelle und drücken die Taste `F2`.

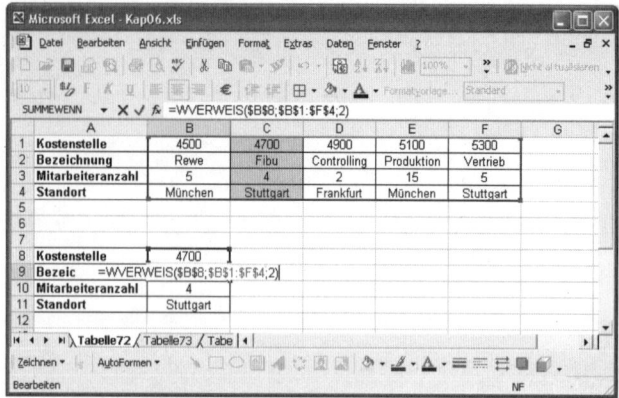

Bild 6.3: Alle beteiligten Zellen werden farbig umrandet und der Formeltext wird lesbar angezeigt

Nettowert errechnen

In der Tabelle aus dem folgenden Bild 6.4 liegen Brutto-werte vor. Wie kann man jetzt die dazugehörigen Netto-preise errechnen?

Um die Nettopreise ausgehend von einem Mehrwert-steuersatz von 16% auszurechnen, verfahren Sie wie folgt:

1. Markieren Sie den Zellenbereich A2:A7.

2. Erfassen Sie die Formel =B2/(1+0,16).

3. Schließen Sie die Formel über die Tastenkombination [Strg] + [Enter] ab.

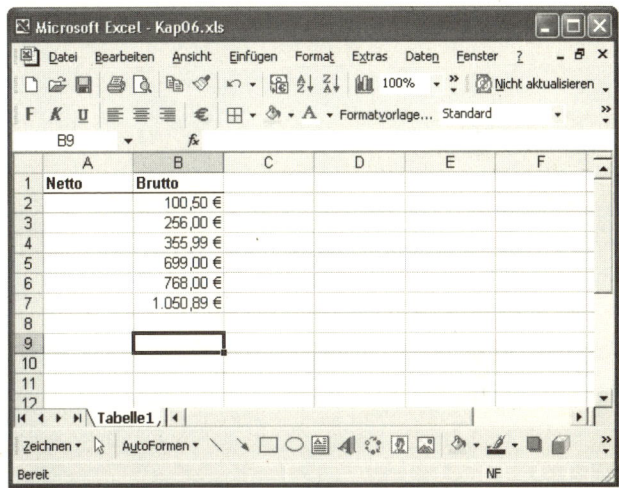

Bild 6.4: In der Tabelle fehlen die Nettopreise

Bild 6.5: Die fehlenden Nettopreise wurden errechnet

Bruttowerte errechnen

In der Tabelle aus dem folgenden Bild 6.6 liegen Nettowerte vor. Wie kann man jetzt die dazugehörigen Bruttopreise errechnen?

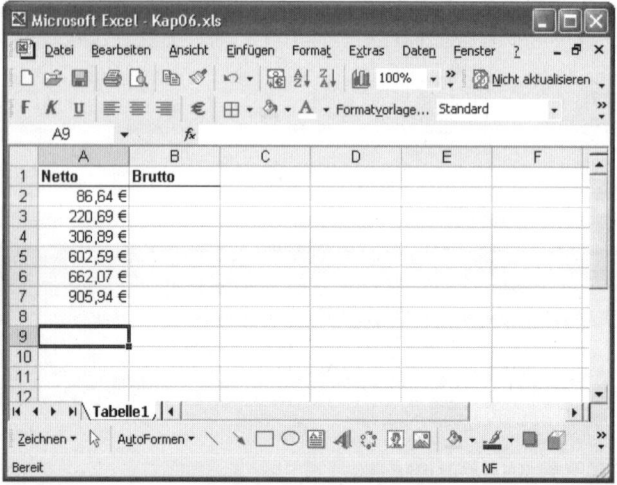

Bild 6.6: In der Tabelle fehlen die Bruttopreise

Um die Bruttopreise ausgehend von einem Mehrwert-
steuersatz von 16% auszurechnen, verfahren Sie wie
folgt:

1. Markieren Sie den Zellenbereich B2:B7.

2. Erfassen Sie die Formel =A2+A2*0,16.

3. Schließen Sie die Formel über die Tastenkombination
   Strg + Enter ab.

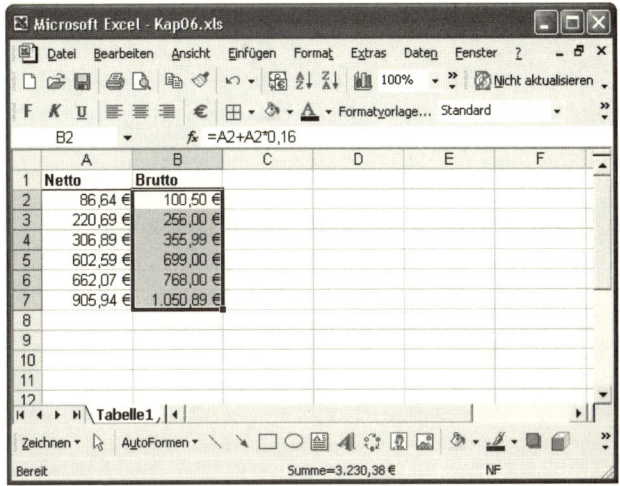

Bild 6.7: Die fehlenden Bruttowerte wurden errechnet

Kosten senken

In der Tabelle aus dem folgenden Bild 6.8 sollen die Kosten um 15% gesenkt werden.

Um die Kostensenkung durchzuführen, gehen Sie wie folgt vor:

1. Markieren Sie den Zellenbereich C2:C10.

2. Erfassen Sie die Formel B2*0,85.

3. Schließen Sie die Formel über die Tastenkombination Strg + Enter ab.

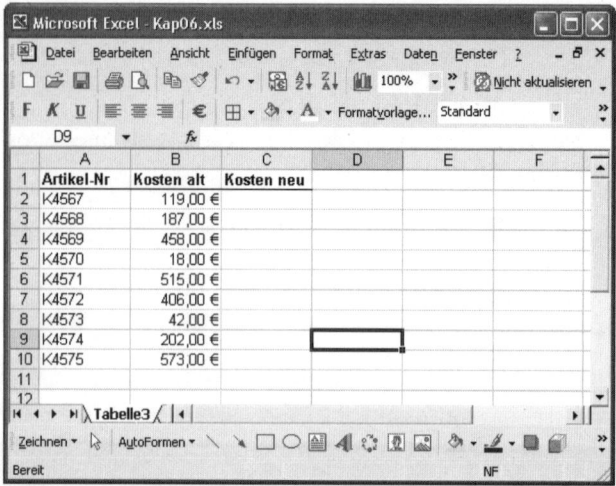

Bild 6.8: Die Kosten sollen um 15% gesenkt werden

Bild 6.9: Die Preise wurden um 15% gesenkt

Kann die Spalte B direkt mit den neuen Preisen überschrieben werden, dann verfahren Sie wie folgt:

1. Geben Sie in Zelle D1 den Wert 0,85 ein.

2. Kopieren Sie diese Zelle über die Tastenkombination
   `Strg` + `c`.

3. Markieren Sie den Datenbereich B2:B10.

4. Wählen Sie aus dem Menü *Bearbeiten* den Befehl
   Inhalte einfügen.

5. Im Dialog *Inhalte einfügen* aktivieren Sie die Option
   Multiplizieren.

6. Bestätigen Sie mit *OK.*

7. Löschen Sie den Inhalt der Hilfszelle D1.

Stunden in Minuten umrechnen

In der Tabelle aus dem folgenden Bild 6.10 liegen einige
Stundenwerte vor, die in Minuten umgerechnet werden
sollen.

Um die Stunden aus Spalte B in Minuten in Spalte C zu
wandeln, gehen Sie wie folgt vor:

1. Markieren Sie den Zellenbereich B2:B8.

2. Erfassen Sie die Formel =B2*24*60.

3. Schließen Sie die Formel über die Tastenkombination
   `Strg` + `Enter` ab.

4. Wählen Sie aus dem Menü *Format* den Befehl *Zellen.*

5. Wechseln Sie auf die Registerkarte *Zahlen.*

6. Stellen Sie im Listenfeld *Kategorie* den Eintrag *Standard* ein.

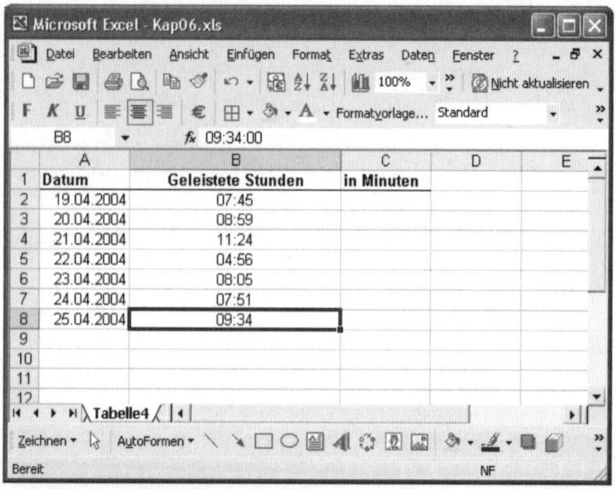

Bild 6.10: Stunden in Minuten umrechnen

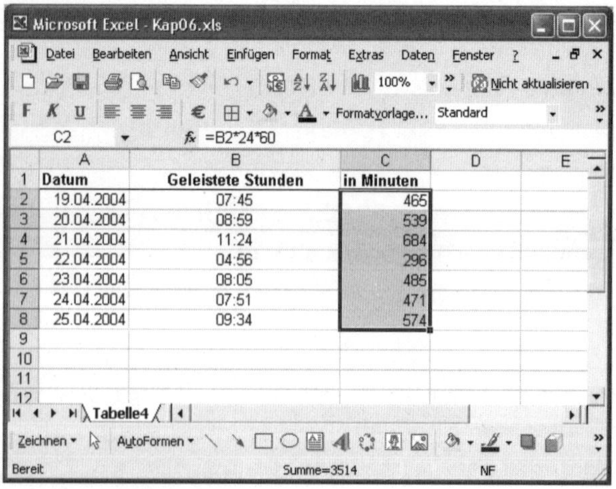

Bild 6.11: Die Stunden wurden in Minuten umgerechnet

7. Bestätigen Sie diese Einstellung mit *OK*.

Hinweis

Der Wert 24 bedeutet, dass von 24 Stunden = 1 Tag ausgegangen wird. Der Wert 60 bedeutet, dass 60 Minuten
genau 1 Stunde ausmacht. Die an die Umrechnung folgende Formatierung muss durchgeführt werden, da Sie
sonst nur den Wert 0:00 in den Zellen sehen.

Alle Zeitangaben werden in Excel in Bruchteilen von
Tagen intern behandelt und über die Zellenformatierung
in das gewünschte Format gebracht. So gelten folgende
Punkte:

▶ 1 Tag = 1

▶ 1 Stunde = 1/24

▶ 1 Min = 1/1.440

▶ 1 Sekunde = 1/86.400

Industriezeit in Normalzeit umrechnen

In manchen Betrieben wird noch mit Industriezeit
gerechnet. Eine Industriestunde hat 100 Minuten. Daher
muss eine Umrechnung auf normale Stunden erfolgen.

Um von Industriezeit auf Normalzeit zu kommen, gehen
Sie wie folgt vor:

1. Markieren Sie den Zellenbereich C2:C8.

2. Erfassen Sie die Formel =B2/24.

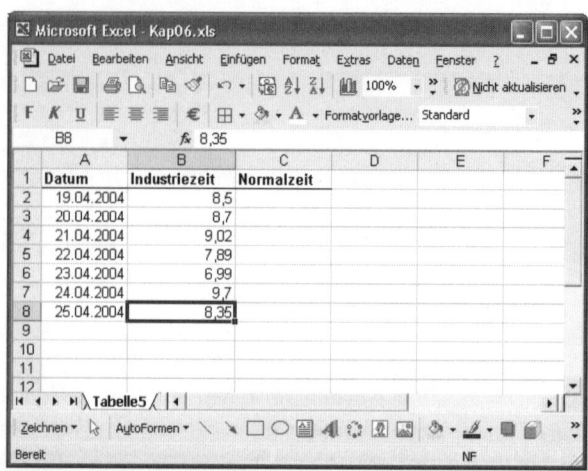

Bild 6.12: Die Tabelle soll umgerechnet werden

3. Schließen Sie die Formel über die Tastenkombination [Strg] + [Enter] ab.

4. Wählen Sie aus dem Menü *Format* den Befehl *Zellen*.

5. Wechseln Sie auf die Registerkarte *Zahlen*.

6. Stellen Sie im Listenfeld *Kategorie* den Eintrag *Benutzerdefiniert* ein.

7. Stellen Sie im Feld *Typ* das Format h:mm ein.

8. Bestätigen Sie diese Einstellung mit *OK* (s. Bild 6.13).

Menge pro Stunde errechnen

In der Tabelle aus Bild 6.14 sind in Spalte A Produktionszeiten einer Maschine erfasst. In Spalte B sehen Sie die dazugehörigen Produktionsmengen.

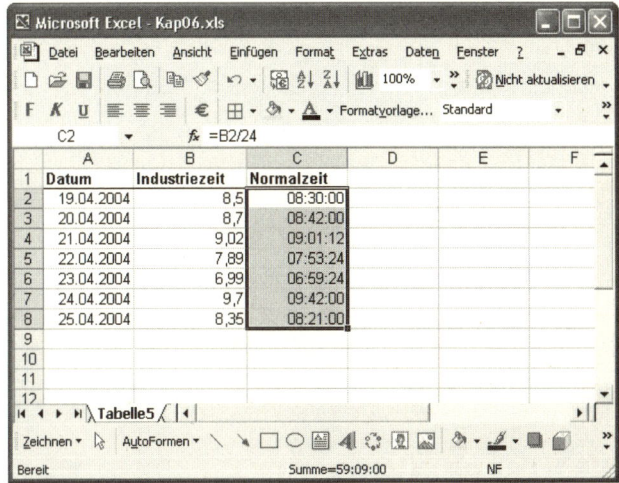

Bild 6.13: Die Umrechnung in Normalzeit ist erfolgt

Bild 6.14: Wie viele Stück pro Stunde können produziert werden

Um diese Aufgabe zu lösen, verfahren Sie folgendermaßen:

1. Markieren Sie den Zellenbereich C2:C6.

2. Erfassen Sie die Formel =B2/(A2*24).

3. Schließen Sie die Eingabe über die Tastenkombination
   [Strg] + [Enter] ab.

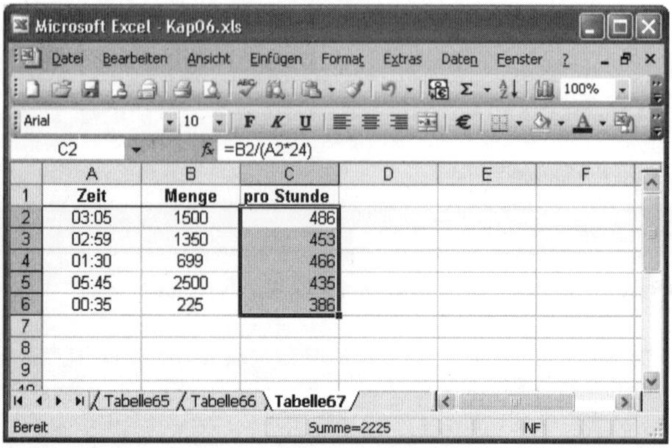

Bild 6.15: Die durchschnittliche Produktionsleistung pro Stunde wurde ausgewiesen

Spritverbrauch errechnen

In der folgenden Tabelle aus dem folgenden Bild 6.16 wurde über einen Zeitraum von einem Monat einmal der Benzinverbrauch eines Pkw dokumentiert.

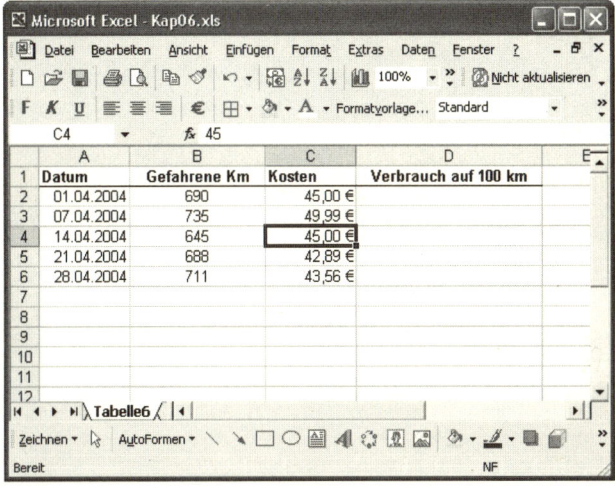

Bild 6.16: Spritverbrauch ermitteln

Um den durchschnittlichen Spritverbrauch auf 100 km zu ermitteln, befolgen Sie die nächsten Arbeitsschritte:

1. Markieren Sie den Zellenbereich D2:D6.

2. Erfassen Sie die Formel =C2/B2*100.

3. Schließen Sie die Formel über die Tastenkombination [Strg] + [Enter] ab.

4. In Zelle D8 erfassen Sie die Formel =MITTELWERT (D2:D6).

Endpreis errechnen

Ein gebrauchtes Auto soll gekauft werden. Nach intensiven Gesprächen mit dem Verkäufer haben Sie folgende Konditionen aus Bild 6.18 ausgehandelt:

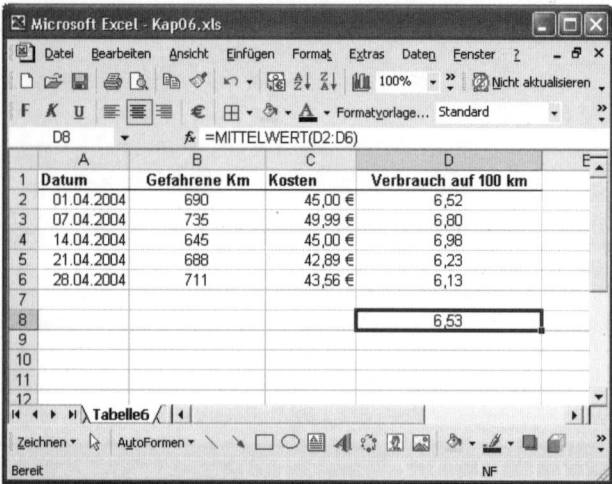

Bild 6.17: Der durchschnittliche Spritverbrauch liegt bei 6,53 Litern/100 km

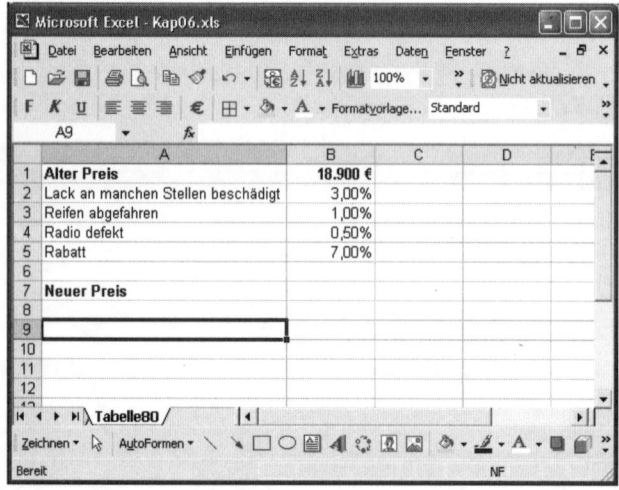

Bild 6.18: Diese Nachlässe haben Sie ausgehandelt

Um den Endpreis zu ermitteln, erfassen Sie in Zelle B7 die Formel

```
=B1*0,97*0,99*0,995*0,93
```

Die Reihenfolge der prozentualen Abzüge spielt keine Rolle.

Excel interpretiert Zahlenwerte als Texte

Wenn Sie Daten aus fremden Anwendungen in Excel einlesen, dann kann es hin und wieder passieren, dass diese Daten in Excel nicht richtig erkannt werden. So können beispielsweise Zahlenwerte plötzlich nicht mehr summiert werden, da sie von Excel als Text interpretiert werden.

Um Excel zum Erkennen der Zahlenwerte zu bewegen, müssen Sie auf einen Trick zurückgreifen:

1. Schreiben Sie zunächst in eine beliebige Zelle den Wert 1.

2. Kopieren Sie diese Zelle.

3. Markieren Sie jetzt alle Zellen, deren Werte von Excel nicht richtig erkannt werden.

4. Wählen Sie aus dem Menü *Bearbeiten* den Befehl *Inhalte einfügen*.

5. Im Dialogfeld *Inhalte einfügen* aktivieren Sie die Option *Multiplizieren*.

6. Bestätigen Sie mit *OK*.

Formel als Text ausgeben

Jede Formel, die Sie in eine Zelle eingeben, liefert sofort das Ergebnis bzw. eben kein Ergebnis oder gar einen Fehlerwert, sofern die Formel nicht richtig arbeitet oder kein Ergebnis gefunden werden konnte. Möchten Sie den Formeltext dauerhaft in einer Zelle anzeigen, sodass eine Berechnung der Formel ausbleibt, dann geben Sie als erstes Zeichen in der Zelle einen Apostroph ein. Ebenso möglich ist, einen Leerschritt als erstes Zeichen einer Zelle einzugeben. In beiden Fällen kann danach die eigentliche Formel erfasst werden. Excel lässt diese Eingabe dann unberührt und führt keine Berechnung durch.

Formel unverändert übertragen

Wenn Sie ein Excel aus einer Zelle kopieren und in eine andere Zelle einfügen, dann werden, sofern relative Bezüge in der Formel verwendet werden, diese auf die neue Zelle angepasst. Soll diese Anpassung unterbleiben, dann kopieren Sie die Zelle nicht, sondern schneiden die Zelle über die Tastenkombination [Strg] + [x] aus und fügen Sie in der Zielzelle ein. Dadurch unterbleibt die Formelanpassung selbst bei relativen Bezügen.

Kapazitätsbegrenzung für Formeln

Für die Formeleingabe in eine Zelle besteht eine Kapazitätsbegrenzung. So können maximal 1.024 Zeichen als Formel eingegeben werden.

Die Begrenzung bei Texten liegt bei 32.767 Zeichen pro Zelle, wobei natürlich nicht alle Zeichen angezeigt werden können.

Ganzzahligen Restwert einer Division ermitteln

Bei einer Division zweier Zahlenwerte soll der Rest der Division ermittelt werden. Im Fall einer Division der Werte 20 und 6 muss der Wert 3 ermittelt werden. Des Weiteren muss der Wert 2 als ganzzahliges Ergebnis errechnet werden.

Um diese beiden Aufgaben zu lösen, setzen Sie folgende Formeln ein:

```
=GANZZAHL(20/6)
```

und

```
=REST(20;6)
```

Datumsdifferenzen errechnen

Gleich mehrere Möglichkeiten gibt es in Excel, um Datumsdifferenzen auszurechnen. Da Excel intern Datumsangaben in Zahlenwerte wandelt, ist es kein großes Problem, diese Aufgabe zu lösen. In Excel beginnt die Zeitrechnung am 1.1.1900.

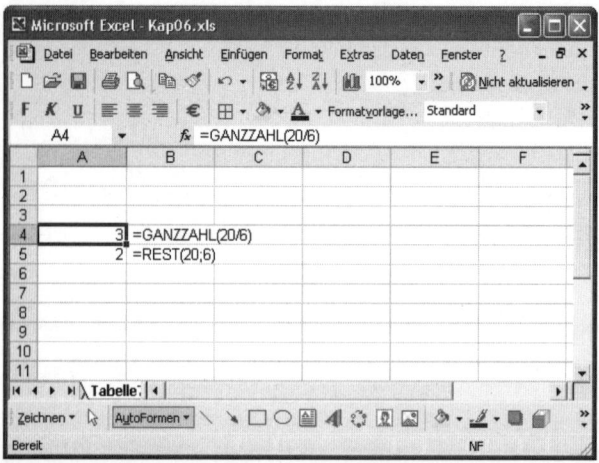

Bild 6.19: Beide Ergebnisteile separieren

Dieses Datum repräsentiert die Zahl 1. Mit jedem Tag, der seit diesem Zeitpunkt verstrichen ist, wird jeweils der Wert 1 aufaddiert, sodass wir heute bei einem Wert so um die 38.000 sind.

Bild 6.20: Alternative Möglichkeiten, um Datumsdifferenzen auszurechnen

Bei der Tabellenfunktion TAGE360 wird davon ausgegangen, dass jeder Monat genau 30 Tage hat. Diese Prämisse wurde aus Kompatibilitätsgründen zu anderen Systemen eingestellt, die aus Gründen der Vereinfachung mit dieser Methode arbeiten.

Über die undokumentierte, geheime Funktion DATEDIF können Datumsdifferenzen ermittelt und kann dabei sogar noch festgelegt werden, in welcher Form das Ergebnis ausgegeben werden soll. So steht das Kürzel »D« für Tage (engl. Days), das Kürzel »M« für Monate (engl. Month) und das Kürzel »Y« für Jahre (engl. Years).

Selbst eine einfache Subtraktion beider Datumswerte führt zum richtigen Ergebnis. Allerdings muss die Zielzelle direkt im Anschluss mit dem Format *Standard* belegt werden.

Text in Datum wandeln

Nicht immer können Daten, die aus fremden Programmen importiert werden, gleich verwendet werden. So müssen im folgenden Beispiel Textwerte in Excel-gültige Datumsangaben umgewandelt werden (s. Bild 6.21).

Um diese Aufgabe zu lösen, befolgen Sie die nächsten Arbeitsschritte:

1. Markieren Sie den Zellenbereich B2:B8.
2. Erfassen Sie die Formel =DATUM(RECHTS(A2;4);TEIL(A2;3;2);LINKS(A2;2))
3. Schließen Sie die Formel über die Tastenkombination Strg + Enter ab.

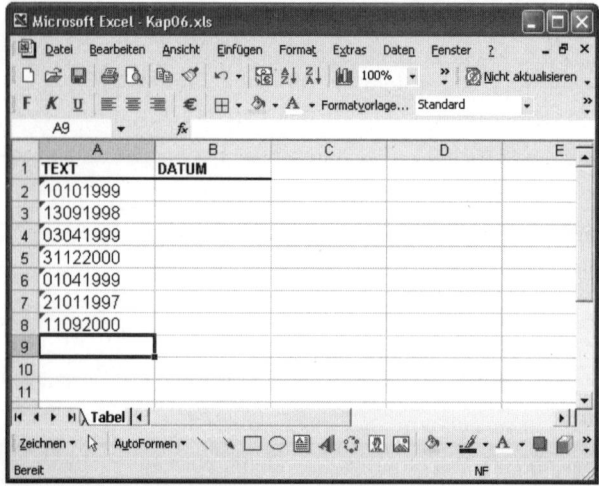

Bild 6.21: Textwerte sollen in Datumsangaben konvertiert werden

Bild 6.22: Die Datumsangaben liegen Excel-konform vor

Datumswert aus der Zukunft errechnen

Soll ein Datumswert aus der Zukunft errechnet und dabei mit ganzen Monaten gerechnet werden, dann können Sie die Tabellenfunktion EDATUM aus dem Add-In *Analyse-Funktionen* einsetzen.

So liefert die Formel

```
=EDATUM("06.05.2004";3)
```

das Ergebnis 06.08.2004.

Selbstverständlich kann über die Methode auch in die Vergangenheit gesprungen werden. So gibt die Formel

```
=EDATUM("06.05.2004";-3)
```

das Ergebnis 06.02.2004 aus.

Beide Ergebniszellen müssen noch über den Befehl *Format/Zellen* in ein gültiges Excel-Datumsformat gebracht werden.

Aus Datum das Quartal ermitteln

Wenn Sie in eine Zelle die Formel =MONAT(HEUTE()) eingeben, dann wird Ihnen eine Zahl zwischen 1 und 12 ausgegeben. Diese Zahl können Sie einem Quartal zuordnen,

indem Sie die Formel

```
=WENN(ODER(A2=1;A2=2;A2=3);"1.Quartal";WENN(ODER _
(A2=4;A2=5;A2=6);"2.Quartal";WENN(ODER(A2=7; _
A2=8;A2=9);"3. Quartal";"4.Quartal")))
```

einsetzen.

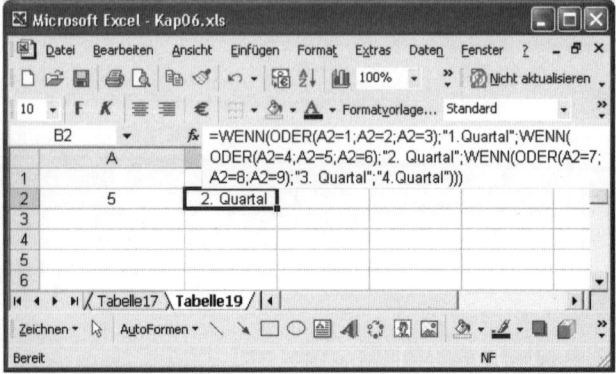

Bild 6.23: Aus dem Monatswert das dazugehörige Quartal ermitteln

Die Kalenderwoche ausrechnen

Im Analyse-Add-In gibt es eine Tabellenfunktion mit dem Namen KALENDERWOCHE. Mithilfe dieser Funktion können Sie, wie der Name schon sagt, aus einem Datum die Kalenderwoche bestimmen. Diese Funktion rechnet jedoch nicht nach deutscher DIN-Norm.

Daher können Sie folgende Formel anwenden:

```
=KÜRZEN((A1-WOCHENTAG(A1;2)-DATUM(JAHR
(A1+4-WOCHENTAG(A1;2));1;-10))/7)
```

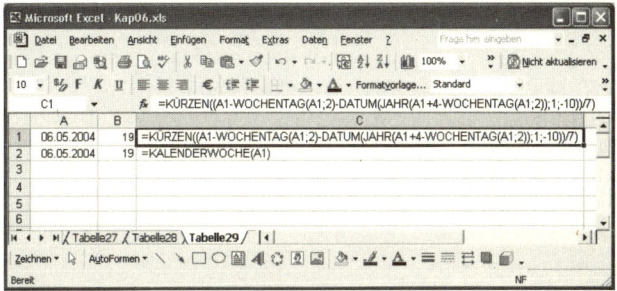

Bild 6.24: Zwei Möglichkeiten, die Kalenderwoche zu bestimmen

Monatsende eines Monats ermitteln

Über die Funktion MONATSENDE aus dem Add-In *Analyse-Funktionen* können Sie den letzten Tag eines Monats ermitteln. So gibt die Formel

```
=MONATSENDE("01.05.2004";0)
```

das Datum 31.05.2004 zurück. Über das zweite Argument der Tabellenfunktion können Sie noch einen Versatz in die Zukunft bzw. in die Vergangenheit einstellen.

So liefert die Formel

```
=MONATSENDE("01.05.2004";3)
```

das Datum 31.08.2004 zurück.

Anzahl eines Wochentags in einem Zeitraum ermitteln

Interessant und nützlich ist auch die Beantwortung der Fragestellung, wie viele Montage es beispielsweise in einem bestimmten Zeitraum gibt. So beantwortet das Bild 6.25 die Frage, wie viele Montage es im Mai 2004 gibt.

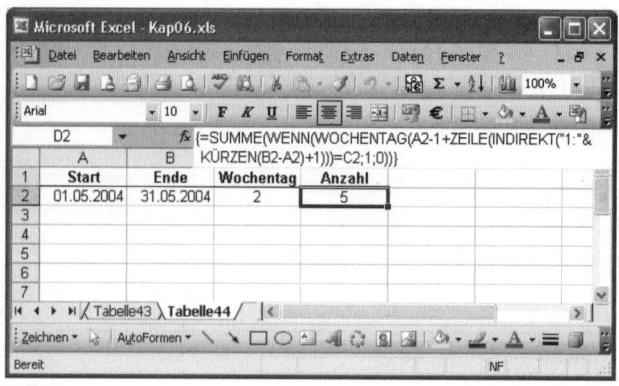

Bild 6.25: Es gibt fünf Montage im Monat Mai

Der Wochentag 2 in Zelle C2 steht für den Montag, da jede Woche mit dem Sonntag (= 1) anfängt.

Die Matrixformel

```
=SUMME(WENN(WOCHENTAG(A2-1+ZEILE(INDIREKT("1:"
&KÜRZEN(B2-A2)+1)))=C2;1;0))
```

in Zelle D2 wird über die Tastenkombination $\boxed{\text{Strg}}$ +
$\boxed{\Diamond}$ + $\boxed{\text{Enter}}$ abgeschlossen.

Datum zusammensetzen

Wenn ein Datum aus einzelnen Teilen zusammengesetzt
werden soll, dann können Sie die Tabellenfunktion DATUM
einsetzen. Im folgenden Beispiel aus Bild 6.26 wird aus
den einzelnen Datumsteilen ein Excel-konformes Datum
zusammengestellt.

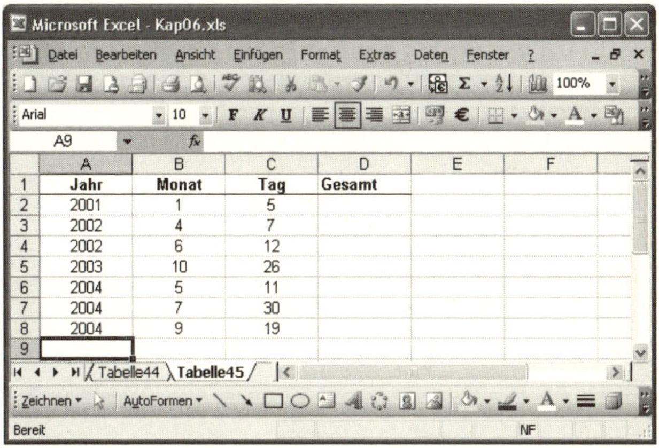

*Bild 6.26: Aus Datumsteilen ein gültiges Datum zusammen-
setzen*

Um diese Aufgabe zu lösen, verfahren Sie wie folgt:

1. Markieren Sie den Zellenbereich D2:D8.

2. Erfassen Sie die Formel =DATUM(A2;B2;C2).

3. Schließen Sie die Formel über die Tastenkombination
   Strg + Enter ab.

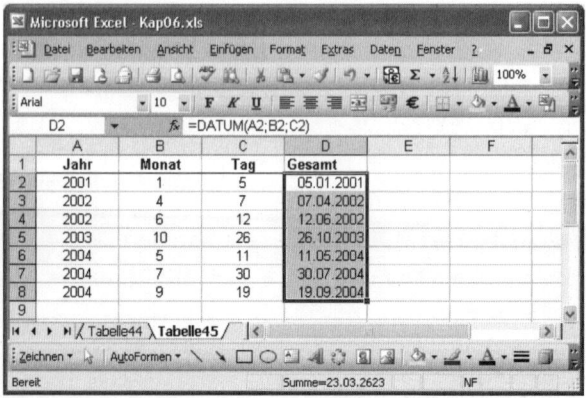

Bild 6.27: Die Datumsangaben werden von Excel richtig erkannt

Datumsangaben umstellen

Wenn ein Datum in einer Form vorliegt, das von Excel nicht erkannt wird, und dazu noch die einzelnen Teile nicht wie gewünscht zusammengesetzt sind, dann können Sie die Reihenfolge der einzelnen Datumsteile verändern und das Datum in ein Excel-konformes Format bringen. Sehen Sie sich dazu einmal das Bild 6.28 an.

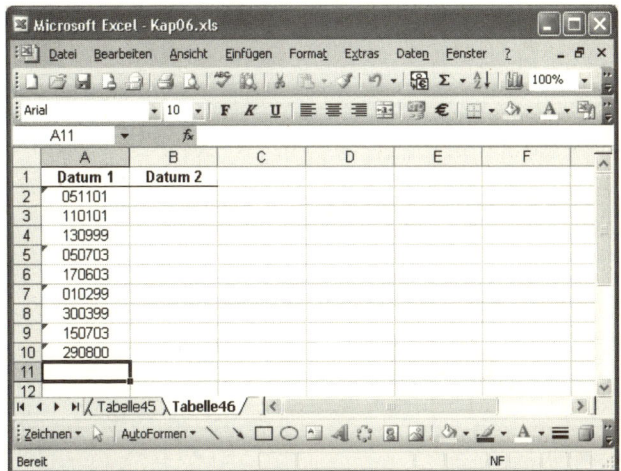

Bild 6.28: Diese Datumsangaben sollen erkannt und umgewandelt werden

Die Datumsangaben in Spalte A sind nach dem Format Tag-Monat-Jahr formatiert und werden von Excel momentan nicht als Datum erkannt. Die Aufgabe besteht jetzt darin, das Datum nach dem Format Jahr-Monat-Tag zu konvertieren. Dazu befolgen Sie die nächsten Arbeitsschritte:

1. Markieren Sie den Zellenbereich B2:B10.

2. Erfassen Sie die Formel =TEXT(DATUM(TEIL(A2;5;2); TEIL(A2;3;2);TEIL(A2;1;2));"JJ-MM-TT")

3. Bestätigen Sie die Eingabe über die Tastenkombination ⌷Strg⌷ + ⌷Enter⌷.

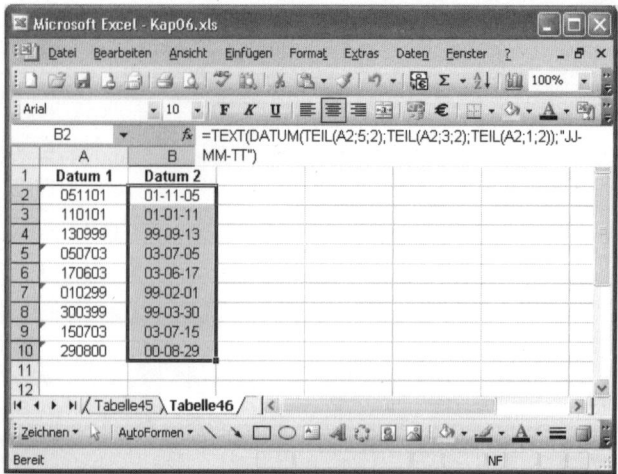

Bild 6.29: Das Datum wurde umgestellt

Geburtstage nach dem Monat sortieren

Möchten Sie eine Geburtstagsliste nach Monat/Tag sortieren, dann können Sie diese Aufgabe über eine Hilfsspalte durchführen. Sehen Sie sich zunächst einmal Bild 6.30 an.

Diese Liste soll nun nach dem Monat sowie anschließend nach dem Tag sortiert werden. Um diese Aufgabe zu lösen, wenden Sie folgenden Trick an:

1. Markieren Sie den Zellenbereich C2:C10.

2. Erfassen Sie die Formel =MONAT(B2)*100+TAG(B2)

3. Schließen Sie die Eingabe über die Tastenkombination Strg + Enter ab.

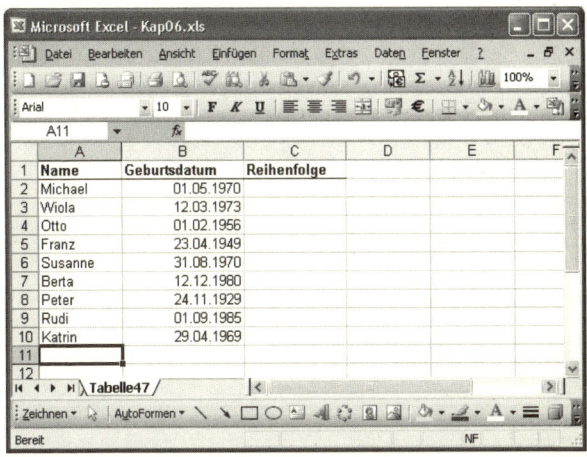

Bild 6.30: Eine unsortierte Geburtstagsliste

4. Setzen Sie den Mauszeiger in Zelle C1.

5. Klicken Sie in der Symbolleiste *Standard* auf das Symbol *Aufsteigend sortieren* (s. Bild 6.31).

Nettoarbeitstage berechnen

Bei der folgenden Aufgabe sollen die Nettoarbeitstage zwischen zwei Datumsangaben errechnet werden. Dabei sollen alle Wochenenden und Feiertage sowie sonstigen Tage, an denen nicht gearbeitet wird, eliminiert werden.

Für diese Aufgabe können Sie die Tabellenfunktion NETTOARBEITSTAGE aus dem Add-In *Analyse-Funktionen* einsetzen.

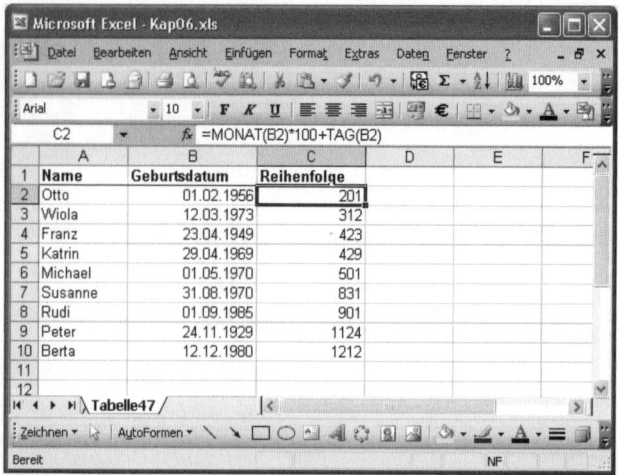

Bild 6.31: Die Geburtstage wurden nach Monat und Tag sortiert

Im ersten Argument der Tabellenfunktion geben Sie das
Ausgangsdatum aus Zelle A5 an. Im zweiten Argument
aus Zelle B5 nennen Sie das Enddatum. Im dritten Argument verweisen Sie auf einen Bereich (F2:F22), der die
freien Tage sowie Feiertage enthält. Die Wochenenden
werden von der Tabellenfunktion automatisch entfernt
und gehen nicht mit in die Differenzberechnung ein.

Mit Arbeitstagen rechnen

Im nächsten Beispiel soll ausgehend von einem Startdatum ein Enddatum errechnet werden. Bei dieser Berechnung dürfen aber nur wirkliche Arbeitstage berücksichtigt werden. Dabei können Sie auf die Tabellenfunktion
ARBEITSTAG zurückgreifen, das im Add-In *Analyse-Funktionen* zu finden ist.

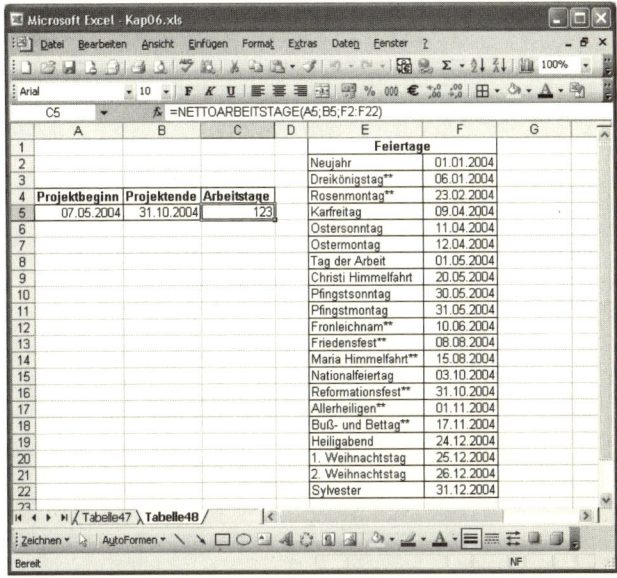

Bild 6.32: Die tatsächlich zur Verfügung stehenden Arbeitstage werden errechnet

Im ersten Argument der Tabellenfunktion geben Sie das Ausgangsdatum aus Zelle A10 an. Im zweiten Argument aus Zelle B10 nennen Sie die zur Verfügung stehenden Tage für das Projekt. Im dritten Argument verweisen Sie auf einen Bereich (F2:F22), der die freien Tage sowie Feiertage enthält. Die Wochenenden werden von der Tabellenfunktion automatisch entfernt und gehen nicht in die Berechnung mit ein.

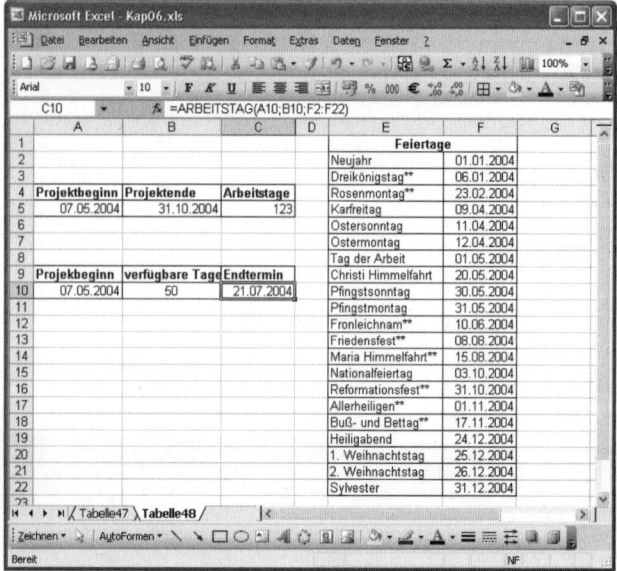

Bild 6.33: Der Endtermin wird errechnet

Lagerdauer bruchteilgenau ausrechnen

In der Tabelle aus Bild 6.34 sind einige Artikel etwas länger eingelagert und zum 7. Mai 2004 ausgelagert worden. Es soll jetzt ermittelt werden, wie lange diese Güter eingelagert wurden. Dabei soll die Lagerdauer bruchteilgenau errechnet werden.

Für diese Aufgabe können Sie die Tabellenfunktion BRTEILJAHRE aus dem Add-In *Analyse-Funktionen* einsetzen.

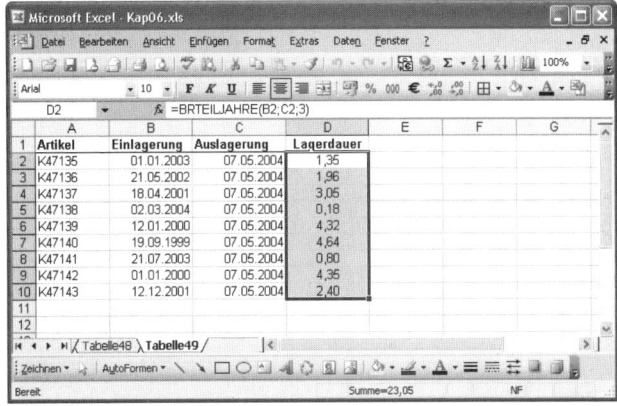

Bild 6.34: Genaue Berechnung der Lagerdauer

Noch genauere Angabe der Lagerdauer

Im folgenden Beispiel soll eine Lagerdauer in der Form »2 Tage 3 Monate und 10 Tage« ausgegeben werden. Diese Aufgabe lässt sich über die undokumentierte Tabellenfunktion DATEDIF lösen.

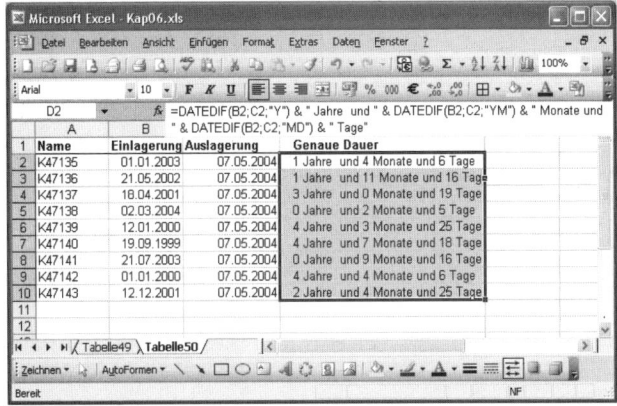

Bild 6.35: Noch genauere Bestimmung der Lagerdauer

Die Formel für diese Aufgabe lautet:

```
=DATEDIF(B2;C2;"Y") & " Jahre  und " &
DATEDIF(B2;C2;"YM") & " Monate und " &
DATEDIF(B2;C2;"MD") & " Tage"
```

Zeitwerte zusammensetzen

Nicht immer liegen Zeitwerte in der Form vor, wie Sie diese auch einsetzen möchten. In der Tabelle aus Bild 6.36 stehen die einzelnen Zeitteile (Stunden, Minuten und Sekunden) in einzelnen Spalten.

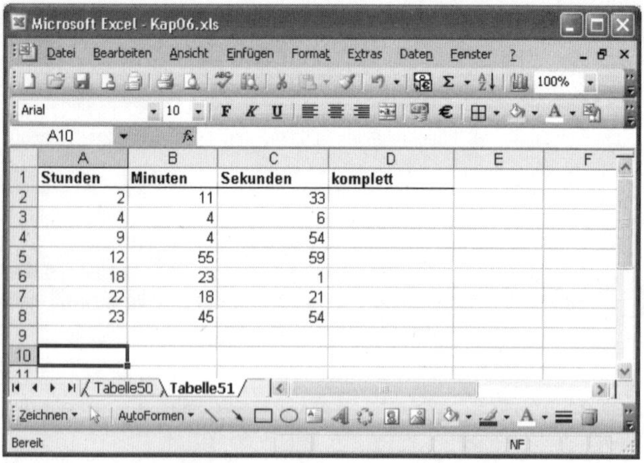

	A	B	C	D	E	F
1	Stunden	Minuten	Sekunden	komplett		
2	2	11	33			
3	4	4	6			
4	9	4	54			
5	12	55	59			
6	18	23	1			
7	22	18	21			
8	23	45	54			
9						
10						

Bild 6.36: Die einzelnen Zeitteile sollen zusammengefasst werden

Um eine Excel-konforme Zeit aus den Spalten A, B und C zu erstellen, verfahren Sie wie folgt:

1. Markieren Sie den Zellenbereich D2:D8.

2. Erfassen Sie die Formel =ZEIT(A2;B2;C2)

3. Schließen Sie die Eingabe über die Tastenkombination Strg + Enter ab.

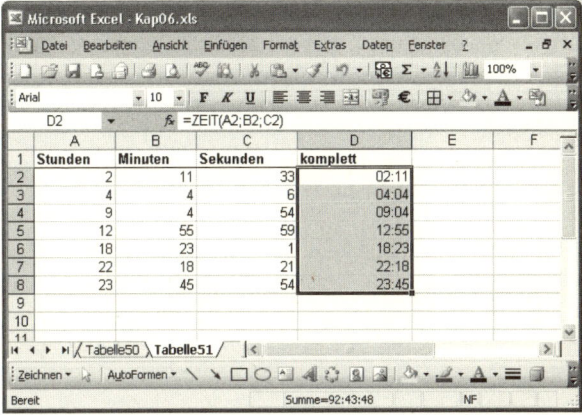

Bild 6.37: Die Zeitangaben können von Excel richtig erkannt werden

Rundungstipps

Zeiten runden

Das Runden von Zeiten können Sie über einen Trick sowie mit der Funktion RUNDEN vornehmen. In der Liste aus Bild 6.38 sollen die Zeitangaben auf volle Stunden und Minutenangaben gerundet werden.

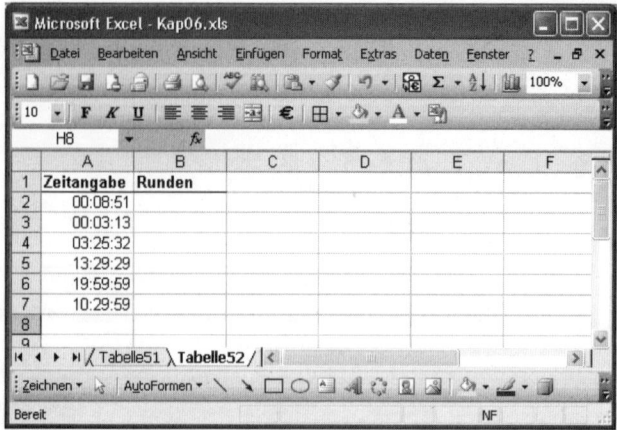

Bild 6.38: Auf Minutenbasis runden

Um die gewünschte Rundung durchzuführen, verfahren Sie wie folgt:

1. Markieren Sie den Zellenbereich B2:B7.

2. Erfassen Sie die Formel `=RUNDEN(A2*1440;0)/1440`

3. Schließen Sie die Eingabe über die Tastenkombination `Strg` + `Enter` ab.

Da ein Tag aus 24 Stunden mal 60 Minuten besteht, wird die ungerundete Zeit zuerst in Minuten umgerechnet, indem sie mit dem Faktor 1.440 multipliziert wird. Danach erfolgt die Rundung auf die ganze Zahl. Anschließend erfolgt eine Division, um die nun gerundeten Zeitwerte wieder umzuwandeln.

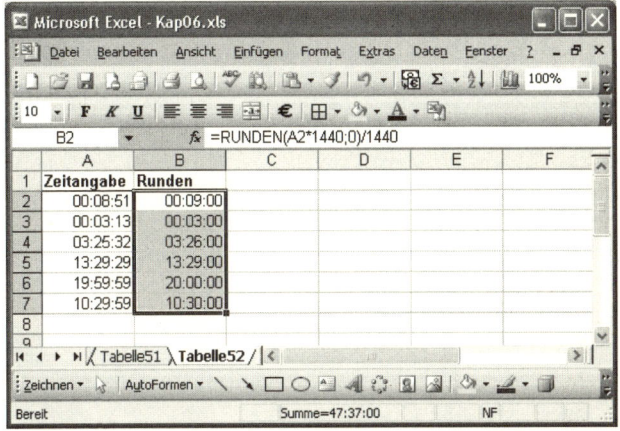

Bild 6.39: Die Rundung wurde erfolgreich durchgeführt

Rundung auf volle 5 Cents

Wenn Sie oft recht krumme Werte haben, dann könnten
Sie sich entschließen, als Vereinfachung alle Beträge auf
volle 5 Cents zu runden. Sehen Sie sich dazu einmal die
Tabelle aus Bild 6.40 an.

Um diese Aufgabe auszuführen, können Sie die Tabellenfunktion VRUNDEN aus dem Add-In *Analyse-Funktionen*
einsetzen. Gehen Sie dazu wie folgt vor:

1. Markieren Sie den Zellenbereich B2:B10.

2. Erfassen Sie die Formel =VRUNDEN(A2;0,05)

3. Schließen Sie die Eingabe mit der Tastenkombination
   Strg + Enter ab.

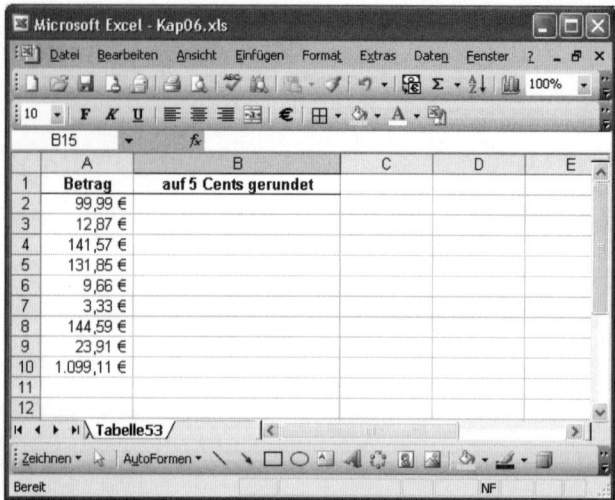

Bild 6.40: Diese Beträge sollen auf 5 Cents gerundet werden

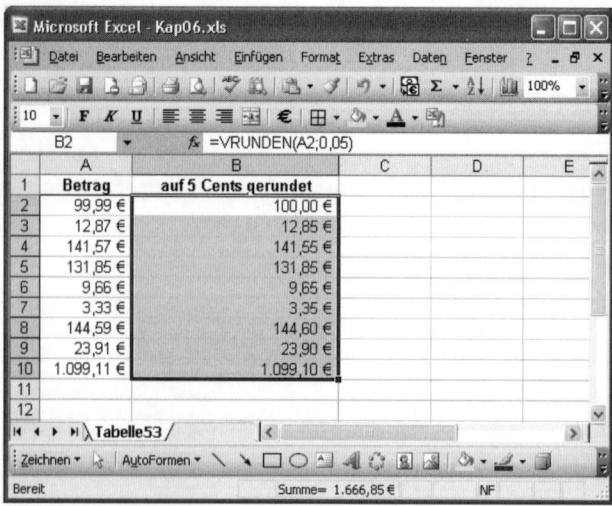

Bild 6.41: Die Beträge wurden auf volle 5 Cents gerundet

Hinweis
Sollen die Beträge vor dem Komma auf volle Zehner gerundet werden, dann erfassen Sie die Formel

```
=VRUNDEN(A2;10)
```

Aufrunden auf 5-Euro-Basis

Eine Alternative zur Tabellenfunktion VRUNDEN bietet die Tabellenfunktion OBERGRENZE bzw. UNTERGRENZE. Sehen Sie sich zunächst einmal die Tabelle aus Bild 6.42 an.

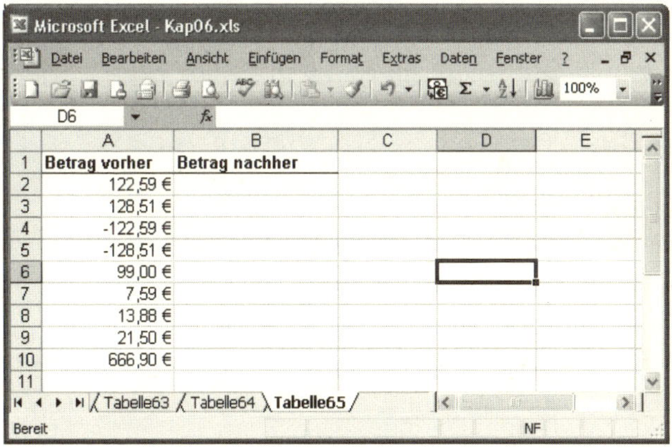

Bild 6.42: Diese Beträge sollen auf 5-Euro-Basis gerundet werden

Um die Beträge aus Spalte A auf 5-Euro-Basis aufzurunden, verfahren Sie wie folgt:

1. Markieren Sie den Zellenbereich B2:B10.

2. Erfassen Sie die Formel `=WENN(A2>0;OBERGRENZE (A2;5);UNTERGRENZE(A2;-5))`.

3. Schließen Sie die Eingabe über die Tastenkombination `Strg` + `Enter` ab.

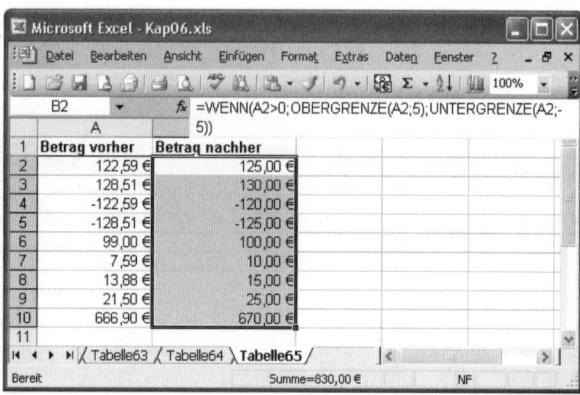

Bild 6.43: Die Beträge wurden aufgerundet

Hinweis

Soll anstatt aufgerundet abgerundet werden, dann lautet die Formel für Zelle B2:

`=WENN(A2>0;UNTERGRENZE(A2;5);OBERGRENZE(A2;-5))`

Auf volle 100 runden

In der Tabelle aus dem folgenden Bild 6.44 liegen Ausgaben eines Monats vor.

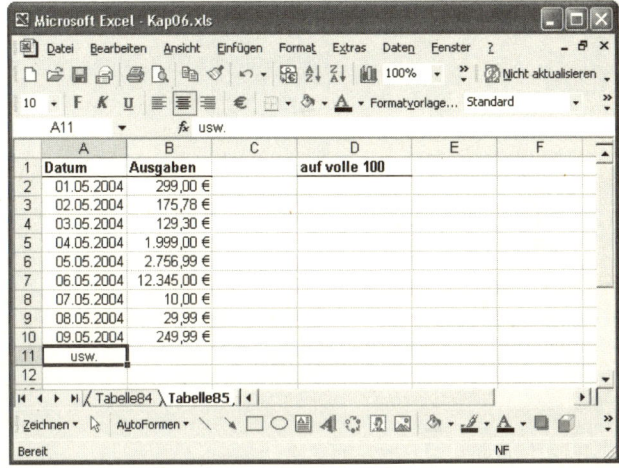

Bild 6.44: Diese Kosten sollen auf Hunderter-Basis gerundet werden

Um diese Aufgabe zu lösen, können Sie wie folgt verfahren:

1. Markieren Sie den Zellenbereich D2:D10.

2. Erfassen Sie die Formel =RUNDEN(B2;-2).

3. Schließen Sie die Eingabe über die Tastenkombination [Strg] + [Enter] ab.

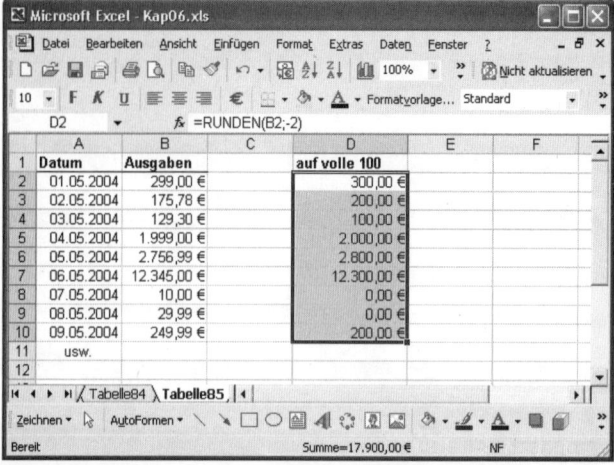

Bild 6.45: Die Rundung erfolgte auf volle Hunderter

Hinweis

Das zweite Argument der Tabellenfunktion RUNDEN ist
wie folgt zu verstehen:

► 0 rundet auf ganze Zahlen

► -1 rundet auf Zehner-Basis

► -2 rundet auf Hunderter-Basis

► -3 rundet auf Tausender-Basis

Datum und Text kombinieren

Ein interessantes Phänomen kann man beobachten, wenn
man versucht, eine Datumszelle und eine Textzelle miteinander zu verknüpfen.

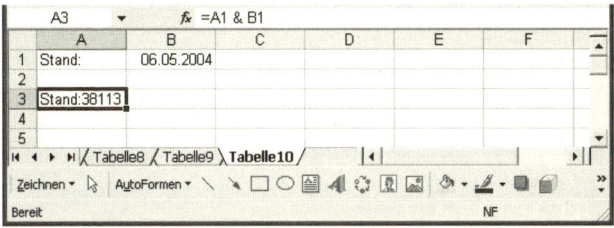

Bild 6.46: Das Datum wird als Zahl ausgegeben

Bei diesem Verhalten von Excel wird das Datum als Zahl
ausgegeben, da Excel interne Datumswerte in Zahlen
umsetzt. Um Excel zum richtigen Format zu bewegen,
erfassen Sie die Formel:

```
=A1 & TEXT(B1;"TT.MM.JJJJ")
```

Bild 6.47: Datum wird in Excel nun richtig erkannt

Wenn Sie in Zelle C1 noch eine Uhrzeit schreiben, beispielsweise 12:00, und diese Zelle dann zusätzlich verknüpfen, erhalten Sie folgendes Ergebnis:

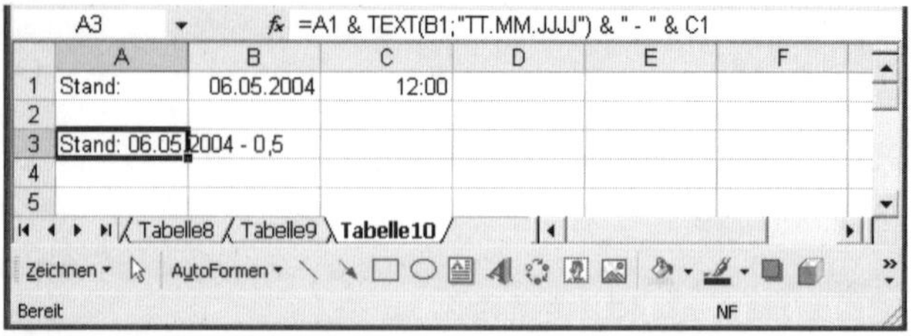

*Bild 6.48: 12:00 Uhr bedeutet in Excel einen halben Tag,
also 0,5*

Auch Zeiten müssen in Excel bei Verknüpfungen mit
Textzellen in das richtige Format gebracht werden. Dies
gelingt Ihnen durch die folgende Formel:

```
=A1 & TEXT(B1;"TT.MM.JJJJ") & " - " &
TEXT(C1;"hh:mm") & " Uhr"
```

Bild 6.49: Datum und Uhrzeit werden jetzt richtig ausgegeben

Im folgenden Beispiel aus Bild 6.50 wird eine Berechnung zweier Zeiten durchgeführt und das Ergebnis in Zelle A4 dargestellt.

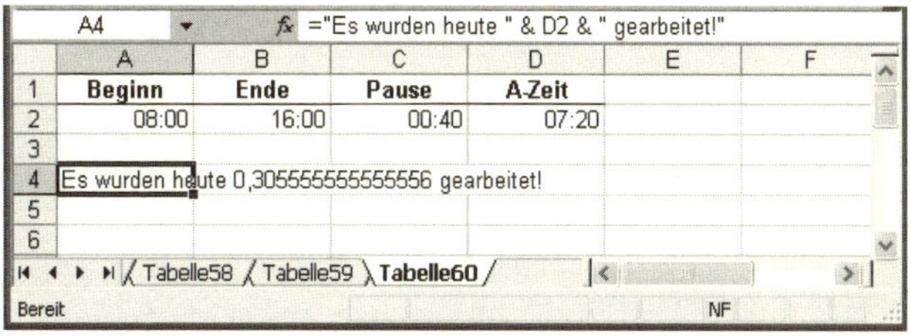

A4	▼	*fx*	="Es wurden heute " & D2 & " gearbeitet!"			
	A	B	C	D	E	F
1	**Beginn**	**Ende**	**Pause**	**A-Zeit**		
2	08:00	16:00	00:40	07:20		
3						
4	Es wurden heute 0,305555555555556 gearbeitet!					
5						
6						

Tabelle58 / Tabelle59 \ Tabelle60 /

Bereit   NF

Bild 6.50: Ein etwas seltsam aussehendes Ergebnis

Um dieses Ergebnis zu korrigieren, setzen Sie die Formel

```
="Es wurden heute " & TEXT(D2;"hh:mm") & _
" gearbeitet!"
```

ein.

Datumszellen identifizieren

Bei der Tabelle aus Bild 6.51 sollen die Zellen mit gültigen Datumsangaben identifiziert werden.

Um nun die von Excel richtig erkannten Datumsangaben zu identifizieren, befolgen Sie die nächsten Arbeitsanweisungen:

1. Markieren Sie den Zellenbereich A1:B10.

2. Wählen Sie aus dem Menü *Format* den Befehl *Bedingte Formatierung*.

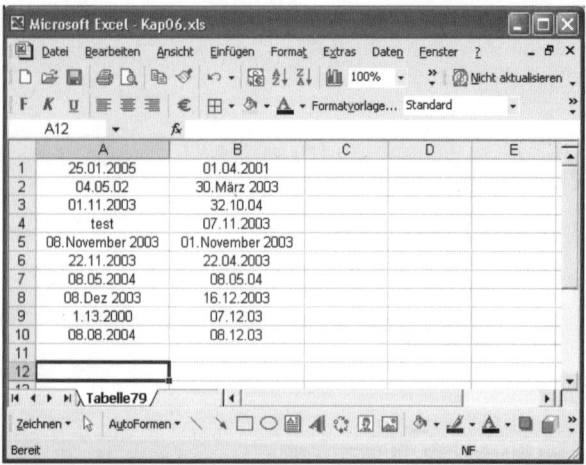

Bild 6.51: Einige Datumsangaben sind falsch bzw. Text

3. Im Dialog *Bedingte Formatierung* stellen Sie im Kombinationsfeld *Bedingung 1* den Eintrag *Formel ist* ein.

4. Erfassen Sie im Feld rechts daneben die Formel
   =LINKS(ZELLE("Format";A1);1)="D".

5. Klicken Sie auf die Schaltfläche *Format*.

6. Wechseln Sie auf die Registerkarte *Muster*.

7. Wählen Sie einen gewünschten Farbton aus.

8. Bestätigen Sie zweimal mit *OK* (s. Bild 6.52).

Zellen mit Buchstaben zählen

In einem Bereich sind sowohl Zellen mit Zahlenwerten als auch Zellen mit einzelnen Buchstaben enthalten. Über eine Formel sollen nun die Zellen mit den Buchstaben gezählt werden.

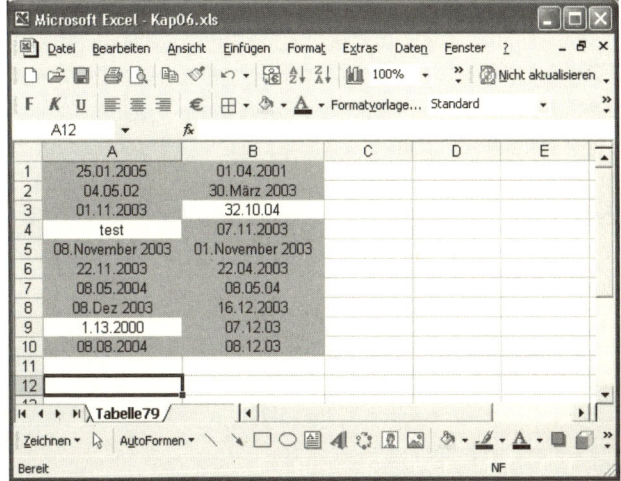

Bild 6.52: Nur die gültigen Datumsangaben werden farbig formatiert

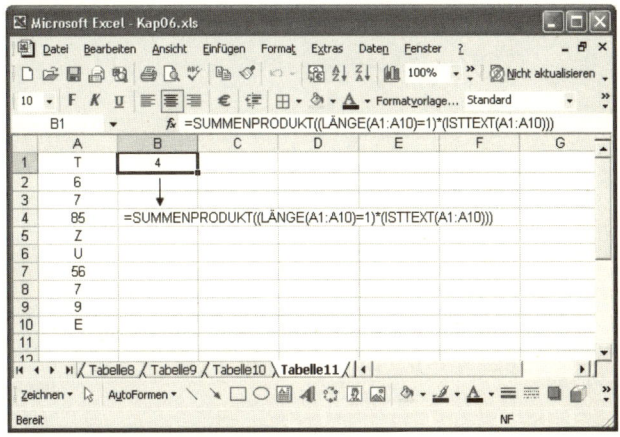

Bild 6.53: Buchstabenzellen zählen

Über die Tabellenfunktion SUMMENPRODUKT können zwei
Bedingungen abgefragt und anschließend multipliziert
werden. Die erste Abfrage ist die Länge einer Zelle mithilfe der Funktion LÄNGE. Die zweite Prüfung erfolgt
über die Tabellenfunktion ISTTEXT. Diese Funktion überprüft, ob ein Textwert (beispielsweise ein Buchstabe) in
der jeweiligen Zelle vorliegt.

Suche in einer Spalte durchführen

Bei der folgenden Aufgabe aus Bild 6.54 wurde eine Zahl
in Zelle B1 eingegeben. Daraufhin wurde ermittelt, ob
diese Zahl in Spalte A vorkommt.

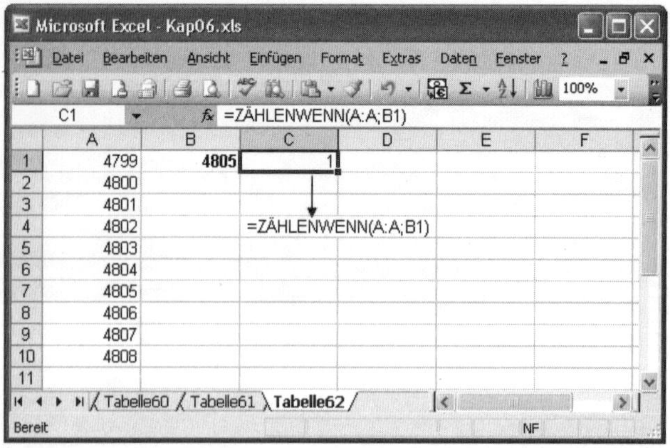

*Bild 6.54: Der Inhalt der Zelle B1 konnte in Spalte A gefunden
werden*

Liefert die Zelle C1 den Wert 1, dann konnte der Wert
aus Zelle B1 zumindest einmal in Spalte A gefunden wer-

den. Ist das Ergebnis der Formel 0, dann kommt diese
Zahl in Spalte A nicht vor.

Den kleinsten Wert <> Null ermitteln

Den kleinsten Wert in einem Zellenbereich können Sie
standardmäßig über die Tabellenfunktion MIN ermitteln.
Wenn in diesem Bereich jedoch eine Null vorkommt,
dann wird dieser Wert richtigerweise als niedrigster Wert
erkannt.

Möchten Sie den Wert 0 jedoch ausschließen, dann können Sie eine Matrixformel einsetzen. Im folgenden Beispiel wird der Bereich A1:A10 nach dem niedrigsten Wert
durchsucht.

Erfassen Sie zu diesem Zweck die Formel

```
=MIN(WENN(A1:A10>0;A1:A10;""))
```

und schließen Sie über die Tastenkombination Strg +
⬆ + Enter ab.

Hinweis

Den kleinsten Wert größer Null können Sie übrigens
auch über die Formel

```
=KKLEINSTE(A1:A10;ZÄHLENWENN(A1:A10;0)+1)
```

ermitteln.

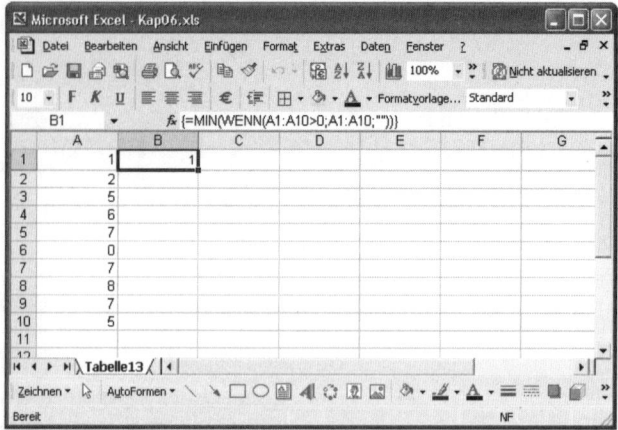

Bild 6.55: Der niedrigste Wert ungleich Null wird erkannt

Mehrere Bedingungen abfragen

Möchten Sie in einer Liste bestimmte Sätze zählen, die mehrere Bedingungen erfüllen müssen, dann kommen Sie standardmäßig mit der Funktion ZÄHLENWENN nicht weiter. Für solche Fälle können Sie auf eine Matrixfunktion zurückgreifen.

In der Liste aus Bild 6.56 sollen alle Sätze gezählt werden, die als Datum den 06.05.2004 haben und als Kürzel den Buchstaben D aufweisen.

Um diese Aufgabe zu lösen, geben Sie in Zelle D2 die Formel

```
=SUMME((A1:A10=DATWERT("06.05.04"))*(C1:C10="D"))
```

ein und schließen die Formel über die Tastenkombination [Strg] + [⇧] + [Enter] ab (s. Bild 6.57).

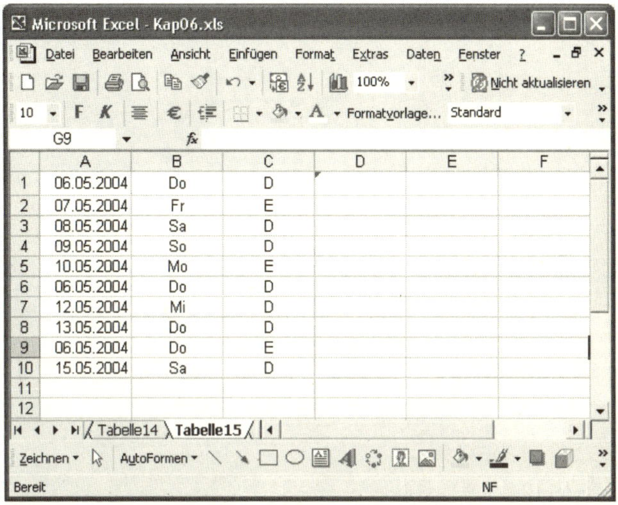

Bild 6.56: Bestimmte Sätze sollen gezählt werden

Selbst mehr als zwei Bedingungen können spielend leicht über den Einsatz einer Matrixformel gelöst werden. In Bild 6.58 sollen Festplatten zu einem bestimmten Preis und einer bestimmten Speicherkapazität ermittelt werden (s. Bild 6.58).

Die Aufgabe besteht jetzt darin, alle Festplatten zu zählen, die nicht teurer sind als 400 € und eine Mindestspeicherkapazität von 60 GByte haben.

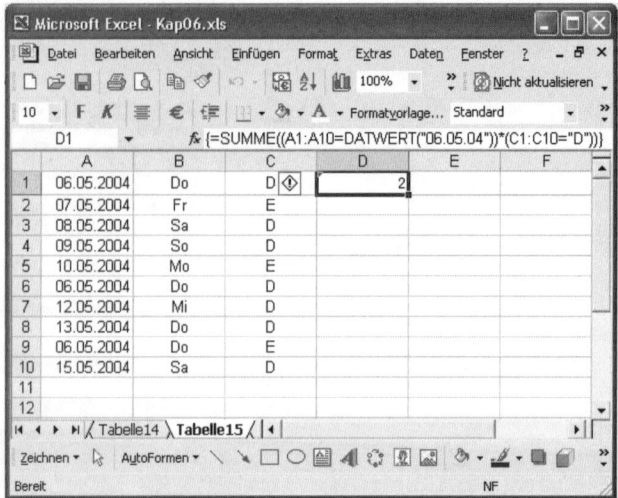

Bild 6.57: Es konnten genau zwei Sätze gefunden werden

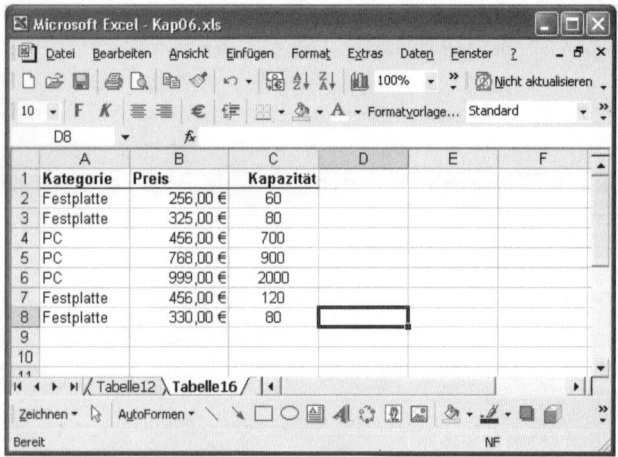

Bild 6.58: Die Computer-Zubehörliste

Um diese Aufgabe zu lösen, erfassen Sie in Zelle E2 die Matrixformel

```
=SUMME((A2:A8="Festplatte")*(B2:B8<=400)*
(C2:C8>=60))
```

und schließen die Formel über die Tastenkombination
Strg + ⇧ + Enter ab.

Bedingtes Summieren von Zahlen

Um eine bedingte Summierung einer Tabelle durchzuführen, können Sie standardmäßig die Tabellenfunktion
SUMMEWENN anwenden. In Bild 6.59 sollen alle Umsätze
monatsweise ermittelt werden.

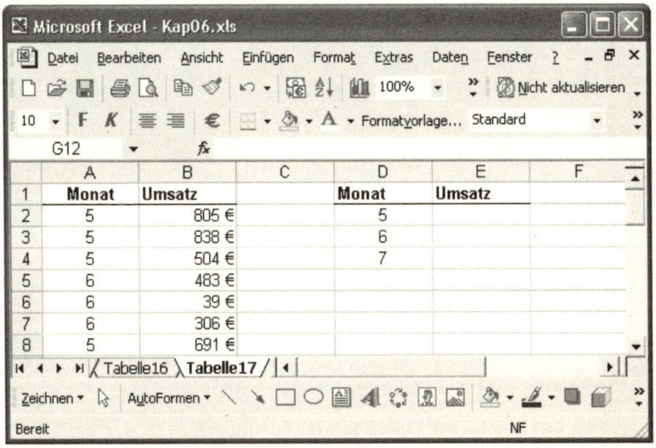

Bild 6.59: Eine Monatsauswertung durchführen

Um diese Aufgabe zu lösen, befolgen Sie die nächsten Arbeitsschritte:

1. Markieren Sie den Zellenbereich E2:E4.

2. Erfassen Sie die Formel =SUMMEWENN($A$2:$A$21;D2; $B$2:$B$21).

3. Schließen Sie die Formel über die Tastenkombination ⌈Strg⌉ + ⌈Enter⌉ ab (s. Bild 6.60).

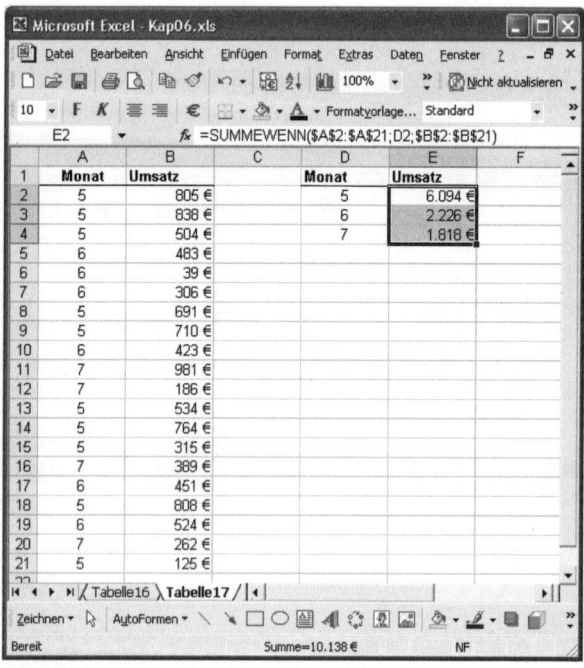

Bild 6.60: Die bedingte Summierung wurde durchgeführt

Noch mehr Kriterien berücksichtigen

Im folgenden Beispiel sollen die drei Spalten A bis C miteinander abgeglichen werden. Nur wenn in allen drei Zellen der jeweiligen Spalte der Wert 1 steht, soll der
dazugehörige Wert aus Spalte D addiert werden.

Sehen Sie sich zur Verdeutlichung Bild 6.61 an. Bestimmte
Werte aus Spalte D sollen summiert werden.

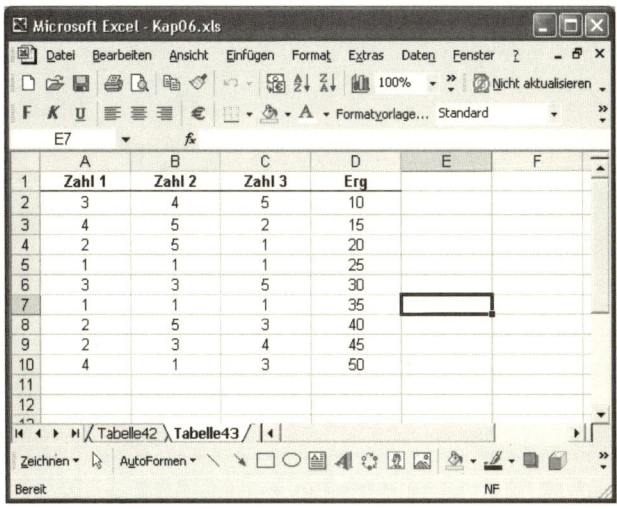

*Bild 6.61: Bestimmte Werte aus Spalte D sollen summiert
werden*

Nur wenn in allen drei Spalten der Wert 1 vorkommt, soll
der dazugehörige Wert aus Spalte D summiert werden.

Dazu geben Sie in Zelle E2 die Formel

```
=SUMMENPRODUKT((A2:A10=1)*(B2:B10=1)*(C2:C10=1)*
(D2:D10))
```

ein.

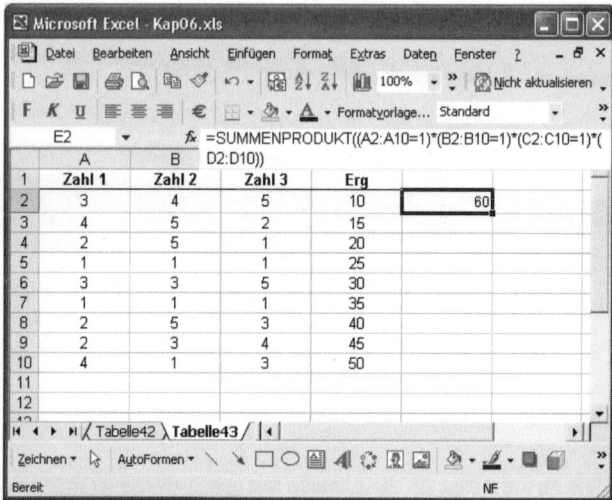

Bild 6.62: Für die Zeilen 5 und 7 werden die Werte aus Spalte D summiert

Automatisch das Kreuz setzen

In der folgenden Aufgabe wird auf automatische Art und Weise an die korrekte Stelle ein Kreuz gesetzt. Sehen Sie sich dazu einmal Bild 6.63 an.

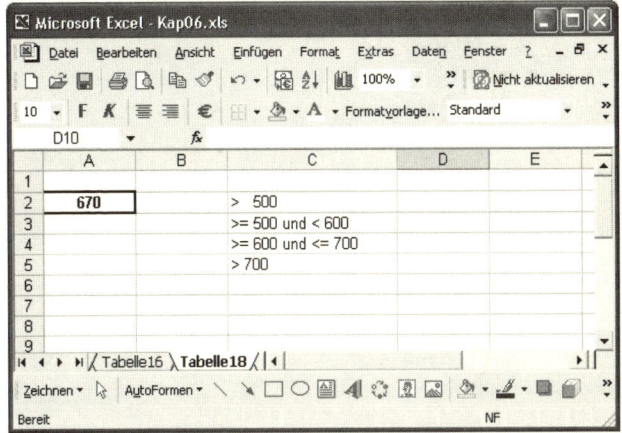

Bild 6.63: In Spalte B soll das Kreuz an die richtige Position gesetzt werden

Je nach Wert in Zelle A2 soll im Bereich B2:B5 an der zutreffenden Stelle ein Kreuz eingefügt werden. Um diese Aufgabe zu lösen, gehen Sie wie folgt vor:

1. Geben Sie in Zelle B2 die Formel =WENN($A$2<500; "X";"") ein.

2. In Zelle B3 erfassen Sie die Formel =WENN(UND($A$2>= 500;$A$2<600);"X";"").

3. Der Zelle B4 wird die Formel =WENN(UND($A$2>= 600;$A$2<=700);"X";"") zugewiesen.

4. In Zelle B5 schreiben Sie die Formel =WENN($A$2> 700;"X";"").

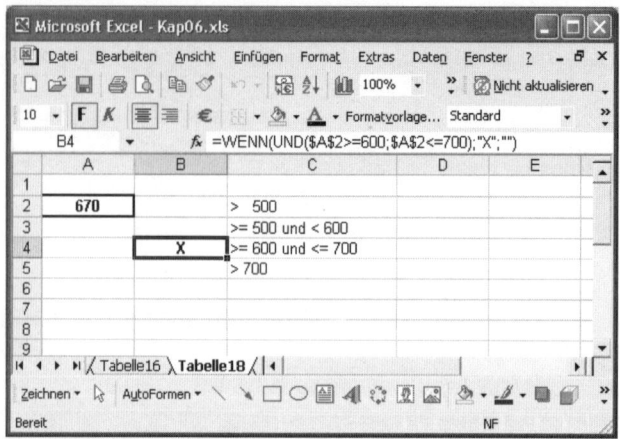

Bild 6.64: Das Kreuz wird an der richtigen Stelle gesetzt

Zahlencheck durchführen

Wenn Sie in einer Tabelle überprüfen möchten, ob Zahlenwerte in einem bestimmten Zahlenbereich liegen, dann können Sie die Tabellenfunktion WENN im Zusammenspiel mit der Tabellenfunktion UND einsetzen.

Geben Sie zu diesem Zweck in einer neuen Tabelle im Bereich A8:A13 Werte zwischen 10 und 30 ein. Gehen Sie danach wie folgt vor:

1. Markieren Sie den Zellenbereich B8:B13.

2. Erfassen Sie die Formel =WENN(UND(A8<=20;A8>= 10);"Zahl OK!";"Zahl nicht OK").

3. Bestätigen Sie die Formel über die Tastenkombination ⌨Strg + ⌨Enter.

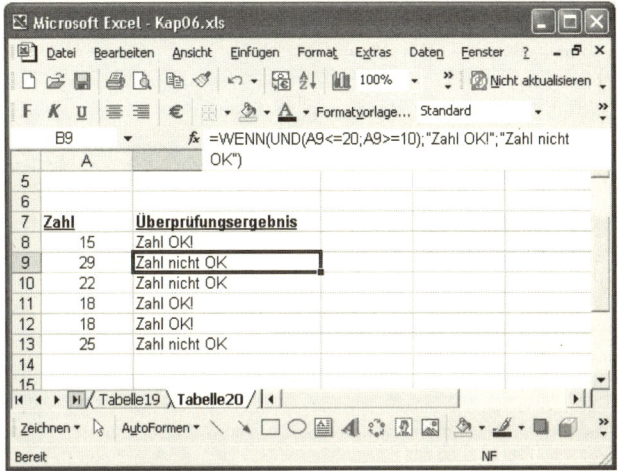

Bild 6.65: Der Zahlencheck wurde durchgeführt

WENN mit über sieben Bedingungen

Oft liest man im Internet die Behauptung, dass bei mehr als sieben Bedingungen die Tabellenfunktion WENN am Ende ist. Diese Behauptung stimmt so nicht ganz. In der folgenden Bild wird demonstriert, dass bei sieben Bedingungen noch nicht Schluss sein muss.

Sie können den auf den ersten Blick limitierenden Faktor von sieben Bedingungen umgehen, indem Sie nach der siebten Bedingung weitere Bedingungen über das Plus-Zeichen anhängen.

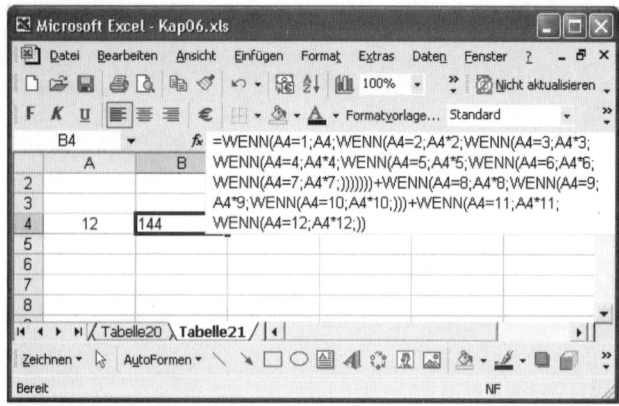

Bild 6.66: Mehr als sieben Bedingungen sind jederzeit möglich

Letzten Wert in Spalte A ermitteln

Neben diversen Möglichkeiten, die letzte belegte Zelle
einer Spalte per VBA-Makro zu ermitteln, gibt es auch
eine Variante über eine Matrixformel, diese Aufgabe zu
lösen.

Im folgenden Beispiel wird der Wert der letzten belegten
Zelle im Bereich A1:A100 ermittelt.

Erfassen Sie zu diesem Zweck die Matrixformel

```
=INDEX(A:A;MAX(ISTZAHL(A1:A100)*ZEILE($1:$100)))
```

und schließen Sie die Formel über die Tastenkombination
[Strg] + [⬆] + [Enter] ab.

Hinweis

Alternativ können Sie auch die Matrixformel

```
=INDIREKT(ADRESSE(MAX((ZEILE(1:100)*
(A1:A100<>"")));SPALTE(A:A)))
```

einsetzen und über die Tastenkombination ⌐Strg⌐ +
⌐⇧⌐ + ⌐Enter⌐ abschließen.

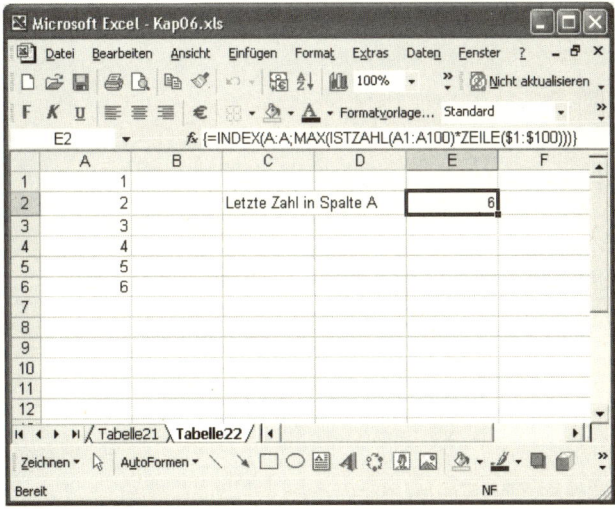

Bild 6.67: Die letzte belegte Zelle in Spalte A finden

Pfad- und Dateinamen ermitteln

Den Namen einer Arbeitsmappe, sofern sie bereits ein-
malig gespeichert wurde, können Sie über die Tabellen-

funktion ZELLE ermitteln. Geben Sie dazu in eine beliebige
Zelle die Formel

```
=ZELLE("Dateiname")
```

ein.

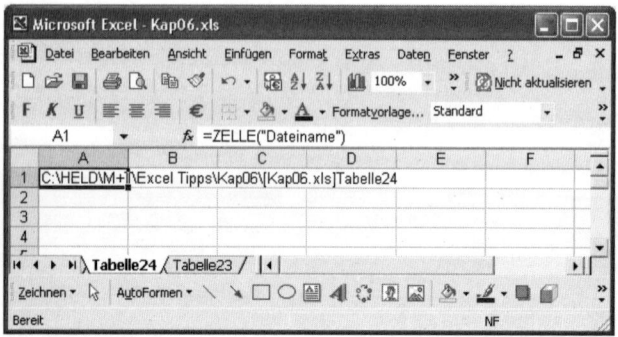

*Bild 6.68: Den kompletten Pfadnamen der Arbeitsmappe
ermitteln*

Dieselbe Funktion wie gerade beschrieben können Sie
einsetzen, um den Tabellennamen der aktiven Tabelle zu
bestimmen.

Geben Sie hierzu die Formel

```
=TEIL(ZELLE("Dateiname";A1);FINDEN("]";ZELLE
("Dateiname";A1))+1;LÄNGE(ZELLE("Dateiname";A1))
-FINDEN("]";ZELLE("Dateiname";A1)))
```

in eine beliebige Zelle ein.

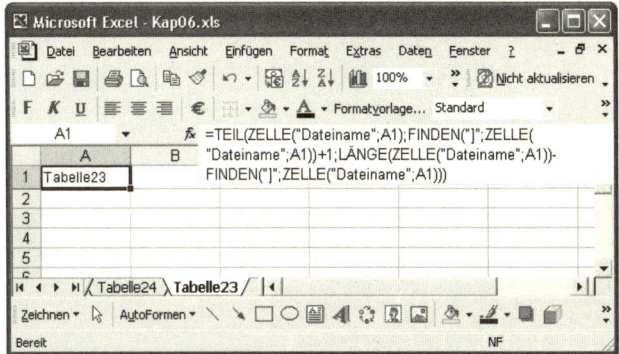

Bild 6.69: Den Tabellennamen extrahieren

In Bild 6.70 sind nochmals alle Möglichkeiten beschrieben, wie Sie aus der Zelle A1 den kompletten Text in Einzelteile zerlegen.

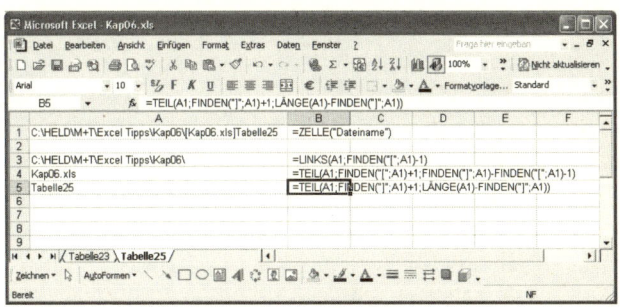

Bild 6.70: Alle Infos aus einer Zelle ziehen

Minuszeichen-Stellung korrigieren

Aus manchen Fremdsystemen bekommt Excel das Minuszeichen anstatt wie erwartet auf der linken Seite auf

der rechten Seite dargestellt. Mit diesen Werten kann
Excel aber nichts anfangen, d.h., Sie können mit diesen
Werte nicht weiterrechnen, da sie von Excel als Texte
interpretiert werden.

Sehen Sie sich dazu einmal Bild 6.71 an.

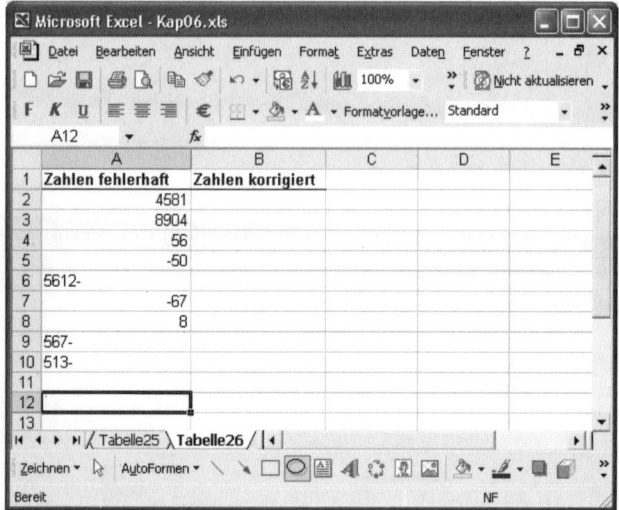

Bild 6.71: Einige Zahlenwerte werden von Excel nicht erkannt

Wenn Sie beispielsweise eine Summe in Zelle A12 ziehen,
dann sehen Sie, dass die Werte mit dem rechten Minuszeichen in die Berechnung nicht mit eingehen.

Um die Zahlen anzupassen, befolgen Sie die nächsten
Arbeitsschritte:

1. Markieren Sie den Zellenbereich B2:B10.

2. Erfassen Sie die Formel `=WENN(RECHTS(A2;1)= "-";("-`
   `"&LINKS(A2;LÄNGE(A2)-1))*1;A2)`.

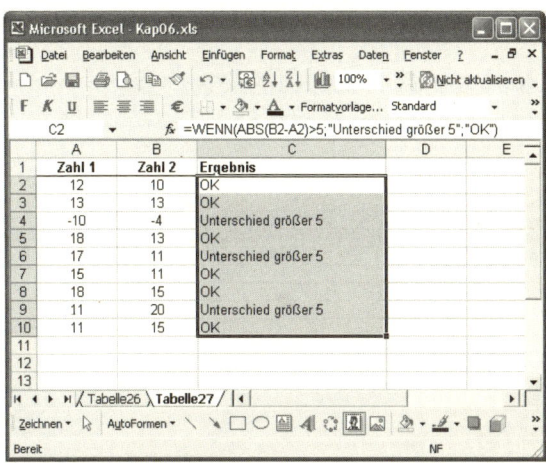

Bild 6.72: Abweichungen über 5 werden ermittelt

3. Schließen Sie die Formel über die Tastenkombination
   [Strg] + [Enter] ab.

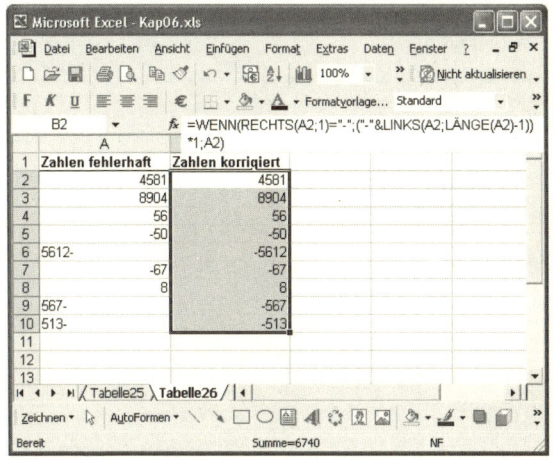

Bild 6.73: Alle Zahlen werden wie gewünscht von Excel richtig erkannt

Absolute Differenzen ermitteln

In einer Tabelle werden zwei Spalten miteinander verglichen. Dabei sollen diejenigen Zeilen gekennzeichnet werden, die eine Abweichung von mehr als 5 aufweisen.

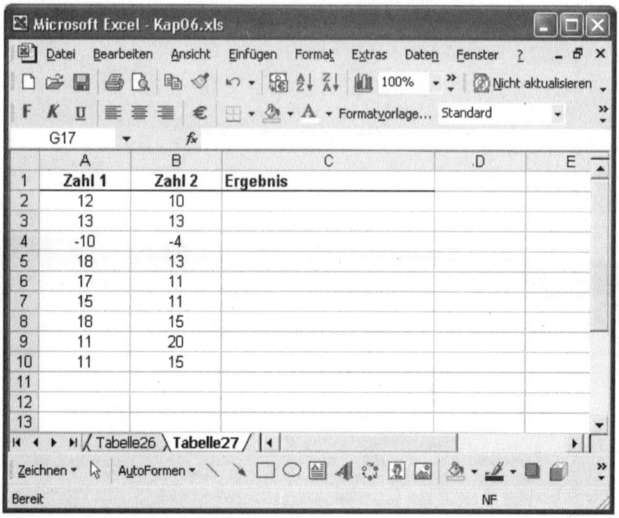

Bild 6.74: Die Ausgangstabelle

Um das Ergebnis des Vergleichs in Spalte C darzustellen,
verfahren Sie wie folgt:

1. Markieren Sie den Zellenbereich C2:C10.

2. Erfassen Sie die Formel =WENN(ABS(B2-A2)>5; "Unterschied größer 5";"OK").

3. Bestätigen Sie die Eingabe über die Tastenkombination Strg + Enter.

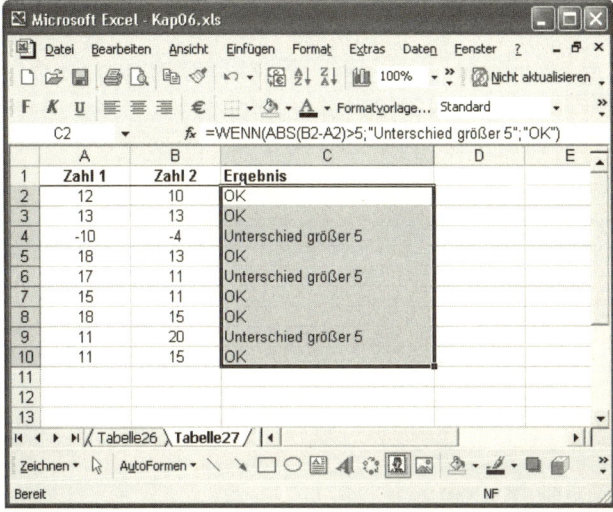

Bild 6.75: Abweichungen über 5 werden ermittelt

> **Hinweis**
>
> Möchten Sie diese Aufgabe nicht über eine Zusatz-spalte lösen, sondern stattdessen die zutreffenden Zeilen einfärben, dann können Sie die bedingte For-matierung von Excel einsetzen.
>
> 1. Markieren Sie den Zellenbereich A2:B10.
>
> 2. Wählen Sie aus dem Menü *Format* den Befehl *Bedingte Formatierung*.
>
> 3. Im Dialog *Bedingte Formatierung* stellen Sie im ersten Dropdown den Eintrag *Formel ist* ein.
>
> 4. Erfassen Sie im Feld rechts daneben die Formel =ABS($B2-$A2)>5.

5. Klicken Sie auf die Schaltfläche *Format*.

6. Wechseln Sie auf die Registerkarte *Muster*.

7. Wählen Sie eine gewünschte Hintergrundfarbe aus und bestätigen Sie zweimal mit *OK*.

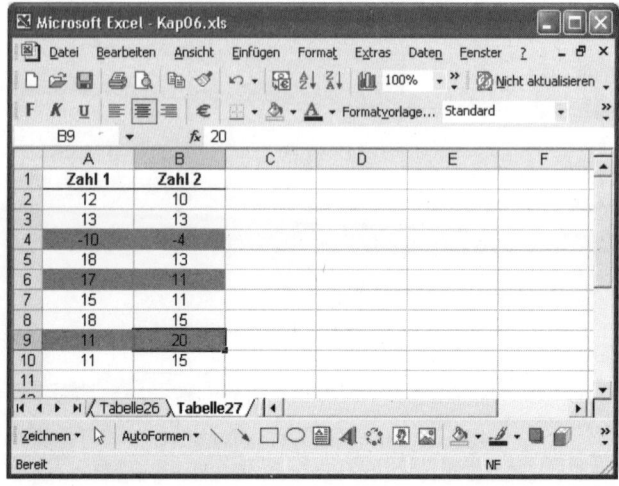

Bild 6.76: Abweichungen über 5 werden automatisch eingefärbt

Textteile über eine Formel ersetzen

Bei der folgenden Aufgabestellung soll die Schreibweise von Straßennamen vereinheitlicht werden. Sehen Sie sich dazu die Bild 6.77 an.

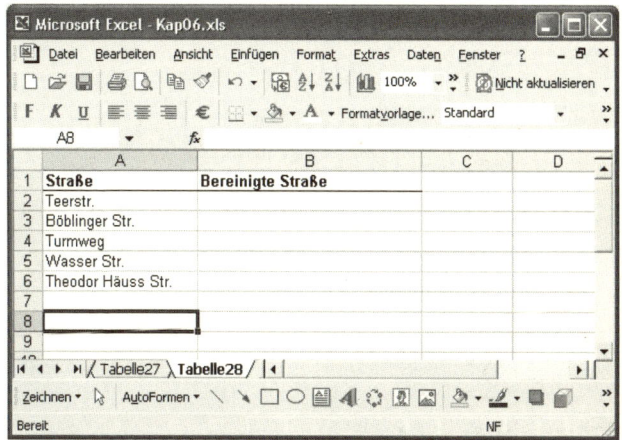

Bild 6.77: Straßennamen vereinheitlichen

Um diese Aufgabe über den Einsatz von Funktionen zu lösen, verfahren Sie wie folgt:

1. Geben Sie in Zelle B2 die Formel =WENN(ISTFEHLER (SUCHEN("str.";A2)=0);A2;WENN(SUCHEN("str.";A2)=0; A2;LINKS(A2;SUCHEN("str.";A2)-1)&" Straße")) ein.

2. Bestätigen Sie mit [Enter].

3. Führen Sie einen Doppelklick auf das Ausfüllkästchen der Zelle B2 durch, um die Formel nach unten zu kopieren.

Hinweis

Die Tabellenfunktion SUCHEN unterscheidet nicht zwischen Groß- und Kleinschreibung im Gegensatz zur Funktion FINDEN.

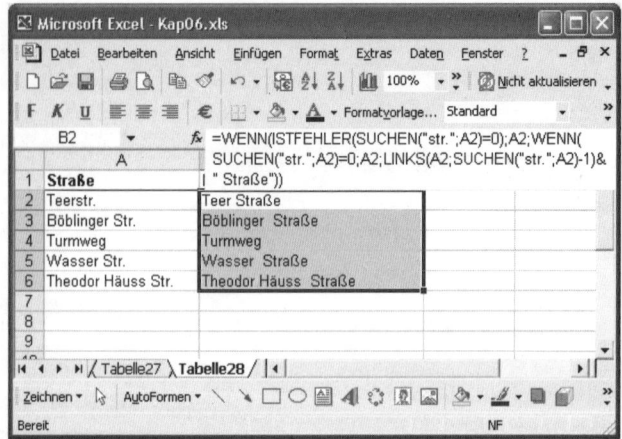

Bild 6.78: Die Straßennamen wurden einheitlich benannt

Umsatzvergleich pro Kategorie durchführen

In der Tabelle aus Bild 6.79 werden die Umsätze zweier Jahre miteinander verglichen.

Um die prozentuale Entwicklung sowohl im positiven als auch im negativen Bereich festzuhalten, befolgen Sie die nächsten Arbeitsschritte:

1. Markieren Sie den Zellenbereich D2:D5.

2. Erfassen Sie die Formel `=(C2-B2)/ABS(B2)`.

3. Schließen Sie die Eingabe über die Tastenkombination `Strg` + `Enter` ab.

4. Wählen Sie aus dem Menü *Format* den Befehl *Zellen*.

5. In Registerkarte *Zahlen* weisen Sie im Listenfeld *Kategorie* den Eintrag *Prozent* zu.

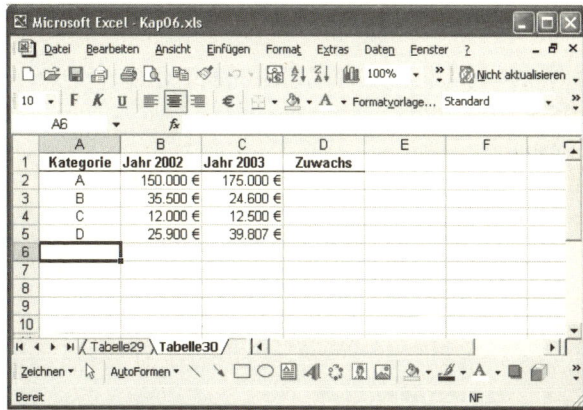

Bild 6.79: Der Zuwachs bzw. Verlust soll ermittelt werden

6. Bestätigen Sie mit *OK*.

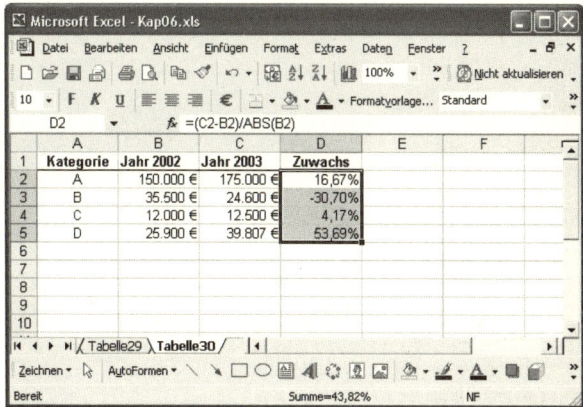

Bild 6.80: Die prozentualen Veränderungen wurden ermittelt

Duplikate erkennen

Eine Standardaufgabe, die Sie mit Excel-Tabellenfunktionen lösen können, ist das Aufspüren von doppelten Werten in einer Liste. Sehen Sie sich zunächst einmal Bild 6.81 an.

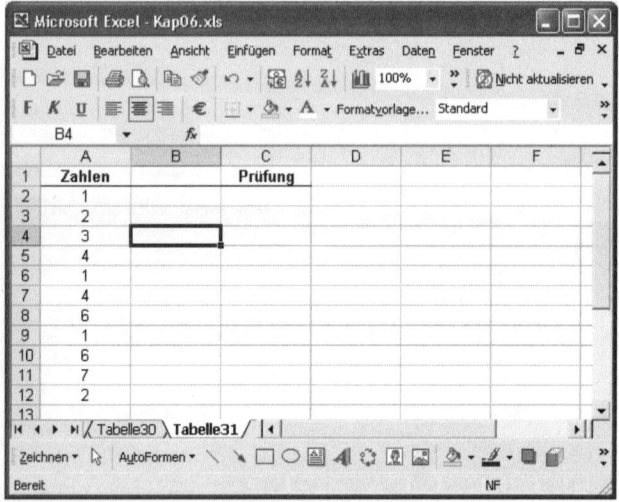

Bild 6.81: Einige der Zahlen kommen in der Liste doppelt vor

Um zu prüfen, welche Zahlen im Bereich A2:A12 doppelt vorkommen, gehen Sie wie folgt vor:

1. Markieren Sie den Zellenbereich C2:C12.

2. Erfassen Sie die Formel =ZÄHLENWENN($A$2:$A$11; A2).

3. Schließen Sie die Formel über die Tastenkombination ⌜Strg⌝ + ⌜Enter⌝ ab.

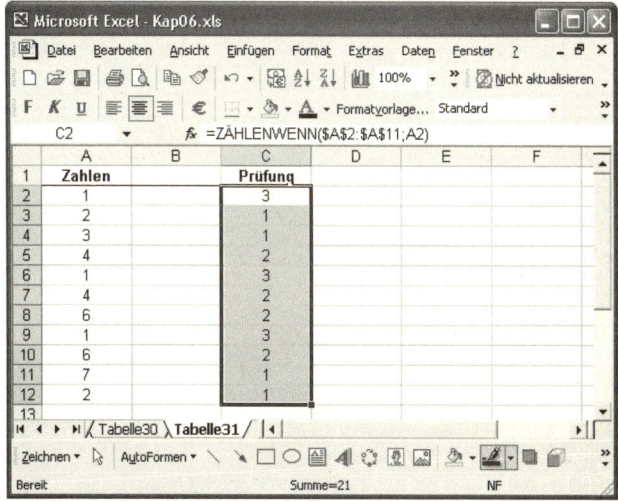

Bild 6.82: Die doppelten Werte weisen in Spalte C einen Wert größer 1 aus

Erste Dopplung ausweisen

Bei der Tabelle aus Bild 6.83 soll eine Artikelnummer, sofern sie das zweite Mal in einer Liste auftaucht, sofort kenntlich gemacht werden.

Um diese Aufgabe zu lösen, verfahren Sie wie folgt:

1. Markieren Sie den Zellenbereich B2:B10.

2. Erfassen Sie die Formel =WENN(VERGLEICH(A2;A:A;0) =ZEILE();"OK";"Duplikat").

3. Schließen Sie die Eingabe über die Tastenkombination Strg + Enter ab.

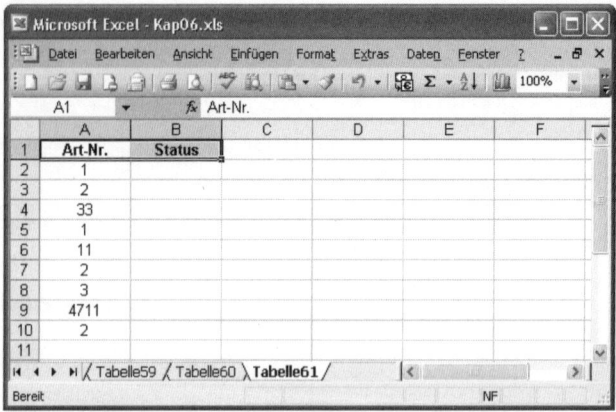

Bild 6.83: Wann tritt eine Dopplung das erste Mal auf?

	A	B	C	D	E	F
1	Art.-Nr.	Status				
2	1	OK				
3	2	OK				
4	33	OK				
5	1	Duplikat				
6	11	OK				
7	2	Duplikat				
8	3	OK				
9	4711	OK				
10	2	Duplikat				
11						

B2 =WENN(VERGLEICH(A2;A:A;0)=ZEILE();"OK";"Duplikat")

Bild 6.84: Die 1 tritt in Zelle A5 das erste Mal doppelt auf

> ## Hinweis
>
> Lesen Sie in Kapitel 11, wie Sie doppelte Eingaben mithilfe einer Gültigkeitsprüfung verhindern können.

Maximalwerte aus einer Liste ermitteln

Es sollen aus einer Liste die drei höchsten Werte ermittelt und addiert werden. Sie können diese Aufgabe auf zweierlei Weisen erledigen. Sie wenden entweder die Tabellenfunktion KGRÖSSTE an und addieren danach die drei ermittelten Werte oder Sie setzen eine Matrixformel ein, die beide Schritte in einem durchführt.

Variante 1

Um die Tabellenfunktion KGRÖSSTE einzusetzen, verfahren Sie wie folgt:

Geben Sie in Zelle D1 die Formel `=KGRÖSSTE($A$1:$A$10;1)+KGRÖSSTE($A$1:$A$10;2)+KGRÖSSTE($A$1:$A$10;3)` ein.

Variante 2

Bei der zweiten Variante geben Sie in Zelle D2 die Matrixformel

```
=SUMME(KGRÖSSTE($A$1:$A$10;ZEILE(A1:A3)))
```

ein und schließen die Formel über die Tastenkombination $\boxed{\text{Strg}}$ + $\boxed{\diamondsuit}$ + $\boxed{\text{Enter}}$ ab.

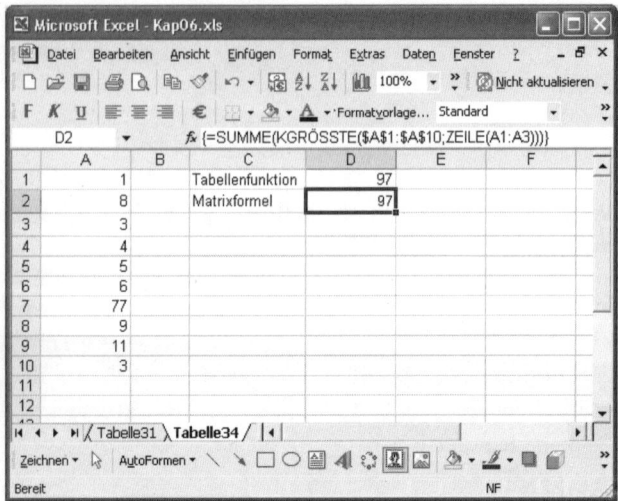

Bild 6.85: Zwei mögliche Lösungsansätze

Quersummen ermitteln

In der Tabelle aus Bild 6.86 sollen Quersummen ermittelt werden. Bei dieser Aufgabe muss Zeichen für Zeichen extrahiert und danach addiert werden.

Um die Quersummen zu bilden, verfahren Sie wie folgt:

1. Markieren Sie den Zellenbereich B2:B10.

2. Erfassen Sie die Formel =TEIL(A2;1;1)+TEIL(A2; 2;1)+TEIL(A2;3;1)+TEIL(A2;4;1).

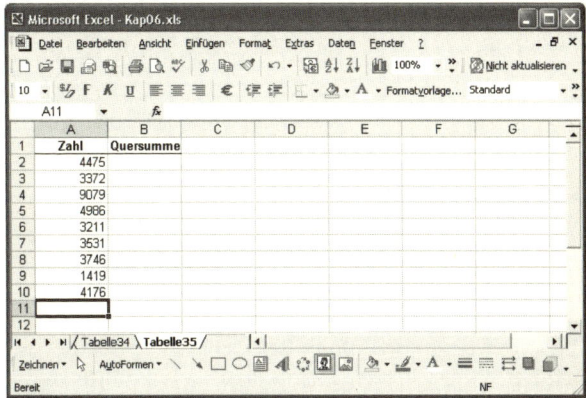

Bild 6.86: Die Ausgangstabelle für die Quersummenbildung

3. Schließen Sie die Formel über die Tastenkombination Strg + Enter ab.

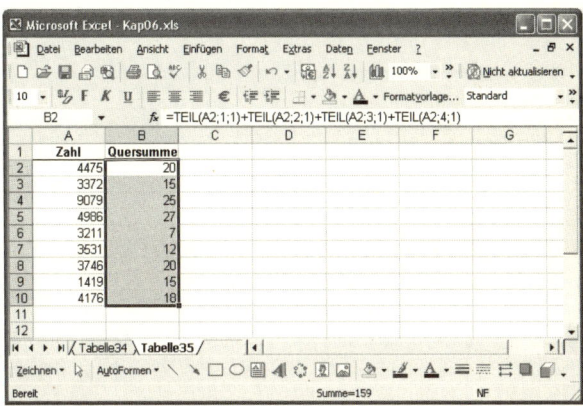

Bild 6.87: Die Quersummen wurden gebildet

Wenn die Länge der Zahl nicht bekannt ist, erstellen Sie
diese Formel (hier für den Wert in der Zelle A1):

```
=SUMME(WERT(TEIL(A1;ZEILE(INDIREKT("A1:A"&LÄNGE
(A1)));1)))
```

Punkt gegen Komma tauschen

Nach einem Datenimport liegen je nach Quelle manch-
mal bei Zahlenwerten anstatt Kommas Punkte als Dezi-
maltrennzeichen vor. Diese Punkte können in Excel aber
leider nicht verarbeitet werden, sodass sie in Kommas
umgewandelt werden müssen. Sehen Sie sich zunächst
Bild 6.88 an.

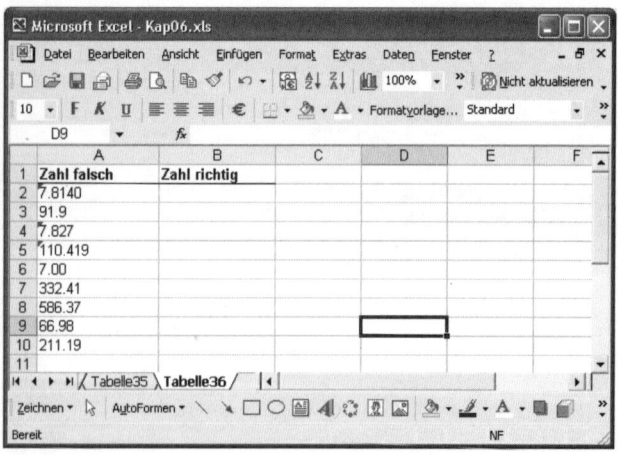

Bild 6.88: Diese Zahlen müssen gewandelt werden

Um die Punkte durch Kommas mithilfe einer Formel umzusetzen, verfahren Sie wie folgt:

1. Markieren Sie den Zellenbereich B2:B10.

2. Erfassen Sie die Formel `=WERT(WECHSELN(A2;".";",")).`

3. Schließen Sie die Eingabe über die Tastenkombination `Strg` + `Enter` ab.

4. Rufen Sie den Dialog *Zellen formatieren* über die Tastenkombination `Strg` + `1` auf.

5. In der Registerkarte *Zahlen* aktivieren Sie die Kategorie *Zahl* und definieren zwei Nachkommastellen.

6. Bestätigen Sie diese Einstellung mit *OK*.

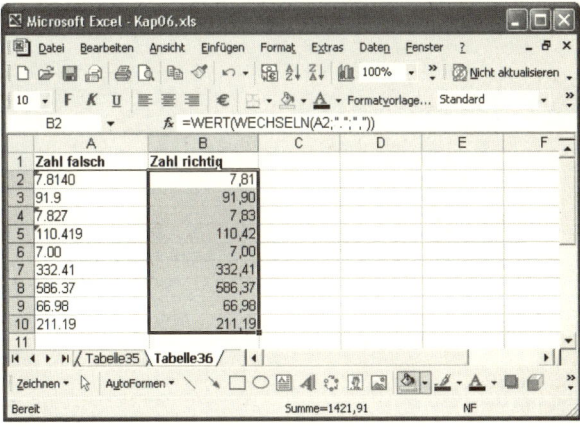

Bild 6.89: Die Zahlenwerte sind jetzt für Excel berechenbar

Hinweis

Alternativ können Sie diese Aufgabe auch über die
Formel

`=ERSETZEN(A2;FINDEN(".";A2;1);1;",")`

lösen.

Umlaute tauschen

Sollen in einer Excel-Liste alle Umlaute wie Ä, Ö, Ü und
ß ersetzt werden, dann können Sie für diese Aufgabe die
Tabellenfunktion WECHSELN einsetzen. Sehen Sie sich
zunächst einmal die Ausgangssituation in Bild 6.90 an.

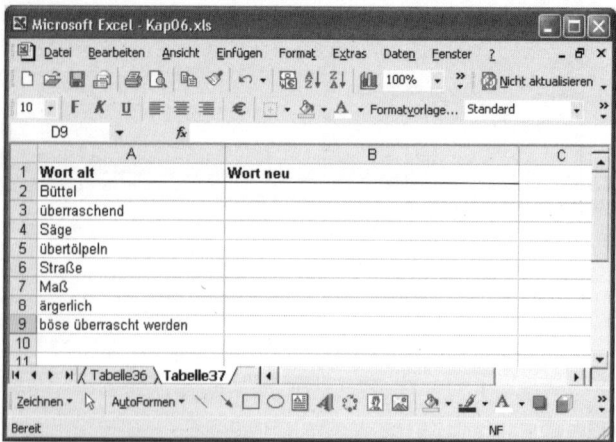

Bild 6.90: Texte umsetzen

Um diese Aufgabe schnell zu lösen, verfahren Sie folgendermaßen:

1. Markieren Sie den Zellenbereich B2:B9.

2. Erfassen Sie die Formel `=WECHSELN(WECHSELN(WECH-SELN(WECHSELN(A2;"ä";"ae");"ö";"oe");"ü";"ue");"ß";"ss")`.

3. Schließen Sie die Formel über die Tastenkombination `Strg` + `Enter` ab.

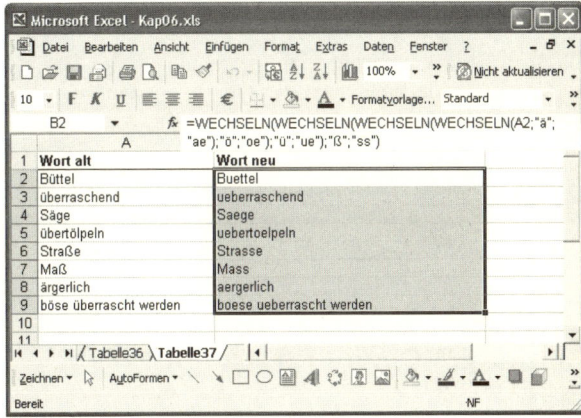

Bild 6.91: Das Ergebnis der Buchstabenkonvertierung liegt vor

Zeilenumbrüche entfernen

Wenn Sie mehrere Zeilen in eine einzige Zelle eingeben möchten, dann erfassen Sie zunächst die erste Zeile, drücken dann die Tastenkombination `Alt` + `Enter`, schreiben die nächste Zeile usw.

Soll eine mehrzeilige Zelle in einer anderen Zelle ohne
Zeilenumbrüche ausgegeben werden, dann muss das Zei-
lenumbruchzeichen ersetzt werden. Dies können Sie über
die folgende Formel bewerkstelligen:

```
=WECHSELN(A1;ZEICHEN(10);" ")
```

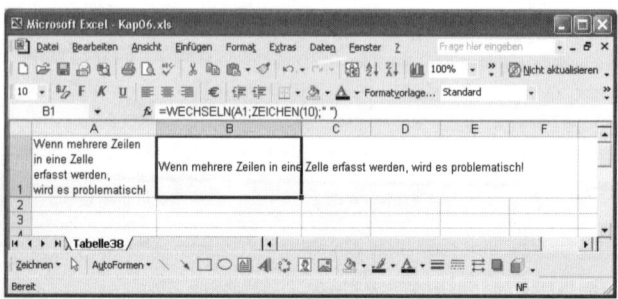

Bild 6.92: Aus mehreren Zeilen wurde eine gemacht

Eine eigene Zeilennummerierung erstellen

Möchten Sie eine eigene Zeilennummerierung erstellen,
dann können Sie die Tabellenfunktion ZEILE dazu einsetzen.

Hinweis
Auf gleichem Wege können Sie selbstverständlich auch die Spaltennummerierung durchführen. Erfassen Sie dazu in Zelle A1 die Formel =SPALTE() und ziehen Sie das Ausfüllkästchen dieser Zelle nach rechts.

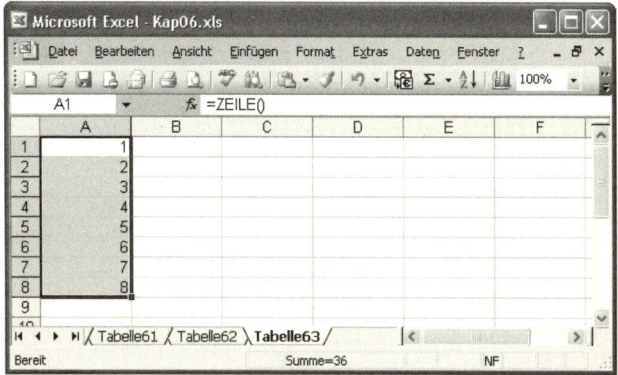

Bild 6.93: Die eigene Zeilennummerierung erzeugen

Der Spaltenbeschriftung auf der Spur

Gerade haben Sie erfahren, dass Sie mithilfe der Tabellenfunktion SPALTE die Spaltennummerierung der aktiven
Spalte abfragen können. Wie aber gehen Sie vor, wenn Sie
den Spaltenbuchstaben haben möchten?

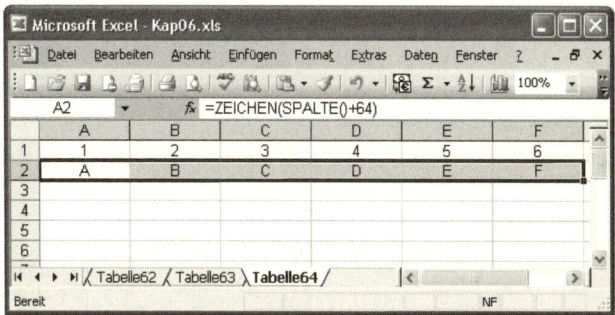

Bild 6.94: Die Spaltenbuchstaben wurden ermittelt

Um diese Aufgabe zu lösen, gehen Sie wie folgt vor:

1. Markieren Sie den Zellenbereich A2:F2.

2. Erfassen Sie die Formel =ZEICHEN(SPALTE()+64).

3. Schließen Sie die Eingabe über die Tastenkombination
    Strg + Enter ab.

Sonderzeichen eliminieren

In der Tabelle mit Artikelnummern aus Bild 6.95 werden
oft Sonderzeichen wie Leerzeichen, Schräg- und Binde-
striche eingegeben.

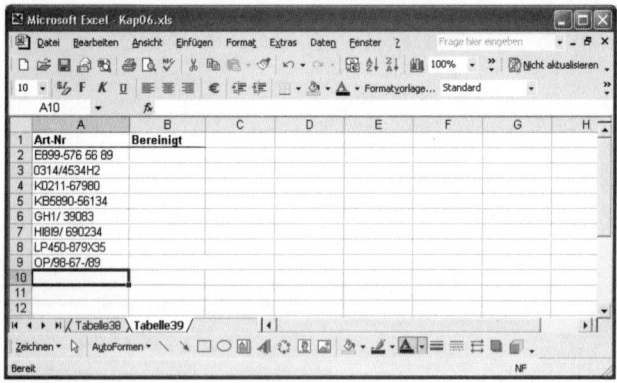

Bild 6.95: Die noch unbereinigte Artikelliste

Um die Sonderzeichen aus der Liste zu eliminieren, verfahren Sie wie folgt:

1. Markieren Sie den Datenbereich B2:B9.

2. Erfassen Sie die Formel =WECHSELN(WECHSELN(
    WECHSELN(A2;"-";"");" ";"");"/";"").

3. Schließen Sie die Formel über die Tastenkombination
   Strg + Enter ab.

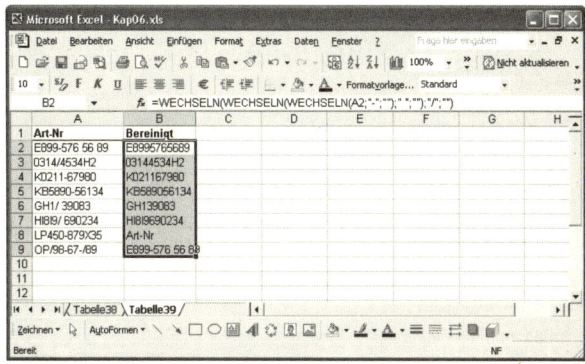

Bild 6.96: Alle Sonderzeichen wurden entfernt

Mit Formeln Balken zeichnen

Mit einem Trick können Sie sogar mithilfe einer Excel-Tabellenfunktion ein »Balkendiagramm« zeichnen. Die Tabellenfunktion heißt WIEDERHOLEN.

Diese Aufgabe kann gelöst werden, indem der Buchstabe I, der ja wie ein schmaler Balken aussieht, viele Male hintereinander wiederholt wird. Dazu gehen Sie wie folgt vor:

1. Markieren Sie den Zellenbereich C2:C6.

2. Erfassen Sie die Formel =WIEDERHOLEN("|";B2*100).

3. Bestätigen Sie die Formel über die Tastenkombination
   Strg + Enter .

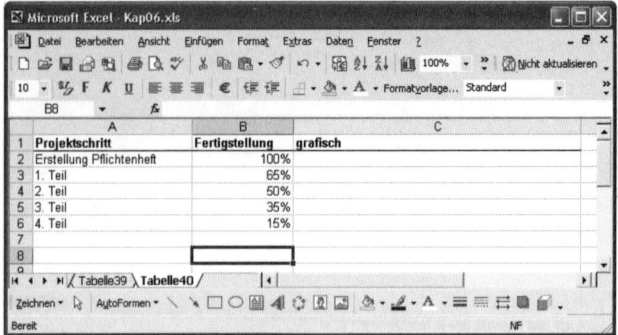

Bild 6.97: Grafischer Effekt soll integriert werden

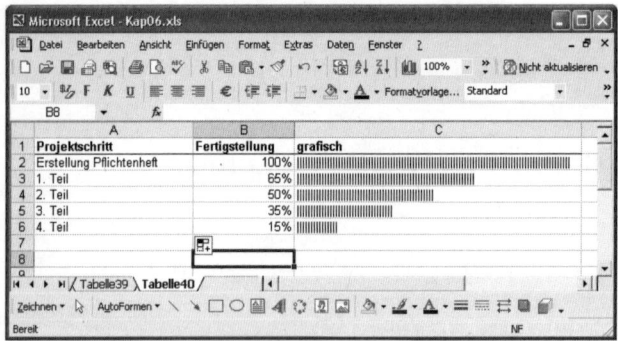

Bild 6.98: Das »Balkendiagramm« ist fertig

Sonderzeichen per Funktion einfügen

Mithilfe der Tabellenfunktion ZEICHEN können Sie u.a. auch ganz spezielle Sonderzeichen in Zellen einfügen. Exemplarisch werden einige davon in Bild 6.99 dargestellt.

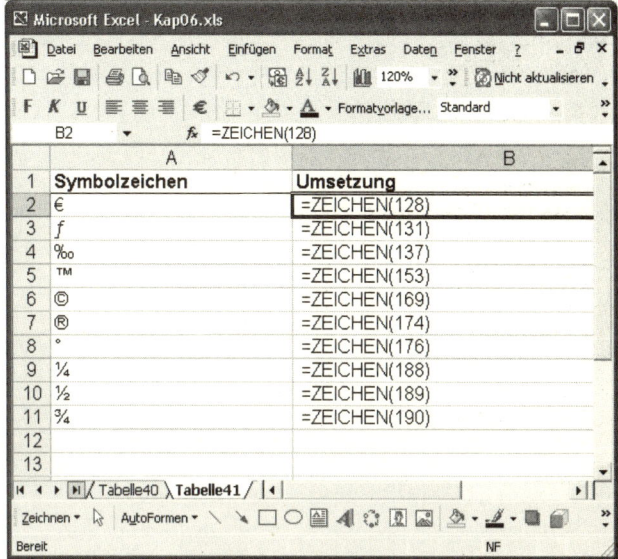

Bild 6.99: Sonderzeichen per Funktion einfügen

Bedingten Mittelwert bilden

Mithilfe der Tabellenfunktion SUMMEWENN können Sie eine bedingte Summe ziehen. Wenn Sie aber einen bedingten Mittelwert bilden möchten, greifen Sie auf eine Matrixfunktion zurück. Sehen Sie sich zunächst Bild 6.100 an.

Der Mittelwert soll von den Zahlen gebildet werden, bei denen in Spalte A der Buchstabe X verzeichnet ist.

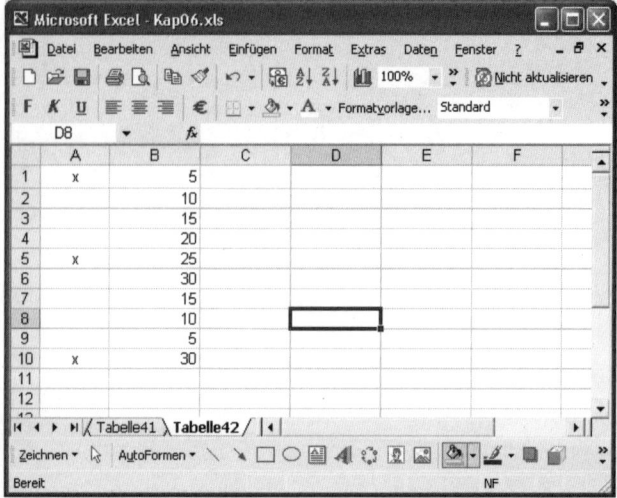

Bild 6.100: Ein bedingter Mittelwert soll gebildet werden

Um diese Aufgabe zu lösen, geben Sie in Zelle D1 die Matrixformel

```
=MITTELWERT(WENN(A1:A10="x";B1:B10))
```

ein und schließen die Formel über die Tastenkombination [Strg] + [⇧] + [Enter] ab.

Mittelwert ohne Null bilden

Standardmäßig werden Nullen bei der Mittelwertberechnung berücksichtigt, d.h. sie gehen in die Berechnung mit ein. Sehen Sie sich dazu einmal die Tabelle aus Bild 6.103 an.

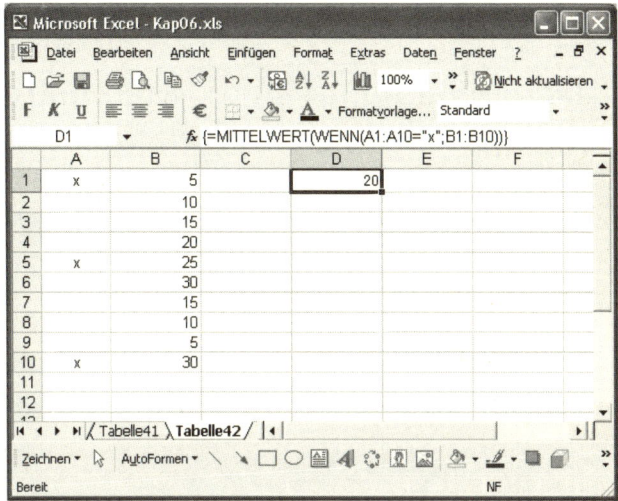

Bild 6.101: Der bedingte Mittelwert wurde errechnet

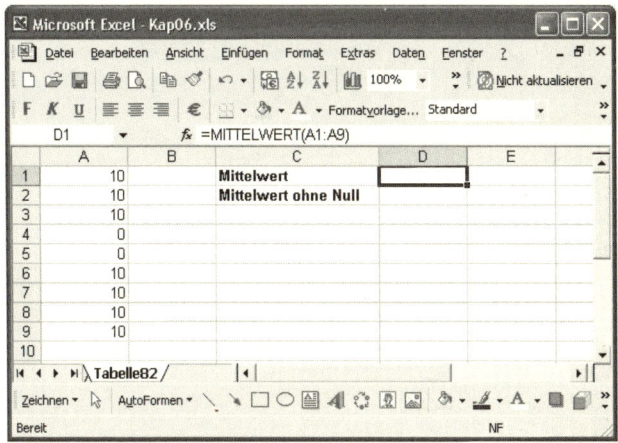

Bild 6.102: Die Ausgangsituation für die Mittelwertberechnung

Berechnen Sie jetzt die beiden Mittelwerte, indem Sie wie folgt vorgehen:

1. Um den Standard-Mittelwert zu berechnen, geben Sie in Zelle D1 die Formel `=MITTELWERT(A1:A9)` ein.

2. Bestätigen Sie diese Eingabe mit ⏎.

3. Um den Mittelwert ohne Nullwertberücksichtigung zu errechnen, geben Sie die Matrixformel `=MITTEL WERT(WENN((A1:A10>=0)*(A1:A10);A1:A10))` in Zelle D3 ein.

4. Schließen Sie diese Matrixformel über die Tastenkombination `Strg` + `⇧` + `Enter` ab.

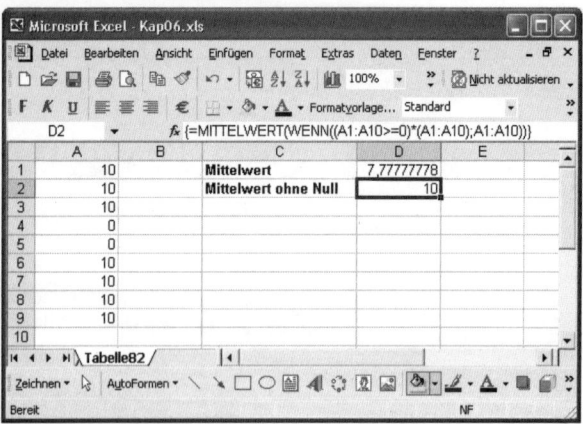

Bild 6.103: Über eine Matrixformel lassen sich Nullwerte bei der Mittelwertberechnung ausschließen

Menge x Preis blitzschnell ausgerechnet

In der Tabelle aus Bild 6.104 liegen Mengen und Preise vor. Auf die Schnelle soll jetzt der Gesamtwert der Liste errechnet werden, der sich bekanntermaßen aus der Summation aller einzelnen *Menge * Preis* ergibt.

Der Gesamtwert kann noch schneller über eine einzige Tabellenfunktion errechnet werden. Diese Funktion heißt SUMMENPRODUKT.

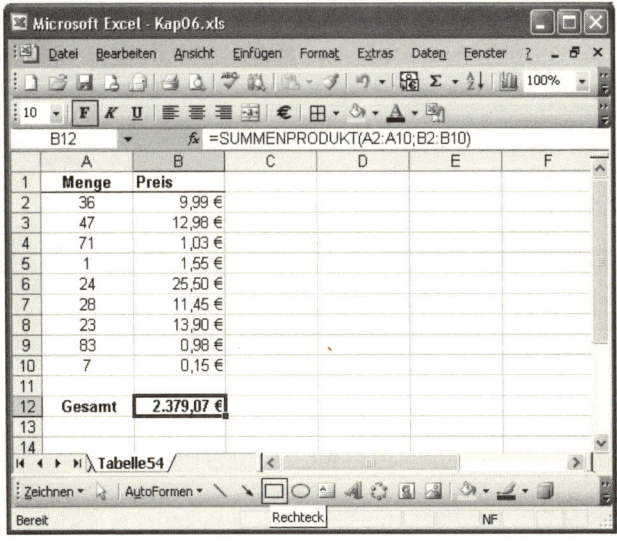

Bild 6.104: Den Gesamtwert einer Liste aus Menge und Preisen errechnen

Zeitpunkt des höchsten Umsatzes finden

In der Tabelle aus Bild 6.105 liegt eine einfache Liste mit Umsätzen und den dazugehörigen Datumsangaben vor.

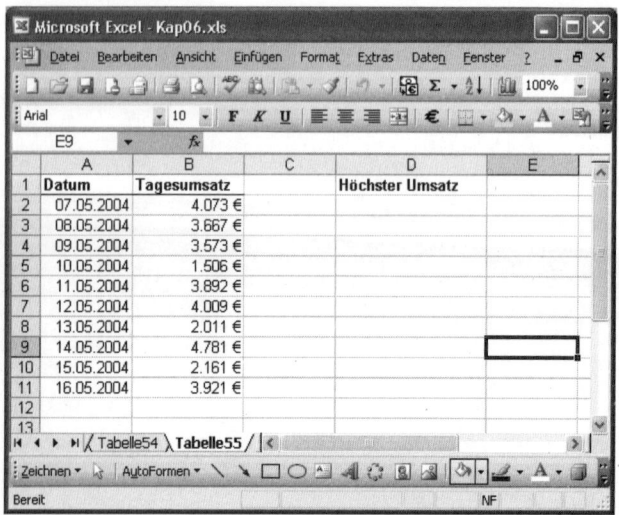

Bild 6.105: Der beste Tag soll ermittelt werden

Den größten Umsatz können Sie recht schnell über die Formel MAX(B2:B11) ermitteln. An welchem Tag wurde der aber gemacht?

Um diese Aufgabe zu lösen, verfahren Sie folgendermaßen:

1. Setzen Sie den Mauszeiger in Zelle D2.

2. Erfassen Sie die Formel =INDEX($A$2:$A$11;VER GLEICH(KGRÖSSTE($B$2:$B$11;1);$B$2:$B$11;0)).

3. Schließen Sie die Eingabe über die Tastenkombination Strg + Enter ab.

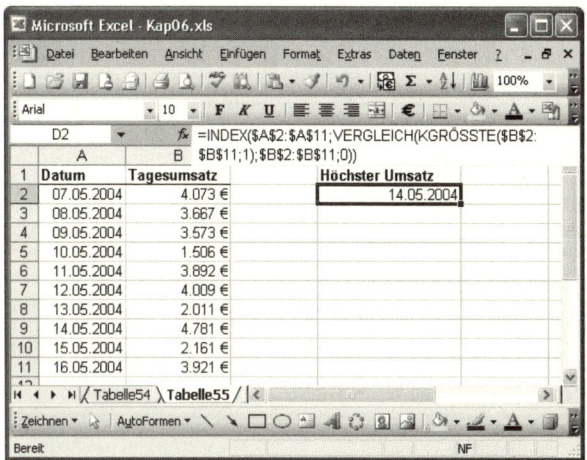

Bild 6.106: Der größte Umsatz wurde am 14.05.2004 gemacht

Versteigerung auswerten

Bei einer Versteigerung wurden von zehn Kunden Angebote abgegeben. In der Tabelle aus Bild 6.107 ist dieser Vorgang festgehalten. Die Aufgabe besteht nun darin, die höchsten Angebote sowie die dazugehörigen Namen der Kunden zu ermitteln.

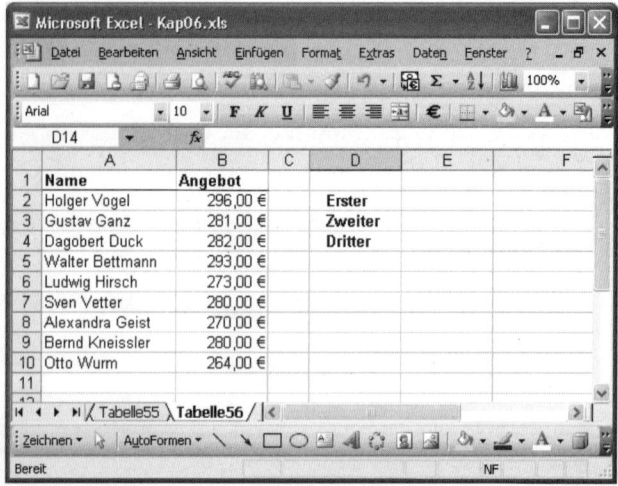

Bild 6.107: Die abgegebenen Angebote

Um diese Aufgabe zu lösen, befolgen Sie die nächsten
Arbeitsschritte:

1. Erfassen Sie in Zelle E2 die Formel =KGRÖSSTE($B$2:
   $B$10;1).

2. In Zelle E3 schreiben Sie die Formel =KGRÖSSTE(
   $B$2:$B$10;2) sowie in Zelle E4 die Formel
   =KGRÖSSTE($B$2:$B$10;3).

3. In Zelle F3 geben Sie die Formel =INDEX($A$2:
   $A$10;VERGLEICH(KGRÖSSTE($B$2:$B$10;1);$B$2:$B$10;
   0)) ein.

4. In F4 wird die Formel =INDEX($A$2:$A$10;VER
   GLEICH(KGRÖSSTE($B$2:$B$10;2);$B$2:$B$10;0)) eingetragen.

5. In Zelle F5 erfassen Sie die Formel `=INDEX(`
`$A$2:$A$10;VERGLEICH(KGRÖSSTE($B$2:$B$` `10;3);$B$2:`
`$B$10;0))`.

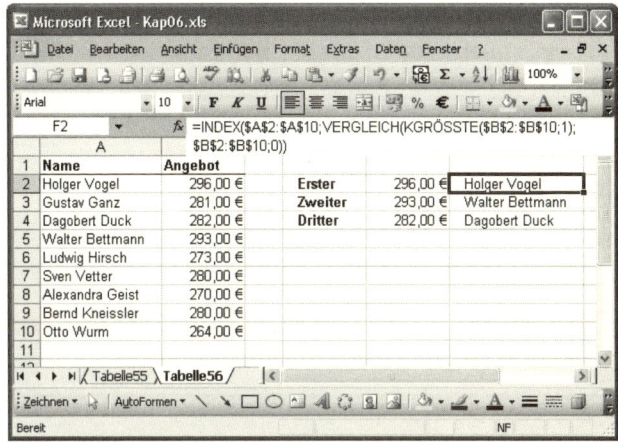

Bild 6.108: Holger Vogel hat das beste Angebot abgegeben

Zellen mit Zahlen zählen

Um zu ermitteln, wie viele Zellen in einem Bereich mit Zahlenwerten gefüllt sind, können Sie die Tabellenfunktion ANZAHL verwenden.

Um beispielsweise den Bereich A1:A10 nach Zahlenzellen abzusuchen, geben Sie die Formel `=ANZAHL(A1:A10)` ein.

> ### Hinweis
>
> Auch Zellen mit Datumsangaben sind für Excel Zah-
> lenzellen und werden durch die Tabellenfunktion
> ANZAHL mitgezählt.

Leere Zellen zählen

Um leere Zellen in einem Bereich zu zählen, setzen Sie die
Tabellenfunktion ANZAHLLEEREZELLEN ein.

Um beispielsweise den Bereich A1:A10 nach leeren
Zellen abzusuchen, geben Sie die Formel =ANZAHLLEERE
ZELLEN(A1:A10) ein.

Leere Zellen optisch hervorheben

In der Tabelle aus Bild 6.109 ist eine Auflistung von Tage-
sumsätzen vorgegeben. In dieser Tabelle sind einige Felder nicht gefüllt.

Die Aufgabe besteht jetzt darin, die leeren Felder über
eine Färbung des Hintergrundes deutlich hervorzuheben.
Um diese Aufgabe zu lösen, befolgen Sie die nächsten
Arbeitsschritte:

1. Markieren Sie den Zellenbereich B2:B16.

2. Wählen Sie aus dem Menü *Format* den Befehl
   Bedingte Formatierung.

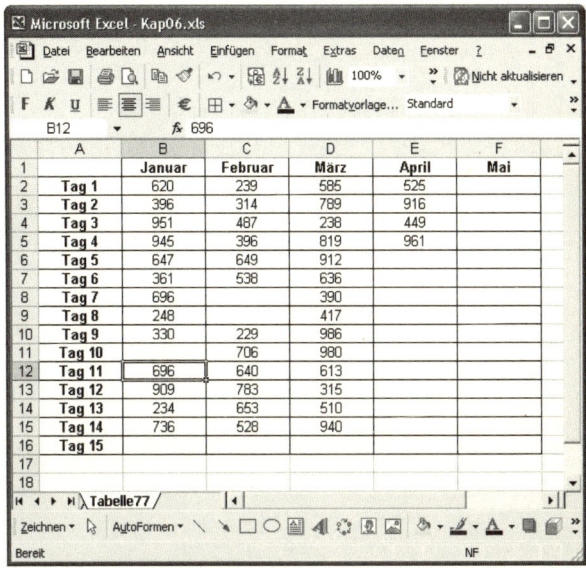

Bild 6.109: Die leeren Felder sollen hervorgehoben werden

3. Im Dialog *Bedingte Formatierung* stellen Sie im Kombinationsfeld *Bedingung 1* den Eintrag *Formel ist* ein.

4. Erfassen Sie im Feld rechts daneben die Formel
=WENN(ISTLEER(B2);WAHR;FALSCH).

5. Klicken Sie die Schaltfläche *Format*.

6. Wechseln Sie auf die Registerkarte *Muster*.

7. Wählen Sie einen gewünschten Farbton aus.

8. Bestätigen Sie zweimal mit *OK*.

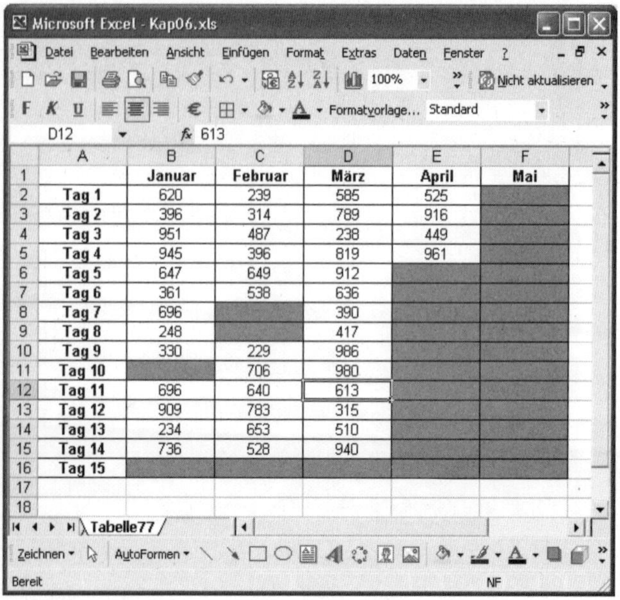

	A	B	C	D	E	F
1		Januar	Februar	März	April	Mai
2	Tag 1	620	239	585	525	
3	Tag 2	396	314	789	916	
4	Tag 3	951	487	238	449	
5	Tag 4	945	396	819	961	
6	Tag 5	647	649	912		
7	Tag 6	361	538	636		
8	Tag 7	696		390		
9	Tag 8	248		417		
10	Tag 9	330	229	986		
11	Tag 10		706	980		
12	Tag 11	696	640	613		
13	Tag 12	909	783	315		
14	Tag 13	234	653	510		
15	Tag 14	736	528	940		
16	Tag 15					
17						
18						

Bild 6.110: Die noch leeren Felder stechen direkt hervor

Zellen mit Texten zählen

Es gibt standardmäßig keine Tabellenfunktion, um Textzellen in Excel zu zählen. Aus der Kombination der Tabellenfunktion `ANZAHL2`, die alle gefüllten Zellen in einem Bereich zählt, und der Tabellenfunktion `ANZAHL`, die Zahlen zählt, können Sie leicht die Zellen zählen, die einen Text enthalten.

Um beispielsweise den Bereich A1:A10 nach Textzellen aufzuspüren, geben Sie die Formel `=ANZAHL2(A1:A10) - ANZAHL(A1:A10)` ein.

Textzellen identifizieren

In der Tabelle aus Bild 6.111 sind in Spalte A einige Artikelnummern eingegeben worden. Einige davon haben ausschließlich numerische, andere auch alphanumerische Zeichen. Wenn die Liste um das Hundertfache länger wäre, dann würde es recht mühselig werden, die Zahlenzellen von den Textzellen zu unterscheiden.

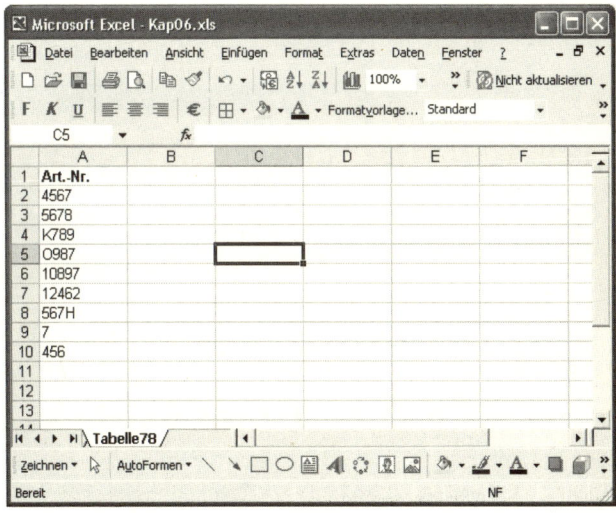

Bild 6.111: Wo liegen die Textzellen?

Um die Textzellen farblich hervorzuheben, befolgen Sie die nächsten Arbeitsschritte:

1. Markieren Sie den Zellenbereich A2:A10.

2. Wählen Sie aus dem Menü *Format* den Befehl *Bedingte Formatierung*.

3. Im Dialogfeld *Bedingte Formatierung* stellen Sie im Kombinationsfeld *Bedingung 1* den Eintrag *Formel ist* ein.

4. Erfassen Sie im Feld rechts daneben die Formel =TYP(A2)=2.

5. Klicken Sie die Schaltfläche *Format*.

6. Wechseln Sie auf die Registerkarte *Muster*.

7. Wählen Sie einen gewünschten Farbton aus.

8. Bestätigen Sie zweimal mit *OK*.

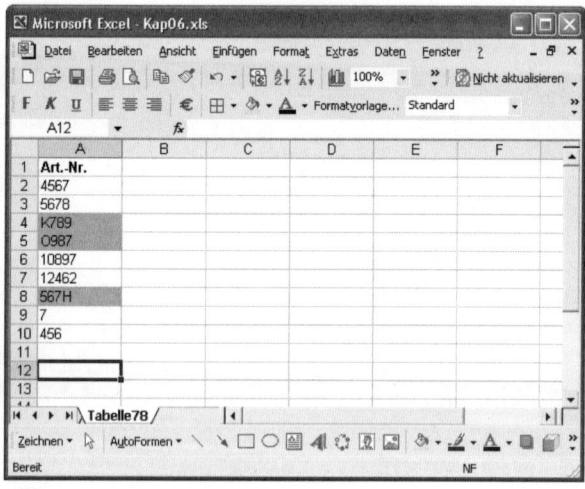

Bild 6.112: Die Textzellen wurden deutlich hervorgehoben

Zum richtigen Ergebnis mit Teilergebnis

In der Tabelle aus Bild 6.113 liegt eine nach Region gefilterte Liste vor. Die Aufgabe besteht nun darin, die Summe des Südens zu bilden. Im Prinzip eigentlich eine einfache Geschichte, aber ...

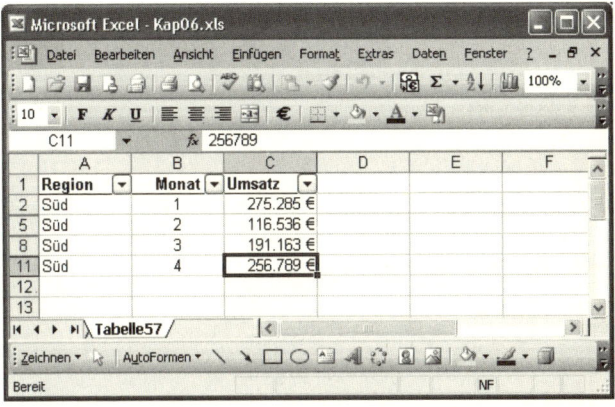

Bild 6.113: Die Umsätze des Südens sollen summiert werden

Wenn Sie die Formel =SUMME(C2:C11) in Zelle C13 eingeben, dann werden auch die ausgeblendeten Zeilen mitsummiert. Das darf natürlich nicht sein. Excel bietet für diese Aufgabe eine eigene Tabellenfunktion mit dem Namen TEILERGEBNIS an.

Die einfachste Art und Weise, diese Funktion einzufügen, ist, wenn Sie den Mauszeiger in Zelle C13 setzen und in der Symbolleiste *Standard* auf das Symbol *Auto-Summe* klicken. Wo standardmäßig die Tabellenfunktion SUMME gebildet wird, wird bei gefilterten Listen automa-

tisch die Tabellenfunktion TEILERGEBNIS angeboten. Sie
brauchen nur noch mit [Enter] zu bestätigen.

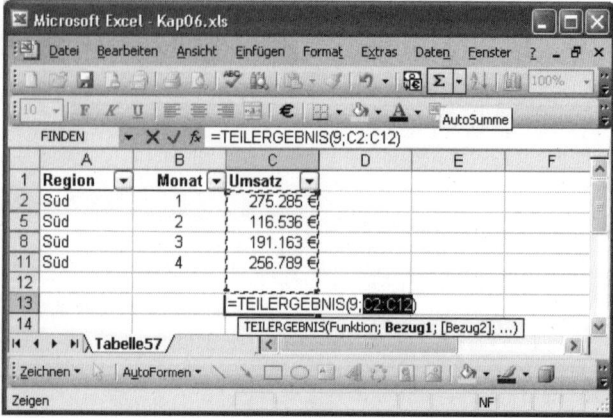

Bild 6.114: Nur die sichtbaren Zellen werden summiert

Über das erste Argument (für eine Summierung ist das
die Zahl 9) wird die gewünschte Funktion angegeben, die
eingesetzt werden soll.

Es stehen weitere Funktionen zur Verfügung:

Wert	Funktion
1	MITTELWERT
2	ANZAHL
3	ANZAHL2
4	MAX
5	MIN

Tabelle 6.1: Die Unterfunktionen der Funktion Teilergebnis

Wert	Funktion
6	PRODUKT
7	STABW
8	STABWN
9	SUMME
10	VARIANZ
11	VARIANZEN

Tabelle 6.1: Die Unterfunktionen der Funktion Teilergebnis

Fußballvereine nach Punkten einordnen

In der folgenden Tabelle aus Bild 6.115 liegt eine Bundesligatabelle mit den Namen aller 18 Vereine sortiert nach dem Namen vor. In der Nebenspalte finden Sie die Punkte, die bis zum aktuellen Spieltag von den Vereinen gemacht wurden.

Die Aufgabe besteht nun darin, in dieser Tabelle über eine Funktion die Rangfolge der einzelnen Vereine festzustellen. Dabei können Sie die Tabellenfunktion RANG wie folgt einsetzen:

1. Markieren Sie den Zellenbereich C2:C19.

2. Erfassen Sie die Formel =RANG(B2;$B$2:$B$19).

3. Schließen Sie die Eingabe über die Tastenkombination Strg + Enter ab.

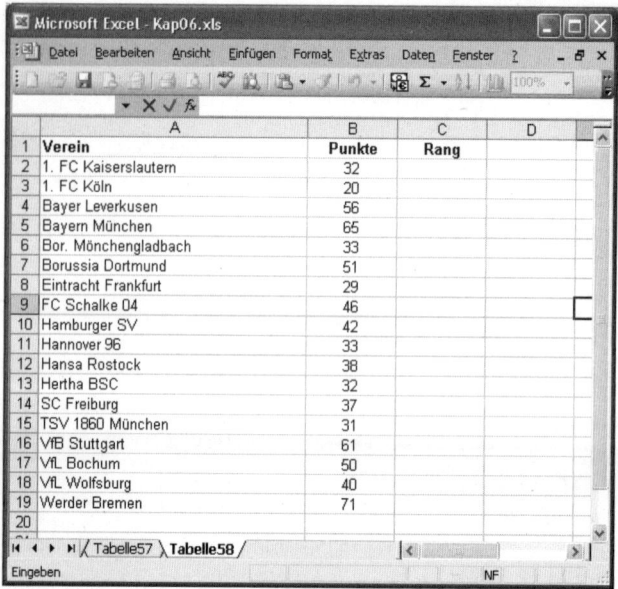

Bild 6.115: Bremen am Schluss, aber auch nur nach dem Alphabet!!!

Hinweis

Wenn Sie den Zellenzeiger in die Zelle C1 setzen und danach in der Symbolleiste *Standard* das Symbol *Aufsteigend sortieren* anklicken, dann ist die Tabelle wieder nach Punkten sortiert, was für die Saison 2003/2004 bedeutet, dass Köln leider Schlusslicht ist und Werder Bremen verdientermaßen Meister wird. Gratulation an dieser Stelle für einen erstklassigen Fußball!

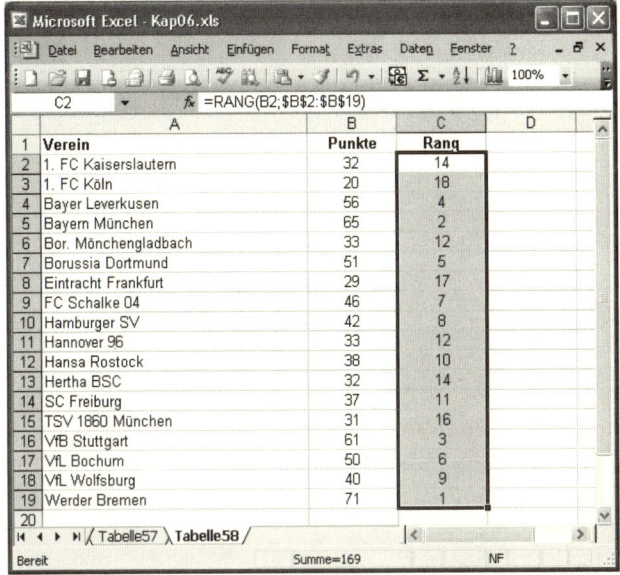

Bild 6.116: Die Rangfolge wurde bestimmt

Verteilungsgruppen einrichten

In der Tabelle aus Bild 6.117 sind über die Monate hinweg verkaufte Stückzahlen eines Artikels erfasst worden.

In den Zellen D2:D5 wurden Wertgrenzen definiert, in denen die Artikelstückzahlen eingeordnet werden sollen. Dabei soll jeweils die Bedingung Kleiner oder Gleich angewendet werden.

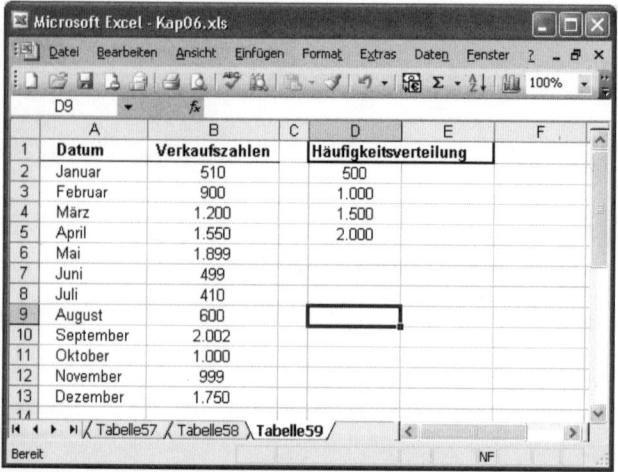

Bild 6.117: Die Verkaufszahlen eines Jahres

Um diese Aufgabe zu lösen, verfahren Sie wie folgt:

1. Markieren Sie den Zellenbereich E2:E5.

2. Erfassen Sie die Matrixformel =HÄUFIGKEIT(B2:B13; $D$2:$D$5).

3. Schließen Sie die Eingabe über die Tastenkombination ⌜Strg⌝ + ⌜⇧⌝ + ⌜Enter⌝ ab.

Rechnen mit dem Rest

In der Tabelle aus Bild 6.119 werden Divisionen dargestellt. Wie kann nun geprüft werden, ob es sich bei dem
Wert aus Spalte C um ein gültiges Ergebnis (ohne Nachkommastellen) oder um ein ungültiges Ergebnis handelt?

	A	B	C	D	E	F
	E2	▼	fx	{=HÄUFIGKEIT(B2:B13;$D$2:$D$5)}		
1	Datum	Verkaufszahlen		Häufigkeitsverteilung		
2	Januar	510		500	2	
3	Februar	900		1.000	5	
4	März	1.200		1.500	1	
5	April	1.550		2.000	3	
6	Mai	1.899				
7	Juni	499				
8	Juli	410				
9	August	600				
10	September	2.002				
11	Oktober	1.000				
12	November	999				
13	Dezember	1.750				

Bild 6.118: Die Häufigkeitsverteilung wurde vorgenommen

	A	B	C	D	E	F
	B8	▼	fx			
1	Zahl 1	Zahl 2	Ergebnis	Status		
2	567	3	189			
3	234	2	117			
4	12345	7	1763,57143			
5	120	2	60			
6	1458	8	182,25			
7						
8						
9						

Bild 6.119: Ungültige Ergebnisse kennzeichnen

Die ganzzahligen Ergebnisse sollen in Spalte D mit dem Text OK gekennzeichnet werden.

Dabei verfahren Sie wie folgt:

1. Markieren Sie den Zellenbereich D2:D6.

2. Erfassen Sie die Formel `=WENN(ISTFEHLER(FINDEN(",";C2;1)=WAHR);"OK";FALSCH)`.

3. Schließen Sie die Eingabe über die Tastenkombination `Strg` + `Enter` ab.

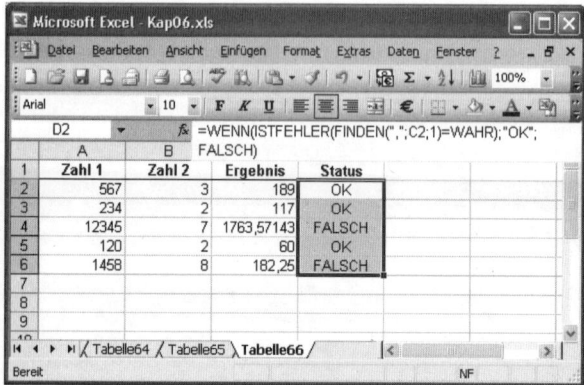

Bild 6.120: Nach dem Dezimalkomma suchen

Hinweis

Alternativ können Sie ebenfalls die Tabellenfunktion REST einsetzen. Die dazu notwendige Formel in Zelle E2 lautet:

`=WENN(REST(A2;B2)=0;"OK";"Falsch")`

Investieren – Ja oder Nein

Wenn Sie im Begriff sind, eine Investition zu tätigen, dann können Sie zu diesem Zweck die Tabellenfunktion BW (Barwert) einsetzen, um den Höchstbetrag der Investition zu ermitteln. Diesen Betrag dürfen Sie höchstens ausgeben, wenn sich die Investition noch rechnen soll. Als Prämisse für den Einsatz der Tabellenfunktion BW müssen Sie den zu erwartenden jährlichen Ertrag schätzen sowie die Abschreibungsdauer und den Zinssatz definieren, den Sie normalerweise auf der Bank bekommen würden, wenn Sie Ihr Geld anlegten.

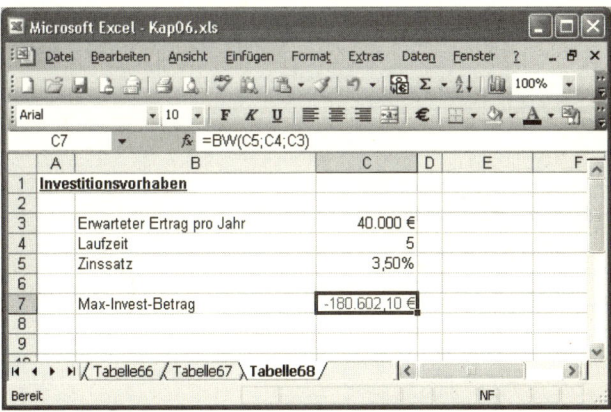

Bild 6.121: Der Invest darf maximal 180 T€ kosten

Die Formel in Zelle C7 lautet:

```
=BW(C5;C4;C3)
```

Die degressive Abschreibung ausrechnen

Bei der Tabelle aus Bild 6.122 wird die degressive Abschreibung einer Investition dargestellt.

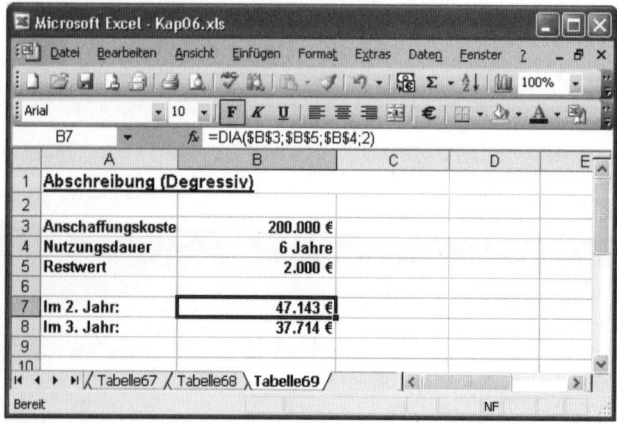

Bild 6.122: Die degressive Abschreibung punktgenau abfragen

Um beispielsweise den Abschreibungsbetrag im zweiten Jahr zu ermitteln, erfassen Sie in Zelle B7 die Formel

```
=DIA($B$3;$B$5;$B$4;2)
```

Die lineare Abschreibung ausrechnen

Bezug nehmend auf die vorherige Aufgabe wird in der Tabelle aus Bild 6.123 die lineare Abschreibung durchgeführt.

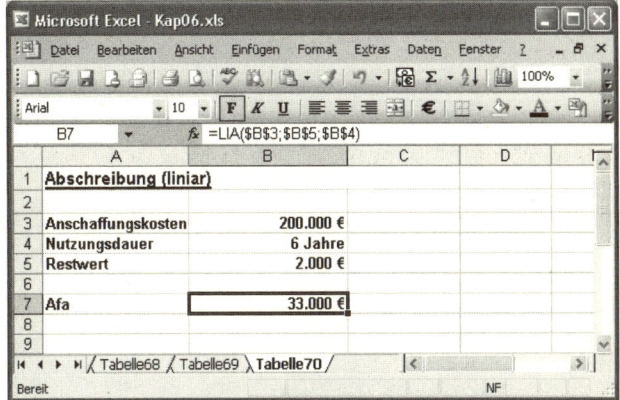

Bild 6.123: Den linearen Abschreibungsbetrag abfragen

Um den linearen Abschreibungsbetrag zu ermitteln, erfassen Sie in Zelle B7 die Formel:

```
=LIA($B$3;$B$5; $B$4)
```

Telefonnummern komfortabel finden

In der Tabelle aus Bild 6.124 liegt eine Telefonliste einer Firma vor. Über die Eingabe der Telefonnummer sollen die restlichen Daten, die dieser Telefonnummer zugeordnet sind, ermittelt werden.

Mithilfe der Tabellenfunktion SVERWEIS können Sie über einen eindeutigen Schlüssel, hier die Telefonnummer, die dazugehörigen Daten aus der Liste ermitteln. Des Weiteren soll die Fundstelle in der Liste optisch gekennzeichnet werden. Dabei verfahren Sie wie folgt:

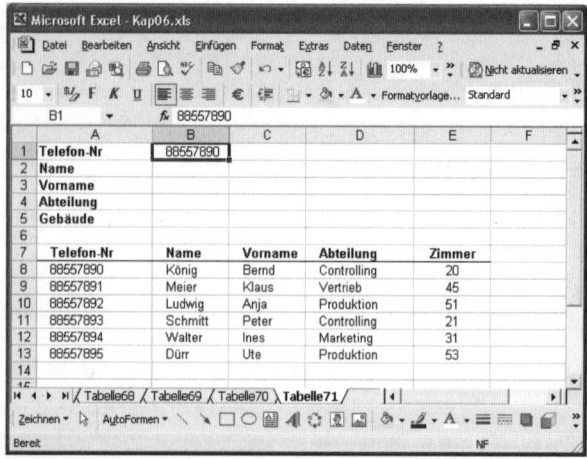

Bild 6.124: Über Eingabe der Telefonnummer sollen die dazugehörigen Daten ermittelt werden

1. Erfassen Sie in Zelle B2 die Formel `=SVERWEIS(`
   `$B$1;$A$8:$E$13;2;FALSCH)`.

2. In Zelle B3 schreiben Sie die Formel `=SVERWEIS(`
   `$B$1;$A$8:$E$13;3;FALSCH)`.

3. Zelle B4 wird mit der Formel `=SVERWEIS(`
   `$B$1;$A$8:$E$13;4;FALSCH)` ausgestattet.

4. In Zelle B5 geben Sie die Formel `=SVERWEIS(`
   `$B$1;$A$8:$E$13;5;FALSCH)` ein.

5. Markieren Sie den Zellenbereich A8:E13.

6. Wählen Sie aus dem Menü *Format* den Befehl *Bedingte Formatierung*.

7. Im Dialog *Bedingte Formatierung* stellen Sie im ersten Kombinationsfeld den Eintrag *Formel ist* ein.

8. Geben Sie im Feld rechts daneben die Formel
   `=$B$1=$A8:$A13` ein.

9. Klicken Sie die Schaltfläche *Format*.

10. Wechseln Sie auf die Registerkarte *Muster*.

11. Wählen Sie eine gewünschte Hintergrundfarbe aus.

12. Bestätigen Sie zweimal mit *OK*.

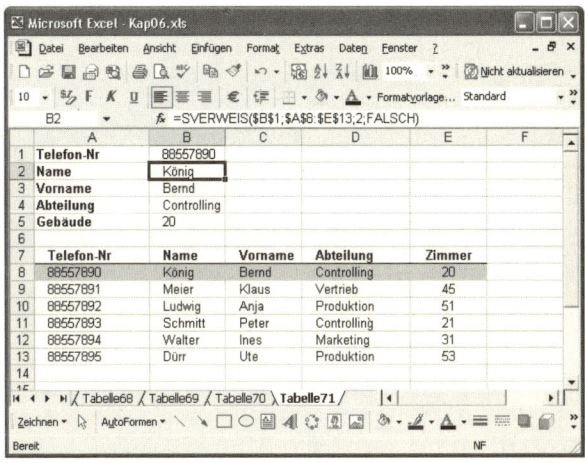

Bild 6.125: Die dazugehörigen Daten können schnell gefunden werden

Kostenstellenzuordnungen vornehmen

In der Tabelle aus Bild 6.126 liegt eine Liste mit Kostenstellen sowie den dazugehörigen Informationen wie Abteilungsbezeichnung, Mitarbeiteranzahl sowie der Standort der Abteilung vor.

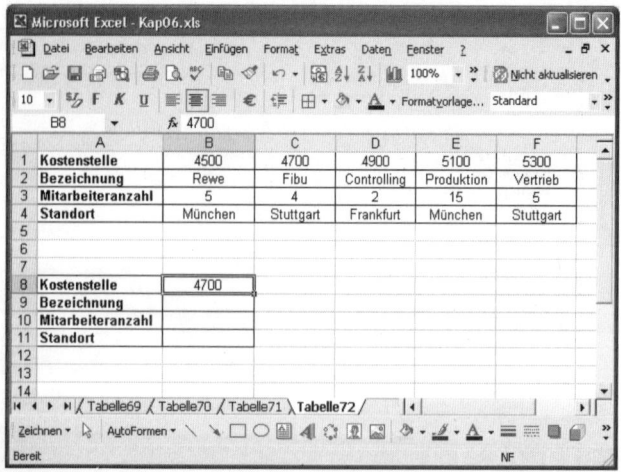

Bild 6.126: Die zur Kostenstelle gehörenden Infos sollen ermittelt werden

Um die zur Kostenstelle 4700 gehörenden Infos aus dem Bereich am oberen Rand der Bild 6.129 zu ermitteln, verfahren Sie wie folgt:

1. Erfassen Sie in Zelle B9 die Formel =WVERWEIS($B$8;$B$1:$F$4;2).

2. In Zelle B10 schreiben Sie die Formel =WVERWEIS($B$8;$B$1:$F$4;3).

3. Geben Sie in Zelle B11 die Formel =WVERWEIS($B$8;$B$1:$F$4;4) ein.

Möchten Sie die Spalte, in der die Informationen stehen, optisch hervorheben, dann gehen Sie wie folgt vor:

1. Markieren Sie den Zellenbereich B1:F4.

2. Wählen Sie aus dem Menü *Format* den Befehl *Bedingte Formatierung*.

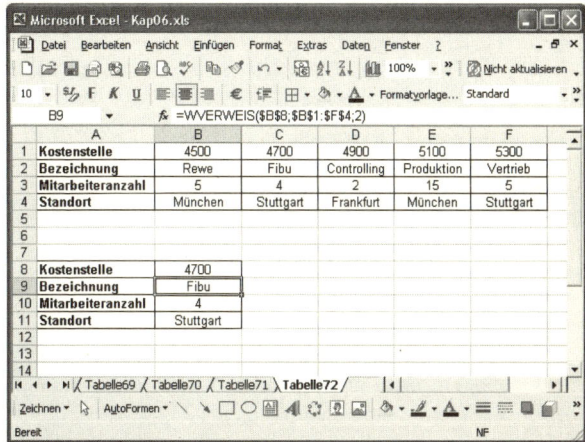

Bild 6.127: Die zur Kostenstelle gehörenden Daten werden schnell gefunden

3. Im Dialog *Bedingte Formatierung* stellen Sie im ersten Kombinationsfeld den Eintrag *Formel ist* ein.

4. Geben Sie im Feld rechts daneben die Formel `=$B$8=B$1:F$1` ein.

5. Klicken Sie die Schaltfläche *Format*.

6. Wechseln Sie auf die Registerkarte *Muster*.

7. Wählen Sie eine gewünschte Hintergrundfarbe aus.

8. Bestätigen Sie zweimal mit *OK*.

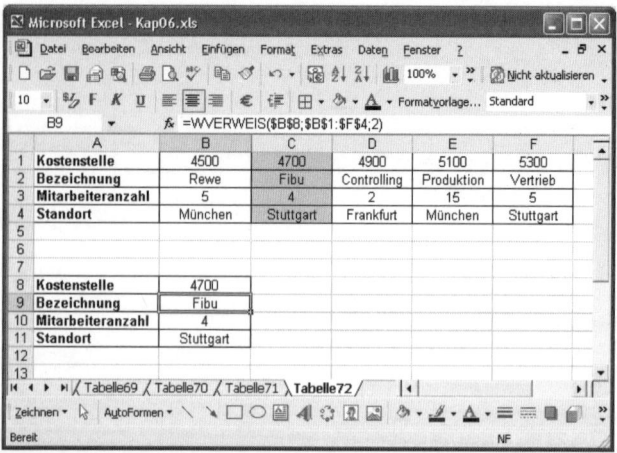

Bild 6.128: Die Spalte mit den dazugehörigen Informationen wird hervorgehoben

Zahlungsziele über Nummern festlegen

In der Tabelle aus Bild 6.129 sind einige Zahlungsziel-texte erfasst und mit einer Nummer ausgestattet worden. Über die Angabe der Nummer soll nun automatisch der dazugehörige Zahlungszieltext aus der Liste ermittelt und angezeigt werden.

Geben Sie jetzt in Zelle A8 eine Nummer zwischen 1 und 5 ein. Danach gehen Sie wie folgt vor:

1. Setzen Sie den Mauszeiger in Zelle B8.

2. Erfassen Sie die Formel =VERWEIS($A$8;$A$1:$B$6).

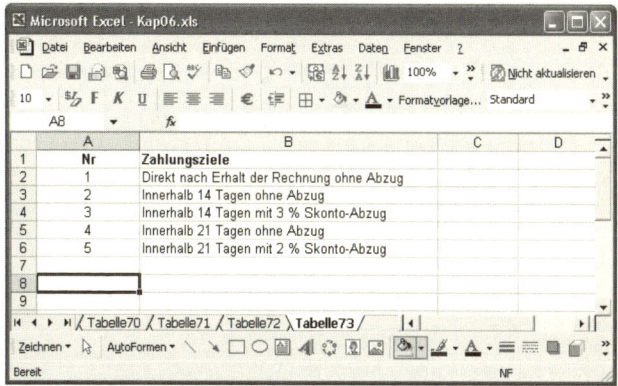

Bild 6.129: Diese Zahlungsziele liegen vor

Hinweis

Die Zelle, in die die Nummer für den »Autotext« eingegeben wird, kann beispielsweise über das benutzerdefinierte Format ;;; unsichtbar gemacht werden. So
können Sie wie von Zauberhand über die Eingabe
einer Nummer einen zugeordneten Text ausgeben.

Autotexte generieren

Eine alternative Vorgehensweise, um Autotexte zu erzeugen, ist der Einsatz der Tabellenfunktion WAHL.

Sehen Sie sich dazu einmal die Tabelle in Bild 6.130 an.

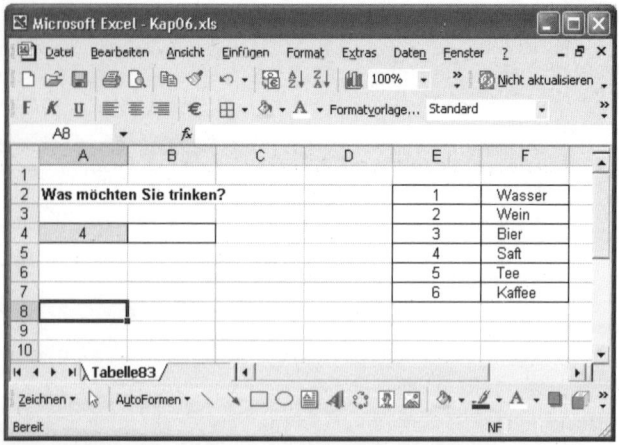

Bild 6.130: Getränke über Nummern ordern

Über die Eingabe einer Nummer zwischen 1 und 6 in Zelle A4 soll in Zelle B4 das dazugehörige Getränk angezeigt werden. Um diese Aufgabe zu lösen, verfahren Sie wie folgt:

1. Geben Sie in Zelle A4 die Formel =WAHL(A4;F2;F3; F4;F5;F6;F7) ein.

2. Setzen Sie den Mauszeiger in Zelle A4.

3. Wählen Sie aus dem Menü *Daten* den Befehl *Gültigkeit*.

4. Im Dialogfeld *Gültigkeitsprüfung* wechseln Sie auf die Registerkarte *Einstellungen*.

5. Im Kombinationsfeld *Zulassen* stellen Sie den Eintrag *Liste* ein.

6. Setzen Sie den Mauszeiger in das Feld *Quelle*.

7. Markieren Sie im Hintergrund in der Tabelle den Zellenbereich E2:E7.

8. Bestätigen Sie mit *OK*.

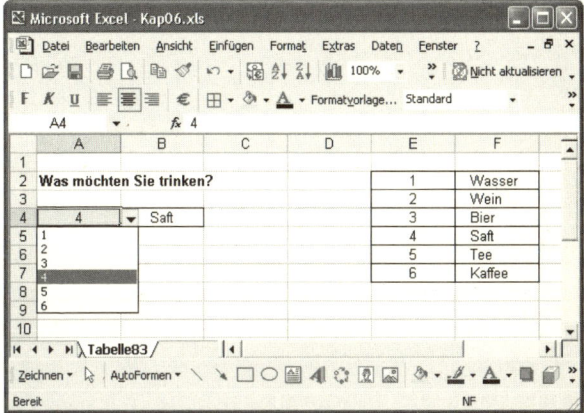

Bild 6.131: Komfortable Auswahl über ein Zellendropdown

Kumulierte Umsätze ermitteln

In der Tabelle aus Bild 6.132 sind die Umsätze des vergangenen Jahres pro Monat aufgelistet.

In Zelle D7 wird jetzt der Monat erfasst, bis zu dem die Umsätze kumuliert werden sollen. In Zelle E7 soll danach das Ergebnis stehen. Lösen Sie diese Aufgabe, indem Sie die Tabellenfunktion BEREICH.VERSCHIEBEN in Kooperation mit der Funktion SUMME einsetzen.

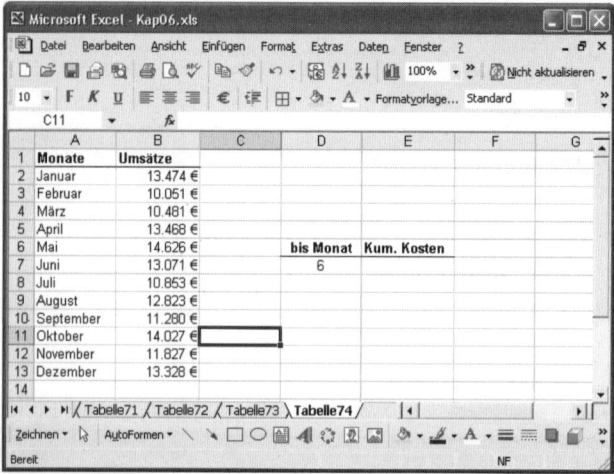

Bild 6.132: Alle Umsätze des vergangenen Jahres

Erfassen Sie in Zelle E7 die Formel

```
=SUMME(BEREICH.VERSCHIEBEN($B$2;0;0;$D$7;1))
```

Kontrollieren Sie das Ergebnis, indem Sie den Zellenbereich B2:B7 markieren und einen Blick in die rechte Ecke der Statusleiste werfen (s. Bild 6.133).

Speicherabfrage durchführen

In Excel stehen Ihnen sogar eigene Tabellenfunktionen zur Verfügung, um Ihren Festplattenspeicher abzufragen. Dazu setzen Sie die Tabellenfunktion INFO ein und übergeben dieser Funktion die zu ermittelnde Information.

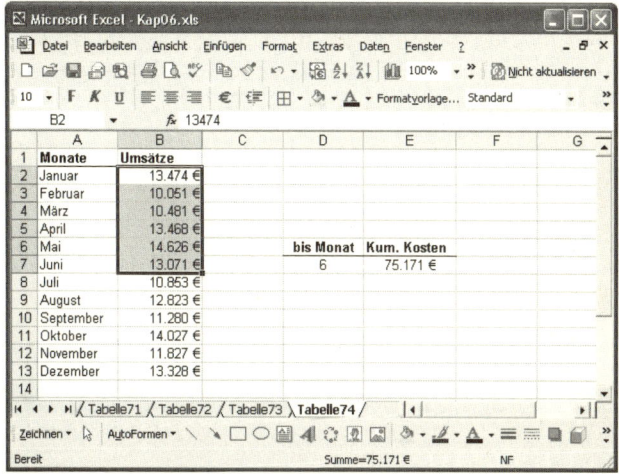

Bild 6.133: Das Ergebnis stimmt

Es können drei Festplatten-Zustände abgefragt werden:

▶ der   Gesamtspeicherplatz   über   die   Formel
   `=INFO("GesamtSpeich")`

▶ der Speicherplatz, der belegt ist, über die Formel
   `=INFO("BenutztSpeich")` und

▶ der noch freie Speicherplatz über die Formel
   `=INFO("VerfSpeich")`.

Wertgrenzen definieren

In der Tabelle aus Bild 6.135 sind einige Kosten festgehalten worden, die nun eingruppiert werden sollen. Dazu wurden folgende Wertgrenzen definiert:

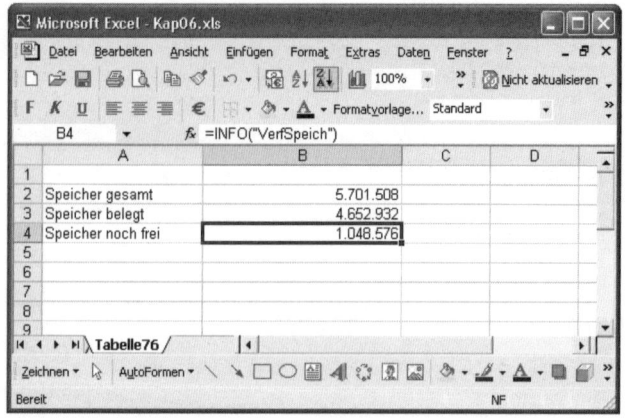

Bild 6.134: Speicherabfrage durchführen

▶ > 500 und <= 750

▶ > 750 und < 1.000

▶ > 1.000

Um die Kosten in die zugehörigen Gruppen einzuordnen, gehen Sie wie folgt vor:

1. Erfassen Sie in Zelle D2 die Matrixformel
   `=SUMME(($A$2:$A$13>500)*($A$2:$A$13<=750))`.

2. Schließen Sie die Formel über die Tastenkombination
   `Strg` + `⇧` + `Enter` ab.

3. In Zelle D3 geben Sie die Matrixformel `=SUMME`
   `(($A$2:$A$13>=750)*($A$2:$A$13<1000))` ein.

4. Schließen Sie auch diese Formel über die Tastenkombination `Strg` + `⇧` + `Enter` ab.

5. In Zelle D4 erfassen Sie die Formel `=ZÄHLEN-`
   `WENN($A$2:$A$13;">1000")`.

6. Schließen Sie diese Eingabe über `Enter` ab.

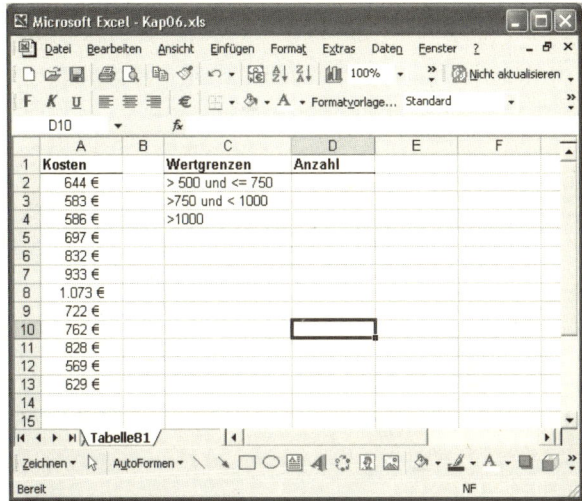

Bild 6.135: Die Kosten sollen in Gruppen eingeteilt werden

Bild 6.136: Die Eingruppierung der Kosten wurde vorgenommen

Datenbankfunktionen

Neben den normalen Tabellenfunktionen können Sie in
Excel auch die so genannten *Datenbankfunktionen* einsetzen, die Sie im Funktions-Assistenten unter der Kategorie Datenbank finden können. Wenn Sie eine Excel-
Tabelle hernehmen, dann kann man, was die Kapazität
der Tabelle angeht, schon von einer kleinen Datenbank
sprechen. Mit genau 65.536 Zeilen und 256 Spalten haben
Sie genügend Platz, um Ihre Daten zu erfassen. Um diese
unter Berücksichtigung verschiedener Kriterien auswerten zu können, stehen Ihnen einige sehr gute Datenbankfunktionen zur Verfügung, die auf den nächsten Seiten
anhand von praktischen Beispielen vorgestellt werden.

Datensätze zählen (numerisch)

Bei der folgenden Aufgabe liegt eine Liste mit Urlaubsor-
ten vor, aus der Sie bestimmte Datensätze zählen sollen.

Die Aufgabe besteht nun darin, alle Datensätze zu zählen, bei denen das Hotel mehr als drei Sterne aufweist und
der Preis unter 300 Euro liegt.

Um diese Auszählungen durchzuführen, verfahren Sie
wie folgt:

1. Kopieren Sie die Zeile 5 in Zeile 1.

2. In Zelle D2 geben Sie das Kriterium >3 ein.

3. In Zelle E2 erfassen Sie das Kriterium <300.

4. In Zelle A3 zählen Sie die entsprechenden Sätze,
   indem Sie die Formel =DBANZAHL($A$5:$F$24;E5;
   $A$1:$F$2) eingeben

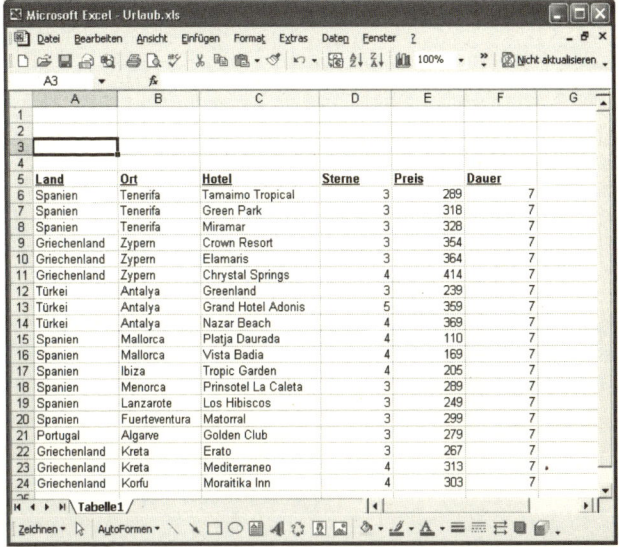

Bild 6.137: Die Ausgangsliste mit möglichen Urlaubszielen

In Zeile 2 können Sie jederzeit weitere Kriterien einstellen.

Die Syntax der verwendeten Datenbankfunktion lautet wie folgt:

```
=DBANZAHL(Datenbank;Datenbankfeld;Suchkriterien)
```

Im Argument Datenbank geben Sie den Zellenbereich an, in dem die auszuwertenden Daten enthalten sind.

Das Argument Datenbankfeld gibt an, welches Feld in der jeweiligen Funktion verwendet werden soll. Dabei kann entweder ein Zellenbezug angegeben werden oder ein Text der Spaltenbeschriftung, den Sie in doppelten

Anführungszeichen erfassen. Beim Datenbankfeld muss es sich um numerische Werte handeln!

Das letzte Argument `Suchkriterien` gibt den Zellbereich an, der die gewünschten Bedingungen enthält. Für das Argument `Suchkriterien` können Sie jeden Bereich verwenden, der mindestens eine Spaltenbeschriftung und eine Zelle, darunter zur Festlegung der Bedingung, enthält.

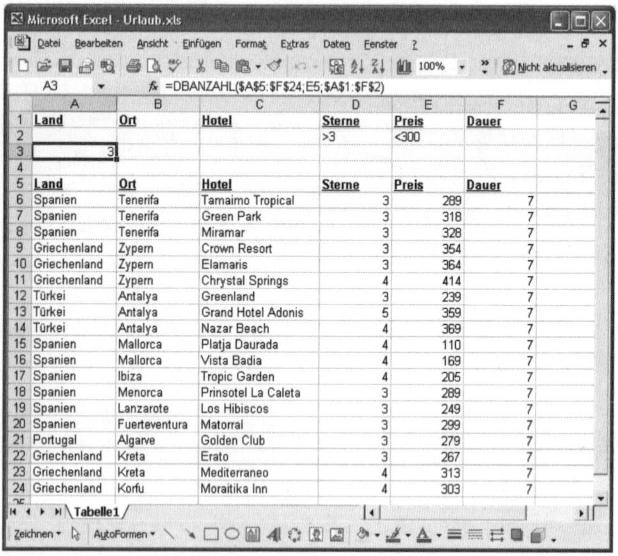

	A	B	C	D	E	F	G
1	Land	Ort	Hotel	Sterne	Preis	Dauer	
2				>3	<300		
3	3						
4							
5	Land	Ort	Hotel	Sterne	Preis	Dauer	
6	Spanien	Tenerifa	Tamaimo Tropical	3	289	7	
7	Spanien	Tenerifa	Green Park	3	318	7	
8	Spanien	Tenerifa	Miramar	3	328	7	
9	Griechenland	Zypern	Crown Resort	3	354	7	
10	Griechenland	Zypern	Elamaris	3	364	7	
11	Griechenland	Zypern	Chrystal Springs	4	414	7	
12	Türkei	Antalya	Greenland	3	239	7	
13	Türkei	Antalya	Grand Hotel Adonis	5	359	7	
14	Türkei	Antalya	Nazar Beach	4	369	7	
15	Spanien	Mallorca	Platja Daurada	4	110	7	
16	Spanien	Mallorca	Vista Badia	4	169	7	
17	Spanien	Ibiza	Tropic Garden	4	205	7	
18	Spanien	Menorca	Prinsotel La Caleta	3	289	7	
19	Spanien	Lanzarote	Los Hibiscos	3	249	7	
20	Spanien	Fuerteventura	Matorral	3	299	7	
21	Portugal	Algarve	Golden Club	3	279	7	
22	Griechenland	Kreta	Erato	3	267	7	
23	Griechenland	Kreta	Mediterraneo	4	313	7	
24	Griechenland	Korfu	Moraitika Inn	4	303	7	

Bild 6.138: Es konnten drei Urlaubsorte gefunden werden

Tipp

Bei sehr langen Listen empfiehlt es sich, die Überschriftenzeile zu fixieren. So stellen Sie sicher, dass die Überschriftenzeile immer eingeblendet bleibt, wenn Sie nach unten blättern. Setzen Sie dazu den Mauszeiger auf die Zelle A5 und wählen aus dem Menü *Fenster* den Befehl *Fenster fixieren*.

Datensätze zählen (alphanumerisch)

Die Datenbankfunktion DBANZAHL kann lediglich numerische Inhalte einer Liste zählen. Bei der letzten Aufgabe wurde das Feld *Preis* als »Zählfeld« angegeben. Müssen alphanumerische Felder gezählt werden, wie beispielsweise Land oder Ort, dann setzen Sie die Datenbankfunktion DBANZAHL2 ein.

Bei der folgenden Aufgabe sollen alle Urlaubsorte in Spanien gezählt werden, die für weniger oder gleich 300 Euro für eine Woche angeboten werden.

1. Gehen Sie von derselben Tabelle wie vorher aus und ändern Sie den Kriterienbereich ab.

2. In Zelle A2 erfassen Sie das Kriterium Spanien.

3. In Zelle E2 geben Sie das Kriterium <=300 an.

4. In Zelle F2 geben Sie den Wert 7 an.

5. Zählen Sie die entsprechenden Datensätze, indem Sie in Zelle A3 die Formel =DBANZAHL2($A$5:$F$24; A5;$A$1:$F$2) eingeben.

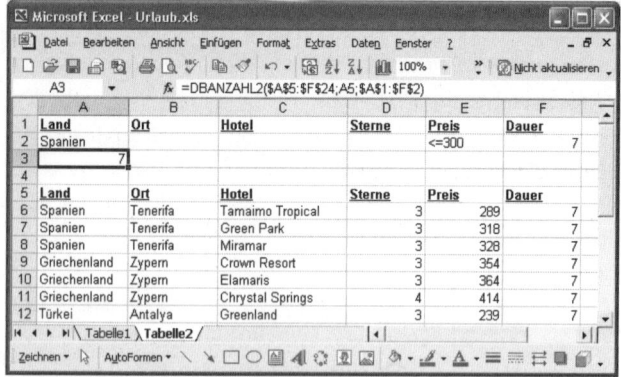

Bild 6.139: Es konnten sieben Angebote in Spanien gefunden werden

Die Syntax der Datenbankfunktion lautet wie folgt:

```
=DBANZAHL(Datenbank;Datenbankfeld;Suchkriterien)
```

Im Argument Datenbank geben Sie den Zellenbereich an, in dem die auszuwertenden Daten enthalten sind.

Das Argument Datenbankfeld gibt an, welches Feld in der jeweiligen Funktion verwendet werden soll. Dabei kann entweder ein Zellenbezug angegeben werden oder ein Text der Spaltenbeschriftung, den Sie in doppelten Anführungszeichen erfassen. Beim Datenbankfeld kann es sich auch um alphanumerische Werte handeln.

Das letzte Argument Suchkriterien gibt den Zellbereich an, der die gewünschten Bedingungen enthält. Für das Argument Suchkriterien können Sie jeden Bereich verwenden, der mindestens eine Spaltenbeschriftung und eine Zelle, darunter zur Festlegung der Bedingung, enthält.

Tipp

Möchten Sie die gefundenen Datensätze in der Liste optisch hervorheben, dann können Sie die bedingte Formatierung einsetzen.

1. Markieren Sie den Zellenbereich A6:F24.

2. Wählen Sie aus dem Menü *Format* den Befehl *Bedingte Formatierung*.

3. Stellen Sie im Dialog *Bedingte Formatierung* im Kombinationsfeld *Bedingung 1* den Wert *Formel ist* ein.

4. Erfassen Sie im Feld daneben die Formel `=UND($A6=$A$2;$E6<=300;$F6=$F$2)`.

5. Klicken Sie die Schaltfläche *Format*.

6. Wechseln Sie auf die Registerkarte *Muster*.

7. Klicken Sie auf die gewünschte Farbe in der Farbpalette.

8. Bestätigen Sie zweimal mit *OK*.

Mittelwert bilden

Unter den Datenbankfunktionen gibt es auch eine Funktion, um den Mittelwert aus einer Datenbank unter Berücksichtigung bestimmter Kriterien zu ermitteln.

Bei der folgenden Aufgabe soll der Durchschnittspreis aller Urlaube der Länge sieben Tage in Spanien mit mehr als Drei-Sterne-Hotels ermittelt werden.

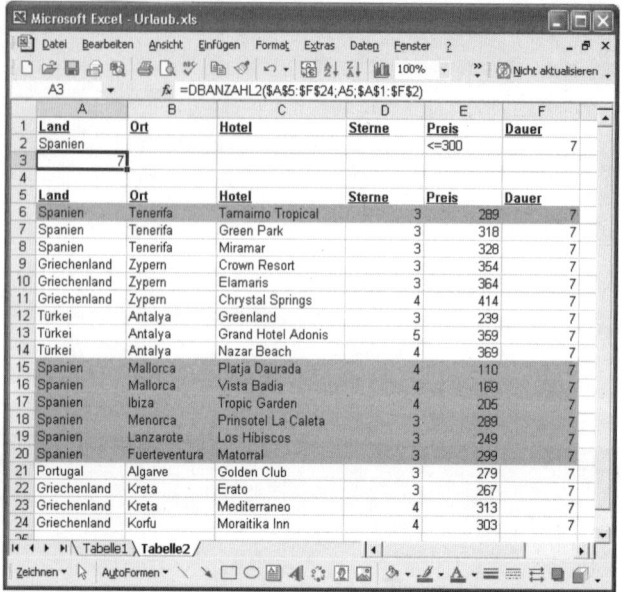

Bild 6.140: Die Fundstellen wurden markiert

1. Gehen Sie von derselben Tabelle wie vorher aus und ändern Sie den Kriterienbereich ab.

2. In Zelle A2 erfassen Sie das Kriterium Spanien.

3. In Zelle D2 geben Sie das Kriterium >3 an.

4. In Zelle F2 geben Sie den Wert 7 an.

5. Bilden Sie den Mittelwert für die entsprechenden Datensätze, indem Sie in Zelle A3 die Formel =DBMIT-TELWERT($A$5:$F$24;E5;$A$1:$F$2) eingeben.

6. Weisen Sie der Zelle A3 das Euro-Währungsformat zu.

Die Syntax der Funktion DBMITTELWERT lautet:

```
=DBMITTELWERT(Datenbank;Feld;Suchkriterien)
```

Im Argument Datenbank geben Sie den Zellenbereich an, in dem die auszuwertenden Daten enthalten sind.

Das Argument Datenbankfeld gibt an, welches Feld in der jeweiligen Funktion verwendet werden soll. Dabei kann entweder ein Zellenbezug angegeben werden oder ein Text der Spaltenbeschriftung, den Sie in doppelten Anführungszeichen erfassen.

Das letzte Argument Suchkriterien gibt den Zellenbereich an, der die gewünschten Bedingungen enthält. Für das Argument Suchkriterien können Sie jeden Bereich verwenden, der mindestens eine Spaltenbeschriftung und eine Zelle, darunter zur Festlegung der Bedingung, enthält.

Datensätze suchen

Mithilfe der Datenbankfunktion DBAUSZUG können Sie eine Datenbank nach bestimmten Kriterien durchsuchen.

Bei der folgenden Aufgabe wird in der Urlaubsliste der Preis für ein ganz bestimmtes Hotel gesucht.

1. Gehen Sie von derselben Tabelle wie vorher aus und ändern Sie den Kriterienbereich ab.

2. In Zelle C2 erfassen Sie das Kriterium Greenland.

3. Suchen Sie den entsprechenden Datensatz, indem Sie in Zelle A3 die Formel =DBAUSZUG($A$5:$F$24;E5; $A$1:$F$2) eingeben.

4. Markieren Sie den Zellenbereich A6:F24.

5. Wählen Sie aus dem Menü *Format* den Befehl *Bedingte Formatierung*.

6. Stellen Sie im Dialog *Bedingte Formatierung* im Kombinationsfeld *Bedingung 1* den Wert *Formel ist* ein.

7. Erfassen Sie im Feld daneben die Formel =$C6=$C$2.

8. Klicken Sie die Schaltfläche *Format*.

9. Wechseln Sie auf die Registerkarte *Muster*.

10. Klicken Sie auf die gewünschte Farbe in der Farbpalette.

11. Bestätigen Sie zweimal mit *OK*.

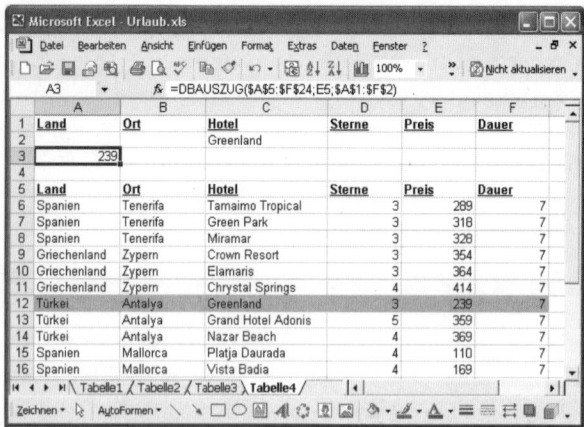

Bild 6.141: Der Preis für das Hotel Greenland wurde in der Datenbank gefunden

Die Syntax der Datenbankfunktion lautet wie folgt:

```
=DBAUSZUG(Datenbank;Datenbankfeld;Suchkriterien)
```

Im Argument Datenbank geben Sie den Zellenbereich an, in dem die auszuwertenden Daten enthalten sind.

Das Argument Datenbankfeld gibt an, welches Feld in der jeweiligen Funktion verwendet werden soll. Dabei kann entweder ein Zellenbezug angegeben werden oder ein Text der Spaltenbeschriftung, den Sie in doppelten Anführungszeichen erfassen.

Das letzte Argument Suchkriterien gibt den Zellbereich an, der die gewünschten Bedingungen enthält. Für das Argument Suchkriterien können Sie jeden Bereich verwenden, der mindestens eine Spaltenbeschriftung und eine Zelle, darunter zur Festlegung der Bedingung, enthält.

Stimmt kein Datensatz mit den Suchkriterien überein, gibt DBAUSZUG den Fehlerwert #WERT! zurück.

Stimmt mehr als ein Datensatz mit den Suchkriterien überein, gibt DBAUSZUG den Fehlerwert #ZAHL! zurück.

Die Extremwerte ermitteln

Mithilfe der Datenbankfunktionen DBMAX und DBMIN können Sie den größten bzw. den kleinsten Wert aus einer Datenbank unter Berücksichtigung bestimmter Kriterien ermitteln.

Bei dem folgenden Beispiel wird der billigste Urlaub in der Datenbank aus Spanien mit vier Sternen ermittelt.

1. Gehen Sie von derselben Tabelle wie vorher aus und ändern Sie den Kriterienbereich ab.

2. In Zelle A2 erfassen Sie das Kriterium Spanien.

3. In Zelle D4 geben Sie den Wert 4 ein.

4. Ermitteln Sie das beste Angebot, indem Sie in Zelle A3 die Formel =DBMIN($A$5:$F$24;E5;$A$1:$F$2) eingeben.

5. Markieren Sie den Zellenbereich A6:F24.

6. Wählen Sie aus dem Menü *Format* den Befehl *Bedingte Formatierung*.

7. Stellen Sie im Dialog *Bedingte Formatierung* im Kombinationsfeld *Bedingung 1* den Wert *Formel ist* ein.

8. Erfassen Sie im Feld daneben die Formel =UND($A6=$A$2;$E6=$A$3).

9. Klicken Sie die Schaltfläche *Format*.

10. Wechseln Sie auf die Registerkarte *Muster*.

11. Klicken Sie auf die gewünschte Farbe in der Farbpalette.

12. Bestätigen Sie zweimal mit *OK*.

Die Syntax dieser Funktion lautet:

```
=DBMIN(Datenbank;Feld;Suchkriterien)
```

Im Argument Datenbank geben Sie den Zellenbereich an, in dem die auszuwertenden Daten enthalten sind.

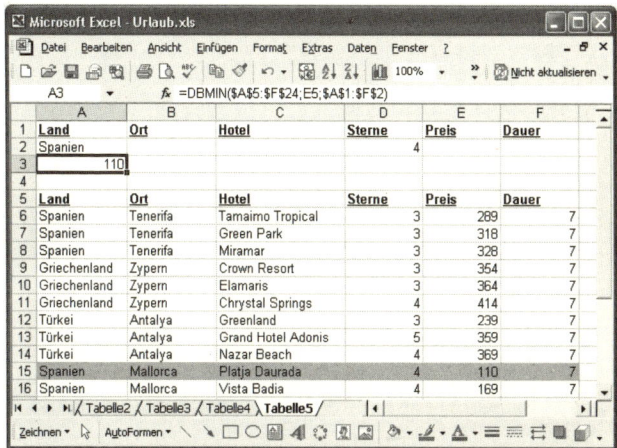

Bild 6.142: Das beste Angebot kommt aus Mallorca

Das Argument Datenbankfeld gibt an, welches Feld in der jeweiligen Funktion verwendet werden soll. Dabei kann entweder ein Zellenbezug angegeben werden oder ein Text der Spaltenbeschriftung, den Sie in doppelten Anführungszeichen erfassen.

Das letzte Argument Suchkriterien gibt den Zellbereich an, der die gewünschten Bedingungen enthält. Für das Argument Suchkriterien können Sie jeden Bereich verwenden, der mindestens eine Spaltenbeschriftung und eine Zelle, darunter zur Festlegung der Bedingung, enthält.

Hinweis

Möchten Sie den teuersten Urlaub finden, dann lautet die Formel wie folgt:

`=DBMAX($A$5:$F$24;E5;$A$1:$F$2)`

Die Syntaxbeschreibung dieser Funktion ist gleich der bei DBMIN.

Datensätze summieren

Über den Einsatz der Datenbankfunktion DBSUMME können Sie aus einer Datenbank Datensätze summieren, die bestimmten Kriterien entsprechen. Da wir für dieses Beispiel schlecht die Urlaubsdatenbank heranziehen können, wird ein neues Beispiel vorgelegt (s. Bild 6.143).

In der Ausgabenliste, die selbstverständlich noch viel länger sein kann, sollen alle Ausgaben des Mitarbeiters Müller summiert werden.

Um diese Aufgabe zu lösen, verfahren Sie wie folgt:

1. Kopieren Sie die Zeile 5 in Zeile 1.

2. Erfassen Sie in Zelle D2 das Kriterium Müller.

3. Bilden Sie die Summe, indem Sie in Zelle A3 die Formel `=DBSUMME($A$5:$D$13;C5;$A$1:$D$2)` eingeben.

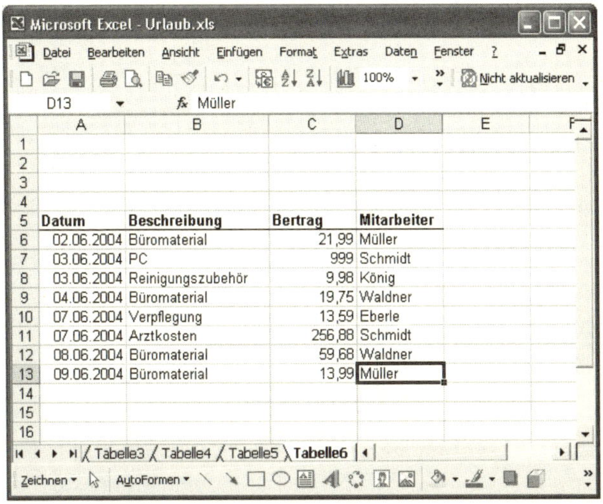

	A	B	C	D
5	Datum	Beschreibung	Bertrag	Mitarbeiter
6	02.06.2004	Büromaterial	21,99	Müller
7	03.06.2004	PC	999	Schmidt
8	03.06.2004	Reinigungszubehör	9,98	König
9	04.06.2004	Büromaterial	19,75	Waldner
10	07.06.2004	Verpflegung	13,59	Eberle
11	07.06.2004	Arztkosten	256,88	Schmidt
12	08.06.2004	Büromaterial	59,68	Waldner
13	09.06.2004	Büromaterial	13,99	Müller

Bild 6.143: Die Ausgabenliste

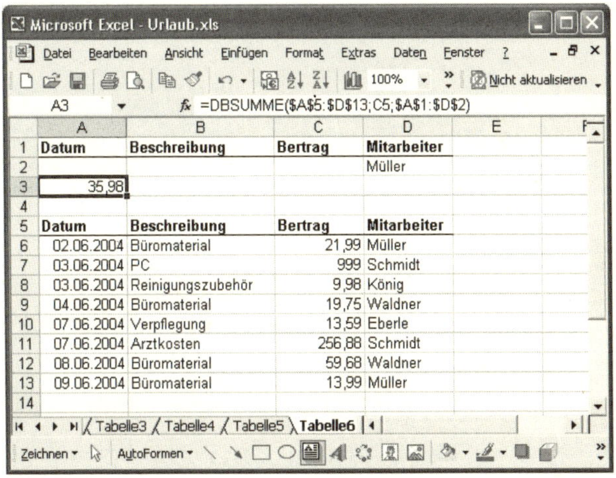

	A	B	C	D
1	Datum	Beschreibung	Bertrag	Mitarbeiter
2				Müller
3	35,98			
4				
5	Datum	Beschreibung	Bertrag	Mitarbeiter
6	02.06.2004	Büromaterial	21,99	Müller
7	03.06.2004	PC	999	Schmidt
8	03.06.2004	Reinigungszubehör	9,98	König
9	04.06.2004	Büromaterial	19,75	Waldner
10	07.06.2004	Verpflegung	13,59	Eberle
11	07.06.2004	Arztkosten	256,88	Schmidt
12	08.06.2004	Büromaterial	59,68	Waldner
13	09.06.2004	Büromaterial	13,99	Müller

Bild 6.144: Die Gesamtkosten eines Mitarbeiters wurden ermittelt

Die Syntax dieser Funktion lautet:

```
=DBSUMME(Datenbank;Feld;Suchkriterien)
```

Im Argument Datenbank geben Sie den Zellenbereich an,
in dem die auszuwertenden Daten enthalten sind.

Das Argument Datenbankfeld gibt an, welches Feld in der
jeweiligen Funktion verwendet werden soll. Dabei kann
entweder ein Zellenbezug angegeben werden oder ein
Text der Spaltenbeschriftung, den Sie in doppelten
Anführungszeichen erfassen.

Das letzte Argument Suchkriterien gibt den Zellenbereich an, der die gewünschten Bedingungen enthält. Für
das Argument Suchkriterien können Sie jeden Bereich
verwenden, der mindestens eine Spaltenbeschriftung und
eine Zelle, darunter zur Festlegung der Bedingung, enthält.

Tipp

Sollen beispielsweise die Kosten aus einer Zeitspanne
(von-bis) in bestimmten Kategorien ausgewertet werden, dann verfahren Sie wie folgt:

1. Erfassen Sie in den Zellen A1 und B1 den Text
   Datum.

2. In Zelle C1 schreiben Sie den Text Beschreibung.

3. In Zelle A2 erfassen Sie das Kriterium
   >=02.06.2004

4. In Zelle B2 schreiben Sie das Kriterium `<=07.06.2004`

5. In Zelle C2 geben Sie das Kriterium `Büromaterial` ein.

6. Die Datenbankfunktion wird in Zelle A3 erfasst und lautet `=DBSUMME($A$5:$D$13;C5;$A$1:$D$2)`.

Bild 6.145: Alle Büromaterialkosten in einem bestimmten Zeitraum wurden ermittelt

7
Mit Namen Bezüge im Griff

Bereichsnamen sind eine nützliche Arbeitshilfe für die Erstellung von Formeln im Kalkulationsblatt. Wenn Sie mit Bereichsnamen arbeiten, bleiben Ihre Formeln überschaubar, leicht lesbar und einfach zu editieren. In diesem Kapitel lernen Sie einige besonders nützliche Tricks mit Bereichsnamen kennen.

Bereichsnamen zuweisen – aber schnell!

Die Zuweisung eines Bereichsnamens per Menü geht so:

1. Markieren Sie den Bereich, den Sie benennen wollen.

2. Wählen Sie *Einfügen/Namen/Definieren* bzw. *Einfügen/Namen/Festlegen* (Excel 97).

3. Tragen Sie den Bereichsnamen ein, und kontrollieren Sie unter *Bezieht sich auf* den Bezug aus dem markierten Bereich.

4. Klicken Sie auf *Hinzufügen*, um den Bereichsnamen anzulegen. Mit Klick auf *OK* schließen Sie den Bereichsnamen-Dialog wieder.

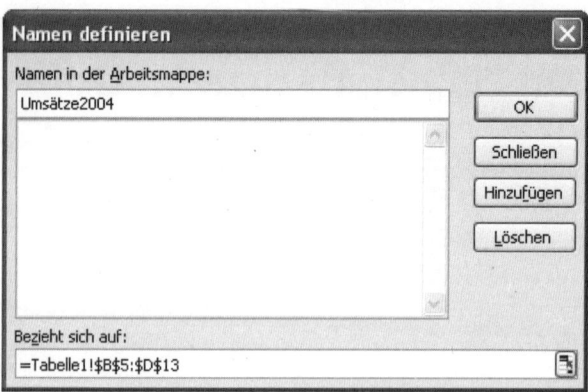

Bild 7.1: Ein Bereichsname wird zugewiesen

Hinweis

Bereichsnamen dürfen keine Leerzeichen und nicht alle Sonderzeichen enthalten. Verwenden Sie am besten nur Buchstaben!

Mit Shortcut gehts noch schneller

Die Namensliste werden Sie häufiger brauchen: Die Tastenkombination [Strg] + [F3] öffnet blitzschnell die Dialogbox mit den Bereichsnamen.

Namen schneller zuweisen über das Namensfeld

Das Namensfeld links oben in der Ecke, in der sich Zeilennummern und Spaltenbuchstaben treffen, zeigt alle Bereichsnamen an. Sie können es per Klick auf den Pfeil

öffnen und erhalten alle zugewiesenen Namen. Das Feld
kann sogar für die Produktion neuer Namen benutzt
werden:

1. Markieren Sie den Bereich, den Sie benennen wollen.
2. Klicken Sie in das Namensfeld.
3. Schreiben Sie den gewünschten Bereichsnamen, und
   bestätigen Sie mit der ⏎-Taste.

Der Name ist damit angelegt, er erscheint sowohl im
Namensfeld als auch unter *Einfügen/Namen/Definieren*
bzw. *Namen/Festlegen* (Excel 97).

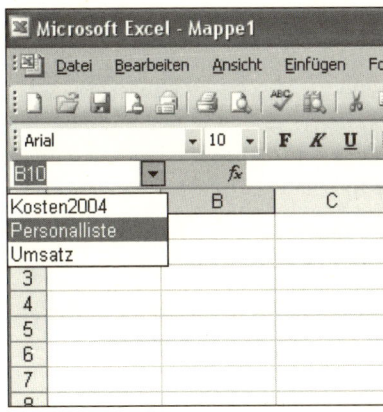

Bild 7.2: Bereichsnamen im Namensfeld listen

Hinweis

Diese Zuweisung über das Namensfeld funktioniert aber nur einmal: Wenn Sie einen neuen Bereich markieren und den gleichen Namen wieder in das Namensfeld schreiben, wird nach dem Drücken der Eingabetaste der alte, bereits benannte Bereich markiert. Löschen Sie in diesem Fall den alten Namen zuerst über die Namensliste.

Namen aus Beschriftungen erstellen

In vielen Fällen stehen die für Bereichsnamen passenden Beschriftungen bereits neben den Werten, meist in der Spalte links von der Zahl oder in der Überschriftzeile. Nutzen Sie in diesem Fall eine weitere Menüfunktion aus der Namenszuteilung, und übernehmen Sie einfach die Texte aus den Beschriftungen als Bereichsnamen:

1. Markieren Sie den Bereich inklusive der Beschriftungen. Löschen Sie ggf. störende Leerzellen oder Spalten vorher.

2. Wählen Sie *Einfügen/Namen erstellen* bzw. *Namen übernehmen* (Excel 97).

3. Bestätigen Sie die vorgeschlagenen Übernahme-Positionen, die Excel aus den in der Markierung gefundenen Texteinträgen berechnet.

4. Klicken Sie auf *OK*, um die Bereichsnamen anzulegen.

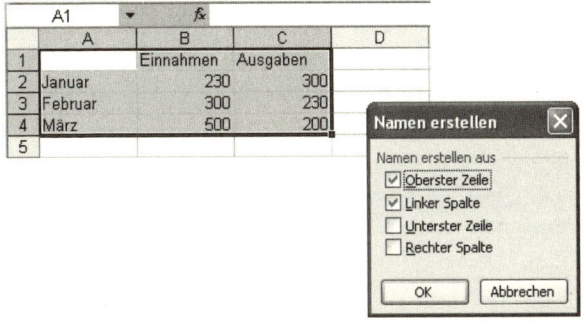

Bild 7.3: Bereichsnamen aus den Beschriftungen übernehmen

Die Bereichsnamen werden eingetragen und stehen ab sofort in der Liste zur Verfügung.

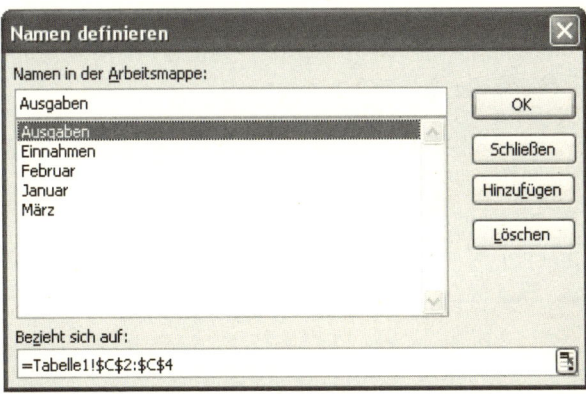

Bild 7.4: Die Bereichsnamen wurden aus den Überschriften übernommen

Sie können hier noch Korrekturen vornehmen und Bereiche umbenennen, wenn die Namen doch nicht so passend sind. Achten Sie besonders auf Leerzeichen in den Be-

schriftungen, die ersetzt Excel bei dieser Prozedur durch
Unterstriche. Doppelpunkte, ebenfalls häufig in Beschriftungen zu finden, entfernt Excel bei der Übernahme der
Texte. Wenn die Überschriften- oder Beschriftungszelle
einen Text enthält, der nicht für Bereichsnamen zugelassen ist, weil Sonderzeichen oder mathematische Operatoren enthalten sind, ignoriert die Funktion diesen Namen
und legt ihn einfach nicht an.

▶ Aus Umsatz 2004 wird Umsatz_2004.

▶ Aus Kapitalkosten: wird Kapitalkosten.

▶ Nicht erlaubte Namen: ###, ???, %.

Eine Liste mit Bereichsnamen

Wollen Sie regelmäßig über die Bereichsnamen in Ihrer
Tabelle informiert werden? Erstellen Sie eine Liste, in der
Sie sowohl die Namen als auch die zugewiesenen Bezüge
sehen können:

1. Setzen Sie den Zellzeiger in eine freie Zelle, am besten
   in einer leeren Tabelle.

2. Wählen Sie *Einfügen/Namen einfügen*.

3. Klicken Sie auf die Schaltfläche *Liste einfügen*, und
   bestätigen Sie mit *OK*.

Die Liste mit Bereichsnamen wird an der Zellzeigerposi-
tion eingefügt, in der Spalte daneben erhalten Sie die
zugewiesenen Bezüge in Textform.

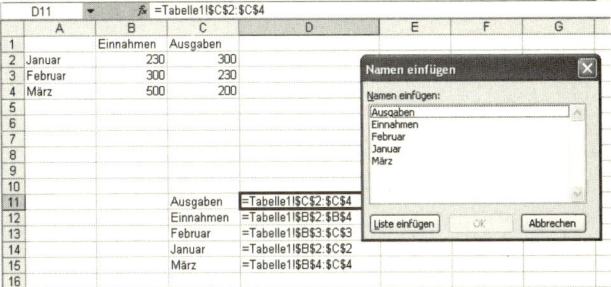

Bild 7.5: Die Bereichsnamen werden in einer Liste angezeigt

Hinweis

In den Makrolösungen finden Sie Vorschläge, wie Sie Namenslisten per Makro in Meldungen oder Dialogboxen anzeigen lassen.

Bereichsnamen in Formeln nutzen

Formeln lassen sich wesentlich besser und sprechender gestalten, wenn die Argumente über Bereichsnamen gebildet werden. Aus der Formel

```
=SUMME($B$5;$B$9)-$C$12
```

lässt sich nicht so einfach ableiten, was das Ergebnis ausdrückt, während diese Form schon sprechender ist:

```
=SUMME(Materialkosten;Rüstkosten)-Abschlagzahlung
```

Excel übernimmt automatisch einen Bereichsnamen an Stelle der Zelladresse in eine Formel, wenn ein solcher zu finden ist. Damit Sie bei der Konstruktion der Formel auch alle Namen sofort parat haben, sollten Sie diesen Trick kennen:

1. Schreiben Sie die Formel oder konstruieren Sie diese über den Funktions-Assistenten bis zur Stelle, an der das erste Argument benötigt wird.

2. Drücken Sie die Funktionstaste F3, um die Liste aller Bereichsnamen anzuzeigen.

3. Markieren Sie den gewünschten Namen, und holen Sie ihn mit *OK* in die Formel.

Hier ein Beispiel:

Die Funktion ZW() berechnet den zukünftigen Wert einer Investition. Tragen Sie die Werte samt Beschriftungen, die Sie für diese Kalkulation brauchen, in ein Tabellenblatt ein:

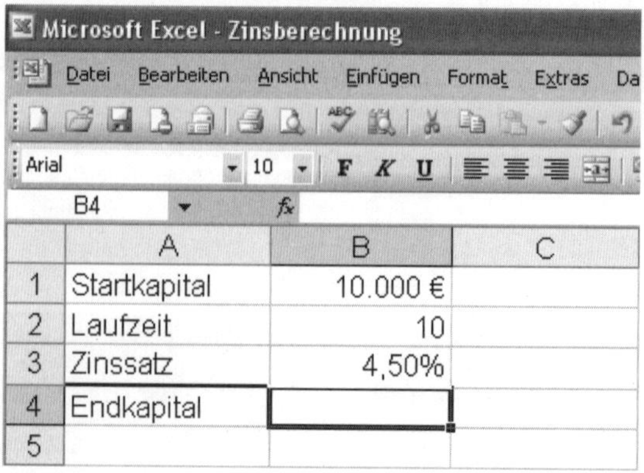

Bild 7.6: Berechnung des Endwertes inkl. Zinsen

1. Die Werte in Spalte B benennen Sie mit *Einfügen/ Namen erstellen*, markieren Sie dazu A1:B4.

2. Für die Formel in B4 starten Sie den Funktions-Assistenten (*Einfügen/Funktion* oder *Weitere Funktionen* im *Summe*-Symbol).

3. Suchen Sie die Funktion ZW (Kategorie Finanzmathematik).

4. In der Funktionspalette werden die einzelnen Argumente angefordert. Drücken Sie jeweils die Funktionstaste F3, und holen Sie die passenden Namen aus der Liste. Die gesamte Formel wird so mit Bereichsnamen konstruiert.

```
=ZW(Zinssatz;Laufzeit;0;-Startkapital)
```

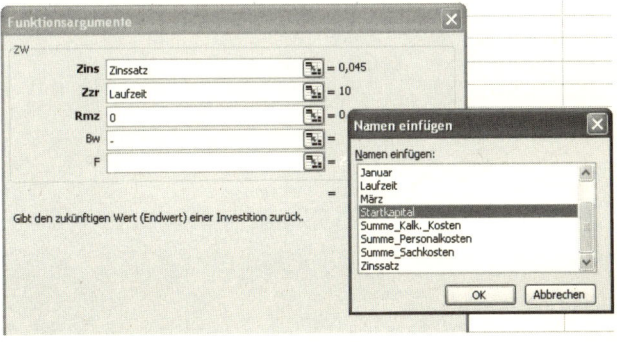

Bild 7.7: Bereichsnamen als Formelargumente

Mit Bereichsnamen Schnittmenge berechnen

Für die Berechnung von Tabellendaten brauchen Sie neben Zellbezügen, Funktionen und natürlichen Zahlen mathematische Operatoren wie Plus- und Minuszeichen, den Schrägstrich für die Division und *, um Faktoren zu multiplizieren. Das sind die gängigsten Rechenzeichen, das Potenzzeichen (^) sollte noch erwähnt werden.

Ein weiterer Operator wird in der Praxis meist völlig übersehen, obwohl er sehr nahe liegt und nicht weniger nützlich ist als die anderen Operatoren: der Schnittmengenoperator.

Um die Schnittmenge zwischen zwei Bezügen zu berechnen, können Sie ein Leerzeichen als Schnittmengenoperator angeben. Die Ermittlung der Schnittmenge aus zwei Tabellenbereichen ist aber nur bei Verwendung von Bereichsnamen praktikabel. In diesem Fall errechnet der Schnittmengenoperator nämlich eine bestimmte Zelle aus dem Bezug. Als Basis für ein erstes Beispiel dient uns eine einfache Umsatztabelle:

	A	B
1	Monat	Umsatz
2	Januar	3000
3	Februar	4000
4	März	2000
5	April	5000
6	Mai	6000
7	Juni	5000

Bild 7.8: Umsatztabelle

Die Beschriftungen in der ersten Zeile und der ersten Spalte ermöglichen eine schnelle Zuweisung der Bereichsnamen.

1. Markieren Sie den Bereich A1:B7.
2. Wählen Sie *Einfügen/Namen/Erstellen*.

Bestätigen Sie mit OK, die beiden Beschriftungsbereiche
Oberste Zeile und *Linke Spalte* sind schon vorgeschlagen.
Mithilfe des Schnittmengenoperators lässt sich jetzt ein-
fach durch Angabe des Monats der entsprechende
Umsatz ermitteln, wobei die Reihenfolge der Faktoren
beliebig ist:

Formel	Ergebnis
=Umsatz Januar	3.000
=Umsatz Juni	5.000
=März Umsatz	2.000
	usw....

Schnittmengen sind natürlich auch als Faktoren in Formeln erlaubt:

Formel	Ergebnis
=SUMME(Umsatz Januar:März)	Das erste Quartalsergeb-nis, im Beispiel 9.000
=MITTELWERT(Januar: Juni Umsatz)	Durchschnittsumsatz des Halbjahres
=SUMME(Umsatz Januar;Umsatz Juni)	Zwei Monatsumsätze als Argumente der Summe

Eine Formulartechnik für Profis: Erstellen Sie eine Gül-
tigkeitsliste mit allen Monaten, und errechnen Sie den
Umsatz des eingestellten Monats über die Funktion
INDIREKT():

1. Setzen Sie den Zellzeiger in Zelle F1.

2. Wählen Sie *Daten/Gültigkeit.*

3. Geben Sie unter *Zulassen Liste* an, und tragen Sie die
   Monatsreihe $A$2:$A$7 als *Quelle* ein.

4. Schreiben Sie in der Zelle darunter die Funktion, die
   den Umsatz des in der Zelle eingestellten Monats
   berechnet:

```
=Umsatz INDIREKT(F1)
```

Mit der Gültigkeitsprüfung stehen die Monate in der
Zelle zur Auswahl ...

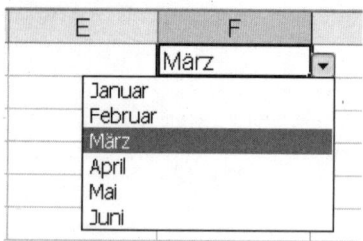

Bild 7.9: Monatsauswahl in der Gültigkeitsliste

... und die Funktion INDIREKT() übernimmt den Textwert
aus der Zelle als Bereichsname in die Formel. Die Schnittmenge mit der Umsatzspalte führt wieder zum richtigen
Wert.

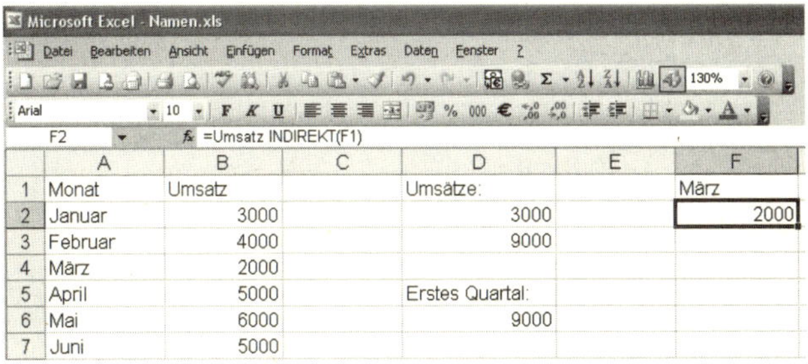

	A	B	C	D	E	F
1	Monat	Umsatz		Umsätze:		März
2	Januar	3000		3000		2000
3	Februar	4000		9000		
4	März	2000				
5	April	5000		Erstes Quartal:		
6	Mai	6000		9000		
7	Juni	5000				

Bild 7.10: INDIREKT-Funktion und Schnittmenge

Formeln auf Bereichsnamen legen

Formeln können ziemlich groß werden, auch wenn die Bezüge durch (kurze) Bereichsnamen ersetzt werden. Eine besonders nützliche Technik in der Kalkulation ist das Übertragen von Formeln auf Bereichsnamen. Das macht komplexe Berechnungen einfacher, die Formelkonstrukte werden überschaubarer und können noch leichter bearbeitet werden. Ein Beispiel:

Ihre Kalkulation enthält Mieteinnahmen und Abzüge für Instandhaltung, Abschreibung und Kapitalkosten. Der Deckungsbeitrag ermittelt die Nettoerlöse. Weisen Sie den Beträgen die Beschriftungen aus der linken Spalte zu, und schreiben Sie diese Formel, die durch die Bereichsnamen sehr groß wird, als weiteren Bereichsnamen:

	A	B
1	**Mieteinnahmen**	120.000
2	Instandhaltungskosten	30.000
3	Abschreibungen	12.000
4	Kapitalkosten	2.300
5	**Deckungsbeitrag**	75.700

Bild 7.11: Deckungsbeitrag berechnen

Lange Version der Formel in B5:

```
=Mieteinnahmen-Instandhaltungskosten-
Abschreibungen-Kapitalkosten
```

1. Wählen Sie *Einfügen/Namen/Definieren*.

2. Tragen Sie den Bereichsnamen DB_Miete ein.

3. Geben Sie unter *Bezieht sich auf* die oben gezeigte Formel ein, und bestätigen Sie mit *OK*.

4. Schreiben Sie in Zelle B5 den Formel-Bereichsnamen:

```
=DB_Miete
```

3D-Bereichsnamen

Der dreidimensionale Bezug ist eine nützliche Technik der Konsolidierung: In der Formel wird ein Bezug benutzt, der mehrere Tabellenblätter einschließt; das Ergebnis enthält dann die Werte aus allen Blättern. Beispiel:

▶ Tabelle 1, Zelle A1:   200
▶ Tabelle 2, Zelle A1:   500

▶ Tabelle 3, Zelle A1:   800

▶ 3D-Bezug in Tabelle3, Zelle A1:

```
=SUMME(Tabelle1:Tabelle3!A1)
```

▶ Ergebnis: 1.500

Sie können diese Prozedur noch vereinfachen, indem Sie den Werten aus den Tabellen einen 3D-Bereichsnamen zuweisen:

1. Legen Sie vier Tabellenblätter an, benennen Sie diese *Nord*, *Süd*, *West* und *Ost*.

2. Schreiben Sie in jedes Tabellenblatt in die Zelle B3 eine Zahl.

3. Legen Sie ein Tabellenblatt *Alle Regionen* an, setzen Sie den Zellzeiger in die Zelle B3.

4. Wählen Sie *Einfügen/Namen definieren*. Tragen Sie den Bereichsnamen *Bevölkerungszahl* ein, und konstruieren Sie unter *Bezieht sich auf* diese Verknüpfung:

```
=Nord:Ost!B3
```

5. Schreiben Sie in der Tabelle *Alle Regionen* die Formel für die Summe der Bevölkerungszahlen:

```
=SUMME(Bevölkerungszahl)
```

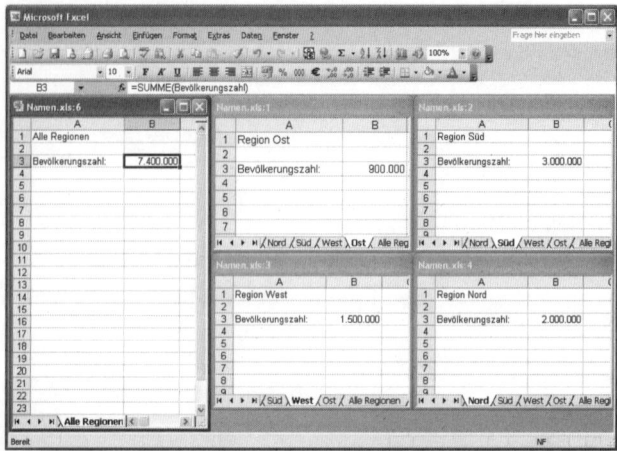

Bild 7.12: Ein dreidimensionaler Bereich wird summiert

Dynamische Zellbereiche mit Bereichsnamen

Dieser Spezialtrick wird Sie in die Lage versetzen, Formeln zu produzieren, die ihre Bereiche aus der Anzahl der Einträge in einer Spalte selbst berechnen. Damit können Sie Summen bilden, Statistik-Formeln nutzen und Auswertungen über Zellbereiche machen, deren Größe sich ständig ändert. Sie können auch Berichte mit Diagrammen produzieren, in denen nur die Basisdaten auszuwechseln sind, die Anzahl Rubriken und die Datenpunkte berechnen sich automatisch neu.

Beispiel: Umsatzbericht

Die Tabelle *Umsatzbericht* erhält in Spalte A eine Reihe von Monatsnamen und in der Spalte B die Umsätze, die

in diesen Monaten erzielt wurden. Erstellen Sie diesen
Bericht in einem neuen Tabellenblatt, und speichern Sie
die Mappe mit dieser Tabelle sofort. Nennen Sie die
Tabelle *Umsatz* und die Mappe *Umsatzbericht.xls*.

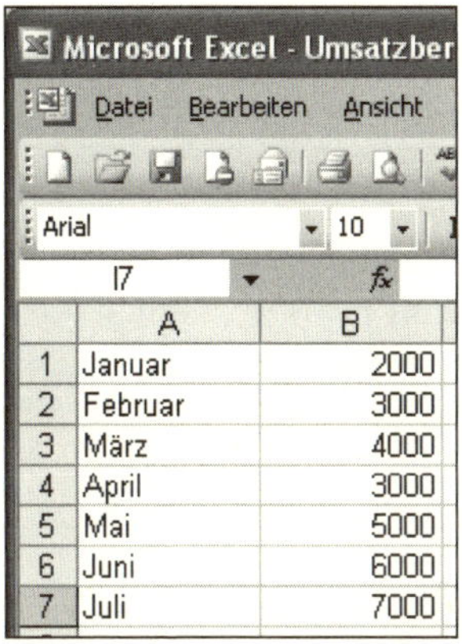

Bild 7.13: Ein Umsatzbericht bis zum Monat Juli

Die benötigten Formeln

Der erste Schritt besteht darin, eine Reihe von Bereichsnamen anzulegen, die später an Stelle der echten Bezüge
im Diagramm verwendet werden. Sie brauchen zwei
Funktionen für die Bildung dynamischer Bereichsnamen:

=ANZAHL2 (Bereich)	Zählt alle Einträge innerhalb des Bereiches. Im Unterschied zu ANZAHL() werden Texte und Zahlen gezählt, ANZAHL() würde nur Werte zählen. Befinden sich in Spalte A 6 Monatsnamen, dann gibt die Funktion =ANZAHL2(A:A) den Wert 6 aus.

=BEREICH. VERSCHIEBEN (bezug; zeilen; spalten; höhe; breite)	Diese Funktion gibt als Ergebnis einen Bezug aus, und zwar den, der sich beginnend bei bezug aus der Verschiebung um zeilen Zeilen und spalten Spalten errechnen lässt. Mit höhe wird die Höhe (Zeilenzahl) des Bezugs angegeben, breite gibt die Anzahl Spalten wieder. Für unser Modell werden wir nur das erste und die letzten beiden Argumente verwenden, für die nicht benötigten Verschiebungen geben wir ein Semikolon ein: =BEREICH.VERSCHIE-BEN(bezug;;;höhe;breite)

Die Bereichsnamen

Tragen Sie jetzt die Bereichsnamen ein, die Sie für das dynamisch wachsende Diagramm brauchen:

1. Wählen Sie *Einfügen/Namen/Definieren*.

2. Geben Sie den Bereichsnamen *Anfang* ein.

   Legen Sie die Zelle $A$1 fest (im Hintergrund anklicken). Der Bezug lautet damit

   =Tabelle1!$A$1.

3. Der zweite Name lautet *SpalteA* und bezieht sich auf die ganze Spalte A (=Tabelle1!$A:$A).

4. Der dritte Name lautet *Umsatz1* und bezieht sich auf

```
=Tabelle1!$B$1.
```

5. Der vierte Name lautet *Rubrik* und bezieht sich auf
diese Formel:

```
=BEREICH.VERSCHIEBEN(Anfang;;;ANZAHL2
(SpalteA);1)
```

6. Der fünfte Name lautete *Daten* und bezieht sich auf
diese Formel:

```
=BEREICH.VERSCHIEBEN(Umsatz1;;;ANZAHL2
(SpalteA);1)
```

Damit sind alle Bereichsnamen erstellt, die Sie für dynamische Formeln und Diagramme brauchen. *Rubrik* wird
automatisch den Bezug erhalten, der sich aus der Anzahl
Monatsnamen in Spalte A ergibt, und *Daten* repräsentiert
die Zellreihe mit allen Umsätzen, die sich ebenfalls an der
Anzahl Monatsnamen in Spalte A orientiert. Sie können
die Bereichsnamen überprüfen, drücken Sie dazu die
Funktionstaste F5 (= *Bearbeiten/Gehe zu*), tragen Sie
den Namen ein, und bestätigen Sie mit *OK*. Der Bereich
wird markiert. Fügen Sie einen weiteren Eintrag in Spalte
A bzw. B ein, wird der Bereich diesen automatisch wieder
enthalten.

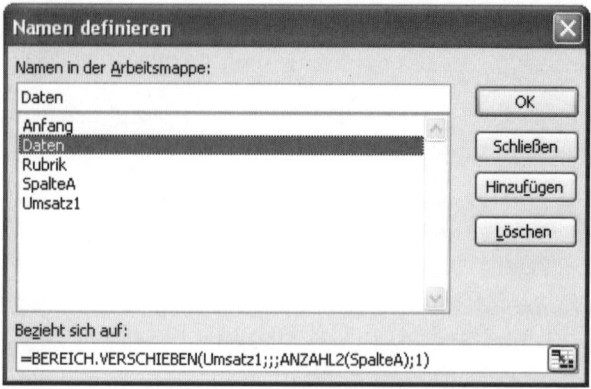

Bild 7.14: Die Bereichsnamen für das dynamische Diagramm

Dynamische Formeln

Alle weiteren Kalkulationen in Ihrem Tabellenblatt
unterliegen nur einer einzigen Regel: Sie dürfen weder
Beschriftungen noch Zahlen oder Formeln in die erste
Zeile oder erste Spalte schreiben. Diese Bereiche werden
zur Berechnung der Bereiche auf die Anzahl Einträge
überprüft und dürfen keine weiteren Einträge enthalten.

Schreiben Sie einige Auswertungen für Ihre Umsatzliste:

	C	D	E
1			
2		Umsatz bis laufenden Monat:	=SUMME(Daten)
3		Durchschnittsumsatz pro Monat:	=MITTELWERT(Daten)
4		Umsatz 1. Quartal:	=SUMME(BEREICH.VERSCHIEBEN(Daten;;;3;1))
5		Größter Umsatz:	=MAX(Daten)
6		... erzielt im Monat:	=INDEX(Rubrik;VERGLEICH(MAX(Daten);Daten;0))

*Bild 7.15: Auswertungsformeln für den dynamischen Bereich
»Daten«*

Das dynamische Diagramm

Im nächsten Schritt weisen Sie diese Bereichsnamen den Elementen eines Säulendiagramms zu. Falls Sie es noch nicht erstellt hatten, markieren Sie den gesamten Bereich von A1:B7 und klicken auf das Symbol des Diagramm-Assistenten. Bestätigen Sie alle Fragen mit Klick auf *Weiter*, und erstellen Sie mit dem letzten Klick auf *Fertig* ein Diagramm-Objekt mit einem Säulendiagramm.

Wechseln Sie dann die statischen Bereiche in der Funktion `DATENREIHE()` gegen die dynamischen Bereichsnamen aus:

1. Klicken Sie auf die Balkenreihe. In der Bearbeitungsleiste wird die Funktion `DATENREIHE` angezeigt.

2. Löschen Sie aus dieser den Bezug `$A$1:$A$7`, und tragen Sie an dessen Stelle den Bereichsnamen `Rubrik` ein.

3. Löschen Sie den Bezug `$B$1:$B$7`, und tragen Sie den Bereichsnamen `Daten` ein.

Achten Sie in beiden Fällen darauf, dass die Tabellenverknüpfung `Umsatz!` stehen bleibt. Schließen Sie die Änderung mit *OK* ab. Excel wird sofort die Tabellenverknüpfung (`Umsatz!`) gegen den Mappennamen austauschen. Das ist nötig, weil diese Bereichsnamen für die gesamte Mappe gelten.

	C	D	E
1			
2		Umsatz bis laufenden Monat:	=SUMME(Daten)
3		Durchschnittsumsatz pro Monat:	=MITTELWERT(Daten)
4		Umsatz 1. Quartal:	=SUMME(BEREICH.VERSCHIEBEN(Daten;;;3;1))
5		Größter Umsatz:	=MAX(Daten)
6		... erzielt im Monat:	=INDEX(Rubrik;VERGLEICH(MAX(Daten);Daten;0))

Bild 7.16: Die Datenreihe wird dynamisch gemacht

Alte Formel:

```
=DATENREIHE(;Umsatz!$A$1;$A$7;Umsatz!$B$1;$B$7;1)
```

Neue Formel:

```
=DATENREIHE(;Umsatzbericht.xls!Rubrik;
Umsatzbericht.xls!Daten;1)
```

Fertig ist das dynamische Diagramm. Tragen Sie weitere
Monatsnamen in Spalte A und Umsatzzahlen in Spalte B
ein, und das Diagramm wird diese sofort anzeigen. Die
dynamischen Bereichsnamen Rubrik und Umsatzreihe
zählen die Monatsnamen in Spalte A und produzieren die
Datenreihe entsprechend dieser Anzahl Einträge.

Die dynamische Datenbank

Mit den vorgestellten Formeln und der Funktion
BEREICH.VERSCHIEBEN als Basis für dynamische Bereiche
sollte es für Sie jetzt kein Problem sein, einen ganzen
Bereich dynamisch zu benennen. Dynamische Datenbanken sind besonders nützlich, wenn Daten aus SAP-
Berichten oder anderen Datenquellen importiert werden,
sich also häufig in der Dimension ändern. Diese Voraus-
setzungen muss die Liste erfüllen, dann können Sie ihr
den Bereichsnamen *Datenbank* dynamisch zuweisen:

▶ Die Liste muss links oben in der Zelle A1 beginnen
  und geschlossen sein, d.h. weder Leerzeilen noch
  Leerspalten enthalten.

▶ In der Tabelle dürfen außer der Kopfzeile und den Datensätzen darunter keine weiteren Daten oder Formeln (Summen etc.) stehen.

Datenbank berechnen

Realisiert wird die dynamische Datenbank wieder über die BEREICH.VERSCHIEBEN-Funktion aus der Funktionskategorie Matrix:

```
=BEREICH.VERSCHIEBEN(Bezug;Zeilen:Spalten;
Höhe:Breite)
```

Diese Funktion ermittelt eigentlich einen Zellbezug, der um Zeilen und Spalten von der Formelzelle mit dieser Funktion versetzt ist. Für unseren dynamischen Bereichsnamen verwenden wir aber nur die beiden letzten Argumente Höhe und Breite, und die ermitteln wir aus der Anzahl der Einträge in der Kopfzeile und der Anzahl der Datensätze:

1. Öffnen Sie eine Tabelle mit einer Liste, die in Zelle A1 beginnt.

2. Wählen Sie *Einfügen/Namen/Definieren* bzw. *Einfügen/Namen/Festlegen* (Excel 97).

3. Tragen Sie den Bereichsnamen Datenbank ein.

4. Geben Sie in das Feld unter *Bezieht sich auf* diese Formel ein (Achtung, nicht mit Cursortasten arbeiten!):

```
=BEREICH.VERSCHIEBEN($A$1;;;ANZAHL2($A:$A);
ANZAHL2($1:$1))
```

5. Schließen Sie die Namenszuweisung mit Klick auf *OK* ab.

6. Drücken Sie ⌷F5⌷ und geben Sie »Datenbank« ein. Wenn die Formel richtig war, wird der Bereich ab A1 markiert, die Datenbank wird korrekt berechnet.

Die dynamische Datenbank wird erst zu dem Zeitpunkt berechnet, an dem der Bereichsname aufgerufen wird, sie steht deshalb nicht in der Liste der Bereichsnamen im Namensfeld links oben und auch nicht im Angebot unter *Bearbeiten/Gehezu* (Funktionstaste ⌷F5⌷).

Spalten oder Zeilen aus der dynamischen Datenbank benennen

Wenn Sie mit Listen oder Datenbanken arbeiten, werden Sie immer wieder vor das Problem gestellt, einzelne Spalten oder Zeilen aus dem Bereich zu benennen. Hat eine Liste z.B. Euro-Beträge, wäre es für Auswertungsfunktionen praktisch, nur die Spalte mit den Beträgen als Bereichsname zu haben. Funktionen wie SUMMEWENN, ZÄHLENWENN brauchen solche Spaltenangaben als Argumente. Wenn Sie wie zuvor beschrieben mit dynamischen Bereichen arbeiten, ist der nächste logische Schritt, aus diesen wieder Teilbereiche zu ermitteln.

Mit diesem Trick rechnen Sie eine einzelne Spalte oder Zeile aus einem Bereich heraus und weisen diese gleich in einen Bereichsnamen ein:

1. Markieren und benennen Sie Ihren Bereich, oder erstellen Sie wie beschrieben eine Datenbank.

2. Wählen Sie *Einfügen/Namen/Definieren* bzw. *Einfügen/Namen/Festlegen* (Excel 97).

3. Tragen Sie als Bereichsname *Spalte1* ein.

4. Geben Sie in das Feld unter *Bezieht sich auf* diese Formel ein:

```
=INDEX(Datenbank;;1)
```

5. Schließen Sie mit Klick auf OK ab, und testen Sie den Bereich. Der Bereichsname erscheint wieder nicht in der Liste, er wird erst produziert, wenn Sie ihn in das Namensfeld schreiben oder mit F5 abholen.

Die INDEX-Funktion ermittelt normalerweise eine Zelle im Schnittpunkt von Zeile und Spalte des Bereiches. Wenn Sie die Zeilennummer weglassen, erhalten Sie die gesamte Spalte als Matrix. Um eine bestimmte Zeile zu errechnen, lassen Sie die Spaltennummer weg (hier Zeile 5):

```
=INDEX(Datenbank;5;)
```

Noch ein Spezialtrick: Der Bereich beinhaltet immer die Überschrift der Datenbank oder Liste, die bei solchen Bereichen Pflicht ist. Mit dieser Spezialformel erhalten Sie nur die Daten aus der ersten Spalte der Datenbank:

Name:

```
SpalteA_Daten
```

Bezieht sich auf:

```
=BEREICH.VERSCHIEBEN(INDEX(Datenbank;;1);1;;ZEILEN
(Datenbank)-1;)
```

Globale und lokale Bereichsnamen

Wenn Sie alle Spezialtricks für Bereichsnamen bis zu diesem Punkt fleißig eingeübt hatten, werden Sie festgestellt haben, dass alle bisher benutzten Bereichsnamen für die gesamte Arbeitsmappe galten. Das sind globale Bereichsnamen, und das ist auch gut so, denn Namen sollten aus allen Ecken der Kalkulation funktionieren, und wenn eine Formel einen Bezug auf einen Zellbereich benutzt, sollte sie sich nicht darum kümmern müssen, in welcher Tabelle dieser steht.

Es gibt auch tabellenspezifische Bereichsnamen, *lokale Bereichsnamen* genannt. Das sollten Sie zunächst wissen, damit Sie Fehlern auf die Spur kommen, die im Zusammenhang mit Bereichsnamen entstehen. Ein typischer Fall ist die Kopie eines Tabellenblattes:

1. Sie haben in einem Tabellenblatt namens *Januar* einen Bereichsnamen *Umsatz* angelegt.

2. Sie kopieren dieses Blatt in der gleichen Mappe und nennen die Kopie *Februar*.

Was passiert mit dem Bereichsnamen? Da Namen immer eindeutig sein müssen, kann er in diesem Fall nicht mehr für die Mappe gelten und wird deshalb automatisch zum tabellenspezifischen Namen. Der Name in der ersten

Tabelle bleibt für die ganze Mappe erhalten, der Name *Umsatz* in der Februar-Tabelle gilt nur für diese und wird auch nur in dieser angezeigt.

Wie unterscheidet man diese beiden Namenstypen? Ganz einfach: Tabellenspezifische Namen erhalten den Namen der Tabelle, für die sie gelten, am linken Rand der Namensliste.

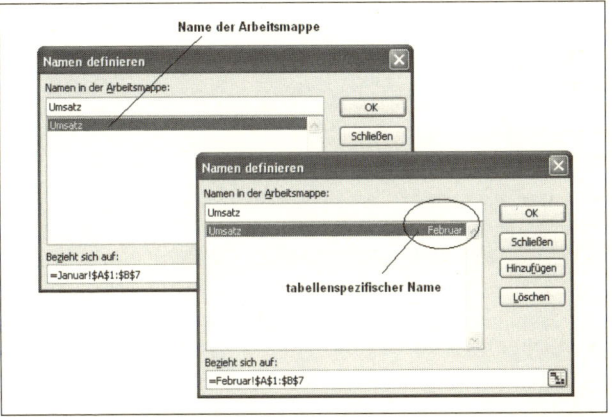

Bild 7.17: Der gleiche Name gilt einmal für die Mappe und einmal für die Tabelle

Wenn Sie den Namen aus der zweiten Spalte löschen, wird automatisch wieder der Mappenname angezeigt, die Tabellenbezeichnung am linken Rand verschwindet.

Tabellenspezifische Namen lassen sich natürlich auch gezielt anlegen, nicht nur durch Kopieren eines Tabellenblattes. Öffnen Sie die Dialogbox für die Namenszuteilung mit [Strg] + [F3], und tragen Sie den Bereichsnamen einfach mit einer Verknüpfung auf seine Tabelle in:

```
=Februar!Umsatz
```

Ein Makro für Bereichsnamen in allen Tabellen

Mit einem VBA-Makro lösen Sie die Aufgabe, Bereichsnamen in alle Tabellen einer Mappe zu verteilen. Schreiben Sie es in ein Modul Ihrer Arbeitsmappe und erstellen
Sie ein Aufrufsymbol über die Symbolleiste *Format* oder
als Symbol in einer der angezeigten Symbolleisten.

```
Sub NamefürAlleTabellen()
  Dim ws As Worksheet, strAdr As String, bname As String
  strAdr = Selection.Address
  bname = InputBox("Bereichsname für den Bereich " _
    & strAdr & ":", "Name anfordern")
  If bname = "" Then Exit Sub
  For Each ws In ThisWorkbook.Worksheets
    ws.Range(strAdr).Name = ws.Name & "!" & bname
  Next ws
End Sub
```

Namen für Diagramme

Können Diagrammobjekte in Tabellen benannt werden,
z.B. über einen Eintrag in das Namensfeld? Zunächst
nicht, denn ein Klick auf ein erstelltes Objekt beschert im
Namensfeld automatisch die Bezeichnung des ersten Elements, der Diagrammfläche, und jeder weitere Klick meldet immer Teile des Diagramms. So geben Sie dem
Diagramm einen Namen:

1. Halten Sie die ⌈Strg⌉-Taste gedrückt, und klicken Sie auf das Diagrammobjekt.

2. Schreiben Sie den Namen des Objekts in das Namensfeld und bestätigen Sie mit der ⌈↵⌉-Taste.

Alternativ dazu können Sie auch das Auswahl-Werkzeug in der Symbolleiste *Zeichnen* einschalten (Pfeilsymbol links unten). Damit lassen sich nur Objekte anklicken, und ein Klick auf das Diagramm beschert den Objektnamen im Namensfeld.

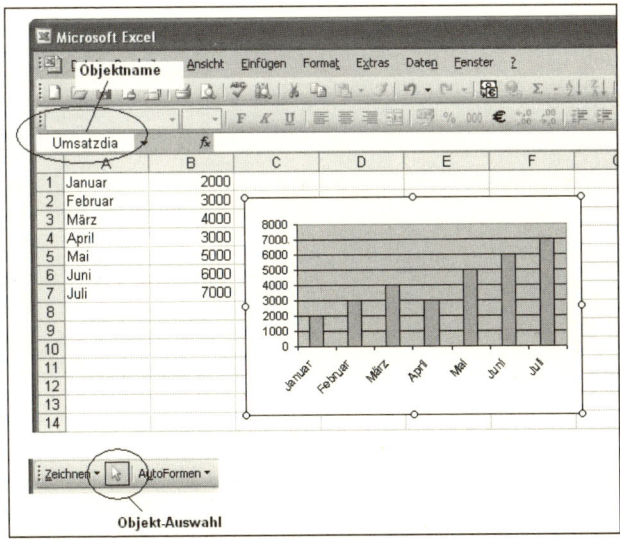

Bild 7.18: Objektname und Auswahl-Werkzeug

> ### Hinweis
>
> Vergessen Sie nicht, das Pfeilsymbol wieder auszu-
> schalten, sonst kommen Sie nicht mehr an Ihre Zell-
> inhalte heran. Der Objektname für das Diagramm gilt
> nur in der Tabelle selbst, er kann nicht wie alle map-
> penspezifischen Bereichsnamen aus anderen Tabellen
> abgerufen werden.

Bereichsnamen im Zoom anzeigen

So schnell die Bereichsnamen auch über das Namensfeld
abrufbar sind, ein allgemeiner Überblick fehlt dennoch.
Wenn Sie alle Bereichsnamen in einem Tabellenblatt
überprüfen wollen, hilft der Zoom-Trick weiter:

Zoomen Sie das Blatt bis zur Ansichtsstufe 39% herun-
ter. Sie können dazu mit gedrückter ⎡Strg⎤-Taste das
Mausrad nach hinten ziehen oder den Faktor in das
Zoom-Feld der Symbolleiste *Standard* eintragen oder mit
dem Menübefehl *Ansicht/Zoom* arbeiten.

Ab dem Zoomfaktor 39% wird für größere Bereiche der
Bereichsname angezeigt.

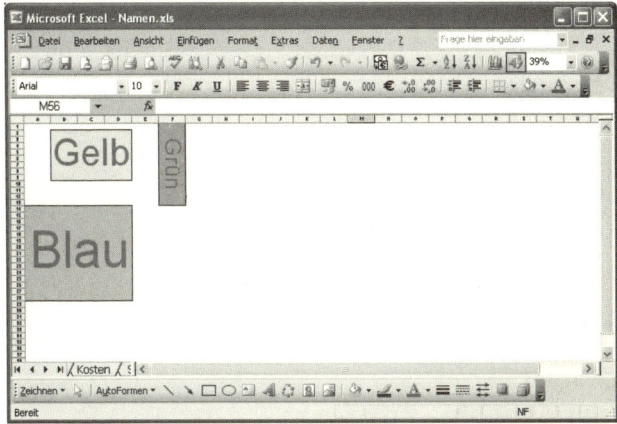

Bild 7.19: Bereichsnamen werden im Zoom angezeigt

Makrolösungen für Bereichsnamen

In der Praxis erweisen sich die Standard-Werkzeuge für Informationen zu Bereichsnamen oft als umständlich. Namenslisten, mit *Einfügen/Namen/Erstellen* angelegt, müssen ständig aktualisiert und wieder gelöscht werden, eine ständig aktuelle Information über die Bereichsnamen und deren Bezüge bieten sie nicht. Schreiben Sie sich Makros, die Bereichsnamen und deren Zuweisungen auf Knopfdruck in Meldungen oder Dialogboxen anzeigen.

Bereichsnamen in einer Meldung

Das Makro sucht in einer Schleife alle Bereichsnamen und übergibt sie einer Textvariablen. Diese fügt die einzelnen Namen und Bezüge zeilenweise zusammen und trennt die Zeilen mit einer vbCr-Konstante (vbCr = Visual Basic Carriage Return = Zeilenumbruch). Schrei-

ben Sie es in ein neues Modul, das Sie nach dem Aufruf
des Makro-Editors mit $\boxed{\text{Alt}}$ + $\boxed{\text{F11}}$ im aktuellen Projekt anlegen:

```
Sub ShowNames()
 Dim NListe, i As Integer
 With ActiveWorkbook
  For i = 1 To .Names.Count
   NListe = NListe & .Names(i).Name _
   & ": " & Names(i) & vbCr
  Next i
 End With
 MsgBox NListe, vbInformation, "Alle Bereichsnamen"
End Sub
```

Listing 7.1: Das Makro listet alle Bereichsnamen mit Bezügen

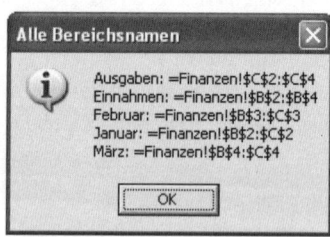

Bild 7.20: Diese Meldung zeigt das Makro an

Bereichsnamen in der UserForm

Professioneller und v.a. besser zu gestalten als die Mel-
dungsbox ist die UserForm, das Dialogwerkzeug des
Makroprogrammierers. Schreiben Sie ein Makro, das
beim Aufruf einer UserForm die Bereichsnamen in einer
Array-Variablen sammelt und einer zweispaltigen Liste
zuweist.

1. Starten Sie mit ⌈Alt⌉ + ⌈F11⌉ den Visual Basic Editor.

2. Wählen Sie *Einfügen/UserForm*, um eine neue User-Form anzulegen.

3. Zeichnen Sie über die Werkzeugsammlung ein Listen-feld in die UserForm, weisen Sie diesem im Eigen-schaftenfenster zwei Spalten (ColumCount 2) zu.

4. Damit das Listenfeld nach dem Start der UserForm die Namen in der Mappe anzeigt, klicken Sie doppelt in die UserForm und schalten im Codeblatt auf das Ereignis *Initialize* um (Listenfeld rechts oben). Das Klick-Makro der UserForm können Sie löschen.

5. Schreiben Sie dieses Makro, das die Bereichsnamen in das Listenfeld holt:

```
Private Sub UserForm_Initialize()
  Dim nliste(), anzN As Integer, wb As Workbook
Dim i As Integer
  Set wb = Application.ThisWorkbook
  anzN = wb.Names.Count
  ReDim nliste(anzN - 1, 1)
  For i = 1 To anzN
   nliste(i - 1, 0) = wb.Names(i).Name
   nliste(i - 1, 1) = wb.Names(i)
  Next i
  Me.ListBox1.List = nliste
End Sub
```

6. Zeichnen Sie noch eine OK-Schaltfläche in die User-Form, und weisen Sie dieser mit einem Doppelklick das Klick-Ereignis-Makro zu, das die UserForm wie-der schließt:

```
Private Sub CommandButton1_Click()
 Unload Me
End Sub
```

7. Jetzt können Sie ein Modul in Ihr Projekt (Arbeitsmappe) einfügen (*Einfügen/Modul*) und in diesem ein
   Makro schreiben, das die UserForm aktiviert:

```
Sub ShowNameList()
   frmNames.Show
End Sub
```

Fertig ist die schnelle Bereichsnamen-Info. Legen Sie den
Aufruf des letzten Makros auf eine Schaltfläche oder ein
Symbol in einer der Symbolleisten, und die Infobox steht
auf Klick zur Verfügung.

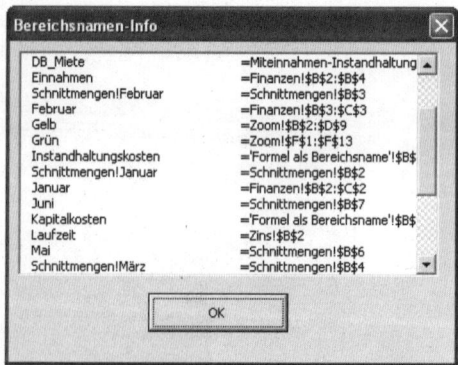

Bild 7.21: UserForm mit allen Bereichsnamen

8
Filtern, Sortieren und Pivotieren

Richtig sortieren

Sortieren scheint ja eine der einfachsten Übungen in Excel zu sein: Einfach die Daten markieren, Klick auf *Daten/Sortieren* und bis zu drei Sortierschlüssel wählen, fertig ist die Sortierung. Kein Problem, wenn Sie bisher so sortiert hatten, aber da gibt es noch ein paar gute Tricks und wohlgemeinte Ratschläge dazu:

Gut markiert ist halb sortiert

Das Markieren der zu sortierenden Daten ist nicht immer so einfach. Auf keinen Fall sollten Sie natürlich nur die Spalte markieren, die es zu sortieren gilt. Excel würde annehmen, Sie wollen nur diese Daten sortieren, und der Rest Ihrer Liste bliebe unsortiert. Damit weisen Sie schnell neue Artikeln- oder Bestellnummern zu, und Ihre Mitarbeiter in der Personalliste bekämen ein neues Geburtsdatum, was nicht jedem gefallen würde. Zur Sicherheit werden Sie aber in solchen Fällen eine Warnung bekommen:

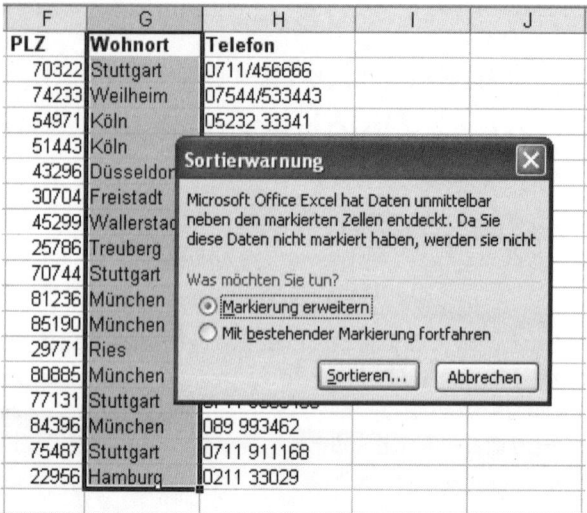

F	G	H	I	J
PLZ	**Wohnort**	**Telefon**		
70322	Stuttgart	0711/456666		
74233	Weilheim	07544/533443		
54971	Köln	05232 33341		
51443	Köln			
43296	Düsseldor			
30704	Freistadt			
45299	Wallerstad			
25786	Treuberg			
70744	Stuttgart			
81236	München			
85190	München			
29771	Ries			
80885	München			
77131	Stuttgart			
84396	München	089 993462		
75487	Stuttgart	0711 911168		
22956	Hamburg	0211 33029		

Bild 8.1: Warnmeldung bei markierten Spalten

Beachten Sie folgende Regeln für die Markierung von Sortierdaten:

▶ Wenn eine Liste vorliegt, genügt es, den Zellzeiger in der Liste zu haben. Eine Liste ist mit der ersten Leerzeile und der ersten Leerspalte zu Ende.

▶ In Excel 2003 kann eine Liste auch über *Daten/Liste* als solche definiert werden, in diesem Fall wird bei Sortierungen automatisch der gesamte Listenbereich eingeschlossen.

▶ Enthält der Listenbereich eine erkennbare Überschrift (Texteinträge in der ersten Zeile), wird diese beim Aufruf der Sortierung vorgeschlagen, andernfalls sortiert Excel ohne Überschrift.

Sortieren über Sortiersymbole

Wozu sind die Sortiersymbole in der Symbolleiste *Standard* da? Um geschlossene Listen zu sortieren, gehen Sie wie folgt vor:

1. Setzen Sie den Zellzeiger in eine beliebige Zelle der zu sortierenden Spalte.

2. Klicken Sie auf das Symbol für auf- oder absteigende Sortierung. Die Liste wird sortiert.

Wie funktioniert das in Bereichen, die vorher markiert werden müssen? Hier steht der Zellzeiger ja immer in der Zelle, an der die Markierung gestartet wurde. Auch das ist kein Problem:

1. Markieren Sie den zu sortierenden Bereich.

C	D	E	F	G
Vorname	**Name**	**Strasse**	**PLZ**	**Wohnort**
Dieter	Buchmüller	Wendlinger Str. 66	70322	Stuttgart
Lisa	Fritsch	Ulmer Str. 45	74233	Weilheim
Anne	Alt	Heimberger Str. 34	54971	Köln
Bärbel	Berger	Große Allee 22	51443	Köln
Basti	Berger	Friedrichstr. 5	43296	Düsseldorf
Bernd	Bauer	Sillenburger Landstr. 12	30704	Freistadt
Georg	Grau	Kannekamp 83	45299	Wallerstadt

Bild 8.2: Für die Sortierung im markierten Bereich Zellzeiger versetzen

2. Drücken Sie die ⎑-Taste, um den Zellzeiger in die
   Spalte der Markierung zu bewegen, die Sie sortieren
   wollen.

3. Klicken Sie auf das Symbol für auf- oder absteigende
   Sortierung (s. Bild 8.2).

Monatsnamen sortieren

Sortieren Sie eine Liste nach Monatsnamen, wird diese
korrekt alphabetisch aufsteigend vorliegen. Aber genau
das werden Sie wahrscheinlich nicht wollen:

Unsortiert	Aufsteigend sortiert
Januar	April
Februar	August
März	Dezember
April	Februar
Mai	Januar
Juni	Juli
Juli	Juni
August	Mai
September	März
Oktober	November
November	Oktober
Dezember	September

Mit einem einfachen Trick lässt sich die Monatsreihe von
Dezember bis Januar und umgekehrt von Januar bis
Dezember einrichten:

1. Markieren Sie die Liste mit den Monatsnamen, und wählen Sie *Daten/Sortieren*.

2. Wählen Sie die Sortierrichtung *Aufsteigend* oder *Absteigend*.

3. Klicken Sie auf *Optionen*.

4. Wählen Sie unter *Benutzerdefinierte Sortierreihenfolge* die Monatsreihe in der vorliegenden Schreibweise (Jan, Feb ... oder Januar, Februar ...).

5. Bestätigen Sie mit *OK*, und sortieren Sie die Reihe mit einem weiteren Klick auf *OK*.

Damit werden die Monatsnamen korrekt einsortiert, die benutzerdefinierte Reihe wird hier als Kriterium der alphabetischen Sortierung vorgezogen.

Bild 8.3: Monatsreihe sortieren

Eigene Sortierreihenfolge festlegen

Sie können jetzt natürlich auch die Wochentage oder
andere benutzerdefinierte Reihen zur Sortierung nutzen.
Wenn Sie einen anderen Datenbestand immer in eine
bestimmte Reihenfolge bringen wollen, speichern Sie diesen als eigene Füllreihe, und damit steht er für Sortierungen zur Verfügung. Ein Beispiel:

Unfallstation
Chirurgie
Entbindungsstation
Intensiv
Krankenstation Bau I
Krankenstation Bau II
Pflegestation

1. Schreiben Sie die Stationen einmal in eine Tabellen-
   spalte, markieren Sie die Liste, und aktivieren Sie
   Extras/Optionen.

2. Schalten Sie um auf das Register *Benutzerdefinierte
   Listen* (*AutoAusfüllen* in Excel 97), und klicken Sie
   auf *Importieren*, um die markierten Daten in einer
   Füllreihe zu hinterlegen.

3. Jetzt kann die Liste beliebig umsortiert werden. Um
   sie wieder in die Ausgangsreihenfolge zu bringen,
   wählen Sie unter *Daten/Sortieren/Optionen* die
   benutzerdefinierte Liste als Sortierreihenfolge.

Geburtsdatum nach Monat sortieren

Wenn Sie eine Liste mit Personendaten nach dem Geburtsdatum ordnen wollen, wird Excel keine andere Wahl haben, als das Datum auf- oder absteigend zu sortieren. Und da ein Datum nichts anderes ist als eine serielle Zahl, wird die Liste immer die ältesten Personen zuerst oder zuletzt enthalten. Gibt es eine Möglichkeit, eine Datumsliste nach Monaten und evtl. bei gleichen Monaten noch nach Tagen zu sortieren?

Es gibt sie, aber ohne Hilfsspalten geht es nicht. Berechnen Sie den Monat und den Tag eines jeden Geburtsdatums und sortieren Sie die Liste nach diesen Spalten:

1. Tragen Sie in einer freien Spalte die Überschrift »Monat« ein, und berechnen Sie den Monat des Geburtsdatums mit dieser Formel (das erste Geburtsdatum hier in Zelle D2 vorausgesetzt):

```
=MONAT(D2)
```

2. Berechnen Sie in der nächsten freien Spalte den Tag aus dem Geburtsdatum:

```
=TAG(D2)
```

3. Wenn Sie noch das Alter der Person berechnen wollen, schreiben Sie diese Formel in die dritte Spalte:

```
=GANZZAHL(BRTEILJAHRE(D2;HEUTE()))
```

4. Sortieren Sie anschließend die Liste nach den Sortierschlüsseln Alter, Monat und Tag.

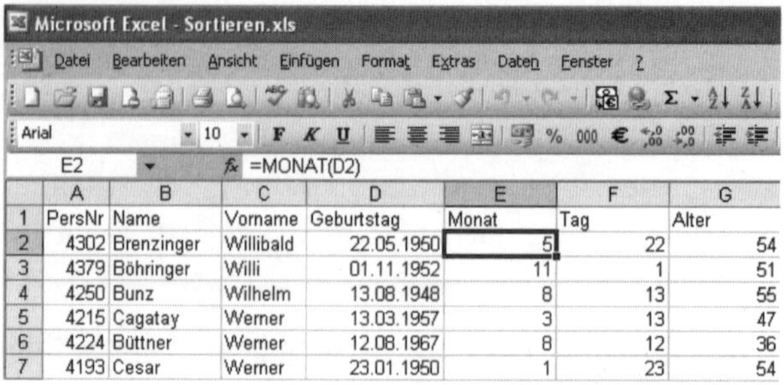

	A	B	C	D	E	F	G
1	PersNr	Name	Vorname	Geburtstag	Monat	Tag	Alter
2	4302	Brenzinger	Willibald	22.05.1950	5	22	54
3	4379	Böhringer	Willi	01.11.1952	11	1	51
4	4250	Bunz	Wilhelm	13.08.1948	8	13	55
5	4215	Cagatay	Werner	13.03.1957	3	13	47
6	4224	Büttner	Werner	12.08.1967	8	12	36
7	4193	Cesar	Werner	23.01.1950	1	23	54

Bild 8.4: Zur Sortierung wird Monat, Tag und Alter des Geburtsdatums berechnet

Neue Einträge automatisch einsortieren

Die Sortierung muss standardmäßig immer angestoßen werden – es gibt keine Möglichkeit, eine Liste sofort und ohne Aufruf der Sortierung immer in der richtigen Reihenfolge zu halten – es sei denn, Sie programmieren sich diesen Komfort mit einem VBA-Makro. Wie das geht, zeigt ein praktisches Beispiel:

Eine Artikelliste listet das Sortiment eines Camping-Zubehörmarkts. Der Besitzer bekommt laufend neue Artikel auf Lager, die sofort erfasst werden. Er möchte mit dem Eintippen der Artikelnummer schon sehen, in welche Zeile der Artikel einsortiert wird, damit er die Preise angleichen kann. Die Artikelliste steht in einer Tabelle namens *Artikel* in der Arbeitsmappe `CAMPING.XLS`.

	A	B	C	D
1	Artikel	Bezeichnung	Farbe	Preis
2	A-001	Gartenbank	Grün	39,99
3	A-002	Sonnenschirm	Grün	12,99
4	A-003	Camping-Zelt	Blau	120,66
5	A-005	Wasserschlauch	Rot	19,30
6	A-101	Liegestuhl	Gelb	56,30
7				

Bild 8.5: Artikelliste für den AutoSort

1. Mit ⌈Alt⌉ + ⌈F11⌉ öffnen Sie den VBA-Editor für die Programmierung des Makros.

2. Suchen Sie im Projekt-Explorer das Projekt (diese Arbeitsmappe) und darin die Tabelle *Artikel*.

3. Klicken Sie das Objekt doppelt an. Das Modulblatt für die Tabelle wird eingeblendet, und Sie können das Makro schreiben:

```
Private Sub Worksheet_Change(ByVal Target As
Range)
 If ActiveCell.Column <> 1 Then Exit Sub
 Application.EnableEvents = False
 If Target.Value <> "" Then
 [a1].CurrentRegion.Select
 Selection.Sort Key1:=Range("A1"),
Order1:=xlAscending, Header:=xlGuess, _
 OrderCustom:=1, MatchCase:=False,
Orientation:=xlTopToBottom
 End If
Application.EnableEvents = True
Target.Select
End Sub
```

Wenn Sie anschließend eine neue Artikelnummer eintragen, wird der Datensatz automatisch alphabetisch einsortiert. Für andere Sortierschlüssel oder Sortierreihenfol-
gen ändern Sie einfach den Makrobefehl *Selection.Sort*.
Der Makrorekorder zeichnet die passenden VBA-Befehle
bei alternativen Einstellungen auf.

Zahlen alphanumerisch sortieren

Zahlenwerte sortiert Excel als Zahlen, wenn sie als solche
formatiert sind. Das schafft in der Praxis Probleme, wenn
beispielsweise Artikelnummern, Personalnummern oder
andere Werte einsortiert werden müssen, bei denen nicht
der Zahlenwert, sondern die Position in der Ziffernfolge
A-Z, 0-9 zählt.

Abhilfe schaffen Sie, indem Sie die Zahlen mit dem Textformat belegen:

1. Markieren Sie die Spalte mit den Zahlenwerten.

2. Wählen Sie *Format/Zellen*.

3. Schalten Sie auf die Kategorie *Text*, und klicken Sie
    auf *OK*.

Jetzt werden die Zahlen auf- oder absteigend nach ihrem
alphanumerischen Wert sortiert, wenn Sie mit den Sor-
tiersymbolen arbeiten. Benutzen Sie die Menüoption
Daten/Sortieren, wird Excel mit einer Warnmeldung den
Zustand anzeigen, und Sie können Ihre Aktion selbst entscheiden:

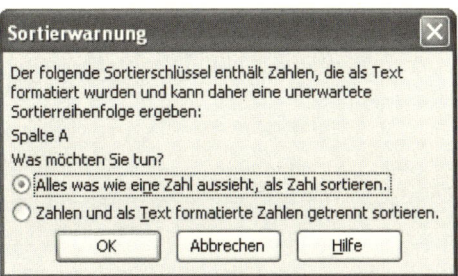

Bild 8.6: Sortierwarnung bei Zahlen im Textformat

Die alphanumerische Sortierung von Zahlenwerten im
Textformat funktioniert nicht in der Excel-Version 97.
Hier hilft nur ein Makro, das die Zahlen durch Einfügung
eines Apostrophs vorher in echte Textwerte umwandelt,
diese sortiert und dann wieder als Zahlenwerte deklariert:

```
Sub AlphaNum_Zahlen()
 Dim zell
 For Each zell In Selection
  zell.Value = "'" & zell.Value
 Next zell
 Selection.Sort _
 Key1:=Selection, Order1:=xlAscending
 For Each zell In Selection
   zell.Value = _
   Mid(zell.Value, 1, len(zell.value)-1)
 Next zell
End Sub
```

Rang: Sieger, Zweitplatzierter, Drittbester ...

Eine Alternative zur Sortierung von Datensätzen über
Sortiersymbole oder *Daten/Sortieren* bieten Spezialfunk-
tionen aus der Kategorie Statistik: Wenn die Sortierung
der Liste nicht möglich ist oder wenn mehrere Auswertungen gleichzeitig benötigt werden, berechnen Sie die
Reihenfolge der Einträge einfach über Funktionen. Ein
typisches Beispiel ist die Auswertung der Startliste einer
Sportveranstaltung:

	A	B	C
1	Startnummer	Name	Punkte
2	1	Meier	23
3	2	Huber	45
4	3	Müller	33
5	4	Dimpfl	56
6	5	Gross	12
7	6	Klein	67
8	7	Berg	78
9	8	Thal	90

Bild 8.7: Startliste mit Punktewertung

1. Markieren Sie die Liste, und weisen Sie ihr über *Ein-
   fügen/Namen/Definieren* den Bereichsnamen *Startliste* zu.

2. Berechnen Sie mit der Funktion KGRÖSSTE() den ersten
   Sieger mit dem größten Punktestand in der dritten
   Spalte des Bereichs:

```
1. Sieger:
=KGRÖSSTE(INDEX(Startliste;;3);1)
```

3. Die folgenden Plätze berechnen Sie mit der gleichen Funktion, das zweite Argument bestimmt die Rangfolge:

```
2. Sieger:
=KGRÖSSTE(INDEX(Startliste;;3);2)
=KGRÖSSTE(INDEX(Startliste;;3);3) …
```

4. Mit der Funktion KKLEINSTE() berechnen Sie die Schlusslichter:

```
Letzter:
=KKLEINSTE(INDEX(Startliste;;3);1)
Vorletzter:
=KKLEINSTE(INDEX(Startliste;;3);2)
Drittletzter:
=KKLEINSTE(INDEX(Startliste;;3);3)
```

Natürlich können Sie jetzt auch berechnen, welcher Name neben dem Punktestand steht. Benutzen Sie die Funktionen INDEX und VERGLEICH und kombinieren Sie diese für die Ermittlung der Namen zu den Punkten:

```
Name des Siegers:
=INDEX(Startliste;VERGLEICH(F3;INDEX
(Startliste;;3);0);2)
```

E	F	G
Bestenliste		
	Punkte	Name
1. Sieger	=KGRÖSSTE(INDEX(Startliste;;3);1)	=INDEX(Startliste;VERGLEICH(F3;INDEX(Startliste;;3);0);2)
2. Sieger	=KGRÖSSTE(INDEX(Startliste;;3);2)	=INDEX(Startliste;VERGLEICH(F4;INDEX(Startliste;;3);0);2)
3. Sieger	=KGRÖSSTE(INDEX(Startliste;;3);3)	=INDEX(Startliste;VERGLEICH(F5;INDEX(Startliste;;3);0);2)
Schlußlichter:		
Letzter	=KKLEINSTE(INDEX(Startliste;;3);1)	=INDEX(Startliste;VERGLEICH(F8;INDEX(Startliste;;3);0);2)
Vorletzter	=KKLEINSTE(INDEX(Startliste;;3);2)	=INDEX(Startliste;VERGLEICH(F9;INDEX(Startliste;;3);0);2)
Drittletzter	=KKLEINSTE(INDEX(Startliste;;3);3)	=INDEX(Startliste;VERGLEICH(F10;INDEX(Startliste;;3);0);2)

Bild 8.8: Berechnung der Sieger und Verlierer aus der Startliste (Ausschnitt)

Filtertricks mit dem AutoFilter

Zu den besten Werkzeugen der Listen- und Datenbankverarbeitung gehören die Filter. Mit wenigen Handgriffen sind Teillisten und Extrakte aus umfangreichen Datenbanken erstellt, wenn die richtigen Filtertechniken bekannt sind. Lesen Sie, welche Spezialtechniken die Filter bereithalten.

AutoFilter aktivieren

Der AutoFilter bietet die Möglichkeit, alle Einträge einer Liste als Filterkriterium für die gesamte Liste zu benutzen. So aktivieren Sie ihn:

1. Setzen Sie den Zellzeiger in die Liste.
2. Wählen Sie *Daten/Filter/AutoFilter*.
3. In der Überschriftenzeile der Liste wird je ein Filterpfeil angeboten, Sie können die Liste nach einem Eintrag filtern.

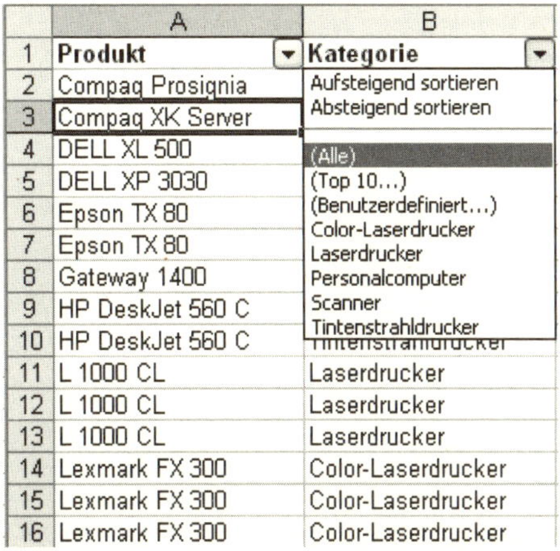

	A	B
1	**Produkt** ▼	**Kategorie** ▼
2	Compaq Prosignia	Aufsteigend sortieren
3	Compaq XK Server	Absteigend sortieren
4	DELL XL 500	(Alle)
5	DELL XP 3030	(Top 10...)
6	Epson TX 80	(Benutzerdefiniert...)
		Color-Laserdrucker
7	Epson TX 80	Laserdrucker
8	Gateway 1400	Personalcomputer
9	HP DeskJet 560 C	Scanner
		Tintenstrahldrucker
10	HP DeskJet 560 C	Tintenstrahldrucker
11	L 1000 CL	Laserdrucker
12	L 1000 CL	Laserdrucker
13	L 1000 CL	Laserdrucker
14	Lexmark FX 300	Color-Laserdrucker
15	Lexmark FX 300	Color-Laserdrucker
16	Lexmark FX 300	Color-Laserdrucker

Bild 8.9: Der AutoFilter bietet alle Einträge einmal an

So klappt's mit dem AutoFilter

Das sieht sehr einfach aus und ist es auch, das Einschalten des AutoFilters. In der Praxis ist es nicht so einfach, denn für den AutoFilter muss eine filterbare Liste vorliegen. Nicht selten erscheint die Meldung:

```
Der Befehl konnte für den angegebenen Bereich
nicht ausgeführt werden …
```

Achten Sie auf diese Regeln für den AutoFilter:

▶ Der Zellzeiger muss in einer erkennbaren Liste stehen. Die Liste enthält mindestens eine nichtleere Zeile und ist mit der ersten Leerzeile und der ersten Leerspalte abgegrenzt. In Excel 2003 können Sie die Liste mit dem gleichnamigen Befehl aus dem Daten-Menü bestimmen.

▶ Wenn die Liste keine Kopfzeile enthält, wird der
   AutoFilter in den ersten Datensatz gesetzt.

▶ Die Tabelle mit der Liste darf nicht geschützt sein.

▶ Die Markierung muss auf einer Zelle sitzen, es darf
   kein Objekt und kein Diagramm markiert sein.

▶ Die Markierung darf nur aus einem zusammenhängenden Bereich bestehen. Wenn Sie mehrere Bereiche
   markiert hatten (mit `Strg`-Taste), kann der AutoFilter nicht gesetzt werden.

Wenn Sie den AutoFilter per Makro programmieren, gelten zusätzlich diese Regeln:

▶ Es muss eine Arbeitsmappe aktiv sein, die Mappe darf
   nicht minimiert sein.

▶ Es darf kein Diagrammblatt aktiv sein, das aktuelle
   Arbeitsblatt muss ein Tabellenblatt sein.

Leerzeilen filtern mit dem AutoFilter

Mit dem AutoFilter entfernen Sie schnell nicht benötigte
Leerzeilen aus Listen, vorausgesetzt, Sie setzen die Markierung richtig an:

1. Markieren Sie die gesamte Liste bis zum letzten
   Datensatz. Wenn Sie nicht sicher sind, ob Sie alle Zeilen in der Markierung haben, drücken Sie `Strg` +
   `Ende`. Damit steht der Zellzeiger in der letzten
   beschrifteten oder benutzten Zelle der Tabelle, und
   Sie können mit `Strg` + `⇧` + `Pos1` bis zum Anfang
   der Liste markieren.

2. Setzen Sie mit *Daten/Filter/AutoFilter* die Markierungen für die Liste.

3. Klicken Sie auf den Filterpfeil derjenigen Spalte, die Leerzellen enthält, und wählen Sie den Eintrag *(Leere)*.

4. Jetzt werden nur die Zeilen angezeigt, die in dieser Spalte keinen Eintrag haben. Um diese zu löschen, markieren Sie alle blau gekennzeichneten Zeilennummern links außen und drücken [Strg] + [-], um sie zu löschen.

5. Entfernen Sie den AutoFilter, und die Liste ist von allen Leerzeilen befreit.

	A	B
1	**Produkt** ▾	**Kategorie** ▾
2	Aufsteigend sortieren	Personalcomputer
3	Absteigend sortieren	Personalcomputer
4	(Alle)	Personalcomputer
5	(Top 10...)	Personalcomputer
6	(Benutzerdefiniert...)	Scanner
7	Compaq Prosignia / Compaq XK Server	Scanner
8	DELL XL 500	
9	DELL XP 3030	Personalcomputer
10	Epson TX 80 / Gateway 1400	Tintenstrahldrucker
11	HP DeskJet 560 C	Tintenstrahldrucker
12	L 1000 CL	
13	Lexmark FX 300 / (Leere)	Laserdrucker
14	(Nichtleere)	Laserdrucker
15	L 1000 CL	Laserdrucker
16		

Bild 8.10: Alle Leerzeilen filtern

Filterstatus in der Statusleiste anzeigen

In größeren Listen lässt sich nicht auf Anhieb erkennen, wie viele Zeilen der AutoFilter mit seiner letzten Aktion ausgeblendet hat. Die Statusleiste zeigt den aktuellen Filterstatus an, sie meldet, wie viele Zeilen nicht mehr zu sehen sind:

1. Aktivieren Sie die Statusleiste unter *Extras/Optionen* auf der Registerkarte *Ansicht*.

2. Setzen Sie das Häkchen an der Option *Statusleiste*.

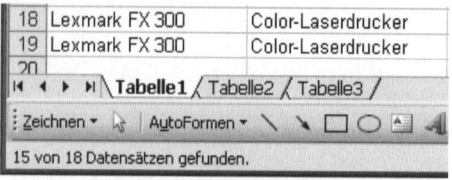

Bild 8.11: Die Statuszeile meldet den Filterstatus

Wenn Sie die Statusleiste nur bei Bedarf ein- oder ausschalten wollen, fügen Sie ein Symbol dafür in eine Symbolleiste:

1. Wählen Sie *Ansicht/Symbolleisten/Anpassen*.

2. Schalten Sie auf der Registerkarte *Befehle* auf die Kategorie *Ansicht* und ziehen Sie das Symbol für die Statusleiste in eine verfügbare Symbolleiste.

Mit diesem Symbol können Sie die Statusleiste bei Bedarf ein- und wieder ausschalten.

AutoFilter rückgängig machen

Um eine gefilterte Liste wieder in den Originalzustand zu versetzen, können Sie den AutoFilter in der betreffenden Spalte auf den ersten Eintrag (*Alle*) setzen. Das kann bei großen Listen in Arbeit ausarten, wenn diese z.B. mehrfach gefiltert sind. Bleibt die Alternative, den AutoFilter über das Daten-Menü ganz auszuschalten, um alle Filterungen aufzulösen. Es gibt noch eine dritte Möglichkeit:

▶ Wählen Sie *Daten/Filter/Alle anzeigen.*

Damit entfernen Sie alle Filterungen und zeigen alle
Datensätze wieder an, ohne den Autofilter aus der Liste
zu nehmen.

Filterpfeile und Filtermenüs sichtbar machen

Sollten Sie die Filterpfeile eines gesetzten AutoFilters
nicht sehen oder nicht aktivieren können oder sind die
beiden Menüoptionen im Datenmenü (*AutoFilter* und
Alles anzeigen) deaktiviert, kann das mehrere Ursachen
haben:

▶ Die Arbeitsmappe oder das Tabellenblatt ist
geschützt. Sehen Sie unter *Extras/Schutz* nach, und
entfernen Sie den Blattschutz oder Arbeitsmappenschutz, dann sind die Filterpfeile wieder aktivierbar
und die Menüoptionen werden wieder angeboten.

▶ Wenn die Filterpfeile unsichtbar sind und die Menüoptionen deaktiviert, sehen Sie in den Optionen nach,
ob überhaupt Objekte sichtbar sind: Wählen Sie
Extras/Optionen, schalten Sie auf die Registerkarte
Ansicht. Hier muss unter *Objekte* die Option *Alles
anzeigen* aktiv sein.

Benutzerdefinierte Filter

Mithilfe der Option *Benutzerdefiniert* können Sie nach
Zeilen suchen, die in einen bestimmten Wertebereich fallen. Öffnen Sie dazu die Dropdown-Liste der Filter-
spalte, und wählen Sie den Eintrag *Benutzerdefiniert*.

Nachdem Sie den Eintrag ausgewählt haben, wird das
Dialogfenster *Benutzerdefinierter AutoFilter* eingeblendet. In diesem Dialogfenster können Sie ein oder zwei
Suchkriterien eingeben und aus der umfangreichen Liste
der Vergleichsoperatoren auswählen.

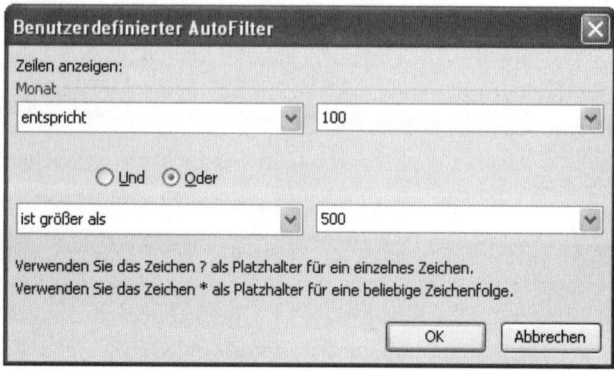

Bild 8.12: Benutzerdefinierter Filter mit UND und ODER

Verwenden Sie zwei Sortierkriterien, so müssen Sie
darauf achten, ob diese Kriterien mit UND oder ODER
miteinander verknüpft sind. Bei einer UND-Verknüp-
fung müssen beide Kriterien erfüllt sein, bei einer
ODER-Verknüpfung nur eines der beiden Kriterien.

Gefilterten Wert anzeigen lassen

Wenn Sie eine Liste oder Datenbank mit der AutoFilter-
Funktion aus dem Daten-Menü belegen, zeigt dieser
zwar nach Auswahl eines Filterkriteriums an, nach welchem Kriterium die Daten gefiltert wurden, aber nicht,
unter welchen Bedingungen. Die gefilterten Bereiche
werden gekennzeichnet (blauer Pfeil für die Spalte, blaue

Zeilennummer bei gefilterten Zeilen); für den Betrachter ist es aber meist unmöglich, zu erkennen, was alles gefiltert wurde.

Ein Funktionsmakro schafft hier Abhilfe: Schreiben Sie eine Funktion, die für jede Spalte den gefilterten Wert in einer Zeile oberhalb der Liste anzeigt.

1. Drücken Sie [Alt] + [F11], um den Visual Basic Editor zu öffnen.

2. Wählen Sie *Einfügen/Modul.*

3. Schreiben Sie diese Funktion:

```
Function FilterWert(fzelle As Range) As String
 Dim strFilter As String
 Application.Volatile
 strFilter = ""
 On Error GoTo Ende
 With fzelle.Parent.AutoFilter
  If Intersect(fzelle, .Range) Is Nothing _
 Then GoTo Ende
   With .Filters(fzelle.Column - ._
   Range.Column + 1)
   If Not .On Then GoTo Ende
    strFilter = .Criteria1
    Select Case .Operator
     Case xlAnd
       strFilter = strFilter _
       & " AND " & .Criteria2
     Case xlOr
       strFilter = strFilter _
       & " OR " & .Criteria2
    End Select
   End With
  End With
```

```
Ende:
 FilterWert = strFilter
End Function
```

4. Legen Sie in der aktiven Tabelle eine Liste an, wählen
   Sie *Daten/Filter/AutoFilter,* und filtern Sie die Liste
   nach einem beliebigen Kriterium. Die Funktion
   schreiben Sie am besten in eine Zeile über der Liste.

Hier ein Beispiel: Die Liste enthält Ausgabenbeträge für
einzelne Kostenstellen aus mehreren Monaten. Mit dem
AutoFilter können Sie die Liste auf einen einzelnen
Monat reduzieren.

	A	B	C	D
1				
2				
3				
4				
5	Monat ▼	Kostenstelle ▼	Betrag ▼	
6	Januar	2010	3500	
7	Januar	2010	6300	
8	Januar	2010	5200	
9	Januar	2300	4800	
10	Februar	2300	9500	
11	Februar	2500	32	
12	Februar	2130	2600	
13	März	2500	63	
14	März	6200	1800	
15	März	3200	460	
16	März	3100	56	

Bild 8.13: Monatsbeträge mit Autofilter

Nutzen Sie die Zeile 3, um die Filterargumente anzuzeigen:

1. Markieren Sie die Zelle A3.

2. Wählen Sie *Einfügen/Funktion*.

3. Schalten Sie auf die Kategorie *Benutzerdefiniert* um, und wählen Sie die Funktion *FilterWert*.

4. Geben Sie als Argument die Adresse der Zelle an, in der sich der Filterpfeil des AutoFilters befindet (im Beispiel A5).

5. Schließen Sie den Funktions-Assistenten ab.

Die Funktion sieht jetzt so aus:

```
=FilterWert(A3)
```

Filtern Sie die Tabelle nach einem bestimmten Monat, zeigt die Funktion das Filterkriterium inklusive der Operation (=) an. Die Anweisung `Application.Volatile` in der Funktion sorgt dafür, dass diese Berechnung automatisch erfolgt, wenn die Tabelle neu berechnet wird. Sie können die Formel auf die übrigen Spalten kopieren und so auch Mehrfachfilter anzeigen lassen.

	A	B	C
1			
2			
3	=Februar		>500
4			
5	Monat	Kostenstelle	Betrag
10	Februar	2300	9500
12	Februar	2130	2600

Bild 8.14: Filterkriterien per Funktion berechnen

AutoFilter mit Makros setzen und löschen

Die Bearbeitung des AutoFilters mit VBA-Makros ist
etwas komplizierter, als es auf den ersten Blick scheint.
Der Makrobefehl schaltet nämlich den Filter ein oder aus,
je nachdem, welchen Status er vorfindet. Sie müssen also
zunächst prüfen, ob bereits ein Filter im aktiven Tabel-
lenblatt gesetzt ist, dazu wird die Eigenschaft *AutoFilter-
Mode* abgefragt. Außerdem müssen noch jede Menge
Regeln beachtet werden, denn das Makro kann auch in
Umgebungen aktiv werden, in denen AutoFilter über-
haupt nicht möglich sind. Das Makro schaltet den Auto-
Filter erst ein, wenn alle Hindernisse überprüft sind.
Achten Sie auf die Kommentare im Makrocode.

```
Sub StartAutofilter()
  Dim Zelle As Range, mtext As String
Dim oldSel As String
  ' Abeitsmappe aktiv?
  If ActiveWindow Is Nothing Then
    fehler _
("Bitte aktivieren Sie eine Arbeitsmappe!")
    Exit Sub
  ' Arbeitsmappe sichtbar oder minimiert?
  ElseIf ActiveWindow.WindowState = _
xlMinimized Then
  fehler _
  ("Bitte lassen Sie die Arbeitsmappe anzeigen!")
    Exit Sub
  ' Tabellenblatt aktiv?
  ElseIf ActiveSheet.Type <> xlWorksheet Then
    fehler _
  ("Bitte markieren Sie ein Tabellenblatt!")
    Exit Sub
  ' Tabelle geschützt?
```

```
    ElseIf ActiveSheet.ProtectContents Then
      fehler ("Die Tabelle ist geschützt")
      Exit Sub
    ' Zellbereich markiert?
    ElseIf TypeName(Selection) <> "Range" Then
      fehler _
("Bitte einen Zellenbereich markieren!")
      Exit Sub
    ' Mehrfachmarkierung?
    ElseIf Selection.Areas.Count > 1 Then
      fehler _
("Mehrfachmarkierungen sind nicht erlaubt!")
      Exit Sub
    ' AutoFilter bereits gesetzt?
    ElseIf ActiveSheet.AutoFilterMode = True Then
      fehler ("AutoFilter ist bereits aktiv!")
      Exit Sub
    End If
    ' Bereich rund um den Zellzeiger markieren
    oldSel = ActiveCell.Address
    Selection.CurrentRegion.Select
    ' Prüfen, ob die erste Zeile der Markierung
    ' vollständig gefüllt ist
    For Each Zelle In Selection.Rows(1)
      If IsEmpty(Zelle) = True Then
        fehler _
        ("Leeren Zellen in der ersten Zeile " _
        & "sind nicht erlaubt!")
        Exit Sub
      End If
    Next Zelle
    ' AutoFilter setzen
    Selection.AutoFilter
    Range(oldSel).Select
  End Sub
```

Auch beim Schließen des AutoFilters sollten eigentlich
alle Hindernisse überprüft werden. Dieses Makro prüft
nur, ob überhaupt ein Filter gesetzt ist:

```
Sub CloseAutoFilter()
  If ActiveSheet.AutoFilterMode = True Then
    ActiveSheet.AutoFilterMode = False
  End If
End Sub
```

Das ist die Funktion, die die Fehlermeldung ausgibt:

```
Function fehler(mtext As String)
 MsgBox mtext, vbCritical, "AutoFilter-Fehler"
End Function
```

Tricks mit dem Spezialfilter

Der Spezialfilter ist die bessere Alternative zum AutoFilter, wenn mehrere Kriterien ins Spiel kommen, er kann
im Unterschied zu diesem Kombinationen aus UND-
und ODER-Bedingungen produzieren. Für die Ausgabe
von Teilberichten und gefilterten Listen ist er unentbehr-
lich.

Doppelte Datensätze herausfiltern

Beim Import von Daten aus Abrechnungssystemen, SAP
oder anderen Host-Anwendungen tauchen immer auch
doppelte Datensätze auf. Mit dem Spezialfilter entfernen
Sie diese schnell und einfach:

1. Setzen Sie den Zellzeiger in die Liste, die Sie filtern wollen.

2. Wählen Sie *Daten/Filter/Spezialfilter*.

3. Der Listenbereich wird angezeigt, korrigieren Sie ihn ggf., indem Sie den Bereich im Hintergrund neu markieren.

4. Klicken Sie in das Feld *Kriterienbereich*, und löschen Sie dieses, falls es einen Eintrag enthält.

5. Setzen Sie ein Häkchen an der Option *Keine Duplikate*.

6. Bestätigen Sie mit Klick auf *OK*, und die doppelten Datensätze werden aus der Liste gefiltert.

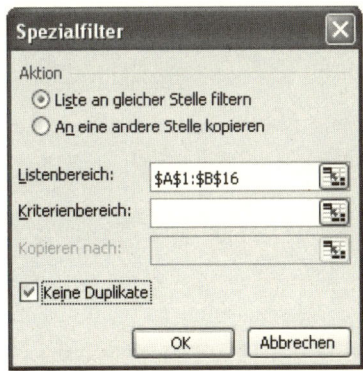

Bild 8.15: Doppelte Datensätze entfernen

Um die Daten auch physikalisch aus der Liste zu entfernen, markieren Sie den gefilterten Listenbereich, kopieren Sie diese in die Zwischenablage und setzen Sie die kopierten Daten in einem anderen Bereich oder in einer neuen Tabelle wieder ein.

Daten in Zielbereich filtern

Sie können die doppelten Datensätze auch gleich aus dem
Listenbereich kopieren, müssen dazu aber einen Zielbereich anlegen:

1. Kopieren Sie die erste Zeile der Liste, die Überschrift,
   aus der Datenbank, und setzen Sie diese in einen freien
   Bereich der Tabelle.

2. Setzen Sie den Zellzeiger in die Liste, und wählen Sie
   Daten/Filter/Spezialfilter.

3. Schalten Sie um auf die Option *An eine andere Stelle
   kopieren*.

4. Der Listenbereich wird angezeigt, korrigieren Sie ihn
   ggf.

5. Markieren Sie das Feld *Kopieren nach*, und ziehen Sie
   den Zellzeiger über die kopierte Überschriftenzeile.

6. Klicken Sie auf *Keine Duplikate*, und starten Sie mit
   Klick auf *OK*.

Hinweis

Der Zielbereich für den Spezialfilter kann alle Spalten
der gefilterten Liste enthalten, muss aber nicht. Sie
können auch eine Auswahl von Spalten vorsehen;
kopieren Sie dazu am besten die Beschriftungen aus
der Kopfzeile der Liste in den Zielbereich. Auch die
Reihenfolge ist beliebig und muss nicht der aus der
Liste oder Datenbank entsprechen.

Jetzt werden die Daten in den Zielbereich kopiert, die doppelten Sätze werden dabei entfernt. Sie können die alte Liste löschen und mit der neuen Liste weiterarbeiten.

Drei wichtige Bereichsnamen

Der Spezialfilter arbeitet mit drei Bereichsnamen zusammen, die zwar nicht vorgeschrieben sind, die Filterung aber wesentlich einfacher machen. Diese undokumentierte Funktion stammt aus Vorgängerversionen von Excel, in denen Bereichsnamen für Filterungen vorgeschrieben waren, und funktioniert immer noch:

1. Weisen Sie dem Listenbereich den Bereichsnamen *Datenbank* zu. Markieren Sie dazu die Liste mit ⌈Strg⌉ + ⌈⇧⌉ + ⌈*⌉, schreiben Sie den Bereichsnamen in das Namensfeld links oben und bestätigen Sie mit der Eingabetaste.

2. Legen Sie einen Bereich für die Suchkriterien an, der mindestens zwei Zeilen groß ist. Schreiben oder kopieren Sie einen Spaltentitel aus der Datenbank in die erste Zeile, und tragen Sie die Bedingung in die zweite Zeile ein. Nennen Sie diesen Bereich *Suchkriterien*.

3. Der Zielbereich, in dem die nach dem Suchkriterium gefilterten Daten abgelegt werden, erhält den Bereichsnamen *Zielbereich*. Er enthält, wie schon beschrieben, ausschließlich Spaltentitel aus der Datenbank und ist immer nur eine Zeile hoch.

Wenn Sie diese drei Bereichsnamen verwenden, erhalten Sie nach dem Aufruf des Spezialfilters automatisch die drei Bereiche als Vorschlag.

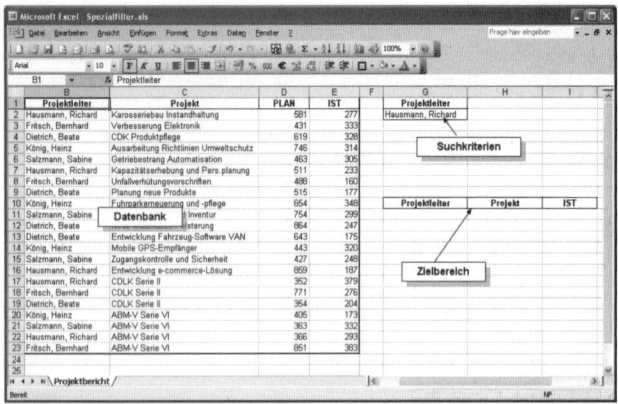

Bild 8.16: Drei Bereiche mit Spezial-Bereichsnamen für den Spezialfilter

Die Spezialfilter-Box zeigt zwar die Bezüge in $A$1-Form an, diese entsprechen aber genau den Bereichen Datenbank, Suchkriterien und Zielbereich.

Bild 8.17: Die drei Bereichsnamen werden im Spezialfilter angeboten

Spezialfilter mit mehreren Bedingungen

Um die Datenbank nach einem einzelnen Kriterium zu filtern, tragen Sie den Spaltentitel in die erste Zeile und das Kriterium in die zweite Zeile. Der Suchkriterienbereich ist aber viel flexibler:

ODER

Erweitern Sie den Bereich auf drei oder mehr Zeilen, und geben Sie die gesuchten Werte untereinander ein.

Beispiel: Suche nach Kunden in Hamburg oder München

Ort
Hamburg
München

UND

Erweitern Sie den Bereich auf zwei Spalten, und geben Sie die Spaltentitel in die erste Zeile ein. Tragen Sie die Bedingungen in die zweite Zeile ein. Achten Sie darauf, dass sich diese nicht gegenseitig ausschließen, in der Regel brauchen Sie Vergleichsoperatoren (>,<, <>).

Beispiel: Suche nach Postleitzahlen im Bereich 6.000 bis 89.999:

PLZ	PLZ
>=6.000	<9.000

Beispiel: Suche nach Kunden in Hamburg mit Umsätzen
über 10.000 Euro:

Ort	Umsatz
München	>10.000

Spezialfilter mit Datumswerten

Datumswerte machen im Spezialfilter Probleme, weil der
Suchkriterienbereich diese nicht immer akzeptiert.
Schreiben Sie das Datum mit einem Vergleichsoperator,
kann Excel nicht erkennen, welcher Zahlenbereich zu filtern ist:

Datum
>15.2.2004

Die bessere Alternative: Geben Sie das Kriterium in dieser Form als Formel mit Textverknüpfung ein:

```
=">"&"15.2.2004"
```

Dieses Kriterium in der Formel kann Excel erkennen,
weil diese Formel mit der Filterung berechnet wird. In
dieser Form sind auch Verknüpfungen mit Zellinhalten
möglich. Steht das Vergleichsdatum z.B. in der der Zelle
C1, kann das Filterkriterium auch so lauten:

```
=">"&$C$1
```

Diese Datumserkennung im Spezialfilter ist von der Version abhängig – Excel 2003 erkennt auch die direkte Eingabe mit Operator und Datum.

Daten in andere Tabellen filtern

Der Spezialfilter sucht die Daten, die Suchkriterien und den Zielbereich in der Regel in der gleichen Tabelle. Versuchen Sie, als Zielbereich eine Zelle in einer anderen Tabelle anzugeben, erhalten Sie eine Fehlermeldung, die eigentlich andersrum formuliert sein sollte (gefilterte Daten können nur in das aktive Blatt kopiert werden):

Bild 8.18: Fehlermeldung beim Versuch, die Daten in eine andere Tabelle zu kopieren

Wenn Sie, wie oben beschrieben, aber die drei Bereichsnamen für den Spezialfilter zuweisen, können Sie die Daten auch in ein anderes Tabellenblatt filtern. Auch die Suchkriterien dürfen in diesem Fall in einem anderen Tabellenblatt als die Originaldaten stehen. Nur der Start des Spezialfilters ist etwas anders:

1. Nennen Sie den Bereich mit den zu filternden Daten *Datenbank*.

2. Legen Sie einen Suchkriterienbereich namens *Suchkriterien* mit mindestens einer Spalte und zwei Zeilen an, tragen Sie Spaltentitel und Kriterium ein.

3. Kopieren Sie die Kopfzeile der Datenbank in eine andere Tabelle, nennen Sie diese Zeile *Zielbereich*.

4. Markieren Sie den Zielbereich, und starten Sie den Spezialfilter aus dem Daten-Menü.

Excel wird jetzt eine Meldung bringen, die Sie auffordert, den Bereich zu bestimmen. Da der Zielbereich nur eine Zeile groß ist, wird er nicht als Filterbereich akzeptiert.

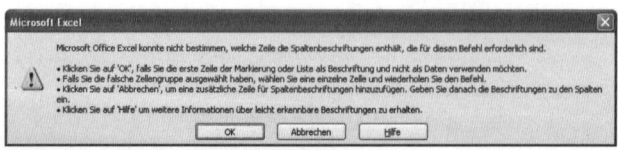

Bild 8.19: Meldung beim Start aus dem Zielbereich

Bestätigen Sie mit *OK*, und der Spezialfilter startet. Jetzt können Sie die Datenbank als Listenbereich eintragen und anschließend den Suchkriterienbereich und den Zielbereich. Da alle drei Bereichsnamen für die gesamte Mappe gelten, muss keine Tabellenverknüpfung verwendet werden. Klicken Sie auf *OK*, und der Spezialfilter kopiert die Daten aus der Datenbank in den Zielbereich in der neuen Tabelle (s. Bild 8.20).

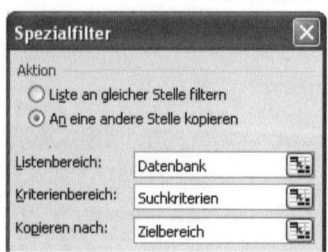

Bild 8.20: Ausgetrickst: Datenbank und Zielbereich für den Spezialfilter in verschiedenen Tabellen

Tricks mit Pivot-Tabellenberichten

Die Pivot-Tabelle oder – ab Excel 2000 – der Pivot-Tabellenbericht gehören zu den wichtigsten Auswertungsfunktionen für größere Listen und Datenbanken. Häufig wird sie auch direkt mit externen Daten über ODBC-Treiber verknüpft.

Bereich sichern

Wenn Sie als Basis für einen Pivot-Tabellenbericht eine Liste angeben, wird dieser den absoluten Bezug integrieren. Ändert sich der Bereich später, wird die Pivot-Tabelle diese Änderung nicht mitbekommen. Dieses Problem stellt sich gar nicht, wenn Sie den Bereich vorher mit einem Namen versehen und für den Pivot-Bericht nur mit diesem Bereichsnamen arbeiten.

1. Markieren Sie die Basisdaten, und weisen Sie der Markierung über *Einfügen/Namen/Definieren* bzw. *Einfügen/Namen/Festlegen* (Excel 97) einen Bereichsnamen zu.

2. Legen Sie mit *Daten/Pivot-Table- und PivotChart-Bericht* eine neue Pivot-Tabelle an.

3. Geben Sie in der zweiten Abfrage des Assistenten den Bereichsnamen als Datenquelle an.

> ### Tipp
>
> Wenn Sie den Bereich mit dem Spezialnamen *Daten-bank* versehen, wird der Pivot-Tabellen-Assistent diesen auch gleich vorschlagen.

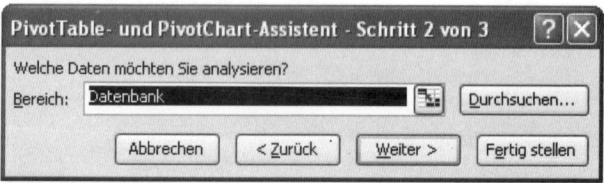

Bild 8.21: Diesen Bereich wird der Pivot-Bericht immer aus-werten

Maximale Größe von Pivot-Tabellenberichten

Für Pivot-Tabellen ist keine maximale Größe festgelegt. Die Größe, die der Bericht haben kann, ist nur vom Speicherplatz Ihres Computers abhängig. Beschränkt ist allerdings die Anzahl der Spalten- und Zeilenfelder:

Spaltenfelder

Das Produkt der Anzahl der Elemente in allen Spaltenfeldern in einer Pivot-Tabelle kann maximal 32.768 betragen. Wenn Sie z.B. eine Pivot-Tabelle mit fünf Spaltenfelder erstellen und diese enthalten 10, 5, 2, 40 bzw. 3 Elemente, so beträgt das Produkt dieser Werte 10 x 5 x 2 x 40 x 3 = 12.000.

Wenn Sie nun versuchen, ein weiteres Feld hinzuzufügen, das 3 Elemente enthält, so wäre das Produkt 12.000 x 3 oder 36.000. Da dieser Wert das maximale Produkt übersteigt, würde die folgende Fehlermeldung angezeigt werden:

```
Nicht genügend Speicher, um die Pivot-Tabelle
vollständig anzuzeigen.
```

Hinweis

Da die Tabelle in Excel immer noch auf 256 Spalten begrenzt ist, können Sie Pivot-Tabellen mit sehr vielen Spaltenfeldern nicht immer korrekt anzeigen lassen.

Zeilenfelder

Das Produkt der Anzahl an Elementen in allen Reihenfeldern innerhalb einer Pivot-Tabelle kann maximal 2 hoch 31 oder ungefähr 2,1 Milliarden betragen. Für Zeilenfelder gilt die gleiche Logik wie für Spaltenfelder.

Datensätze

Es gibt keine festgelegte maximale Anzahl an Datensätzen für Pivot-Tabellen, die Anzahl ist aber immer von der maximalen Kapazität der Tabelle abhängig. Sie sollten deshalb sehr große Datenmengen bereits im Server-System verdichten:

▶ Filtern Sie SAP-Berichte und erstellen Sie mehrere Teilberichte.

▶ Für Daten aus SQL-Server-Datenbanken verwenden
  Sie Server-Seitenfelder.

▶ In MS Access-Datenbanken können die Daten mit
  Abfragen gefiltert werden. Diese Abfragen lassen sich
  wie Tabellen als externe Datenquellen für Pivot-
  Tabellenberichte benutzen.

Formatierungen behalten

Pivot-Tabellenberichte haben ihre eigenen Formatierungen. Sie können eine Pivot-Tabelle zwar nachträglich formatieren, mit der Aktualisierung des Inhaltes werden
diese Formatierungen aber wieder entfernt:

▶ Zeichenformate (Schriftart, Schriftgröße, Fettdruck
  etc.)

▶ Zellmuster und Schraffierungen

▶ Zellausrichtungen

▶ Zahlenformate

So behalten Sie zumindest die wichtigsten Formatierungen:

1. Öffnen Sie per Klick das Menü *PivotTable* in der
   Symbolleiste *PivotTable*.

2. Klicken Sie auf *Tabellenoptionen*.

3. Klicken Sie die Option *Formatierungen behalten* an.

Damit bleiben Ihre Formatierungen im Bericht, nur die
Zahlenformate im Datenbereich ändern sich noch mit der
Aktualisierung. Besser als die Zuweisung einzelner For-
matierungen ist die Formatierung des Berichtes über ein
AutoFormat:

1. Setzen Sie den Zellzeiger in den Bericht.

2. Klicken Sie in der Symbolleiste *Pivot* auf das Symbol *Bericht formatieren*.

3. Eine Auswahl mit zehn Formatvorlagen erscheint, markieren Sie ein passendes Layout und bestätigen Sie mit Klick auf *OK*.

Der gesamte Pivot-Tabellenbericht wird mit dem gewählten Layout formatiert, dabei erhält er je nach Wahl andere Schriftarten und -schnitte, Schriftfarben, Muster und Rahmen (keine Zahlenformate).

Um das Format abzuändern, aktivieren Sie wieder das Symbol *Bericht formatieren*, und wählen ein anderes Format aus der Liste. Wollen Sie alle Formatierungen entfernen, blättern Sie ganz nach unten und wählen *Standard-PivotTable* oder *Kein(e)*. Letztere entfernt auch die Rahmen, die der Assistent in den Pivot-Bericht eingefügt hatte.

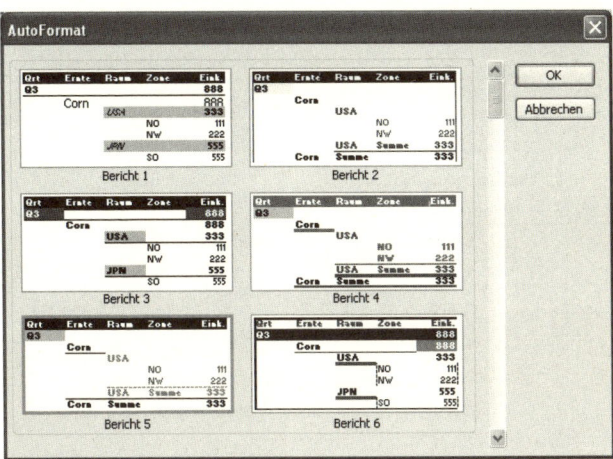

Bild 8.22: AutoFormate, speziell für Pivot-Tabellenberichte

Zahlenfelder im Pivot-Bericht formatieren

Um den Ergebnissen im Datenbereich Formatierungen beizubringen, die diese auch nach der nächsten Neuberechnung behalten, tragen Sie die Zahlenformate in die Feldeigenschaften ein:

1. Erstellen Sie einen Pivot-Tabellenbericht, und klicken Sie doppelt auf das Feldsymbol, das im Datenbereich das Ergebnis liefert. Wenn Sie in Schritt 3 des Assistenten die Schaltfläche *Layout* anklicken, können Sie die Felder im Datenbereich einfacher ansteuern.

2. Die Feldeigenschaften werden eingeblendet, klicken Sie auf die Schaltfläche *Zahlen.*

3. Weisen Sie dem Datenfeld ein Zahlenformat zu (z.B. Währung oder Buchhaltung), und schließen Sie die Feldeigenschaften wieder.

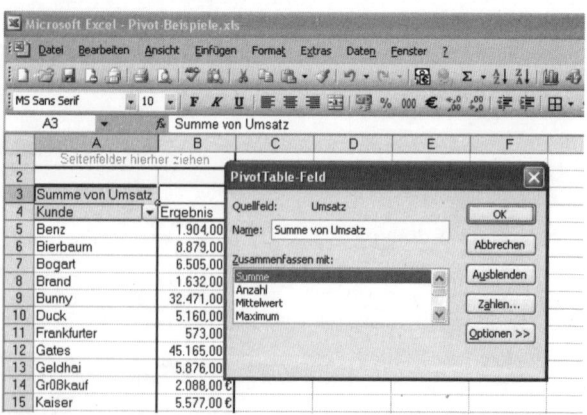

Bild 8.23: Zahlenformate für Ergebnisfelder im Pivot-Tabellenbericht

Pivot-Daten aus der Mappe löschen

Wenn Ihre Arbeitsmappe Pivot-Tabellenberichte enthält, müssen Sie die mit einer Basistabelle oder mit einer Serveranwendung (externe Datenbank) verknüpften Daten nicht in der Mappe speichern. Sparen Sie sich den Speicherplatz, die Mappen können bei vielen Pivot-Berichten ziemlich voluminös werden. Speichern Sie nur die Abfragen, und sorgen Sie dafür, dass diese mit dem Öffnen der Mappe automatisch aktualisiert werden:

1. Klicken Sie mit der rechten Maustaste in den Pivot-Tabellenbericht.

2. Wählen Sie *Tabellenoptionen* (*Optionen* in Excel 97).

3. Entfernen Sie das Häkchen an der Option *Daten mit Tabellenlayout speichern*.

Damit stellen Sie sicher, dass die vom Pivot-Tabellenbericht errechneten Daten nicht gespeichert werden.

Standard-Diagramme statt Pivot-Charts

Mit der Excel-Version 2000 hat Microsoft ein neues Werkzeug eingeführt, das den erfahrenen Anwender nicht besonders glücklich macht: *Pivot-Charts* sind automatische Diagramme, die wie Pivot-Tabellenberichte aus Basis-Datenbanken erstellt werden und je ein Rubriken-, Daten-, Reihen- und Seitenfeld für die konsolidierten Ergebnisse anbieten. Die passenden Felder werden einfach aus der Feldliste in das Chart-Layout gezogen. Dieses ist leider sehr starr und lässt keine großen Änderungen zu, die Diagrammfläche ist ebenso unveränderbar wie die Legende, die Flexibilität der Chartobjekte fehlt.

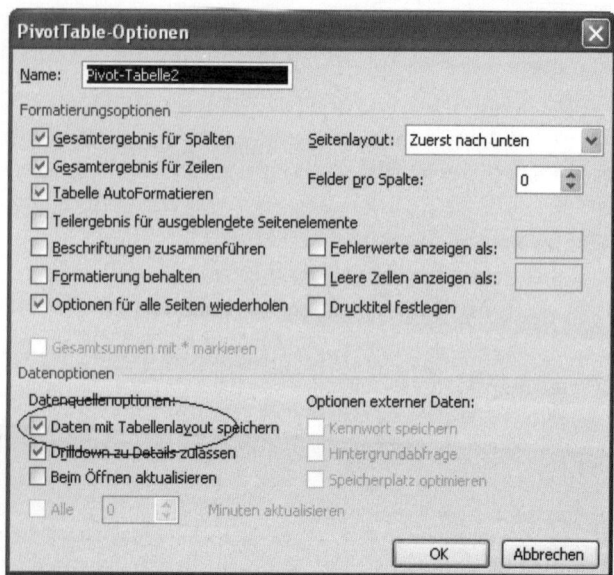

Bild 8.24: Daten werden nicht in der Pivot-Tabelle gespeichert, wenn diese Option nicht gesetzt ist

Blenden Sie die Pivot-Elemente aus dem Pivot-Chart aus, damit Sie dieses ausdrucken oder zur Präsentation nach PowerPoint oder Word kopieren können:

1. Markieren Sie das erstellte Pivot-Chart im Diagrammblatt oder im Objekt.

2. In der Symbolleiste *PivotTable* wird die erste Schaltfläche ausgewechselt, bei markierten Charts trägt sie die Beschriftung *PivotChart* an Stelle von *PivotTable*. Klicken Sie auf die Schaltfläche, und wählen Sie *PivotChart-Feld-Schaltflächen ausblenden*.

3. Mit einem weiteren Klick auf die Option können Sie die Feldschaltflächen wieder einblenden.

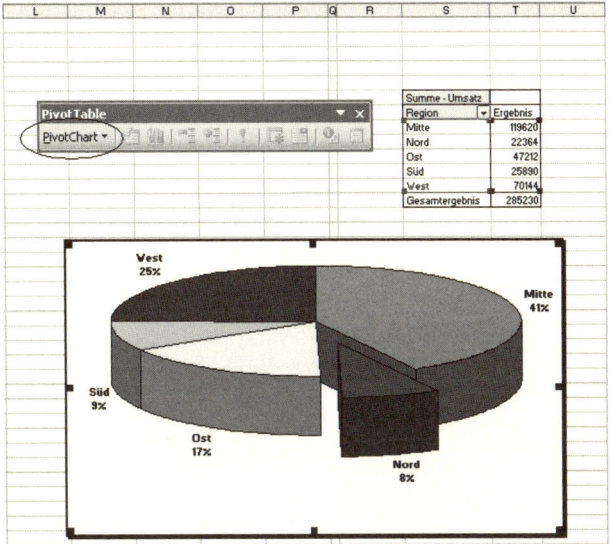

Bild 8.25: Pivot-Charts haben eine eigene Symbolleiste

So weit sind Pivot-Charts noch nicht problematisch; wer sie nicht nutzen willl, muss ja nicht. Problematisch ist, dass beim Versuch, aus den markierten Daten eines Pivot-Tabellenberichts ein Diagramm-Objekt zu erstellen, immer ein Pivot-Chartbericht entsteht. Hier schafft ein Trick Abhilfe:

1. Erstellen Sie einen Pivot-Tabellenbericht, platzieren Sie ihn in einem neuen Tabellenblatt.

2. Markieren Sie im freien Bereich neben den Pivot-Daten so viele Zellen, wie der Pivot-Bereich an Daten enthält (z.B. D4:E9, wenn die Daten in A4:B9 zu finden sind.

3. Schreiben Sie eine Matrixformel, die den Bereich
   abbildet:

```
=A4:B9
```

4. Drücken Sie ⌈Str⌉ + ⌈⇧⌉ + ⌈↵⌉, um die Matrixformel
   abzuschließen.

Diese Matrixkopie können Sie jetzt als Ausgangsbereich
für ein Diagrammobjekt oder Diagrammblatt verwenden
und dafür die »normalen« Diagrammfunktionen benutzen.

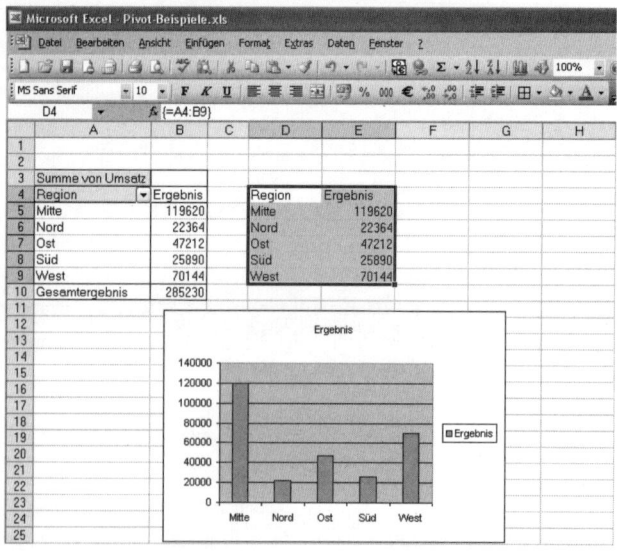

*Bild 8.26: Pivot-Bericht als Matrix kopieren und Diagramm
daraus erstellen*

Ergebnisse auflösen per Drilldown

Wie setzt sich eine Zahl im Datenbereich zusammen, welche Datensätze liefern die Einzelwerte für die Summe? Diese Fragen beantwortet am schnellsten der *Drilldown*, eine etwas versteckte Funktion des Pivot-Tabellenberichtes:

1. Klicken Sie doppelt auf einen summierten oder anderweitig zusammengefassten Wert im Datenbereich.

2. Damit wird eine Tabelle produziert; sie enthält die Kopfzeile der Liste, aus der die Daten stammen, und darunter alle Datensätze, die für die Zahl aus dem Datenbereich ihre Werte geliefert hatten.

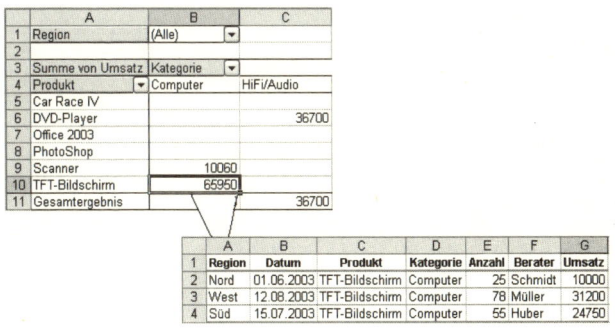

Bild 8.27: Neue Tabelle per Drilldown

Die neue Tabelle ist nur ein Momentabbild der Daten, sie ist nicht mit der Quelle verknüpft. Der Drilldown funktioniert nur, wenn die Option *Drilldown zu Details zulassen* in den Tabellenoptionen gesetzt ist (rechte Maustaste in den Pivot-Bereich setzen und *Tabellenoptionen* aufrufen).

Prozentanteile für Ergebnisse im Datenbereich

Berechnen Sie die prozentualen Anteile der Ergebnisse
eines Pivot-Datenfeldes noch mit Formeln, die Sie neben
den Pivot-Tabellenbericht in die nächste freie Spalte
schreiben? Das muss nicht sein, wenn Sie die Optionen
des Datenfeldes kennen:

1. Erstellen Sie ein Pivot-Layout mit einem Datenfeld, in
   dem die Daten über die Funktion SUMME zusammengefasst werden.

2. Klicken Sie doppelt auf das Datenfeld. Der Dialog für
   das PivotTable-Feld wird eingeblendet.

3. Klicken Sie auf *Optionen*, und schalten Sie unter
   Daten zeigen als auf *% des Ergebnisses*. Ändern Sie
   auch die Beschriftung des Datenfeldes entsprechend.

4. Bestätigen Sie mit *OK*. Wenn Sie zusätzlich zu den
   Prozentwerten noch die Summen sehen wollen, erstellen Sie ein weiteres Datenfeld mit der Funktion SUMME.

Das Pivot-Layout wird für solche Techniken ziemlich
unhandlich. Schalten Sie in das Layout, das in der Version
Excel 97 noch Standard war, hier können Sie die einzelnen Felder viel besser definieren und verwalten:

1. Klicken Sie mit der rechten Maustaste in das Pivot-
   Layout, wählen Sie *Pivot-Table-Assistent*.

2. Klicken Sie auf die Schaltfläche *Layout*. Das Layout
   wird aktiv, Sie können die einzelnen Bereiche mit Feldern bestücken oder Felder per Doppelklick umdefi-
   nieren.

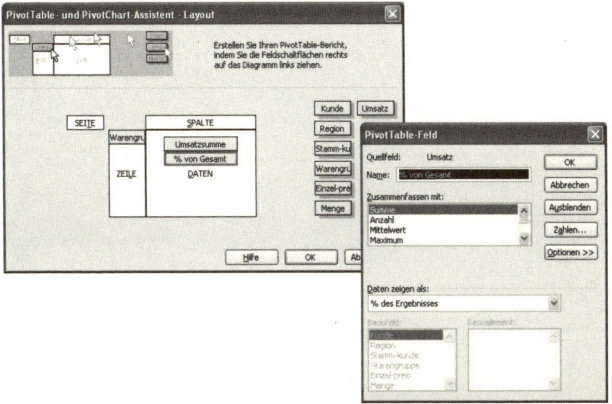

Bild 8.28: % von Gesamtauswertung im Pivot-Layout

Datumswerte in Jahre, Monate, Quartale umwandeln

Datumswerte komprimiert der Pivot-Tabellen-Assistent nicht automatisch, wenn sie im Zeilen-, Spalten- oder Seitenfeld des Pivot-Layouts untergebracht sind. Das macht größere Listen etwas unübersichtlich, eine Zusammenfassung der Datumswerte nach Quartalen, Monaten oder Jahren ist erforderlich:

1. Setzen Sie den Zellzeiger in den ersten Datumswert, der in einem der Bereiche angezeigt wird.

2. Klicken Sie mit der rechten Maustaste in die Zelle, und wählen Sie aus dem Kontext-Menü *Gruppierung und Detail anzeigen/Gruppierung*.

3. Wählen Sie die Gruppierungsebenen. Sie können eine Ebene nutzen oder mehrere Ebenen anklicken (Quartale, Jahre, Monate …). Ein weiterer Klick hebt eine Auswahl wieder auf.

4. Bestätigen Sie mit *OK*, und die Datumswerte werden gruppiert.

5. Mit der Option *Gruppierung und Detail anzeigen/ Gruppierung aufheben* aus dem Kontextmenü heben Sie diese Zusammenfassung der Datenwerte wieder auf.

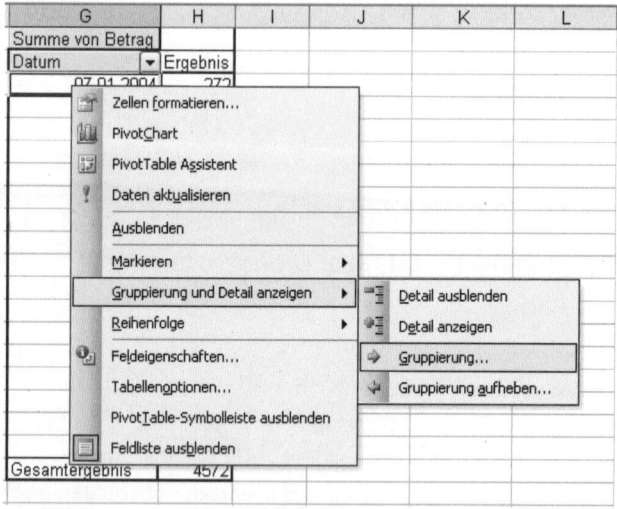

Bild 8.29: Etwas versteckt: die Gruppierung von Datumswerten

Formelverknüpfungen auf Pivot-Tabellen

Wenn Sie Daten aus Pivot-Tabellenberichten in andere Tabellen oder Zellbereiche hinein verknüpfen wollen, sollten Sie nicht mit Zellbezügen arbeiten, denn die Pivot-Tabellenberichte ändern bei wechselnden Quelldaten oder bei Layoutänderungen ihre Position und Größe. Lernen Sie eine Funktion kennen, die Ergebnisdaten aus

Pivot-Tabellenberichten berechnet. Die Funktion PIVOT-DATENZUORDNEN hat diese Syntax:

```
=PIVOTDATENZUORDNEN(Datenfeld;Pivottabelle;Feld1;
Element1;Feld2;Element2 ...)
```

Das Argument Datenfeld bekommt den Namen des auszuwertenden Felds in Anführungszeichen.

Das Argument Pivottabelle ist eine Zelle oder ein Feldname innerhalb des Pivot-Tabellenberichts.

Anschließend folgen beliebig viele Paare aus Feld- und Elementnamen, die es auszuwerten gilt.

Ein Beispiel: Die Tabelle enthält Umsatzzahlen einzelner Artikel nach Verkaufsorten.

	A	B	C
1	Ort	Verkauf	Artikel
2	München	120,00 €	Computer
3	München	250,00 €	Drucker
4	München	260,00 €	Scanner
5	Nürnberg	160,00 €	Computer
6	Nürnberg	130,00 €	Drucker
7	Nürnberg	120,00 €	Computer
8	Augsburg	210,00 €	Drucker
9	Augsburg	250,00 €	Drucker
10	Augsburg	240,00 €	Scanner

Bild 8.30: Umsatzzahlen

Mit dem Pivot-Assistenten aus dem Daten-Menü erstellen Sie einen Pivot-Tabellenbericht. Ziehen Sie das *Ort*-Feld in den Zeilenbereich, das Feld *Artikel* in den Spaltenbereich und das Feld *Verkauf* in den Datenbereich.

	E	F	G	H	I
1	Summe von Verkauf	Artikel ▾			
2	Ort ▾	Computer	Drucker	Scanner	Gesamtergebnis
3	Augsburg		460	240	700
4	München	120	250	260	630
5	Nürnberg	280	130		410
6	Gesamtergebnis	400	840	500	1740

Bild 8.31: Der Pivot-Tabellenbericht fasst die Verkaufszahlen zusammen

Schreiben Sie in einem freien Bereich der Tabelle die erste PIVOTDATENZUORDNEN-Funktion, die sich auf den Gesamtumsatz bezieht. Wenn Sie nur einen Spalten- oder Zeilenkopf angeben, wird das Gesamtergebnis ermittelt:

```
=PIVOTDATENZUORDNEN($E$1;"Verkauf")
Ergebnis: 1740
```

Geben Sie einen Wert aus einer Zeile oder Spalte an, erhalten Sie dessen Gesamtergebnis:

```
=PIVOTDATENZUORDNEN($E$1;"Augsburg")
Ergebnis: 700
```

Um einen Wert in der Schnittstelle zwischen Zeilen- und Spaltenkopf zu ermitteln, geben Sie die beiden Titel mit einer Leertaste als Trennzeichen in Anführungszeichen ein:

```
=PIVOTDATENZUORDNEN($E$1;"Drucker München")
Ergebnis: 250
```

OLAP-Daten auswerten

Wenn der Pivot-Tabellenbericht Daten aus einer OLAP-Datenbank enthält, geben Sie die auszuwertenden Zeilen- und Spaltentitel in eckigen Klammern an und verknüpfen mit einem Punkt zwischen den Feldbezeichnungen:

```
"[Artikel]","[Artikel].[Alle
Kategorien].[Hardware].[Computer]"
```

Elemente ausblenden per Makros

Das Ausblenden einzelner Elemente in einem Pivot-Tabellenbericht kann eine mühsame Aufgabe sein: Nach Erstellung des Berichts wird das Element per Doppelklick geöffnet, und die Elemente müssen manuell ausgewählt werden. Mit einem kleinen Makro erledigen Sie die Aufgabe zuverlässig. Zeichnen Sie sich die Ausblende-Prozedur mit dem Makrorekorder auf:

1. Wählen Sie *Extras/Makro/Aufzeichnen*.

2. Tragen Sie einen Makronamen ein, und starten Sie die Aufzeichnung in der aktuellen Arbeitsmappe.

3. Blenden Sie alle Elemente aus, die Sie im Pivot-Tabellenbericht nicht sehen wollen.

4. Beenden Sie den Makrorekorder mit Klick auf das Stopp-Symbol in der Symbolleiste *Aufzeichnung beenden*.

Das Makro finden Sie im Visual Basic-Editor, den Sie mit Alt + F11 öffnen:

```
Sub PivotTabelleEinzelneFelderAusblenden()
With ActiveSheet.PivotTables("Pivot-
Tabelle3").PivotFields( "Monat")
  .PivotItems("Januar").Visible = False
  .PivotItems("Februar").Visible = False
  .PivotItems("März").Visible = False
End With
End Sub
```

9
Externe Daten und Webtechniken

Niemand ist eine Insel. Dieser Spruch gilt für Excel, seit das Programm in das Office-Paket integriert wurde. Und das schafft viele Vorteile, denn der Datenaustausch mit anderen Programmen oder Dateiformaten ist weitgehend optimiert. Für die restlichen Hindernisse im Umgang mit externen Daten finden Sie in diesem Kapitel wertvolle Tipps und Tricks.

Tipps und Tricks mit Textdaten

Mit Textdaten hat Excel die wenigsten Probleme, vorausgesetzt, diese liegen in einem einheitlichen, als Tabelle verwertbaren Format vor. Sogar die Konvertierung vom älteren, zu Vor-Windows-Zeiten benutzten ASCII-Format zum Windows-Zeichenformat ANSI gelingt Excel mühelos. Der Text-Assistent ist das Universal-Werkzeug für solche Aufgaben:

1. Aktivieren Sie Excel, und wählen Sie *Datei/Öffnen*.
2. Schalten Sie den Dateityp um. In der Praxis wird die Datei die Endung .TXT tragen, Sie können *Textdateien* oder *Alle Dateien* anwählen.
3. Markieren Sie die Datei, und klicken Sie auf *Öffnen*, um sie zu importieren.

4. Der Text-Konvertierungsassistent schaltet sich ein und leitet Sie mit drei Dialogfernstern durch die Konvertierung.

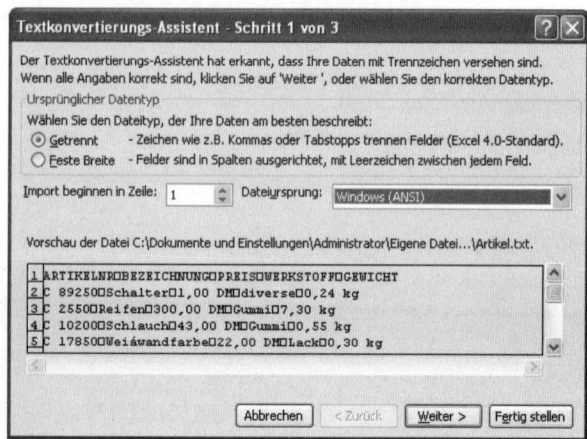

Bild 9.1: Hier liest der Text-Assistent eine Artikelliste ein

ASCII-ANSI-Konvertierung

Woran erkennt man, ob die vorliegenden Daten im ASCII-Format oder im ANSI-Format gespeichert sind? ASCII ist das Format, das nur 7 Bit für ein Byte verwendet hatte, und weil im ASCII-Zeichensatz kein Platz war für die deutschsprachigen Umlaute, sind diese in solchen Texten meist korrupt. Daran erkennen Sie zuverlässig, welches Format vorliegt.

Achten Sie auf das Vorschaufenster: Wenn bei eingestelltem Windows-ANSI-Format die Umlaute falsch angezeigt werden, handelt es sich um einen ASCII-Text. Mit der Einstellung *MS-DOS (PC-8)* werden ASCII-Texte in das Windows-Format ANSI konvertiert.

Trennzeichen oder feste Breite

Mit der Option *Getrennt* im ersten Fenster zeigt der nächste Dialog eine Auswahl von Trennzeichen. In den meisten Fällen ist das passende Zeichen bereits markiert, Sie können aber die Wahl jederzeit aufheben und andere Trennzeichen bestimmen.

Was sind Texterkennungszeichen?

Das Texterkennungszeichen setzen Sie, wenn die einzelnen Daten in den Feldern eines Datensatzes in Anführungszeichen oder Apostrophe gepackt sind. Diese Art der Textausgabe wurde von einigen Großrechnersystemen praktiziert, kommt heute aber sehr selten vor. Testen Sie im Vorschaufenster, ob ein Texterkennungszeichen nötig ist. Wenn die Daten korrekt angezeigt werden, können Sie den Eintrag *Keines* übernehmen.

Verwenden Sie *Feste Breite*, wenn die Daten kein erkennbares Trennzeichen haben, aber eindeutig in Spalten einzuordnen sind. Damit können Sie im nächsten Schritt die Spaltenbreiten selbst bestimmen:

1. Klicken Sie in der Datenvorschau auf eine Linealposition, um eine neue Spalte zu setzen.

2. Verschieben Sie Spaltenlinien mit gedrückter Maustaste.

3. Um eine Spaltenlinie zu entfernen, ziehen Sie diese mit gedrückter Maustaste nach unten.

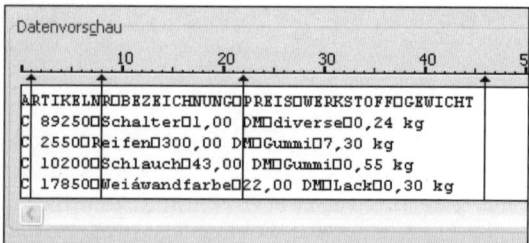

Bild 9.2: Manuelle Spaltenbestimmung bei Daten mit fester Breite

Zahlen richtig einlesen

Überprüfen Sie besonders im letzten Schritt genau, was der Text-Assistent mit Ihren Zahlen machen wird. Enthält eine Spalte Zahlen, die als Texte in der Tabelle landen sollen, weisen Sie der markierten Spalte besser das Textformat zu.

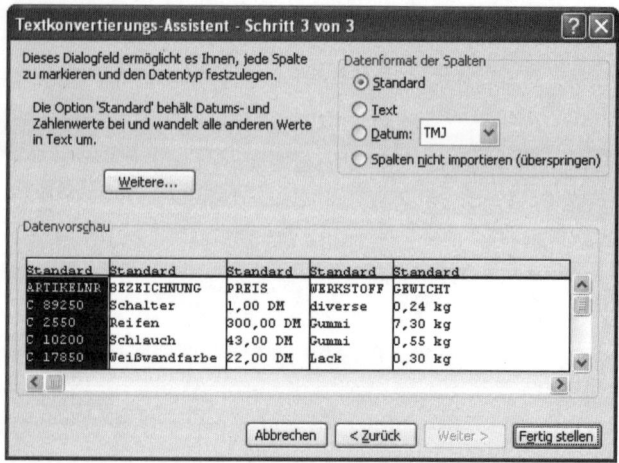

Bild 9.3: Die richtigen Zahlenformate für importierte Daten

Konvertierung abschließen

Mit einem Klick auf *Fertig stellen* im letzten Dialogfenster schließen Sie die Konvertierung des Textes ab. Excel präsentiert diesen in der Tabelle, die Felder der einzelnen Datensätze werden gemäß der gewählten Aufsplittung (Trennzeichen oder feste Breite) auf die Spalten verteilt.

Achten Sie darauf, dass Excel die Daten auch weiterhin als Text behandelt. In der Titelzeile der Mappe steht der Hinweis auf die Textdatei, und unter *Datei/Speichern unter* wird ebenfalls wieder das Textformat zur Ausgabe vorgeschlagen. Speichern Sie die Datei unter dem Datentyp Microsoft Excel Arbeitsmappe.

Bereits importierten Text in Spalten trennen ...

Im Normalfall sollte der Text-Assistent in Erscheinung treten, sobald eine Textdatei geöffnet wird. Was tun, wenn das nicht der Fall ist, wenn Excel eine Textdatei öffnet und den Assistenten zur Aufteilung in Spalten nicht anbietet und stattdessen alle Datensätze in die erste Spalte (A) packt?

Mit einer Option aus dem Daten-Menü lässt sich eine bereits importierte Textspalte analysieren und in Spalten aufteilen:

1. Stellen Sie sicher, dass die Spalten rechts von der aufzuteilenden Spalte leer sind bzw. genügend Spalten zur Verfügung stehen. Fügen Sie ggf. Spalten ein.

2. Markieren Sie die Textspalte und wählen Sie *Daten/ Text in Spalten*.

3. Der Textkonvertierungs-Assistent wird aktiv, bestimmen Sie die Trennung. Der Datentyp (ASCII oder
   ANSI) kann hier nicht mehr konvertiert werden.

4. Teilen Sie die Spalten auf und schließen Sie den Assistenten ab. Damit werden die Daten auf die Spalten
   rechts von der markierten Spalte aufgeteilt.

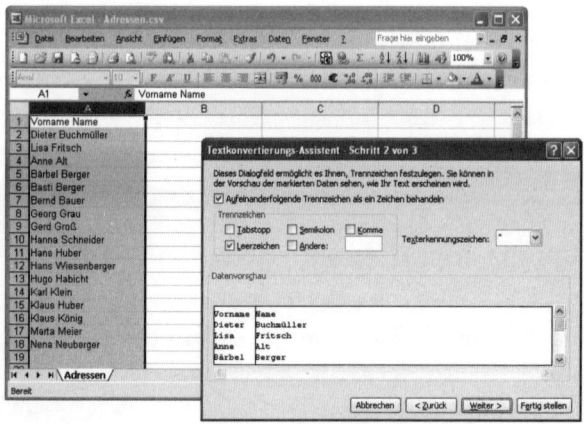

Bild 9.4: Daten nachträglich in Spalten aufteilen

... und umgekehrt: Getrennte Daten verbinden

Auch das kommt in der Praxis vor: Wenn der Text-Assistent ein Trennzeichen erkennt, wird getrennt, ganz gleich,
ob das Sinn macht oder nicht. Mit etwas Formelarithme-
tik können Sie diese Trennung aber wieder aufheben und
zwei oder mehr Spalten miteinander verbinden:

1. Setzen Sie den Zellzeiger in die erste Zeile der nächsten freien Spalte neben den getrennten Daten (im Beispiel Spalte C, um A und B zu verbinden).

2. Schreiben Sie diese Formel:

```
=A1&" "&B1
```

3. Klicken Sie doppelt auf das Füllkästchen rechts unten am Zellzeiger, um die Formel nach unten bis zum letzten Eintrag in der Liste zu kopieren.

4. Kopieren Sie die berechneten Daten, und wählen Sie *Bearbeiten/Inhalte einfügen/Werte*. Damit werden die Formeln aufgelöst.

5. Löschen Sie die beiden ursprünglichen Spalten.

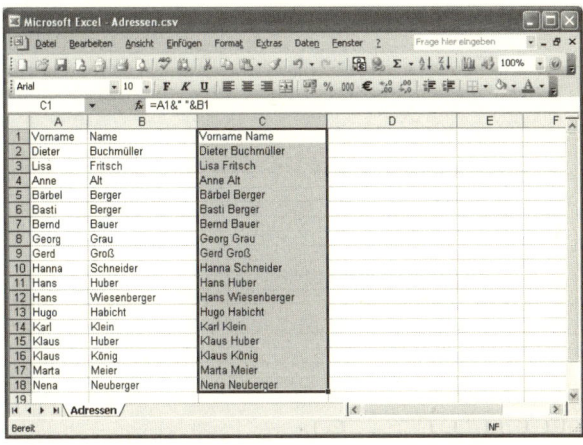

Bild 9.5: Die getrennten Spalten werden per Formel wieder vereint

Das CSV-Phänomen

CSV-Dateien sind eigentlich originäre Excel-Daten,
Excel registriert sich die Dateiendung schon mit der
Office-Installation, und die mit Trennzeichen versehenen
Daten werden auch im *Datei/Öffnen*-Dialog angeboten.
CSV heißt übrigens »Comma Separated Value« und
bezeichnet die im amerikanischen Sprachraum übliche
Trennung mit dem Komma als Trennzeichen. In unseren
Landen verwenden CSV-Dateien aber immer Semikola
für die Spalteneinteilung.

Ist es Ihnen schon passiert, dass eine CSV-Datei nicht
automatisch in Spalten aufgeteilt wird? Wenn nach dem
Einlesen der Datei alle Daten in einem einzigen Textstring in der ersten Spalte stehen, haben Sie das CSV-Phä-
nomen kennen gelernt:

1. Öffnen Sie eine CSV-Datei mit *Datei/Öffnen* im
   Excel-Programmfenster, wird diese korrekt konvertiert, wenn Semikola als Trennzeichen zu finden sind.
2. Öffnen Sie die Datei aber per Doppelklick auf den
   Dateinamen im Windows-Explorer- oder Arbeits-
   platz-Fenster, kann es passieren, dass die Daten in
   einer Spalte angezeigt werden, und Sie müssen mit
   Daten/Text in Spalten die Trennung nachholen.

Dieser Fehler tritt nicht mehr in der neuen Excel-Version
2003 auf, jedoch häufig in Excel 97/2000.

Fremdsprachige Daten konvertieren

Nicht immer ist die Textdatei so gut aufbereitet, dass der
Textkonvertierungs-Assistent sie ohne Mühe in eine

Excel-Tabelle im Windows-ANSI-Format umsetzen kann. Hier einige Beispiele aus der Praxis:

Dezimalpunkt und US-Währung

Die Datei PRODUCTS.TXT stammt aus einem englischsprachigen Programm und verwendet für Nachkommastellen den Dezimalpunkt und als Währungszeichen $:

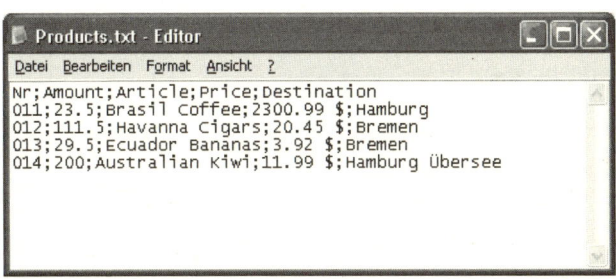

Bild 9.6: Eine fremdsprachige Tabelle

Die Datei wird nach *Datei/Öffnen* vom Textkonvertierungs-Assistenten übernommen. Mit dem Trennzeichen (Semikolon) verteilen sich die Felder korrekt auf die Spalten, im letzten Schritt wird aber die fremde Dezimal- und Währungskodierung sichtbar.

Ab der Version 2002 stellt Excel unter der Schaltfläche *Weitere* eine Konvertierung zur Verfügung; wählen Sie hier den Punkt als Dezimalzeichen und das Komma als Tausendertrennung, und die Konvertierung wird korrekt funktionieren. Mit Excel 97/2000 bleibt nur die Möglichkeit, die Spalte zu markieren und vorläufig mit dem Textformat zu versehen. Excel würde nach Abschluss des Assistenten die Zahlen falsch interpretieren und Datumswerte eintragen (2.1 = 2. Januar des Excel-Kalenders).

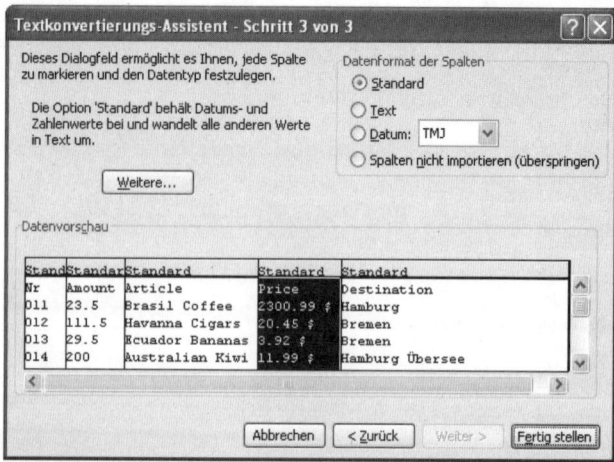

Bild 9.7: Fremde Dezimal- und Währungscodes

Markieren Sie anschließend die Spalte, tauschen Sie mit *Bearbeiten/Ersetzen* alle Punkte gegen Kommas aus und wandeln Sie mit *Format/Zellen* das Zahlenformat zurück auf *Standard*.

Hinweis

Alternativ dazu könnten Sie auch in der Systemsteuerung die Regions- und Sprachoptionen (Ländereinstellungen) öffnen und unter *Währung* das Dezimalzeichen kurzfristig von Komma auf Punkt umstellen. Da dies aber Auswirkungen auf alle Windows-Programme hat, sollten Sie nicht vergessen, die Änderung wieder zurückzunehmen.

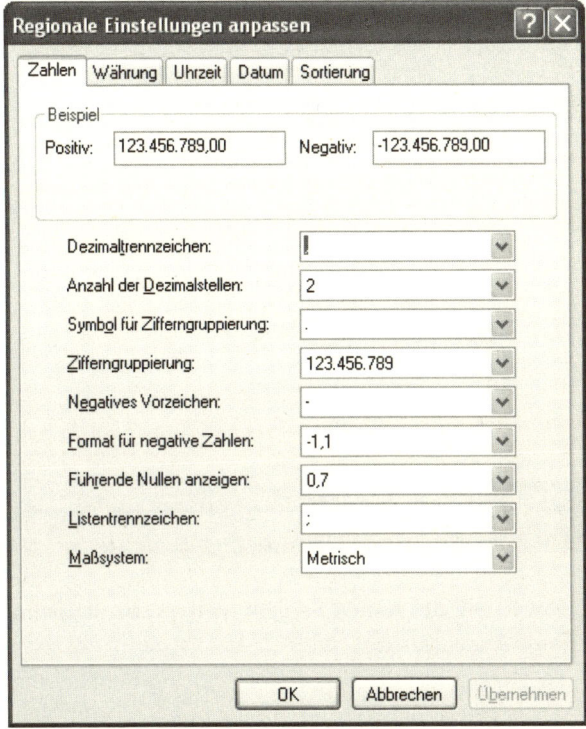

Bild 9.8: Die Regionaleinstellungen der Systemsteuerung arbeiten mit dem Textimport zusammen

Textformat »klebt« an importierten Zahlen

Excel hat häufig beim Import von Zahlen aus Textdateien die unangenehme Eigenart, diese Zahlen zwar einzulesen, das Textformat aber beizubehalten. Die Zahlenwerte sind linksbündig abgesetzt, was ein Zeichen für diese Textformatierung ist.

In Excel 2002 weist ein »SmartTag« darauf hin, dass es
sich um eine als Text formatierte Zahl handelt.

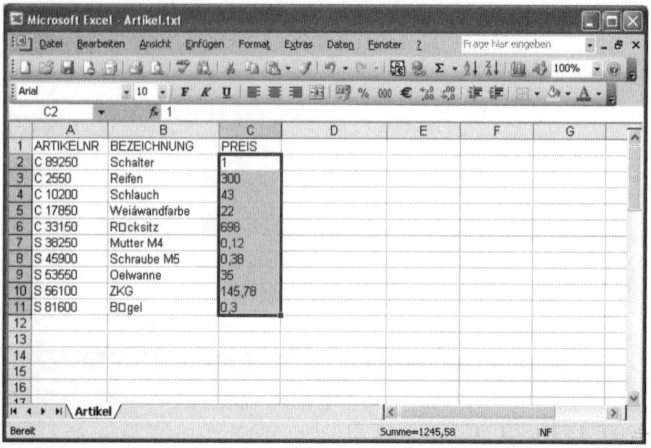

Bild 9.9: Importierte Zahlen behalten ihr Textformat

Die Zuweisung des reinen Zahlenformates hat in diesem
Fall keine Auswirkungen, die Zahl kann zwar für Berechnungen verwendet werden, bleibt aber, da linksbündig,
optisch als Text erhalten. Erst mit dem Öffnen und Neu-
beschreiben der Zelle (Tasten F2 und Enter) wird aus
dem Text eine echte Zahl. Viele Anwender machen sich
die Mühe und öffnen alle importierten Zellen einmal.
Hier eine einfache und schnelle Lösung:

1. Schreiben Sie die Ziffer 1 in eine beliebige Zelle, und
   kopieren Sie diese Zelle mit Strg + c.

2. Markieren Sie die importierte Zahlenspalte, in der die
   Zahlen linksbündig stehen oder, falls mehrere Spalten
   betroffen sind, per Klick auf das Kästchen links oben
   im Lineal die gesamte Tabelle.

3. Mit *Bearbeiten/Inhalte einfügen* öffnen Sie ein Dialogfenster, wählen Sie in diesem die Option *Multiplizieren* und bestätigen Sie mit *OK*.

4. Die markierten Zellen werden mit dem Faktor 1 in der Zwischenablage multipliziert und damit in echte Zahlen umgewandelt.

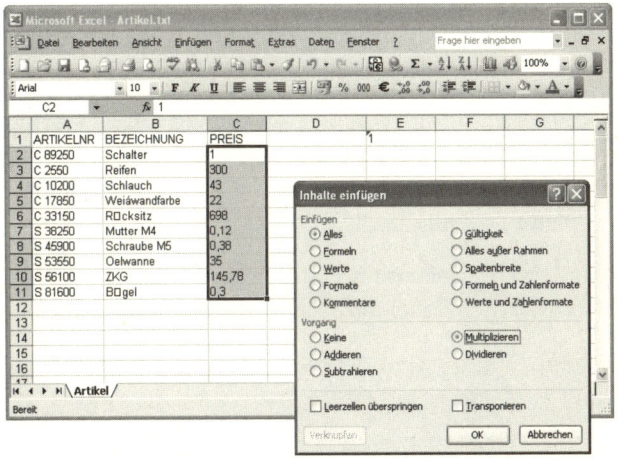

Bild 9.10: Importierte Zahlen einfach mit 1 multiplizieren

Die schnellste Art der Textkonvertierung

In vielen Fällen ist eine Textkonvertierung gar nicht nötig. Excel startet häufig den Text-Assistenten für Dateien, die eindeutig als Tabellendaten auszumachen sind, kann aber den Dateityp nicht zuweisen. Hier können Sie viel Zeit sparen, indem Sie mit den Dateinamen bzw. Dateiendungen experimentieren:

Enthält eine Textdatei sicher eine im Excel-Fenster darstellbare Tabelle, ändern Sie einfach die Endung des Dateinamens und öffnen die Datei:

1. Starten Sie das Arbeitsplatz- oder Explorer-Fenster von Windows (`Windows-Taste` + `E`).

2. Suchen Sie die Datei, markieren Sie dies und drücken Sie `F2`, um sie umzubenennen.

3. Nehmen Sie die Endung *TXT, DAT, CSV* o. a. weg und schreiben Sie stattdessen *XLS*.

4. Drücken Sie die `Enter`-Taste, um die Umbenennung abzuschließen, und starten Sie die Datei gleich mit einem weiteren Tastendruck auf Eingabe oder per Maus-Doppelklick.

Mit der Umbenennung wechselt auch das Symbol der Datei, die nun eindeutig Excel zuzuordnen ist.

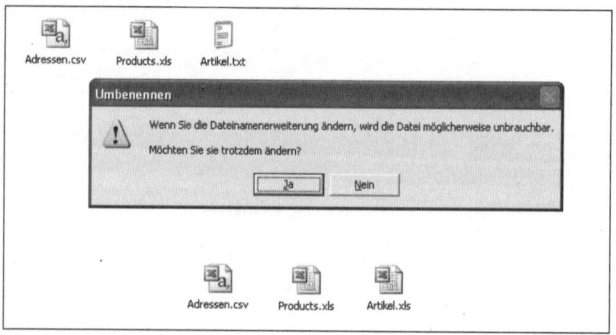

Bild 9.11: Konvertiertrick: einfach die Dateiendung wechseln

Dateien per Makro umbenennen und öffnen

Sie erhalten regelmäßig Tabellen im Textformat, die Sie mit Excel einlesen wollen? Um den überflüssigen Text-Assistenten zu umgehen, schreiben Sie ein Makro, das die Datei mit der Endung XLS versieht, bevor sie als Mappe eingelesen wird.

Die Textdatei muss natürlich in ANSI oder Unicode formatiert sein, sonst erhalten Sie falsche Textwerte.

```
Sub Text2XLS()
 Dim dat, datneu
 dat = Application _
  .GetOpenFilename _
  ("Textdateien (*.txt;*.dat), *.txt;*.dat")
 If dat = False Then Exit Sub
 ' Dateiname produzieren
 datneu = Left(dat, Len(dat) - 3) & "XLS"
 ' Datei umbenennen
 On Error GoTo fehler
 Name dat As datneu
 ' Datei öffnen
 Workbooks.Open datneu
 Exit Sub
fehler:
 MsgBox Err.Description, vbCritical, "Fehler"
 End Sub
```

Die Anweisung GetOpenFileName liefert nur den Dialog für die Dateiauswahl, Sie können in der Klammer bestimmen, welche Dateiendungen Sie sehen wollen (hier z. B. PRN-Dateien):

```
dat = Application.GetOpenFilename("Textdateien
(*.prn), *.prn")
```

Access-Datenbanken schnell verknüpfen

Für den Import von Access-Dateien ist eigentlich die Abfragetechnik (Queries, siehe unten) zuständig. Mit *Daten/Externe Daten/Neue Abfrage* wird dazu eine Abfrage gestartet, Datenbank und Datenbereich wird über die Datenquelle fixiert, und die Daten stehen nach Abschluss der Aktion mit der Datenbank verknüpft in der Tabelle.

Excel bietet ab der Version 2002 ein einfacheres, schnelleres Verfahren für diesen Zugriff auf Access-Datenbanken:

1. Wählen Sie *Datei/Öffnen*.

2. Schalten Sie auf den Dateityp *Access Datenbanken* um, und suchen Sie die MDB-Datei, die Sie einlesen wollen.

3. Öffnen Sie diese Datei per Klick auf *Öffnen*.

4. Bestätigen Sie unter 2002/2003 die Sicherheitsabfrage, die erscheint, wenn die externe Datei Abfragen enthält.

Eine Liste mit den Tabellen und Abfragen in der Datenbank wird angezeigt, markieren Sie die gewünschten Daten und bestätigen Sie mit *OK*.

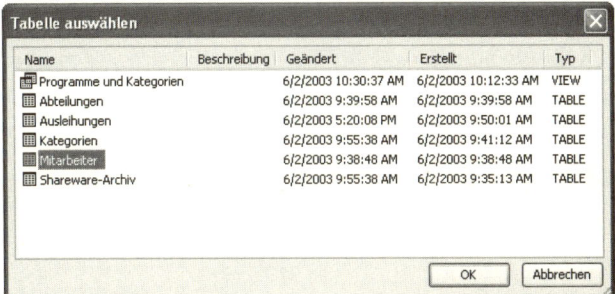

Bild 9.12: Die Tabellen und Abfragen in der MDB-Datenbank

Damit wird die MDB-Datenbank mit der Tabelle verknüpft, Sie können das Ergebnis über die Symbolleiste
Externe Daten aktualisieren und verwalten.

Externe ODBC-Abfragen

ODBC ist das Zauberwort für Excel-Experten, die
externe Daten verwalten und auswerten wollen. ODBC
(= Open Database Connectivity) ist Microsofts strategi-
sches Interface für den Datenzugriff auf relationale und
nicht relationale Datenbanksysteme in heterogenen Systemen. Ein System, das seine Daten in diesem Verbund
bereitstellen möchte, kann dies über einen ODBC-Treiber tun, der den Datenaustausch zwischen Excel und der
vom DBMS angelegten Datenbank ermöglicht. Treiber
für die wichtigsten Programme sind im Lieferumfang des
Office-Pakets enthalten und werden mit dessen Installation eingerichtet, zusätzliche Treiber sind bei Microsoft
erhältlich.

Was ist MS Query?

MS Query ist das Add-In, das für den Zugriff auf externe
Daten zuständig ist. Dieses Add-In installiert sich selbstständig ab der Version 2000, in Excel 97 müssen Sie ggf.
über *Extras/Add-In-Manager* die Option *Microsoft Query
Add-In* ankreuzen. Die Datei heisst Xlquery.xla.

ODBC-Datenquellen verwalten

Eine Datenquelle für den ODBC-Zugriff lässt sich
schnell in Excel anlegen:

1. Wählen Sie *Daten/Externe Daten/Neue Abfrage
   erstellen*, starten Sie damit MS Query.

2. Wählen Sie die Option *Neue Datenquelle*, und klicken Sie auf die Schaltfläche *OK*.

3. Geben Sie einen Namen für die neue Datenquelle ein,
   z.B. »ControllingDaten«.

4. Wählen Sie einen Treiber für die neue Datenquelle
   aus, beispielsweise *Microsoft Access-Treiber*.

5. Klicken Sie auf *Verbinden*, *Auswählen* und wählen Sie
   eine Datenbankdatei oder *Erstellen* Sie eine neue
   Datenbank.

Die Datenquelle ist bereit, Sie können die Abfrage starten. Schalten Sie die Option *Query-Assistenten -...* aus,
wenn Sie direkt in das Query-Fenster schalten wollen.

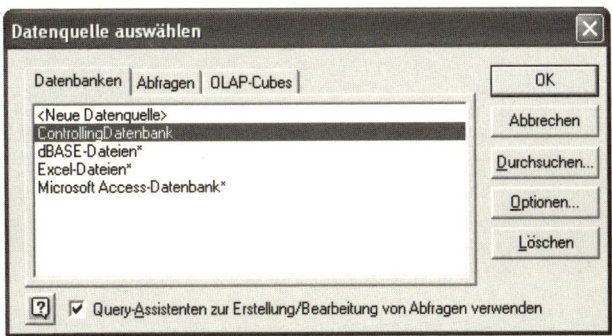

Bild 9.13: Die Datenquelle ist erstellt

Ab Excel 2002 können Sie die Datenquelle hier zwar wieder löschen, aber nicht mehr abändern. Aktivieren Sie dazu die Systemsteuerung und sehen Sie in den ODBC-Datenquellen (Dienstprogramm Verwaltung) nach, hier finden Sie auch Ihre eben erstellte Datenquelle in Form einer DSN-Datei.

ODBC mit Excel

In der Liste der ODBC-Treiber steht auch ein Treiber für Excel-Dateien zur Verfügung. Damit können Sie tatsächlich Daten aus anderen Mappen, ja sogar aus Tabellen der gleichen Mappe verknüpfen, in der Sie die Abfrage starten. Folgende Regeln müssen Sie aber beachten:

▶ Wenn Sie mit Excel 97 arbeiten, muss der Bereich, den Sie importieren wollen, den Bereichsnamen »Datenbank« aufweisen. Weisen Sie diesen Namen über *Einfügen/Namen/Definieren* zu.

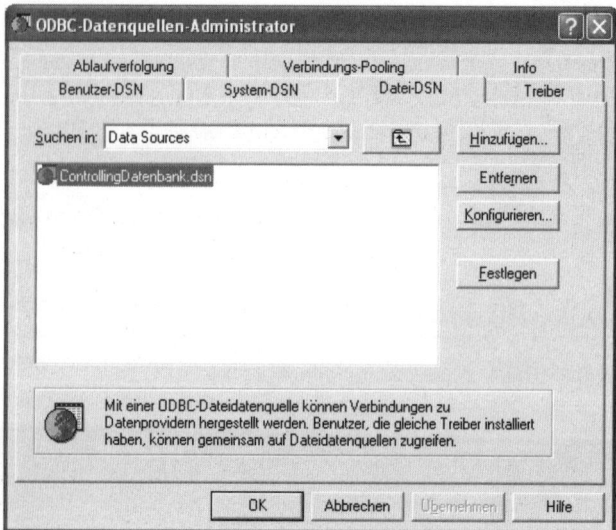

Bild 9.14: In der Systemsteuerung finden Sie Ihre Datenquellen wieder

▶ Ab Excel 2000 können Sie auch beliebige andere Bereiche per Abfrage importieren, es empfiehlt sich aber auch hier, mit Bereichsnamen zu arbeiten.

▶ Die Excel-Bereiche dürfen nicht zur Bearbeitung geöffnet sein, wenn Sie mit ODBC darauf zugreifen, die Abfrage ist »read only«.

▶ Die erste Zeile des Abfragebereiches muss Feldnamen enthalten, diese dürfen maximal 64 Zeichen lang sein und keine Sonderzeichen enthalten. Leere Felder besetzt der ODBC-Treiber mit eigenen Feldnamen (*Exp1, Exp2 ...*).

Arbeiten mit MS Query

Der Query-Assistent führt Sie dialoggesteuert zu einem Abfrage-Ergebnis. Wenn Sie noch keine Erfahrung mit ODBC haben, sollten Sie ihn benutzen.

1. Markieren Sie die Datenquelle, und starten Sie mit *OK*. Wählen Sie eine Tabelle aus der Datenbank oder den benannten Bereich bei Excel-Datenquellen.

2. Schicken Sie einzelne Spalten oder alle Spalten in die Abfrage. Klicken Sie auf die Schaltfläche >, werden alle Spalten der Tabelle in das rechte Listenfeld kopiert.

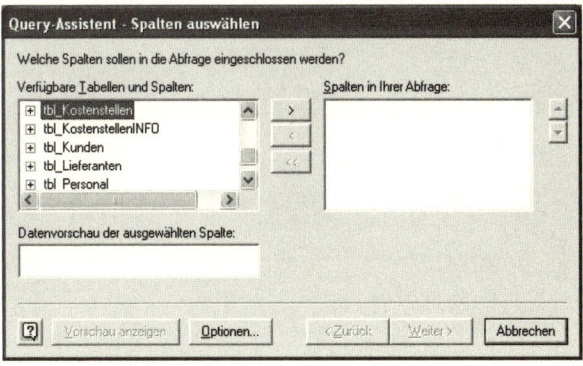

Bild 9.15: Spaltenauswahl für die Abfrage

3. Im nächsten Schritt des Assistenten können Sie Filter-kriterien festlegen. Um beispielsweise nur Artikel zu übernehmen, die nicht als Auslaufartikel gekenn-zeichnet sind, wählen Sie den Eintrag *Auslaufartikel* im Listenfeld *Zu filternde Spalte* aus.

4. Im nächsten Schritt des Assistenten können Sie die Sortierreihenfolge festlegen. Klicken Sie dazu auf den

Pfeil des ersten Dropdown-Feldes und wählen Sie eine Spalte als Sortierkriterium.

5. Im letzten Schritt des Assistenten können Sie bestimmen, was mit den ausgewählten Daten geschehen soll. Sie können die Daten an Excel übergeben, Query starten oder (ab Excel 2000) einen OLAP-Cube aus der Abfrage machen. Das Speichern der Abfrage ist nur nötig, wenn Sie diese in anderen Tabellen wieder aktivieren wollen.

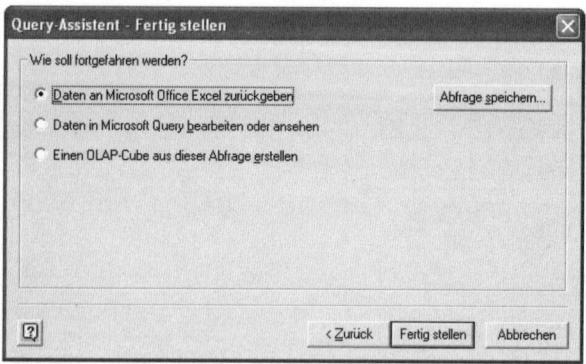

Bild 9.16: Letzter Assistentenschritt: Abfrage wird positioniert

Mit der ersten Option fügen Sie die Daten in die Tabelle ein. Jetzt können Sie über die Symbolleiste *Externe Daten* oder über das Daten-Menü die Abfrageeigenschaften bearbeiten, neu konfigurieren und per Klick auf das *Ausrufezeichen*-Symbol einfach aktualisieren.

	A	B	C	D	E	F
1	KundenID	KundenNr	Firma	Anrede	Vorname	Nachname
2	1	1220-07	Baumann Sport	Herrn	Hugo	Löblich
3	2	1220		Herrn	Ludwig	Pressler
4	3	1220		Herrn	Willi	Baumann
5	4	1220		Frau	Greta	Tiffner
6	5	1220-03	Dietrich & Söhne	Herrn	Hans	Dietrich
7	6	1220-25	Golfcenter	Firma	Peters & Co.	
8	7	1220-22	Erdmann Sport	Herrn	Dieter	Thurgau
9	8	1220-09	Fun-Corner	Herrn	Werner	Gertenberg
10	9	1220-30	Ferritt KG	Frau	Theresia	Johannsen
11	10	1220-02	Franzen AG	Herrn	Ernst	Ullmann
12	11	1220-13	FunSport AG	Herrn	Hannes	Friedberg
13	12	1220-19	Sporthaus	Frau	Paula	Franzen

Bild 9.17: Die Abfrage steht, die externen Daten werden per Symbolleiste verwaltet

---

Hinweis

Achten Sie darauf, dass der Zellzeiger irgendwo in der Abfrage steht, wenn Sie die Symbole aus der Symbolleiste *Externe Daten* benutzen wollen.

Abfrage in der Tabelle lokalisieren

Die Abfrage wird wie eine Verknüpfung in Ihre Tabelle eingefügt, sie taucht aber nicht in der Liste der Verknüpfungen auf, sondern wird als externer Datenbereich behandelt. So arbeiten Sie zielsicher mit diesen Fremddaten:

Der Bereich hat immer einen Abfragenamen. Sie können diesen mit seinem Bezug unter *Einfügen/Namen/Definieren* (Festlegen in Excel 97) abfragen. In Excel 97 heißen diese Bereiche *ExterneDaten1, ExterneDaten2...*, ab Excel 2000 finden Sie diesen Namen:

```
Abfrage von <Datenquelle>
```

Da dieser Name meist nicht besonders aussagekräftig ist,
ändern Sie ihn und geben einen beschreibenden Namen
ein:

1. Klicken Sie in der Symbolleiste *Externe Daten* auf das
   Symbol *Datenbereichseigenschaften*, oder wählen Sie
   diesen Menübefehl im Kontextmenü der Abfrage.

2. Ändern Sie den Namen der Abfrage im Eingabefeld
   am oberen Rand.

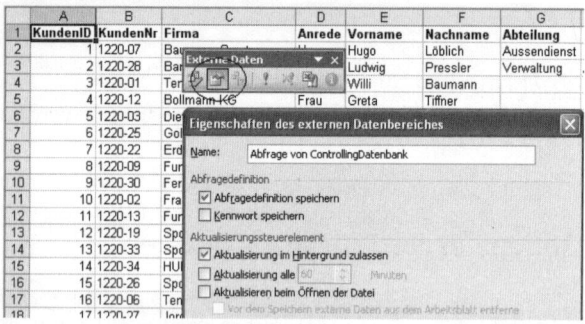

Bild 9.18: Der Name der Abfrage

Die Änderung hat keine Auswirkung auf die Funktion,
wenn Sie die Abfrage aktualisieren, wird der neue
Bereichsname wieder dem aktualisierten Bereich aus der
Datenbank zugewiesen.

Abfragen löschen

Wie löscht man eigentlich eine ODBC-Abfrage aus der Tabelle? Wenn Sie nur die Daten löschen, erscheinen diese mit der nächsten Aktualisierung wieder. Sie können die Zellen der Abfrage, alle Zeilen oder Spalten löschen, damit verschwindet auch die Abfrage. Es gibt aber auch einen eleganteren Weg:

1. Öffnen Sie die Datenbereichseigenschaften der Abfrage.

2. Entfernen Sie das Häkchen vor der Option *Abfragedefinition speichern*.

3. Mit Bestätigung der Sicherungsabfrage ist die Abfrage gelöscht, und es bleiben nur die Daten zurück.

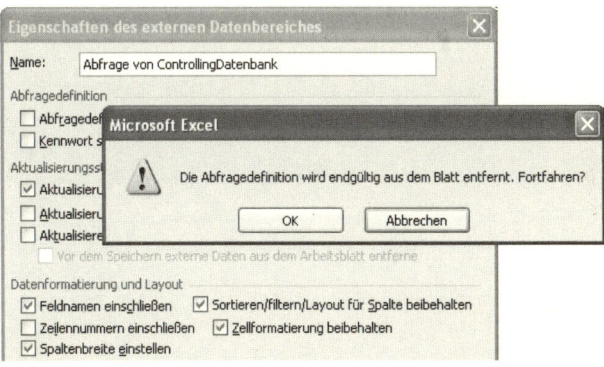

Bild 9.19: So wird die Abfrage gelöscht

Abfrageergebnis globalisieren

ODBC-Abfragen sind immer lokal, d.h., der Bereichsname ist nur für die Tabelle gültig, in der sich das Abfrageergebnis befindet. Das ist nicht sehr praktikabel, wenn

Sie auch aus anderen Tabellen auf die Daten aus der
Datenbank zugreifen wollen. So erstellen Sie einen globa-
len Bereichsnamen für das Abfrageergebnis:

1. Wählen Sie in der Tabelle, in der sich die Abfrage
   befindet, *Einfügen/Namen/Definieren* bzw. *Festlegen*
   in Excel 97.

2. Geben Sie den Bereichsnamen *Datenbank* ein.

3. Klicken Sie in das Feld *Bezieht sich auf*.

4. Geben Sie eine Verknüpfung zur Abfrage ein:

   ```
   =Abfragename
   ```

5. Schließen Sie die Bereichsnamenerstellung mit *OK* ab.

Der globale Bereichsname *Datenbank* bezieht sich auf
die lokale Abfrage, und damit steht diese in allen Tabellen
der Mappe zur Verfügung.

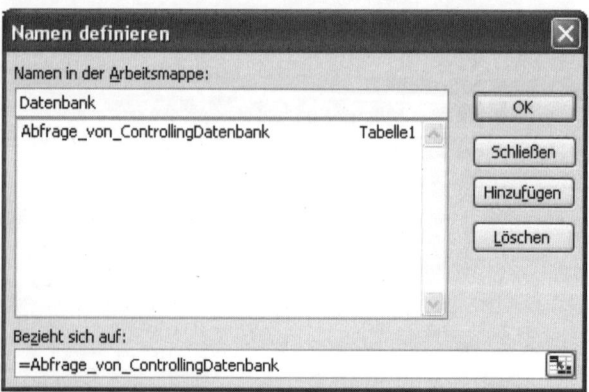

Bild 9.20: So wird die Abfrage global

Abfragedaten aus der Tabelle entfernen

Datenbankabfragen können enorme Datenmengen in die Tabelle transferieren. Diese Daten müssen Sie aber nicht speichern, denn die Abfrage findet ihr Ziel ja immer wieder. So entfernen Sie die Abfragedaten:

1. Öffnen Sie die Datenbereichseigenschaften der Abfrage.

2. Kreuzen Sie diese beiden Optionen an:

   Aktualisieren beim Öffnen der Datei

   Vor dem Speichern externe Daten aus dem Arbeitsblatt entfernen

Webabfragen

Mit Excel ins Internet zu gehen, ist eine der leichtesten Übungen, die Prozedur unterscheidet sich aber deutlich in den einzelnen Versionen:

QRY-Dateien mit Excel 97

In Excel 97 verwenden Sie Textdateien mit der Endung IQY (Internet Query). In diesen sind die URLs gespeichert, die Excel ansteuert.

1. Wählen Sie *Daten/Externe Daten*.

2. Verwenden Sie einfach eine der angebotenen IQY-Dateien, und die Daten werden – eine funktionierende Internet-Verbindung vorausgesetzt – in die Tabelle importiert.

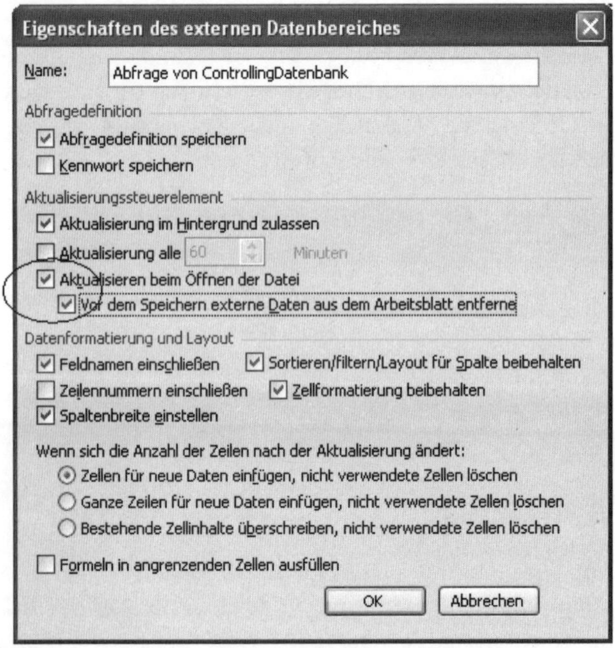

Bild 9.21: Entfernen Sie die Abfragedaten aus der Tabelle

Wenn Sie eine eigene Verbindung aufbauen möchten, öffnen Sie am besten eine angebotene Beispieldatei und tragen eine andere URL ein. Die Datei enthält immer drei Zeilen:

```
WEB
1
http:// www.ihreurl.com
```

Aktienkurse aus dem Web

1. In Excel 2000 wählen Sie *Daten/Externe Daten/ Gespeicherte Abfrage ausführen*. Wählen Sie eine Query-Datei, und holen Sie die Daten in die Tabelle.

2. Mit Excel 2002/2003 heißt die Menüoption *Daten/ Externe Daten importieren/Daten importieren*. Das Prinzip ist noch das gleiche, es werden aber auch andere ODBC-Datenquellen angeboten.

3. Wählen Sie eine angebotene Datenquelle, z.B. MSN MoneyCentral Investor Aktienkursindizes.iqy.

4. Markieren Sie die Zelle, ab der die Abfrage eingefügt werden soll, und bestätigen Sie mit *OK*.

Die Webabfrage wird eingefügt, die Abfragte wird wieder über die Symbole aus der Symbolleiste *Externe Daten* verwaltet (siehe oben).

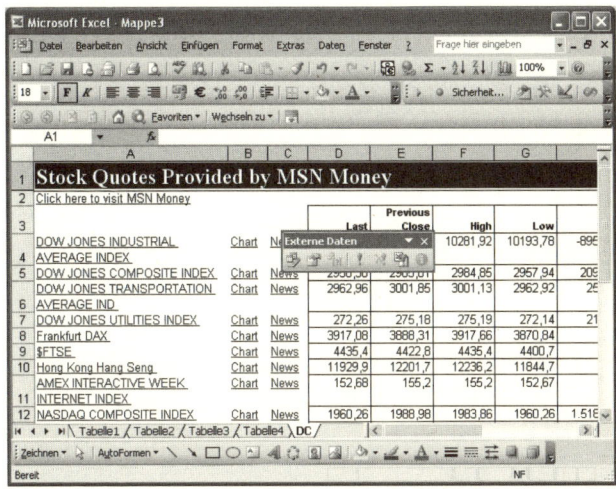

Bild 9.22: Daten aus dem Internet per Webabfrage

Webabfragen kontrollieren – der Globus in der Statusleiste

Haben Sie den Globus in der Statusleiste schon entdeckt? Bei schnellen DSL-Verbindungen dürfte das schwierig sein, weil er nur erscheint, so lange eine Webverbindung aufgebaut wird.

33,86	1960,26	1.521.325.417	-28,72	-1,44%	2153,83	1584
358,5	10963,5	0	-215,3	-1,92%	103769	946
54,37			8,14	0,22%	0	
75,08			-11,64	-2,45%	560,68	351,1
73,56	562,44		-11,12	-1,94%	606,42	422,0
548,4	543,87		-3,66	-0,67%	573,44	484,2
25,31	1116,56	1.441.196.807	-8,35	-0,74%	1163,23	960,8
97,76	1767,26	0	-11,09	-0,62%	92,57	21
174,8	3461,3	0	-7,5	-0,22%	325350	288

Bild 9.23: Das Globussymbol in der Statusleiste

Wenn Sie den Globus sehen, können Sie mit einem Doppelklick auf das Symbol die Verbindung unterbrechen, was z.B. sehr nützlich ist, wenn Excel längere Zeit vergeblich versucht, an eine URL heranzukommen.

Bestätigen Sie den Abbruch in der Dialogbox oder schließen Sie diese, und die Verbindung wird erhalten bleiben.

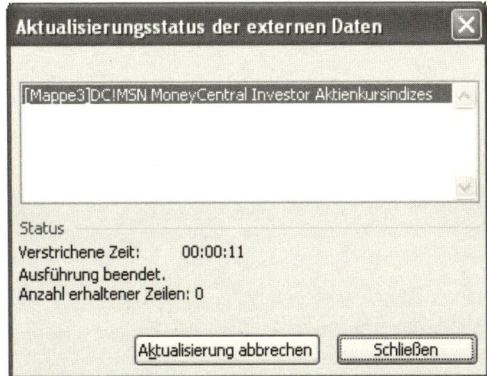

Bild 9.24: Verbindung wird unterbrochen

10
Sonstige Tricks

In diesem Kapitel haben wir alles zusammengetragen, was nicht so recht in die anderen Kapitel passt: Nützliches wie Zellschutz und Verknüpfungen, Interessantes wie Bildkopie, Kamera und Feiertagsberechung und Witziges wie Ostereier.

Der Zwischensummen-Trick

Für die simple Summe-Funktion scheint es keine geheimen Tricks zu geben, oder doch? Testen Sie Excel doch mal, wie intelligent es mit Zwischensummen umgeht:

Schreiben Sie eine Liste mit Kostenarten, und sehen Sie die Zwischensummen nach jedem Kostenblock vor.

	A	B	C	D
1				
2				
3	**Kostenart-Bezeichnung**	**SOLL**	**IST**	**Delta**
4	Fertigungslöhne	33	12	21
5	Hilfslöhne	40	34	6
6	Gehälter	21	11	10
7	**Summe Personalkosten**			
8	Instandhaltung	45	45	0
9	Hilfs- u. Betriebsstoffe	30	21	9
10	Werkzeugkosten	12	23	-11
11	**Summe Sachkosten**			
12	Kalk. Abschreibungen	23	11	12
13	Kalk. Raumkosten	12	34	-22
14	**Summe Kalk. Kosten**			
15	**Monatliche Kostensumme**			
16				

Bild 10.1: Kostenblöcke mit Zwischensummen

Sie können jetzt alle Zwischensummen mit einem Klick berechnen, Excel wird sich die passenden Bereiche suchen:

1. Markieren Sie den ersten Bereich B7:D7.

2. Halten Sie die ⌈Strg⌉-Taste gedrückt, und markieren Sie B11:D11 und anschließend B14:D14.

3. Klicken Sie auf das *AutoSumme*-Symbol in der Symbolleiste *Standard*.

Die Zwischensummen werden richtig eingetragen, die Bereiche werden bis zur nächsten Formelzelle oder Überschrift erkannt.

Wie sieht es mit der Gesamtsumme der einzelnen Spalten aus? Wird Excel mit dem *AutoSumme*-Symbol die (falsche) Summe über die ganze Spalte ziehen oder nur Zwischensummen aufkumulieren? Testen Sie:

1. Markieren Sie den Bereich B15:D15.

2. Klicken Sie auf das Symbol *AutoSumme* in der Symbolleiste *Standard*.

3. Sehen Sie sich das Ergebnis mit ⌈F2⌉ an: Excel summiert nur die Zwischensummen über den Ergebniszellen.

SUMMENPRODUKT ▾ ✕ ✓ *fx* =SUMME(B14;B11;B7)			
	A	B	C	D
1				
2				
3	Kostenart-Bezeichnung	SOLL	IST	Delta
4	Fertigungslöhne	33	12	21
5	Hilfslöhne	40	34	6
6	Gehälter	21	11	10
7	**Summe Personalkosten**	94	57	37
8	Instandhaltung	45	45	0
9	Hilfs- u. Betriebsstoffe	30	21	9
10	Werkzeugkosten	12	23	-11
11	**Summe Sachkosten**	87	89	-2
12	Kalk. Abschreibungen	23	11	12
13	Kalk. Raumkosten	12	34	-22
14	**Summe Kalk. Kosten**	35	45	-10
15	**Monatliche Kostensumme**	=SUMME(B14;B11;B7)		25

Bild 10.2: Intelligente AutoSumme: Zwischensummen werden erkannt

Tricks mit dem Zellschutz

Sie haben Ihre Tabelle erfolgreich vor unbeabsichtigten Zugriffen geschützt, dazu haben Sie über *Format/Zellen/ Schutz* alle Zellen, die Formeln enthalten, geschützt, alle Eingabezellen vom Zellschutz befreit und das ganze Tabellenblatt mit einem Blatt- oder Arbeitsmappenschutz versehen (*Extras/Schutz*). Jetzt gibt es zwei Möglichkeiten, den Anwender durch die ungeschützten Bereiche zu führen:

Navigation in ungeschützten Zellen

Mit der ⇥-Taste springt der Cursor in geschützten Tabellenblättern zur jeweils nächsten ungeschützten Zelle. Ein weiterer Tastendruck führt zur übernächsten usw. So können Sie auf ausschließlich ungeschützten Zellen arbeiten.

Nur ungeschützte Zellen markieren

Auch bei gesetztem Zellschutz kann der Anwender alle Zellen markieren, die Warnmeldung erscheint erst, wenn er versucht, den Inhalt geschützter Zellen zu verändern.

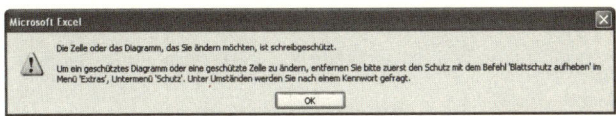

Bild 10.3: Meldung bei geschützten Zellen

Das kann in der Praxis für Verwirrung sorgen, besser
wäre es, der Anwender könnte gar nicht in Bereichen
arbeiten, in denen er keine Berechtigung für Änderungen
hat, die Zellen also gar nicht anklicken. Schreiben Sie ein
Makro, das diese Aufgabe erledigt, hier z.B. für die erste
Tabelle mit dem Namen *Tabelle1*:

1. Schalten Sie mit ⎡Alt⎤ + ⎡F11⎤ in den Visual Basic-
   Editor.

2. Klicken Sie im Projekt-Explorer doppelt auf den Eintrag *DieseArbeitsmappe*.

3. Wählen Sie im linken Listenfeld des Codesblattes im
   Arbeitsbereich *Workbook* (an Stelle von *Allgemein*).
   Damit erhalten Sie automatisch ein Makro mit dem
   Startbefehl Workbook_Open().

4. Schreiben Sie diese Anweisung:

```
Private Sub Workbook_Open()
   Worksheets("Tabelle1").EnableSelection = _
xlUnlockedCells
End Sub
```

Speichern und schließen Sie die Arbeitsmappe. Wenn Sie
die Mappe anschließend wieder öffnen, können im ange-
gebenen Tabellenblatt nur noch ungeschützte Zellen
markiert werden, in anderen Zellen lässt sich der Zellzeiger nicht platzieren.

Sie können diesen Trick auch auf alle Tabellenblätter
einer Mappe ausweiten, kodieren Sie einfach eine Schleife
über alle Blätter in der Mappe:

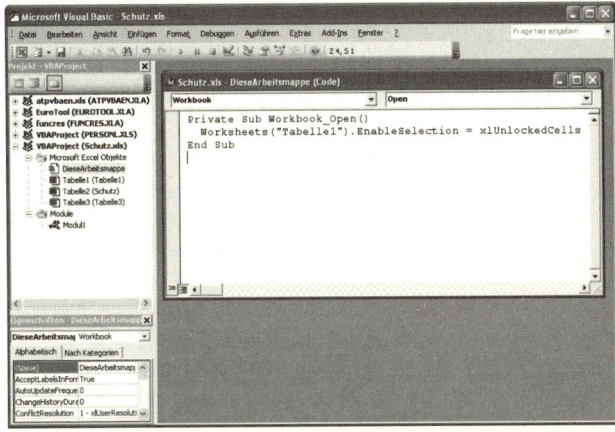

Bild 10.4: Das Makro verhindert Zellmarkierungen in geschützten Tabellen

```
Private Sub Workbook_Open()
  Dim ws As Worksheet
  For Each ws In ThisWorkbook.Worksheets
    ws.EnableSelection = xlUnlockedCells
  Next ws
End Sub
```

Damit Sie selbst als »Administrator« an Ihre geschützten Zellen herankommen, sollten Sie eine Abfrage nach dem Benutzernamen einbauen (*Administrator* ist hier der Name, der unter *Extras/Optionen* auf der Registerkarte *Allgemein* als Benutzername zu sehen ist):

```
Private Sub Workbook_Open()
 If Application.UserName <> "Administrator" Then
 . . .
 End If
End Sub
```

Geschützte Zellen kennzeichnen

Für Einsteiger und weniger erfahrene Anwender kann es hilfreich sein, dass geschützte Zellen gekennzeichnet werden. Excel bietet aber leider keine Gehezu-Aktion für geschützte oder ungeschützte Zellbereiche an. Ein bedingtes Format und eine Spezialfunktion schaffen hier Abhilfe:

1. Markieren Sie den Bereich, in dem Sie die geschützten Zellen kennzeichnen wollen. Wenn Sie die Zellen in der ganzen Tabelle ausweisen wollen, klicken Sie in das Kästchen links oben, in dem sich die Zeilennummern und die Spaltenbuchstaben treffen.

2. Wählen Sie *Format/Bedingte Formatierung*.

3. Schalten Sie von *Zellwert ist* um auf *Formel ist*, und tragen Sie diese Formel ein:

```
=ZELLE("Schutz";A1)=1
```

4. Wählen Sie unter *Format* die Formatierung, die Sie für geschützte Zellen vorgesehen haben. Verwenden Sie ein leichtes Zellmuster oder einen Rahmen um die Zellen.

5. Bestätigen Sie mit Klick auf *OK*, und alle geschützten Zellen im Tabellenblatt werden mit dieser Formatierung belegt.

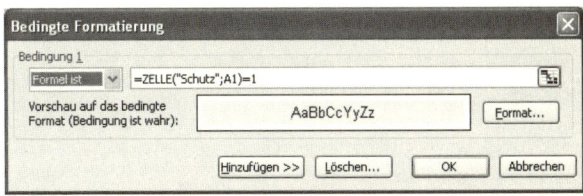

Bild 10.5: Bedingungsformat für geschützte Zellen

Zur Erklärung: Die *Funktion* `=ZELLE("Schutz";A1)` gibt den Wert 0 aus, wenn die Zelle geschützt ist und 1, falls nicht. Wenn Sie die Funktion in ein Bedingungsformat packen und als Bedingung formulieren, werden die Zellen entsprechend ihrem Schutzstatus formatiert. Vergleichen Sie die Zelle mit dem Wert 0, gilt das Format bei allen ungeschützten Zellen.

Sie können natürlich auch nur einen bestimmten Bereich der Tabelle mit dem Bedingungsformat belegen, in diesem Fall muss das zweite Argument die Zelladresse der ersten (aktiven) Zelle erhalten.

Hinweis

Achten Sie darauf, dass der Bezug im zweiten Argument immer die aktive Zelle adressiert und relativ bleibt, damit er für alle Zellen der Markierung gültig ist.

Für Makro-Fans gibt es natürlich wieder eine Makrolö-
sung, die über eine Schleife alle Zellen im »UsedRange«
(benutzter Bereich) überprüft und die geschützten mit
einer Zellfarbe versieht. Vorteil dieser Lösung: Sie kann
auf eine Schaltfläche gelegt werden und bietet damit die
Möglichkeit, die Formatierung erst bei Bedarf einzuschalten.

```
Sub FreieZellenKennzeichnen()
Dim Zelle As Range
For Each Zelle In ActiveSheet.UsedRange
  If Zelle.Locked = False Then
    Zelle.Interior.ColorIndex = 3
  End If
Next Zelle
End Sub
```

Tabellen sicher verstecken

Eine wirksame Methode, Daten vor unbeabsichtigten
Änderungen oder einfach vor neugierigen Blicken zu verstecken, ist das Ausblenden von Tabellenblättern:

1. Markieren Sie das betreffende Tabellenblatt.

2. Wählen Sie *Format/Blatt/Ausblenden.*

Leider ist der Schutz nicht besonders gut, denn mit der
Menüoption *Format/Blatt/Einblenden* stehen alle ausgeblendeten Tabellen in einer Liste bereit und können vom
Anwender wieder reaktiviert werden. Hier hilft eine
zusätzliche Sicherung im VBA-Editor.

Das Blatt ist für die Bearbeitung mit dem Visual Basic Editor ein Teil des Projektes, ein so genanntes *Objekt*, und hat als solches bestimmte Eigenschaften. Eine davon ist *Visible* (Sichtbar), und diese Eigenschaft bietet mehrere Varianten an:

1. Drücken Sie ⌷Alt⌷ + ⌷F11⌷, um in den Visual Basic Editor zu schalten.

2. Öffnen Sie das *Ansicht*-Menü, und überprüfen Sie, ob die Fenster *Projekt-Explorer* und *Eigenschaften* aktiv sind.

3. Suchen Sie im Projekt-Explorer das Projekt, das den Namen der Arbeitsmappe trägt, und klicken Sie auf die Tabelle, die Sie ausblenden wollen.

4. Suchen Sie im *Eigenschaften*-Fenster die Eigenschaft *Visible*, und stellen Sie den Wert dann auf *2 – xlSheetVery Hidden*.

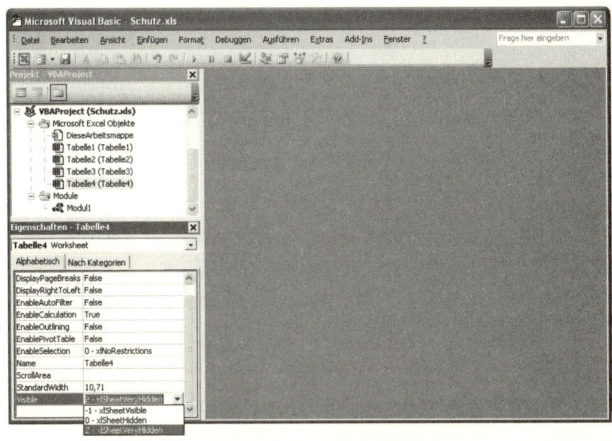

Bild 10.6: Tabellenblätter sicher verstecken

Damit ist die Tabelle sicher versteckt, sie taucht nicht mehr in der Liste der ausgeblendeten Tabellenblätter auf. Sie können das gesamte Projekt noch mit einem Passwort schützen:

1. Markieren Sie das Projekt im Projekt-Explorer und klicken Sie mit der rechten Maustaste auf den Namen.

2. Wählen Sie *VBA-Projekt-Eigenschaften*.

3. Schalten Sie auf die Registerkarte *Schutz* um, und kreuzen Sie die Option *Projekt für die Anzeige sperren* an. Geben Sie zweimal das Kennwort ein, und bestätigen Sie mit *OK*.

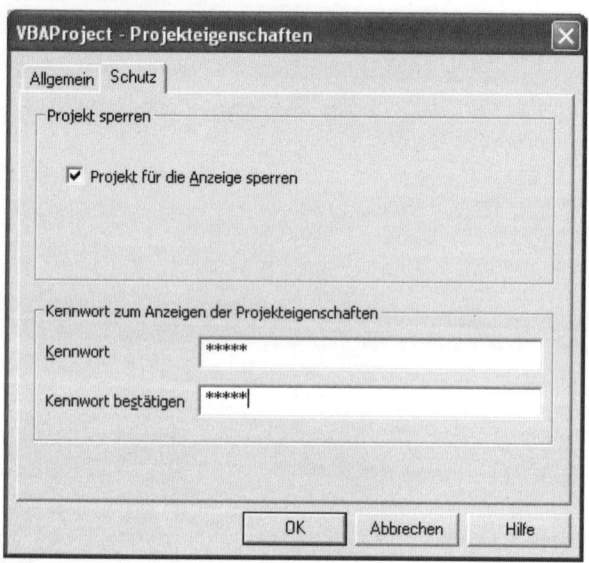

Bild 10.7: Projekt wird mit Kennwort geschützt und gesperrt

Arbeitsmappen sicher speichern

Das kann schon mal vorkommen, dass der Anwender vergisst, eine Mappe zu speichern, aber für makrogesteuerte Anwendungen ist das meist sehr kritisch. Sorgen Sie dafür, dass die Daten in allen Arbeitsmappen sicher gespeichert werden.

Die einfachste Methode: Alle schließen

Wenn Sie mit diesem Trick alle Arbeitsmappen schließen, werden Sie auch aufgefordert, diejenigen zu speichern, die nach dem letzten Speichervorgang geändert wurden:

1. Halten Sie die ⇧-Taste gedrückt, und klicken Sie auf das Datei-Menü.

2. Der Befehl *Schließen* heißt damit *Alle schließen* (*Alles schließen* in Excel 97). Klicken Sie ihn an, und alle offenen Mappen werden geschlossen, geänderte werden zur Speicherung angeboten.

Makro speichert alle Mappen

Ein Makro kann auf eine Schaltfläche gelegt oder mit einem Ereignis gekoppelt werden. Dieses Makro startet eine Schleife über alle aktiven Arbeitsmappen und überprüft, ob diese bereits gespeichert sind (wenn die Eigenschaft *Path* einen Wert hat). Ist die Mappe bereits gespeichert, wird sie einfach noch einmal gespeichert, wenn nicht, erscheint eine Speicherabfrage, und die Mappe kann unter neuem Namen gespeichert werden.

```
Public Sub AllesSpeichern()
Dim aktMappe As Workbook
For Each aktMappe In Application.Workbooks
 If aktMappe.Path <> "" Then
   aktMappe.Save
 Else
   aktMappe.Activate
   Application.Dialogs(_
   xlDialogSaveAs).Show (aktMappe.Name)
 End If
 Next aktMappe
 MsgBox "Alle Arbeitsmappen sind gespeichert!"
End Sub
```

Zufallszahlen

Kennen Sie die Funktion, mit der Zufallszahlen produziert werden? Nein, nicht die Standard-Funktion =ZUFALLSZAHL(), die einen Wert zwischen 0 und 1 produziert, sondern die etwas bessere aus der Gruppe der Analyse-Funktionen:

1. Wählen Sie *Extras/Analyse-Funktionen*. Sollte dieser Menüpunkt nicht zur Verfügung stehen, müssen Sie das Add-In aktivieren. Rufen Sie dazu das Dialogfeld *Extras/Add-Ins* bzw. *Extras/Add-In-Manager* (Excel 97 und 2000) auf, und klicken Sie das Kontrollkästchen neben dem Eintrag *Analyse-Funktionen* ein. Bestätigen Sie mit *OK*.

2. Excel bietet eine Liste mit Analysefunktionen an. Markieren Sie den Eintrag *Zufallszahlengenerierung* und bestätigen Sie mit *OK*.

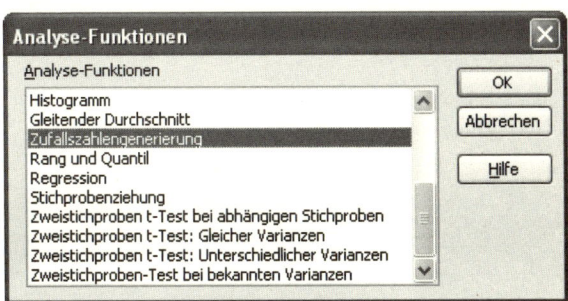

Bild 10.8: Ein Zufallszahlengenerator

3. Jetzt erscheint ein Dialog, in dem Sie die Parameter für die Zufallszahlen festlegen können. Geben Sie unter *Anzahl der Variablen* die gewünschte Anzahl Spalten und unter *Anzahl der Zufallszahlen* die Anzahl Zeilen ein.

4. Unter *Verteilung* werden Ihnen verschiedene Verfahren zur Generierung der Zufallszahlen angeboten, die Sie u.a. auch zur Wahrscheinlichkeitsrechnung verwenden können. Für die Erzeugung von einfachen Testdaten markieren Sie den Eintrag *Gleichverteilt*.

5. Legen Sie unter *Parameter* den Zahlenbereich für die Zufallszahlen fest. Geben Sie beispielsweise 10.000 und 50.000 ein, um Zufallszahlen in diesem Wertebereich zu generieren.

6. Im nächsten Feld können Sie einen *Ausgangswert* bestimmen, der für die Berechnung verwendet wird.

7. Unter *Ausgabe* werden Ihnen schließlich noch drei Optionen für die Ausgabe der Zufallszahlen angeboten: Lassen Sie den Generator die Werte entweder in einen beliebigen Bereich des aktuellen Tabellenblatts,

in ein neues Tabellenblatt oder in eine neue Arbeitsmappe schreiben.

8. Bestätigen Sie mit *OK* und Excel erstellt die
   gewünschten Zufallszahlen.

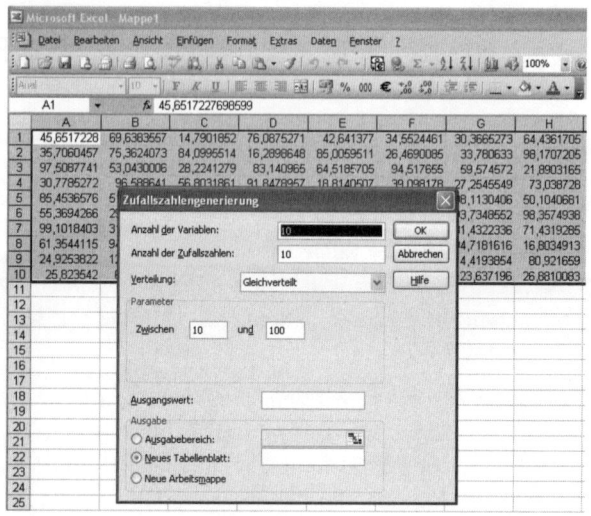

Bild 10.9: Der Zufallszahlengenerator im Einsatz

Sie können an Stelle dieses Assistenten auch eine Funktion benutzen, die mit dem Einschalten des Add-Ins *Analyse-Funktionen* zur Verfügung steht:

1. Markieren Sie den Bereich, in dem Sie Zufallszahlen
   erzeugen wollen.

2. Schreiben Sie diese Funktion, geben Sie im ersten
   Argument den kleinsten und im zweiten Argument
   des größten Werts an, den die Funktion generieren
   soll:

```
=ZUFALLSBEREICH(100;500)
```

3. Drücken Sie [Strg] + [↵], um die Funktion auf alle markierten Zellen zu verteilen.

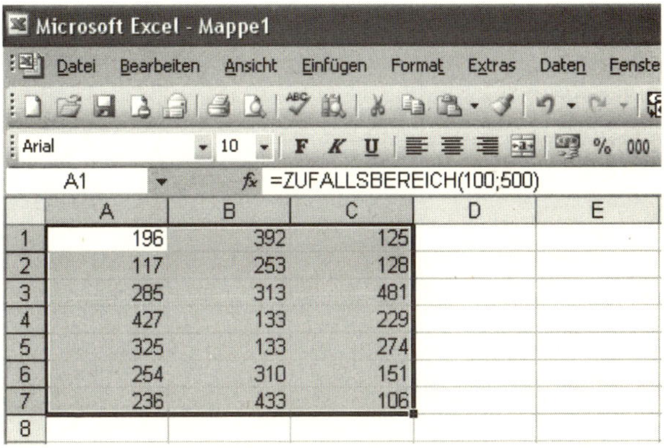

Bild 10.10: Zufallszahlen, mit Analyse-Funktion erstellt

Die Funktion berechnet jetzt mit jeder Neuberechnung neue Zufallszahlen. Wenn Sie eine Zahlengruppe behalten wollen, kopieren Sie diese und wählen *Bearbeiten/ Inhalte einfügen/Werte*. Damit wandeln Sie die Zufallszahlen in echte Zahlen um.

Wo sind der Bericht-Manager und der Vorlagen-Assistent?

Wer von früheren Versionen auf Excel 2002 umgestiegen ist, wird zwei Menüpunkte nicht mehr finden:

Der Bericht-Manager und der Vorlagen-Assistent, beides Add-Ins, die über einen Aufruf im *Extras*-Menü aktivierbar sind, wurden still und heimlich wegen Erfolglosigkeit aus dem Standardumfang von Excel gestrichen. Mit dem Bericht-Manager können Tabellenblätter, Ansichten und Szenarien zu Berichten kombiniert werden. Der Vorlagen-Assistent richtet eine Datenbank ein und speichert darin Excel-Daten als Vorlage, damit diese zurückverfolgt werden können.

Wenn Sie diese beiden Programme vermissen oder ausprobieren wollen, können Sie diese von diesen Webseiten bei Microsoft downloaden:

▶ Bericht-Manager:

http://office.microsoft.com/germany/Downloads/2002/rptmgr.aspx

▶ Vorlagen-Assistent:

http://office.microsoft.com/germany/Downloads/2002/tmplwiz.aspx

Eine Zielwertsuche durchführen

Bei der Produktion von Artikeln ist für Sie interessant, wie viele Einheiten Sie tatsächlich produzieren müssen, um die gewünschte Anzahl auch tatsächlich am Ende der Produktionskette zur rechten Zeit dem Kunden ausliefern zu können. Sie haben aus Erfahrung immer einen bestimmten Anteil von minderwertigen Artikeln bei der Produktion. Wenn Sie in mehreren Produktionsstufen arbeiten, haben Sie am Ende u. U. einen recht erheblichen Ausschuss Ihrer Artikel. Einige dieser minderwertigen

Artikel können Sie nacharbeiten und eventuell wieder verwenden. Dies kostet aber Zeit und daher können Sie diese Artikel vorab aus Ihrer Kalkulation abziehen. Die Artikel, die von vornherein durch die Sichtprüfung fallen, können Sie gleich abschreiben. Sehen Sie sich einmal die nachfolgende Bilder an.

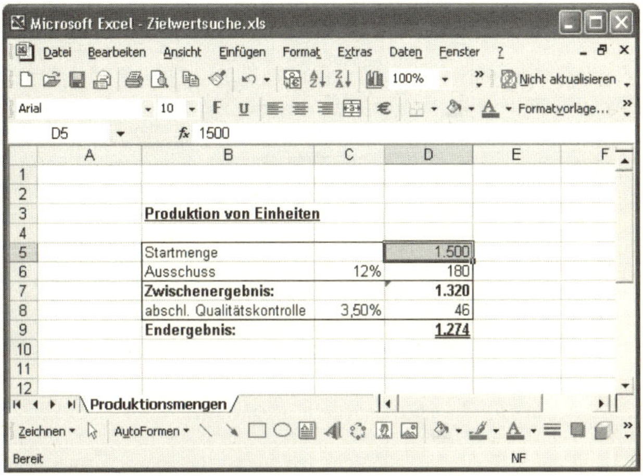

Bild 10.11: Die Ausgangslage – es sollen 1.000 Einheiten produziert werden

Wenn Sie das bisherige Modell betrachten, werden Sie feststellen, dass an diesem Modell demnach eine Rückwärtsrechnung durchgeführt werden muss, um zur geforderten Produktionsausgangsmenge von 1.000 Einheiten zu kommen. Der richtige Wert muss in Zelle D5 eingetragen werden, damit in Zelle D9 das gewünschte Resultat angezeigt wird. Dazu brauchen Sie keineswegs die Formeln bzw. Zahlen im Excel-Modell direkt zu ändern. Nützen Sie stattdessen eine bereits integrierte Funktion von Excel. Diese Funktion heißt *Zielwertsuche* und befindet sich im Menü *Extras*.

Um nun garantieren zu können, dass Sie die geforderten Artikel zur rechten Zeit liefern können, setzen Sie die Zielwertsuche ein. Dabei befolgen Sie die nächsten Arbeitsschritte:

1. Setzen Sie den Mauszeiger in die Zelle D5.

2. Wählen Sie aus dem Menü *Extras* den Befehl *Zielwertsuche*.

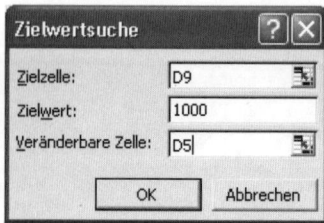

Bild 10.12: Die Zielwertsuche anwenden

3. Im Feld *Zielzelle* geben Sie den Zellenbezug D9 ein.

4. Im Feld *Zielwert* setzen Sie die geforderten 1000 Einheiten ein.

5. Im Feld *Veränderbare Zelle* geben Sie den Zellenbezug D5 ein.

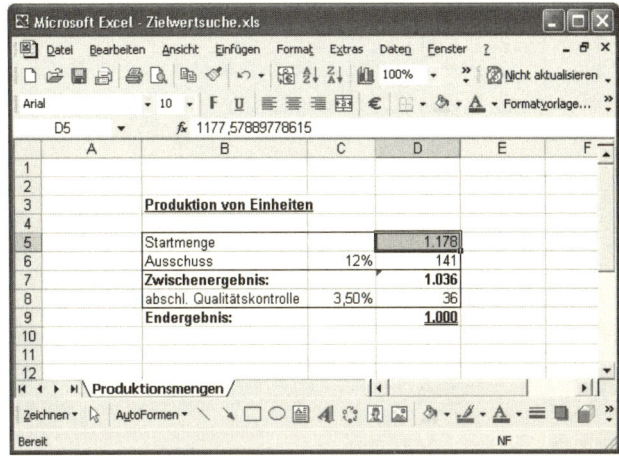

Bild 10.13: Das richtige Ergebnis lautet 1.178

Zinsen und Tilgung ausrechnen

Wenn Sie einen Kredit von der Bank aufnehmen, dann werden u. a. folgende Informationen benötigt:

▶ die Kreditsumme

▶ der Zinssatz

▶ die Laufzeit

Bei der folgenden Aufgabe wird ein Kredit von 50.000 € zu einem Zinssatz von 8,5% genommen. Die Laufzeit ist mit 24 Monaten vorgegeben.

Sehen Sie sich zunächst das folgende Bild 10.14 an.

In der Zelle C7 finden Sie die Formel `=RMZ($C$3/12;$C$4;$C$5)` vor.

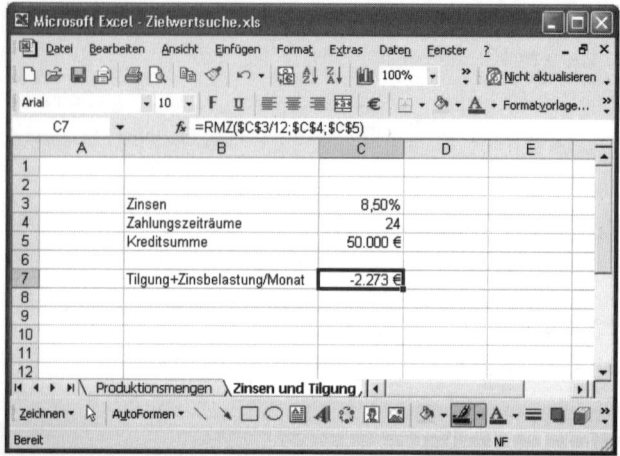

Bild 10.14: Die monatliche Belastung unter diesen Bedingungen liegt bei 2.273 Euro

Im ersten Argument der Tabellenfunktion RMZ geben Sie den Zinssatz an, den Sie für Ihren Kredit bezahlen müssen. Dabei müssen Sie diesen Jahres-Zinssatz auf Monatsbasis herunterrechnen. Im zweiten Argument geben Sie die Gesamtzahl der Monate an, über die Ihr Kredit läuft. Im letzten Argument geben Sie die Gesamtsumme Ihres Kredits an.

Nun soll die Anzahl des Zahlungszeitraums angepasst werden. Bei einer Laufzeit von 24 Monaten haben Sie dabei eine Belastung von 2.273 Euro.

Folgende Fragestellung könnte sich nun ergeben:

Wie kann ich die Laufzeit des Kredits anpassen, um die monatliche Belastung auf ca. 1.500 Euro zu beschränken?

Um diese Aufgabe zu lösen, verfahren Sie wie folgt:

1. Setzen Sie den Mauszeiger auf die Zelle C7.

2. Wählen Sie den Menübefehl *Extra / Zielwertsuche*.

3. Im Dialog *Zielwertsuche* geben Sie im Feld *Zielzelle* die Zelle C7 an.

4. Im Feld *Zielwert* erfassen Sie den gewünschten Wert −1500.

5. Im Feld *Veränderbare Zelle* geben Sie die Zelle C4 ein.

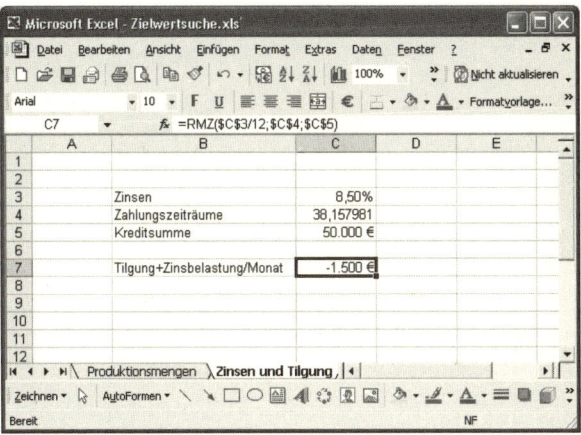

Bild 10.15: Der Zahlungszeitraum muss vergrößert werden

Tipps zum Szenario-Manager

Szenarien sind besonders nützlich für Tabellen, in denen häufig ganze Wertereihen geändert werden müssen. Mit einem Szenario speichern Sie die Ursprungswerte, bevor Sie neue Werte einfüllen. Szenarien können anschließend wieder abgerufen werden. Achten Sie darauf, dass nur

Zellen als veränderbar deklariert werden, die keine Formeln, sondern nur Texte oder Zahlen enthalten.

Ein Beispiel:

Ihr Verein ist in die nächste Liga aufgestiegen, Sie müssen ein neues Stadion planen. Kalkulieren Sie die Materialkosten nach der Anzahl der Sitzplätze und die Personalkosten nach der Bauzeit in Jahren. Hier eine Grundtabelle mit der ersten Planung:

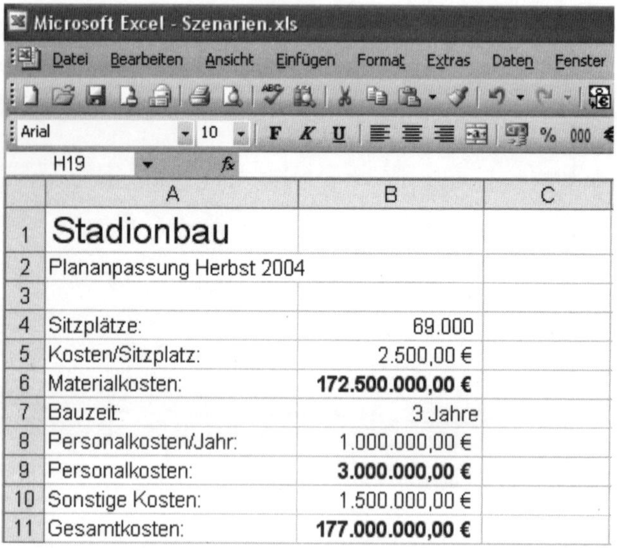

	A	B	C
1	Stadionbau		
2	Plananpassung Herbst 2004		
3			
4	Sitzplätze:	69.000	
5	Kosten/Sitzplatz:	2.500,00 €	
6	Materialkosten:	**172.500.000,00 €**	
7	Bauzeit:	3 Jahre	
8	Personalkosten/Jahr:	1.000.000,00 €	
9	Personalkosten:	**3.000.000,00 €**	
10	Sonstige Kosten:	1.500.000,00 €	
11	Gesamtkosten:	**177.000.000,00 €**	

Bild 10.16: Erste Planung für den Stadionbau

Hier die Formeln für die Berechnung der einzelnen Kostenarten, sichtbar gemacht mit Strg + #:

	A	B
1	# Stadionbau	
2	Planung vom 2. Juni 2004	
3		
4	Sitzplätze:	69000
5	Kosten/Sitzplatz:	2500
6	Materialkosten:	**=B5*B4**
7	Bauzeit:	3
8	Personalkosten/Jahr:	1000000
9	Personalkosten:	**=B8*B7**
10	Sonstige Kosten:	1500000
11	Gesamtkosten:	**=B10+B9+B6**

Bild 10.17: Die Formelansicht für die erste Planung

Bevor Sie jetzt weitere Planungen mit geänderten Rahmenbedingungen durchführen, speichern Sie die erste Planung als Szenario:

1. Markieren Sie die Zellen A2, B4:B5, B7, B8 und B10.

2. Wählen Sie *Extras/Szenarien* bzw. *Extras/Szenario-Manager* (Excel 97).

3. Klicken Sie auf *Hinzufügen*, und tragen Sie den Namen für das Szenario ein:

```
Erste Planung
```

4. Klicken Sie zweimal auf *OK*, die markierten Zellen werden als veränderbare Bereiche vorgeschlagen.

5. Das Szenario ist gespeichert, Sie können den Szenario-Manager beenden.

Szenarien mit Symbolleiste verwalten

Soweit zum Standard, so werden Szenarien per Menü
angelegt. Sie können jetzt die Werte verändern und neue
Szenarien anlegen, benutzen Sie dazu aber die Spezial-
Methode:

1. Wählen Sie *Ansicht/Symbolleisten/Anpassen*.

2. Erstellen Sie in der ersten Registerkarte *Symbolleisten*
   eine neue Symbolleiste, nennen Sie diese *Stadionpla-
   nung*.

3. Klicken Sie auf die Registerkarte *Befehle* und markieren Sie die Kategorie *Extras*.

4. Ziehen Sie das Symbol mit der Szenarienliste mit
   gedrückter Maustaste in die neue Symbolleiste.

5. Wählen Sie auf der Karte *Symbolleisten Anfügen*, und
   fügen Sie die neue Leiste in die Mappe ein. Klicken Sie
   dazu auf *Kopieren*.

6. Schließen Sie den *Anpassen*-Dialog mit Klick auf
   Schließen.

Jetzt steht Ihnen die Liste der Szenarien in einer Symbol-
leiste zur Verfügung, Sie können diese nicht nur für die
Auswahl der Szenarien benutzen, sondern auch zu deren
Verwaltung:

▶ Wenn Sie ein neues Szenario erstellen wollen, tragen
  Sie neue Werte ein, markieren wieder alle veränderbaren Zellen und klicken einfach in die Szenarienliste.
  Schreiben Sie den neuen Szenarien-Name und bestätigen Sie mit der Eingabetaste. Damit ist das neue Szenario angelegt.

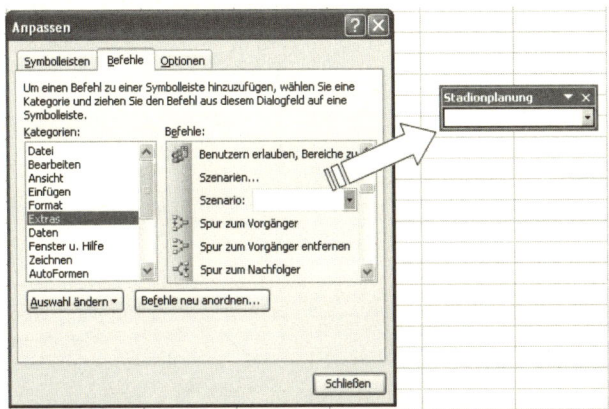

Bild 10.18: Die neue Symbolleiste erhält die Szenarienliste

▶ Um ein Szenario zu verändern, stellen Sie es zunächst
   in der Tabelle ein. Ändern Sie dann einen oder
   mehrere Werte, klicken Sie auf den Pfeil an der Szenarienliste, und wählen Sie das eingestellte Szenario
   noch einmal aus. Eine Meldung erscheint und fordert
   Sie auf, die Änderungen am Szenario zu bestätigen.

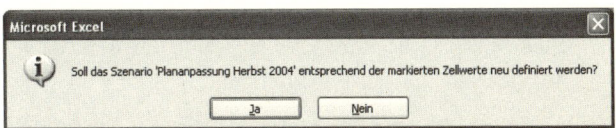

Bild 10.19: Das Szenario wurde geändert

Auf diese Art können Sie beliebig viele Szenarien sam-
meln und immer wieder schnell abändern, ohne auf den
Szenario-Manager zurückgreifen zu müssen. Nur die
Symbolleiste muss nach Änderungen noch einmal neu an
die Mappe angefügt werden.

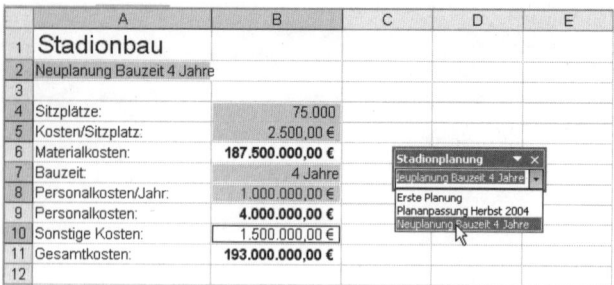

Bild 10.20: Szenarien einfach in die Liste schreiben oder neu definieren

Szenario-Berichte: $-Bezüge vermeiden

Wenn Sie in einer Tabelle mit Szenarien arbeiten, werden Sie sicher auch die Möglichkeit nutzen, einen Szenarienbericht zu erstellen. Das geht so:

1. Wählen Sie *Extras/Szenarien* bzw. *Extras/Szenario-Manager* (Excel 97).

2. Klicken Sie auf *Zusammenfassung* (*Bericht* in Excel 97).

3. Geben Sie die Zellen an, die Sie als Ergebniszellen sehen wollen (die Formelzellen), und klicken Sie auf *OK*, um den Bericht zu erstellen.

Dieser Bericht ist statisch, er hat keine Verknüpfungen, sondern zeigt nur den derzeitigen Stand der Daten und die gespeicherten Szenarienwerte.

Nicht besonders elegant ist die Tatsache, dass die veränderbaren Werte nur als Bezüge im $A$1-Format gezeigt werden. Es lassen sich zwar die Szenarien ablesen, nicht aber die Informationen über die Werte, hier die Kostenarten.

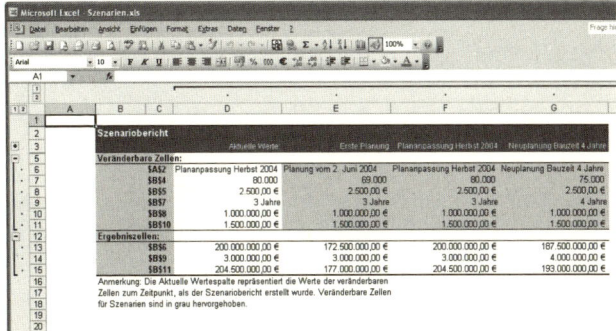

Bild 10.21: Der Szenarienbericht wird in einer neuen Tabelle erstellt

Mit diesem Trick bringen Sie die gewünschten Bezeichnungen in den Szenarienbericht:

1. Markieren Sie in der Basistabelle den Bereich mit allen Beschriftungen und allen Werten (im Beispiel A4: B11).

2. Wählen Sie *Einfügen/Namen/Erstellen/aus linker Spalte*.

3. Klicken Sie auf *OK*.

4. Die Bereichsnamen werden angelegt, jeder Wert hat jetzt den Namen aus der Bezeichnung in der Spalte links von ihm erhalten. Kontrollieren und korrigieren Sie ggf. die Bereichsnamen über *Einfügen/Namen/ Definieren* bzw. *Einfügen/Namen/Festlegen* (Excel 97).

5. Weisen Sie auch der Zelle A2 einen Bereichsnamen zu, sie wird ebenfalls im Szenariobericht geführt. Nennen Sie die Zelle *Planungsstand*.

Wenn Sie jetzt den Szenarienbericht noch einmal erstellen, werden an Stelle der $-Bezüge die wesentlich informativeren Bereichsnamen angezeigt. Leerzeichen und andere Sonderzeichen werden leider nicht richtig angezeigt, da diese in Bereichsnamen nicht erlaubt sind.

Hinweis

Löschen Sie das Tabellenblatt mit dem alten Bericht jedes Mal, bevor Sie einen neuen Bericht anlegen.

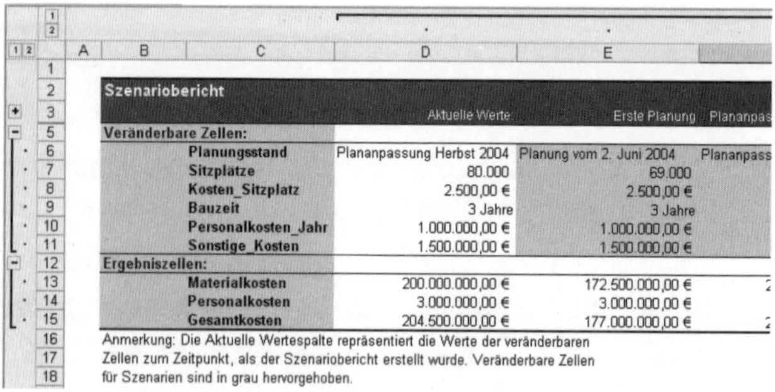

Bild 10.22: Der neue Szenarienbericht mit Bereichsnamen

Symbolleiste an die Mappe binden

Die Symbolleiste für die Szenarien ist nur für diese Mappe, sogar nur für die eine Tabelle von Nutzen. Mit der Anbindung an die Mappe wird sie zwar immer wieder erzeugt, Sie bleibt aber in der Excel-Oberfläche, nachdem die Arbeitsmappe geschlossen wurde, und müsste eigentlich anschließend gelöscht werden. Übertragen Sie diese Aufgabe einem Makro, das mit dem Schließen der Arbeitsmappe die mappenspezifische Symbolleiste entfernt:

1. Öffnen Sie mit [Alt] + [F11] den Visual Basic Editor.

2. Klicken Sie im Projekt-Explorer doppelt auf das Objekt *DieseArbeitsmappe*.

3. Im Codeblatt der Mappe, das damit eingeblendet wird, wählen Sie links oben *Workbook*, und rechts oben in der Liste das Ereignis *BeforeClose*.

4. Schreiben Sie dieses Makro, das die Symbolleiste entfernt. Mit der *On Error Resume Next*-Anweisung sorgen Sie dafür, dass kein Fehler auftritt, wenn die Leiste bereits vorher gelöscht wurde.

```
Private Sub Workbook_BeforeClose(Cancel As
Boolean)
 On Error Resume Next
Application.CommandBars("Stadionplanung").
Delete
 On Error GoTo 0
End Sub
```

5. Speichern und schließen Sie die Mappe, die Symbolleiste wird vom BeforeClose-Makro gelöscht und durch die Anbindung an die Mappe immer wieder neu erzeugt.

Knifflig und verzwickt: Verknüpfungen

Zu den größten »Zeitkillern« im Umgang mit Excel gehören die Verknüpfungen auf andere Arbeitsmappen. Was anfangs ziemlich komfortabel erscheint, nämlich die Übernahme von Werten aus fremden Mappen, erweist sich schnell als Problemzone: Auf einmal sind die Daten nicht mehr verfügbar, weil der liebe Kollege die Datei umbenannt oder auf einen anderen Ordner im Server kopiert hat. Die Folge: Die Verknüpfungen sind nicht mehr abrufbar. Excel speichert zwar immer den letzten Wert der Verknüpfung in der Zelle, aber die Frage nach Verknüpfungen, die längst nicht mehr da sein sollten, ist lästig.

Verknüpfungsanfrage unterdrücken

In Excel 2002/2003 können Sie unter *Extras/Optionen* auf der Registerkarte *Berechnen* diese Option rausnehmen und damit die Verknüpfungsanfrage unterdrücken:

Aktualisieren von automatischen Verknüpfungen bestätigen

Die Eingabeaufforderung, die nach dem Start erscheint, lässt sich in Excel ab der Version 2002 ausschalten:

1. Wählen Sie *Bearbeiten/Verknüpfungen*.

2. Klicken Sie auf *Eingabeaufforderung beim Start*.

3. Klicken Sie auf *Keine Eingabeaufforderung und Verknüpfungen nicht aktualisieren*.

Fehlende Verknüpfungen auflösen

Wenn eine Verknüpfung nicht mehr zu finden ist, versuchen Sie folgendes, um sie aufzulösen:

1. Wählen Sie *Bearbeiten/Verknüpfungen*.

2. Suchen Sie in der Liste die Verknüpfung, und markieren Sie diese.

3. Klicken Sie auf *Status prüfen*, um festzustellen, ob die Quelle zu finden ist.

4. Klicken Sie auf *Quelle wechseln*.

5. Geben Sie im Dateidialog die eigene Mappe, also die, in der sich die Verknüpfung befindet, als Quelle an.

6. Bestätigen Sie mit *OK*.

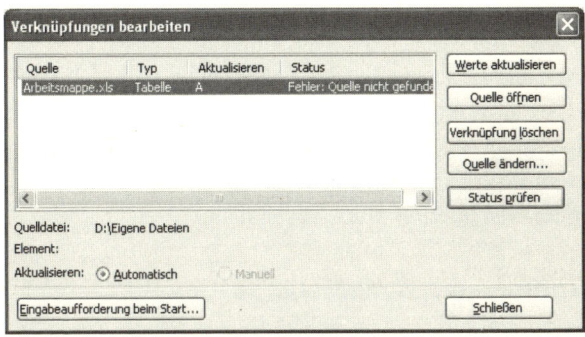

Bild 10.23: Verknüpfungen auflösen

Alle Verknüpfungen löschen

Ein kleines Makro säubert Ihre Arbeitsmappen von allen externen Verknüpfungen. Dazu wird die Eigenschaft *LinkSources* der aktiven Mappe abgefragt, und wenn diese zurückmeldet, dass Verknüpfungen vorhanden sind, werden diese Element für Element gelöscht.

```
Sub AlleVerknüpfungenAusEinerMappeEntfernen()
Dim VLink As Variant
Dim i As Integer
VLink = ActiveWorkbook.LinkSources(xlExcelLinks)
If Not IsEmpty(VLink) Then
 For i = 1 To UBound(VLink)
     ActiveWorkbook.ChangeLink Name:=VLink(i), _
     newname:=ThisWorkbook.Name
```

```
Next i
End If
End Sub
```

Tricks mit dem Mausrad

Mit dem Mausrad hat Microsoft (oder war es Logitech?)
das Rad noch einmal erfunden, das »Scrollen« durch die
Seiten erweist sich bei Text- und Webseiten und besonders in der Programmierung in den Codezeilen als sehr
nützlich. Hier ein paar Tricks dazu:

Zoomen mit dem Mausrad

Halten Sie die Strg-Taste gedrückt, und ziehen Sie das
Mausrad nach hinten. Damit verkleinern Sie die Zoom-
Stufe der aktuellen Tabelle. Mit der Vorwärtsbewegung
wird die Tabelle wieder größer, bei Excel 97 leider nur bis
100%, in den anderen Versionen geht's auch größer.

Mausrad funktioniert nicht

Leider funktioniert das Rad nicht mit jeder Maus, auch
ältere Versionen von Excel und Windows machen in einigen Kombinationen keine Anstalten, das Rad zu unter-
stützen. Hier ein paar Problemlöser:

▶ Sehen Sie zuerst nach, ob das Rad auch eingeschaltet
  ist (*Systemsteuerung/Maus*).

▶ Installieren Sie den neuesten Treiber des Herstellers.
  Für Microsoft-Mäuse brauchen Sie die IntelliPoint-
  Software.

Wenn das alles nichts hilft, greifen Sie zu *FreeWheel*. Das ist ein kleines Freeware-Programm, mit dem das Mausrad unter jedem Betriebssystem für alle Applikationen aktiviert werden kann. Hier die Webseite, von der Sie das Programm kostenlos downloaden können:

http://www.geocities.com/SiliconValley/2060/freewheel.html

Bildkopie und Kamera

Die Bildkopie haben Sie bereits in anderen Zusammenhängen kennen gelernt, hier noch einmal kurz das Verfahren:

1. Markieren Sie den Bereich, den Sie kopieren wollen.

2. Halten Sie die ⇧ -Taste gedrückt, und klicken Sie auf *Bearbeiten*.

3. Der Menübefehl *Kopieren* heißt damit *Bild kopieren* (*Grafik kopieren* in Excel 97), klicken Sie ihn an.

4. Wählen Sie die Art der Kopie:

   – *Wie angezeigt* verwendet die Formatierungen auf dem Bildschirm

   – *Wie ausgedruckt* verwendet die Formatierungen des Druckertreibers

Bild 10.24: Die Bildkopie

Supertrick: Die Kamera

Eine Alternative zur Bildkopie bietet das Kamera-Symbol: Ein Klick auf dieses Symbol »fotografiert« den markierten Ausschnitt ebenfalls in die Zwischenablage, im Unterschied zur normalen Bildkopie erhalten Sie aber eine Verknüpfung auf das Objekt.

Binden Sie das Kamerasymbol in Ihre Symbolleiste ein:

1. Öffnen Sie die *Anpassen*-Dialogbox aus dem Kontextmenü der Symbolleisten (oder mit *Ansicht/Symbolleisten*).

2. Ziehen Sie das Kamerasymbol aus der Kategorie *Extras* nach oben in eine der angezeigten Leisten.

3. Schließen Sie die *Anpassen*-Box, markieren Sie den Bereich, den Sie fotografieren wollen, und klicken Sie auf die Kamera.

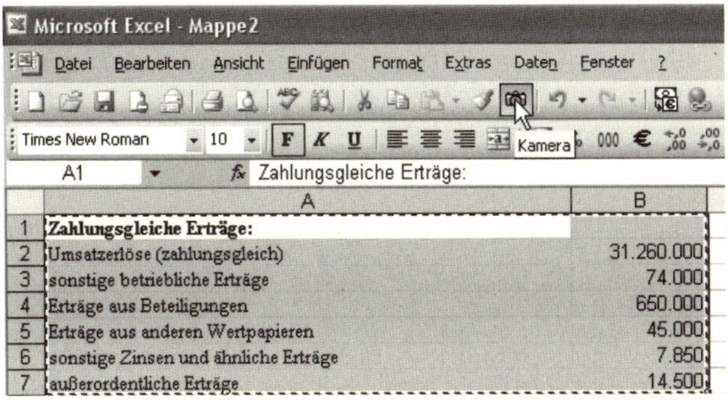

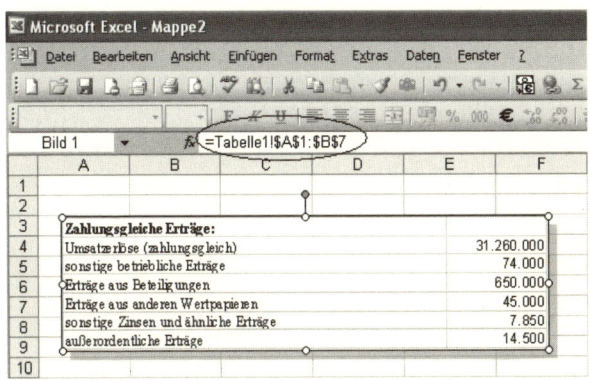

Bild 10.25: Die Kamera fotografiert den Bereich ...

4. Setzen Sie den Mauszeiger in einen anderen Bereich, eine andere Tabelle oder ein Diagrammblatt und klicken Sie erneut. Jetzt wird eine verknüpfte Kopie des zuvor markierten Bereichs eingefügt.

Sie können diese Kamerakopie formatieren, verkleinern und vergrößern, verschieben und duplizieren. Ein Doppelklick auf das Objekt bringt Sie sofort zurück zum Quellbereich (s. Bild 10.26).

Bild 10.26: ... und produziert eine verknüpfte Bildkopie

Feiertage berechnen

Wer mit Personaldaten, Urlaubslisten, Dienst- und Einsatzplänen und Gleitzeittabellen arbeitet, wird um die Berechnung der Feiertage nicht herumkommen. Das Problem ist schon gelöst, es gibt lange und kurze Excel-Formeln, die exakt und zuverlässig die Feiertage jedes Jahres berechnen.

Ostern berechnen nach Gauß

Es gibt nur wenige bewegliche kirchliche Feiertage, und diese orientieren sich am Datum des Ostersonntags. Ostern wird nach christlicher Tradition am Sonntag nach dem ersten Vollmond im Frühling gefeiert, und dieses Osterdatum lässt sich nach den Zyklen der mittleren Erd- und Mondbewegung berechnen. Der Mathematiker Carl Friedrich Gauß (1777-1855, der früher auf den 10-DM-Scheinen abgebildet war), hat dafür eine Formel entwickelt, die als Gauß'sche Osterformel bekannt ist und für die es mittlerweile in jeder Programmiersprache der Welt einen Algorithmus gibt. Das Internet bietet mehrere tausend Seiten, auf denen das Thema zu finden ist, eine der ausführlichsten hier:

http://www.nabkal.de/gauss.html

Das ist der Gauß'sche Algorithmus:

Listing 10.1: Gauß'sche Osterformel

```
a = Jahr mod 19
        b = Jahr mod 4
        c = Jahr mod 7
        d = (19 * a + M) mod 30
[M = 15]
        e = (2 * b + 4 * c + 6 * d + N) mod 7
[N = 6]
   Ostern = 22. März + d + e
```

Die kürzeste Excel-Formel, die diesen Algorithmus abbildet, wurde bei einem Wettbewerb im Internet entwickelt. Das Jahr steht in Zelle A1, die Formel berechnet das Datum des Ostersonntags:

```
=DM((TAG(MINUTE($A$1/38)/2+55)&".4."&$A$1)/7;)*7-6
```

A2	▼	*fx*	=DM((TAG(MINUTE($A$1/38)/2+55)&".4."&$A$1)/7;)*7-6	
	A		B	C
1	**2004**			
2	Sonntag, 11. April		Ostersonntag	

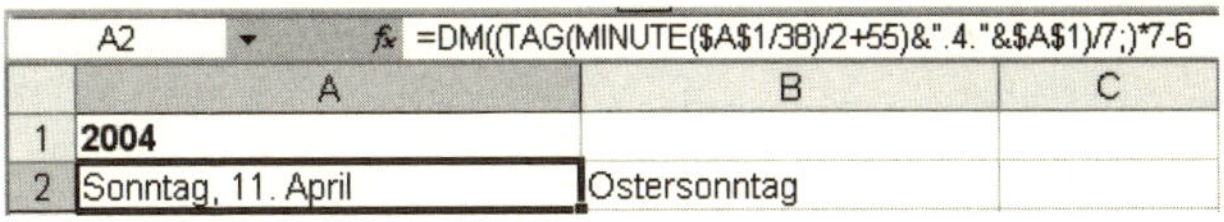

Bild 10.27: Die Gauß-Formel in Excel-Schreibweise

Berücksichtigt werden muss auch die Tatsache, dass Excel mit seiner Datumsrechnung im Jahr 1904 beginnen könnte, die Option *1904-Datumswerte* auf der Registerkarte *Berechung* unter *Extras/Optionen* würde dafür sorgen. Die Formel wird entsprechend mit einer WENN-Funktion erweitert, die das Jahr des ersten Datums prüft:

```
=DM((TAG(MINUTE($A$1/38)/2+55)&".4."&$A$1)/7;)
*7-WENN(JAHR(1)=1904;5;6)
```

Feiertagsübersicht

Alle beweglichen Feiertage haben jetzt dieses Datum als
Basis, die gesetzlichen berechnen Sie am besten mit der
Funktion =DATUM(), die als erstes Argument das Jahr, als
zweites den Monat und den Tag im dritten Argument
benötigt. Der 1. Januar des Auswertungsjahres in Zelle
A1 wäre demzufolge mit dieser Formel zu berechnen:

```
=DATUM($A$1;1;1)
```

Stellen Sie eine Liste mit allen Feiertagen auf, die es hier-
zulande gibt:

	A	B
1	2004	
2	=DM((TAG(MINUTE($A$1/38)/2+55)&".4."&$A$1)/7;)*7-WENN(JAHR(1)=1904;5;6)	Ostersonntag
3	=A1+1	Ostermontag
4	=A1-2	Karfreitag
5	=DATUM($A$1;1;1)	Neujahrstag
6	=DATUM($A$1;1;6)	Dreikönigstag
7	=$A$1-48	Rosenmontag
8	=$A$1+39	Chr. Himmelfahrt
9	=$A$1+49	Pfingstsonntag
10	=$A$1+50	Pfingstmontag
11	=$A$1+60	Fronleichnam
12	=DATUM($A$1;8;8)	Augsburger Friedensfest
13	=DATUM($A$1;8;15)	Mariä Himmelfahrt
14	=DATUM($A$1;11;1)	Allerheiligen
15	=DATUM($A$1;10;3)	Tag der d. Einheit
16	=DATUM($A$1;10;31)	Reformationsfest
17	=DATUM($A$1;12;25)-WOCHENTAG("24.12." & $A$1)-32	Buß- und Bettag
18	=DATUM($A$1;12;25)	1. Weihnachtsfeiertag
19	=DATUM($A$1;12;26)	2. Weihnachtsfeiertag

Bild 10.28: Alle deutschen Feiertage

Die Unterscheidung zwischen den einzelnen Bundeslän-
dern können Sie durch Zuweisung von Kennziffern vornehmen oder einfach die nicht benötigten Zeilen löschen.
Unter dieser Adresse finden Sie die Informationen im
Internet:

> *www.feiertage.net*

Hier eine Auflistung:

Feiertag	Bundesland
Neujahr	Alle
Hl. 3 Könige	Baden-Württemberg, Bayern, Sachsen-Anhalt
Karfreitag	Alle
Ostermontag	Alle
Tag der Arbeit	Alle
Christi Himmelfahrt	Alle
Pfingstmontag	Alle
Fronleichnam	Baden-Württemberg, Bayern, Hessen, Nordrhein-Westfalen, Rheinland-Pfalz, Saarland, Sachsen (in bestimmten Gemeinden im Landkreis Bautzen und im Westlausitzkreis), Thüringen (in Gemeinden mit überwiegend katholischer Bevölkerung)
Friedensfest	Stadtkreis Augsburg

Feiertag	Bundesland
Mariä Himmelfahrt	In Gemeinden mit überwiegend katholischer Bevölkerung in Bayern und Saarland
Tag der deutschen Einheit	Alle
Reformationstag	Brandenburg, Mecklenburg-Vorpommern, Sachsen, Sachsen-Anhalt, Thüringen
Allerheiligen	Baden-Württemberg, Bayern, Nordrhein-Westfalen, Rheinland-Pfalz, Saarland, Sachsen
Buß- und Bettag	Sachsen
1. und 2. Weihnachtsfeiertag	Alle

Die Feiertagsliste können Sie jetzt in zahlreichen Funktionen als Argument führen. Weisen Sie ihr den Bereichsnamen FEIERTAGE zu:

1. Markieren Sie A2:B19.
2. Wählen Sie *Einfügen/Namen/Definieren* bzw. *Festlegen* in Excel 97.
3. Geben Sie den Bereichsnamen ein, und bestätigen Sie mit *OK*.

Feiertage auf Samstag/Sonntag

Mit einer Matrixformel berechnen Sie, wie viele Feiertage auf einen Samstag fallen. Die Funktion WOCHENTAG() gibt den Wert 7 für einen Samstag aus. Schicken Sie die

Matrixfunktion aber mit [Strg] + [⇧] + [Enter] weg,
denn die Wochentage der einzelnen Feiertage müssen
Zelle für Zelle berechnet werden. Die geschweiften
Klammern rund um die Formel kennzeichnen diese als
Matrixformel, sie werden nicht eingegeben:

```
{=SUMME(WENN(WOCHENTAG(INDEX(Feiertage;
;1))=7;1;0)))}
```

Der Wert für den Sonntag ist die 1, die Formel berechnet,
wie viele Feiertage auf einen Sonntag fallen:

```
{=SUMME(WENN(WOCHENTAG(INDEX(Feiertage;
;1))=1;1;0)))}
```

Nettotage berechnen

Die Funktion NETTOARBEITSTAGE() verwendet die
Datumswerte aus der Feiertagsliste für ihr drittes Argument und berechnet somit nicht nur die Nettotage einer
Woche (ohne Samstage und Sonntage), sondern zieht
auch noch die Feiertage ab. Fällt ein Feiertag auf einen
Samstag oder Sonntag, wird er natürlich nicht zweimal
subtrahiert:

```
=NETTOARBEITSTAGE(Beginn;Ende;FreieTage)
```

Ein Beispiel:

Erstellen Sie einen Projektplan, schreiben Sie die Projekt-
schritte mit Anfangs- und Enddatum in die Spalten, und
berechnen Sie die Anzahl der Bruttotage.

D2	▼	𝑓ₓ =C2-B2+1	
	A	B	C	D
1	**Projektschritt**	**Beginn**	**Ende**	**Bruttotage**
2	Konzept entwickeln	30. Mrz 04	09. Apr 04	11
3	Prototyp bauen	10. Apr 04	20. Mai 04	41
4	Erster Testlauf (Alpha	21. Mai 04	04. Jun 04	15
5	Muster korrigieren	05. Jun 04	09. Jun 04	5
6	Produktion Nullserie	10. Jun 04	30. Jun 04	21
7	Beta-Test	01. Jul 04	21. Jul 04	21

Bild 10.29: Projektplan mit Bruttotagen

Für die Berechnung der Nettotage kopieren Sie die Feiertagsliste mit dem Bereichsnamen FEIERTAGE in die Mappe und erstellen in der nächsten Spalte die Formel für die Nettotage. Verwenden Sie nur die erste Spalte der Liste als Referenz für die freien Tage:

```
=NETTOARBEITSTAGE(B2;C2;INDEX(Feiertage;;1))
```

E2	▼	𝑓ₓ =NETTOARBEITSTAGE(B2;C2;INDEX(Feiertage;;1))			
	A	B	C	D	E
1	**Projektschritt**	**Beginn**	**Ende**	**Bruttotage**	**Nettotage**
2	Konzept entwickeln	30. Mrz 04	09. Apr 04	11	9
3	Prototyp bauen	10. Apr 04	20. Mai 04	41	29
4	Erster Testlauf (Alpha	21. Mai 04	04. Jun 04	15	11
5	Muster korrigieren	05. Jun 04	09. Jun 04	5	3
6	Produktion Nullserie	10. Jun 04	30. Jun 04	21	15
7	Beta-Test	01. Jul 04	21. Jul 04	21	15

Bild 10.30: Die Berechnung der Nettotage

Ostereier

Das war früher eines der bestgehüteten Geheimnisse: das »easteregg«, zu deutsch Osterei, ein versteckter Code im Programm, in dem sich die Programmierer verewigten. Die Codehacker machten sich dann auf die Suche nach diesem versteckten Eintrag. Waren das anfangs simple Textstellen, findet man heute kleine Kunstwerke in Form von Trickfilmen mit Steuerung durch den Anwender in den Programmen.

Im Internet finden Sie viele Seiten, die sich der Suche nach den Ostereiern in allen Programmen und auch auf CDs und DVDs verschrieben haben:

> *http://www.mogelpower.de/easter/eggs/*
> *http://www.paintedeggs.com/*

In Excel 95

1. Starten Sie das Programm und blättern Sie in der ersten Tabelle der leeren Arbeitsmappe bis zur Zeile 95.

2. Markieren Sie diese Zeile mit Klick auf die Zeilennummer und betätigen Sie die ⇥-Taste, um den Zellzeiger in die Spalte B der Markierung zu setzen.

3. Wählen Sie im ?-Menü die Option *Info*. Das Dialogfeld mit den Copyright- und Systeminformationen erscheint.

4. Halten Sie Strg + ⇧ gedrückt, und klicken Sie mit der Maus auf die Schaltfläche *Software-Service*.

Jetzt erscheint ein kleines Fenster mit einer virtuellen »Hall of Tortured Souls« (Halle der gepeinigten Seelen), und Sie können sich darin mit den Cursortasten in allen Richtungen bewegen. Gehen Sie gleich die Treppe am Ende der Halle hinauf, und Sie werden an den Wänden und am Ende des zweiten oberen Raumes die Namen der Mitarbeiter, Entwickler und Unterstützer des Excel 95-Teams gezeigt bekommen.

In Excel 97

Speichern und schließen Sie alle Arbeiten ab, denn für dieses Osterei schaltet Excel die Grafikkarte auf einen anderen Modus, und das führt bei vielen Monitoren (speziell TFT-Flachbildschirmen) und Grafikadaptern zu unkontrollierbaren Reaktionen.

1. Starten Sie Excel, benutzen Sie die erste leere Tabelle der Arbeitsmappe, die völlig leer sein sollte.

2. Aktivieren Sie den *Gehezu*-Befehl mit ⌨F5⌨, und tragen Sie diesen Bezug ein:

```
X97:L97
```

3. Bestätigen Sie mit *OK*, um diesen Bereich zu markieren.

4. Drücken Sie die ⌨↹⌨-Taste.

5. Jetzt noch ein Klick auf das Symbol des Diagramm-Assistenten, und der virtuelle Rundflug am Bildschirm kann beginnen. Steuern Sie das Flugzeug mit der Maus. Mit der linken Maustaste fliegen Sie nach vorne, mit der rechten Taste rückwärts.

Irgendwo in dieser virutellen Landschaft werden Sie auch auf die Namen der Programmierer stoßen.

In Excel 2000

In dieser Version finden Sie ein virtuelles Autorennen.

1. Starten Sie Excel und wählen Sie für die leere Tabelle *Datei/Als Webseite speichern*.

2. Klicken Sie auf *Auswahl:Tabelle* und auf *Veröffentlichen*.

3. Markieren Sie die Option *Interaktivität hinzufügen*.

4. Klicken Sie auf Veröffentlichen, übernehmen Sie den vorgegebenen Namen, und speichern Sie die Datei im HTML-Format.

5. Öffnen Sie die neue Datei mit Excel oder mit dem Internet Explorer, schalten Sie zur Zeile 2000 und markieren Sie diese. Schalten Sie mit der Tabulatortaste zur Spalte WC (die veröffentlichten Bereiche haben mehr Spalten).

6. Drücken und halten Sie die Taste ⌈Strg⌉ + ⌈⇧⌉ + ⌈Alt⌉.

7. Klicken Sie mit der Maus auf das Office-Logo links oben.

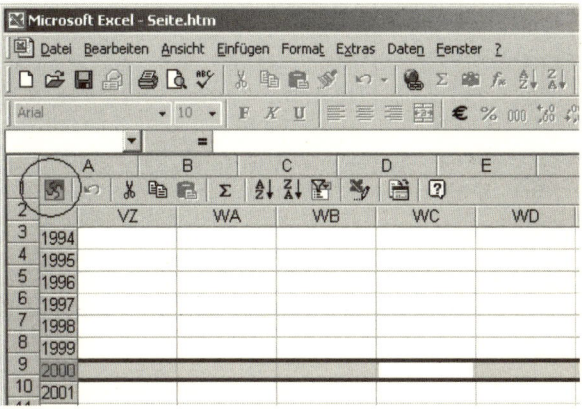

Bild 10.31: Osterei starten in Excel 2000

8. Das Autorennen startet, steuern Sie Ihr Fahrzeug mit
   den Cursortasten. Drücken Sie $\boxed{\text{H}}$ für Licht, $\boxed{\text{O}}$ für
   Ölspur.

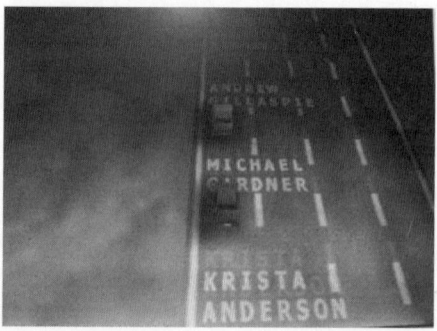

*Bild 10.32: Ein Autorennen mit Programmierer-
namen auf der Piste*

In Excel 2002/2003

Für die Versionen Excel 2002 und Excel 2003 sind noch
keine Eastereggs aufgetaucht, die aus den Vorgängerversionen funktionieren auch nicht mehr. Von Expertenseite
ist zu hören, dass Microsoft keine versteckten Codes
mehr ausliefern darf und deshalb auf diese Spielerei ver-
zichtet.

11
Tricks mit der
Gültigkeitsprüfung

Die Gültigkeitsprüfung ist eine Zellformatierung, die erfasste Daten überprüft und nur solche Texte und Zahlen zulässt, die mit einer definierten Regel übereinstimmen. Wie bei allen anderen Formatierungen auch muss der Bereich zuvor markiert sein, dem die Gültigkeitsregel zugewiesen wird. Mit Abschluss der Aktion gilt die Regel für alle markierten Zellen.

Gültigkeitsregeln können in einigen Fällen Formeln enthalten, und diese arbeiten mit Bezügen als Argumenten. Achten Sie darauf, dass diese Bezüge richtig deklariert werden.

Arbeiten Sie mit relativen Bezügen, wenn diese für alle markierten Zellen gelten sollen. Ein Beispiel:

Der Bereich A1:A5 ist markiert, mit *Daten/Gültigkeit* wird eine Gültigkeitsprüfung zugewiesen.

Enthält die Formel in der Gültigkeitsprüfung den Bezug B1, wird dieser relativ angepasst:

A1:	B1
A2:	B2
...	
A5:	B5

Enthält eine Formel den Bezug $B$1, wird dieser für alle Zellen gleich bleiben:

A1: $B$1
A2: $B$1
...
A5: $B$1

Nur Texteingabe erlauben

Der Benutzer Ihrer Tabelle darf in einer Spalte oder in einem Bereich nur Text eingeben, Zahlen sind nicht erlaubt. Eigentlich eine Aufgabe für die Gültigkeitsprüfung, diese bietet unter *Einstellungen/Zulassen* aber nur die Beschränkung auf Zahlenwerte. Für Texte steht nur die Einschränkung der Textlänge zur Auswahl, die ausschließliche Eingabe von Buchstaben lässt sich nicht erzwingen.

Schreiben Sie eine benutzerdefinierte Gültigkeitsprüfung, die diese Aufgabe übernimmt:

1. Markieren Sie den Bereich in der aktiven Tabelle, der die Gültigkeitsregeln erhalten soll.

2. Wählen Sie *Daten/Gültigkeit*.

3. Schalten Sie unter *Einstellungen/Zulassen* auf *Benutzerdefiniert*.

4. Tragen Sie im Formelfeld diese Formel ein (A1 ist die erste Zelle des markierten Bereiches):

```
=ISTTEXT(A1)
```

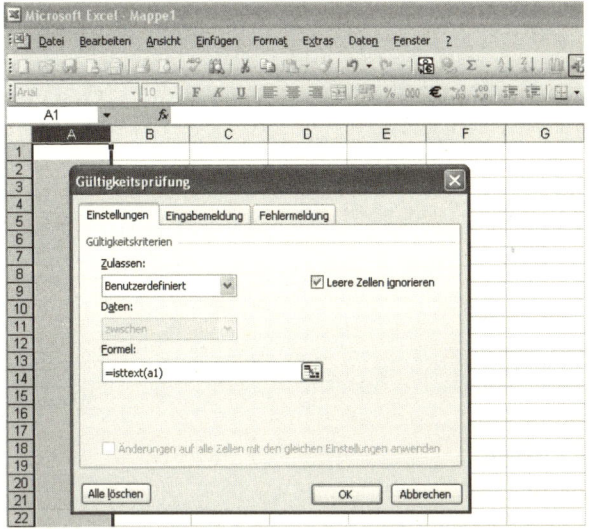

*Bild 11.1: Benutzerdefinierte Gültigkeitsprüfung für Text-
eingaben*

5. Wechseln Sie zur Registerkarte *Fehlermeldung*, und
   tragen Sie die Fehlermeldung ein, die darauf hinweist,
   dass nur Texteingaben erlaubt sind.

6. Bestätigen Sie mit Klick auf *OK*, und die Gültigkeitsprüfung wird zugewiesen.

Damit nimmt der markierte Bereich nur echte Texte an,
keine Zahlen. Kombinationen aus Zahlen und Buchstaben sind aber erlaubt.

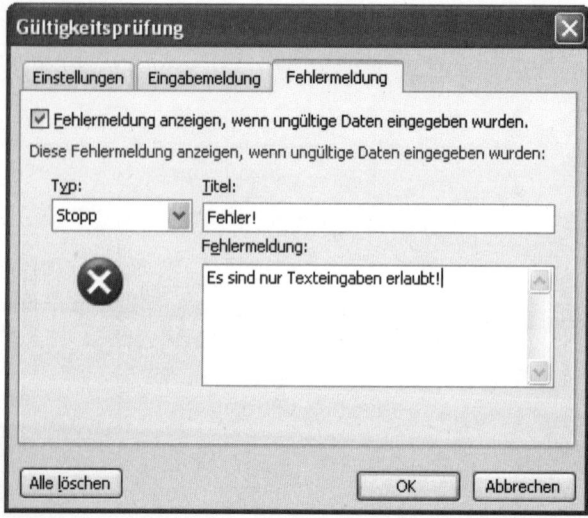

Bild 11.2: Fehlermeldung für Falscheingaben definieren

Keine doppelten Einträge

Personal- und Artikelnummern, Kostenstellenbezeich-
nungen oder Kontonummern müssen oft eindeutig sein
und dürfen nicht doppelt oder mehrfach erfasst werden.
Im Unterschied zu einem Datenbanksystem wie MS
Access kann Excel standardmäßig nicht prüfen, ob eine
Eingabe bereits in dem dafür vorgesehenen Bereich vorkommt. Eine benutzerdefinierte Gültigkeitprüfung
schließt diese Lücke:

1. Markieren Sie den einen Bereich in der aktiven
   Tabelle, in unserem Beispiel die Spalte A.

2. Wählen Sie *Daten/Gültigkeit*.

3. Schalten Sie unter *Einstellungen/Zulassen* auf *Benutzerdefiniert*.

4. Tragen Sie im Formelfeld diese Formel ein (A1 ist die erste Zelle des markierten Bereiches):

```
=NICHT(ZÄHLENWENN($A:$A;A1))=1
```

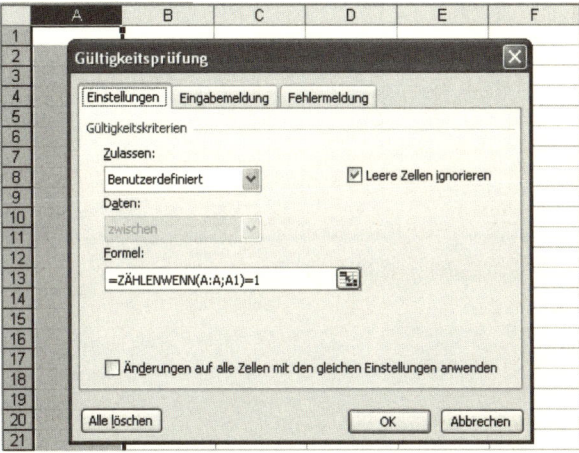

Bild 11.3: Keine doppelten Einträge erlauben

5. Schalten Sie um auf die Registerkarte *Fehlermeldung*, und tragen Sie einen Meldungstext ein, der darauf hinweist, dass keine doppelten Einträge erlaubt sind.

6. Schließen Sie die Gültigkeitsprüfung mit *OK* ab, und ab sofort können keine doppelten Einträge in der formatierten Spalte mehr vorkommen.

588   Tricks mit der Gültigkeitsprüfung

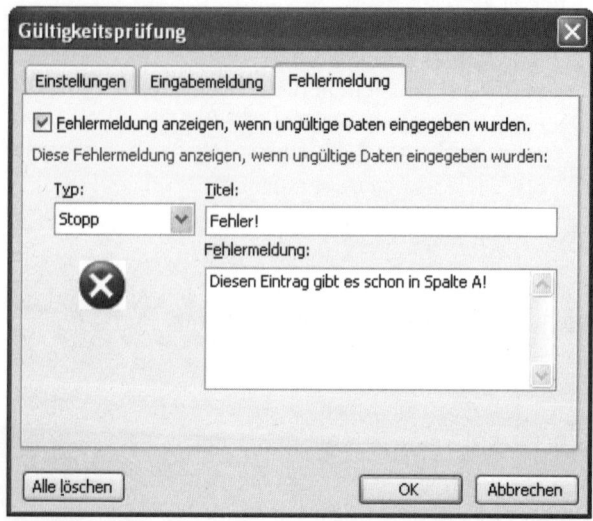

Bild 11.4: Fehlermeldung für ungültige Eingaben

Bild 11.5: Fehlermeldung für ungültige Eingaben

Zahlenkonformität prüfen

Neben der allgemeinen Gültigkeitsprüfung für Zahlenwerte, die den Bereich auf ganze Zahlen, Dezimalzahlen
oder Zahlen in einem bestimmten Wertebereich prüft,
kann die Menüoption aus dem *Daten*-Menü auch für die
Überprüfung von Eingaben auf Konformität eingesetzt
werden. In der Praxis unterliegen die Zahlen häufig
bestimmten Einschränkungen, beispielsweise wird ein
eingetipptes Geburtsdatum sicher nicht größer sein als
das Tagesdatum, oder die kW-Angabe für die Leistung
eines Motors wird eine bestimmte Grenze nicht unter-
schreiten.

Legen Sie benutzerdefinierte Gültigkeitsprüfungen fest
und schränken Sie die Eingabe über Formeln ein:

1. Markieren Sie den einen Bereich in der aktiven
   Tabelle.

2. Wählen Sie *Daten/Gültigkeit*.

3. Schalten Sie unter *Einstellungen/Zulassen* auf *Benutzerdefiniert*.

4. Tragen Sie im Formelfeld die passende Formel ein,
   und geben Sie auf der Registerkarte *Fehlermeldung*
   einen passenden Text für die Fehlermeldung ein.

Hier einige Beispiele:

Keine ungeraden/geraden Zahlen erlauben

Wenn die eingegebene Zahl gerade sein soll, teilen Sie
diese in der Formel für die Gültigkeitsprüfung durch 2
und überprüfen, ob ein Rest übrig bleibt. Die Formel
dazu lautet:

```
=REST(A1;2)=0
```

Und so muss die Formel für die benutzerdefinierte Gültigkeitsprüfung aussehen, wenn nur ungerade Zahlen erlaubt sind:

```
=REST(A1;2)<>0
```

Preisangaben dürfen nicht ganzzahlig sein

Soll der Artikelpreis immer mit den Nachkommastellen 0,99 enden, prüfen Sie die Eingabe mit dieser Formel ab:

```
=A1-GANZZAHL(A1)=0,99
```

Keine Texte, keine Minuszahlen, keine Nullen

Schreiben Sie in die Formelzelle diese Formel, wenn die Eingabe kein Text, keine Minuszahl und auch keine Null sein darf:

```
=UND(NICHT(ISTTEXT(A1));A1>0)
```

Nur Ganzzahlen in einem bestimmten Bereich

Mit dieser Formel stellen Sie sicher, dass nur ganze Zahlen zwischen 1 und 100 einzugeben sind:

```
=UND(REST(A1;2)=0;A1<=1;A1>=100)
```

Diese Gültigkeitsprüfung entspricht der Einstellung *Zulassen:Ganze Zahlen*, die auch eine Zuweisung von Maximum und Minimum erlaubt. Die Funktion UND() bietet aber darüber hinaus die Möglichkeit, noch viele weitere Kriterien hinzuzufügen. Mit dieser Formel sind keine Werte erlaubt, die mit dem Inhalt der Zelle $B$1 übereinstimmen:

```
=UND(REST(A1;2)=0;A1<=100;A1>1;A1<>$B$1)
```

Mit der Einbindung weiterer Funktionen können Sie sogar prüfen, ob der Wert in einer Liste vorkommt, und ihn nur bei Übereinstimmung zulassen. Hier z.B. eine Formel, mit der die Eingabe in der Zelle A1 mit dem Bereich »PLZ« verglichen wird.

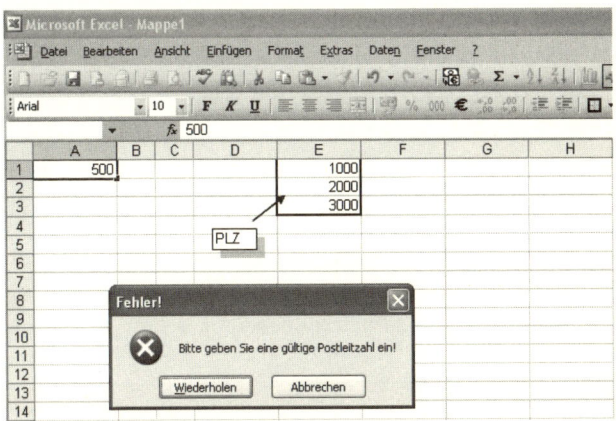

Bild 11.6: Gültigkeitsprüfung mit Bereich

Die Eingabe wird nur zugelassen, wenn der Vergleich positiv ausfällt, die Funktion also keinen Fehler ausgibt:

```
=NICHT(ISTNV(VERGLEICH(A1;PLZ;0)))
```

Ein wirksamer Passwortschutz

Wie lässt sich diese Technik für einen Passwortschutz benutzen? Der Anwender sollte keine Möglichkeit haben, Daten einzutragen, wenn das Passwort nicht bekannt ist:

1. Schreiben Sie in eine beliebige Zelle der Tabelle ein Passwort:

```
H1: test
```

2. Blenden Sie die Zelle aus, oder formatieren Sie sie mit diesem Zahlenformat, damit der Inhalt nicht sichtbar ist:

```
;;;
```

3. Markieren Sie alle Zellen der Tabelle, klicken Sie dazu links oben in das Kästchen im Schnittpunkt von Zeilennummern und Spaltenbuchstaben.

4. Wählen Sie *Daten/Gültigkeit*.

5. Stellen Sie unter *Zulassen: Benutzerdefiniert* ein, und tragen Sie diese Formel in das Formelfeld ein:

```
=$H$1="test"
```

6. Entfernen Sie das Häkchen vor der Option »*Leerzei-chen ignorieren*«.

7. Geben Sie eine passende Fehlermeldung ein, und schließen Sie die Gültigkeitsprüfung mit *OK* ab.

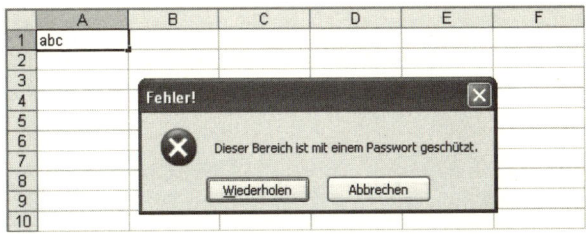

Bild 11.7: Der Passwortschutz verhindert Eingaben

Eingabeschutz für Zellen

Um alle Zellen eines Bereiches oder einer Tabelle vor unbeabsichtigtem Überschreiben zu schützen, schreiben Sie eine benutzerdefinierte Gültigkeitsprüfung mit dieser Formel (A1 ist die erste Zelle im Bereich):

```
=ISTLEER(A1)
```

Eingabeschutz für Mappen

Neue Arbeitsmappen werden mit Pseudonamen wie *Mappe1, Mappe2* versehen und lassen sich beliebig lange ohne Speicherung bearbeiten (Ausnahme: das Add-In »Automatisches Speichern« ist aktiv). Wenn Sie den Benutzer der Mappe zwingen wollen, diese vor der ersten Zellbearbeitung zu speichern, verwenden Sie diese Gültigkeitsprüfung:

1. Markieren Sie alle Zellen der ersten Tabelle, klicken Sie dazu in des Kästchen links oben, in dem sich Zeilen- und Spaltenkopf treffen.

2. Wählen Sie *Daten/Gültigkeit*. Schalten Sie unter *Zulassen* auf *Benutzerdefiniert*.

3. Geben Sie diese Formel in das Formelfeld ein:

```
=ZELLE("Dateiname")<>""
```

Wechseln Sie in die Registerkarte *Fehlermeldung*, und tragen Sie ein:

Typ: Stopp

Titel: Mappe nicht gespeichert

Text: Bitte speichern Sie zuerst Ihre Arbeitsmappe!

Bestätigen Sie mit *OK* und formatieren Sie auch die übrigen Tabellen auf diese Art.

Die Funktion ZELLE gibt in Verbindung mit dem Informationstyp Dateiname den Namen der gespeicherten Arbeitsmappe aus und liefert eine leere Zeichenfolge, wenn die Mappe nicht gespeichert ist. Die Formel verhindert Eingaben in alle Zellen, so lange die Funktion keinen Dateinamen findet.

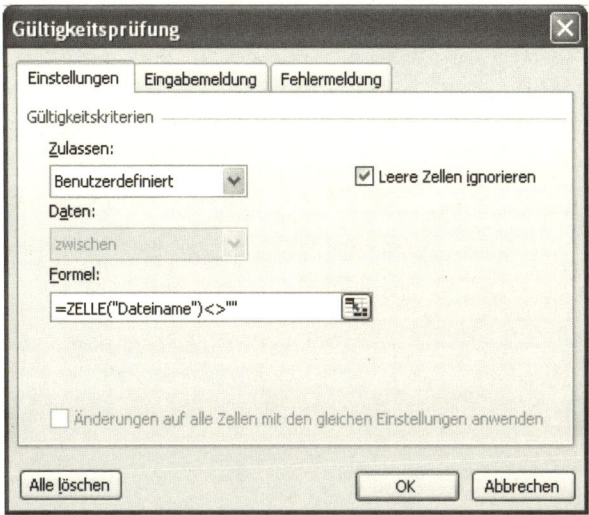

Bild 11.8: Prüfung, ob die Mappe gespeichert ist

Gültigkeitslisten

Die Gültigkeitsprüfung bietet neben den Beschränkungen auf bestimmte Eingabetypen wie Zahl, Text oder Datum/Zeit auch die Möglichkeit, eine vordefinierte Liste zu benutzen. Jede Zelle, die mit einer dieser Listen belegt ist, erhält einen Listenpfeil am rechten Rand, und ein Klick darauf öffnet dem Benutzer die Auswahlliste.

Direkte Listen

Einfache Listen mit wenigen Einträgen können Sie direkt in der Gültigkeitsprüfung definieren:

1. Markieren Sie einen Zellbereich, am besten ganze Spalten.

2. Wählen Sie *Daten/Gültigkeit*, und schalten Sie auf der ersten Karte unter *Zulassen* auf *Liste*.

3. Geben Sie im Eingabefeld *Quelle* die Listenelemente ein, das Semikolon dient als Trennzeichen.

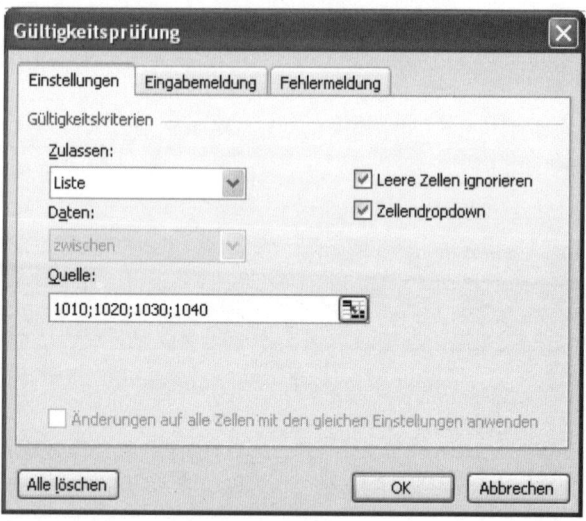

Bild 11.9: Eine Gültigkeitsliste

Die Liste steht im markierten Bereich zur Auswahl, klicken Sie dazu auf den Listenpfeil am rechten Zellenrand, und wählen Sie einen Eintrag per Klick.

Bild 11.10: Die Liste steht in der Zelle zur Auswahl

Texte oder Datums- und Zeitwerte als Listenelemente müssen nicht explizit gekennzeichnet werden, Excel erkennt bei der Annahme eines Elements automatisch den Datentyp und weist das passende Zahlenformat zu. Wollen Sie einen Zahlenwert als Text anbieten, schreiben Sie einen Apostroph vor die Zahl, das Datum oder den Zeitwert.

Listen aus Bereichen übernehmen

Größere Listen übernehmen Sie aus Zellbereichen, indem Sie die Adresse des Bereiches eintragen. Schreiben Sie die Listeneinträge in den Zellbereich, und weisen Sie diesen als Quelle für die Gültigkeitsprüfung zu. Achten Sie darauf, dass dieser Bereich immer absolut adressiert sein muss.

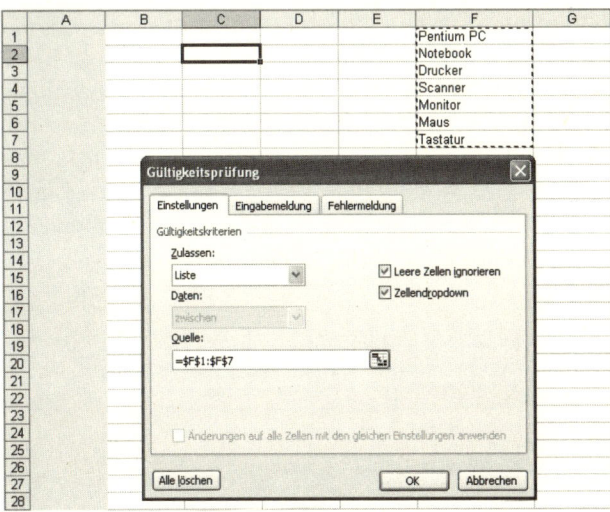

Bild 11.11: Absoluter Zellbezug für Gültigkeitsliste

Die direkte Adressierung des Listenbereiches hat
mehrere Nachteile: Der Bereich muss sich in derselben
Tabelle befinden, in der die mit Gültigkeitsprüfung
bestückten Zellen stehen. Versuchen Sie, im Eingabefeld
Quelle eine Verknüpfung auf eine andere Tabelle (z.B.
=Tabelle2!$A$1:$A$20) einzugeben, erhalten Sie eine Fehlermeldung (s. Bild 11.12).

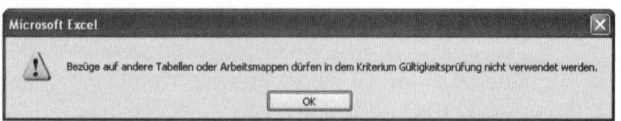

Bild 11.12: Fehler: Keine externen Bezüge möglich

Diese Fehlfunktion lässt sich aber einfach umgehen: Weisen Sie der externen Liste einfach einen Bereichsnamen
zu, und tragen Sie den Bezug auf diesen Namen, der für
die gesamte Mappe gilt, in das Quellenfeld der Gültigkeitsprüfung ein:

1. Schreiben Sie die Liste in eine neue Tabelle.

2. Markieren Sie den Bereich, und weisen Sie ihm über
   Einfügen/Name festlegen (Excel 97) bzw. *Einfügen/
   Namen/Definieren* (Excel 2000/2002) einen Bereichs-
   namen zu.

```
Name: Ausstattung
Bezieht sich auf: Tabelle2!$F$1:$F$7
```

3. Schalten Sie in die Tabelle, in der Sie Zellen mit den Listen versehen wollen, und markieren Sie diese Zellen.

4. Wählen Sie *Daten/Gültigkeit*, und schalten Sie unter *Zulassen* auf *Liste*.

5. Tragen Sie den Bezug auf die benannte Liste im Feld *Quelle* ein:

```
=Ausstattung
```

6. Jetzt können Sie die Einträge aus der externen Liste im Listenfeld der Zelle auswählen.

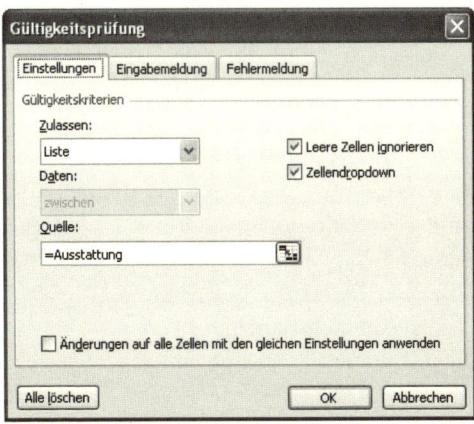

Bild 11.13: Mit Bereichsnamen möglich: externe Quelle für die Liste

> ### Hinweis
>
> Bei Bezügen auf andere Mappen versagt leider auch
> diese Technik, ein Bezug auf eine zweite Datei wird
> nicht angenommen. Sie können aber eine Verknüp-
> fung auf den externen Bereich in die Tabelle einfügen
> und diese mit einem Namen versehen, der dann die
> Quelle für die Gültigkeitsprüfung bildet.

Dynamisch veränderbare Listenbereiche

In der Praxis sind Listen nicht immer von fester Größe,
häufig werden neue Daten eingespielt und Bereiche durch
Hinzufügen von Daten erweitert oder durch Löschen
von Zeilen reduziert. Wenn die Änderungen zwischen
der ersten und letzten Zelle des benannten Bereiches vorgenommen werden, passt sich der Bereichsname und
damit auch die Quelle für die Gültigkeitsliste automatisch an. Schwieriger wird es bei Listen, die per Eingabe
oder über einen Datenimport nach unten erweitert werden oder wenn die Anpassung der Bereichsnamen zu auf-
wändig wird. Hier benutzen Sie am besten die Technik
der dynamischen Bereichsnamen.

Ein Beispiel dazu:

Die Mitarbeiter Ihrer Firma können Bestellungen von
EDV-Material und Zubehör in ein Formular eintragen.
Die Artikel werden in einer Liste angeboten, der Anwen-
der wählt nur noch Prozessortyp und Ausstattungen
(Monitor, Drucker, Tastatur, Maus).

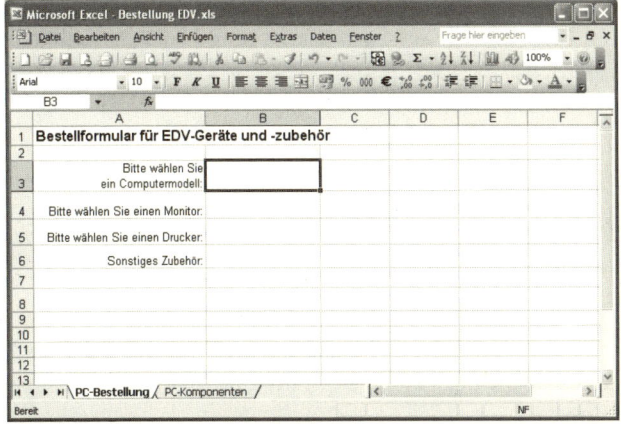

Bild 11.14: Ein Bestellformular

Für jede einzelne Position erstellen Sie eine Spalte mit
Auswahlmöglichkeiten. Tragen Sie diese in einer neuen
Tabelle ein.

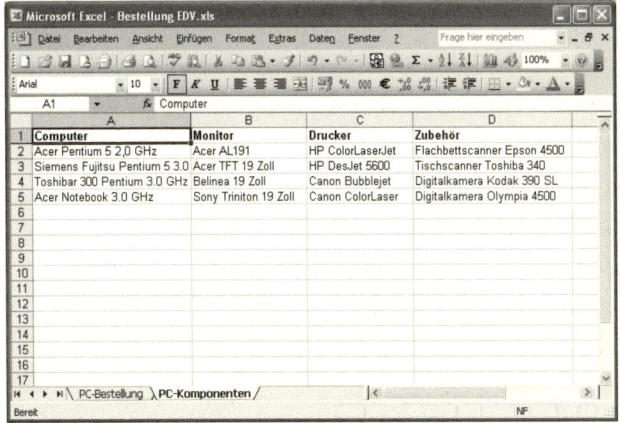

Bild 11.15: Die Komponentenlisten

Erstellen Sie zunächst in dieser Ausstattungstabelle mit
Bereichsnamen, die sich automatisch an die Zahl der
Geräte pro Spalte anpassen. Beginnen Sie mit der ersten
Spalte:

1. Wählen Sie *Einfügen/Namen/Definieren* bzw. *Einfü-
   gen/Namen/Festlegen* (Excel 97).

2. Tragen Sie den Bereichsnamen *Computer* ein, und
   drücken Sie zweimal die ⎡⇆⎤-Taste, um das Feld für
   den Namensbezug zu markieren.

3. Geben Sie diese Formel ein, und klicken Sie auf *Hinzufügen*, um den neuen Bereichsnamen zu übernehmen:

```
=BEREICH.VERSCHIEBEN($A$2;;;ANZAHL2($A:$A)-1;)
```

Die Funktion BEREICH.VERSCHIEBEN benötigt als Argumente den Ausgangspunkt der Verschiebung, die Zeilen
und Spaltenzahl sowie die neue Höhe und die neue Breite
des Bereiches. In dieser Formel setzt sie an der Zelle A2
an, benutzt keine Verschiebungswerte und verweist auf
einen Bereich, dessen Höhe durch die Anzahl der Einträge in Spalte A angegeben ist. Eine Verschiebung des
Bereiches findet damit nicht statt, aber der Bereich wird
durch die Berechnung der Anzahl aller Einträge (Funktion ANZAHL2) automatisch in der richtigen Größe angegeben. Sie können diesen Bereichsnamen überprüfen,
indem Sie nach Abschluss des Dialogs die Funktionstaste
⎡F5⎤ drücken, den Bereichsnamen eingeben und die Eingabetaste drücken.

Bild 11.16: Ein dynamischer Bereichsname

Hinweis

Berechnete Bereichsnamen werden mit F5 nicht in der Liste aufgeführt und erscheinen auch nicht im Namensfeld links oben über der Spalte A.

Erstellen Sie im Anschluss die Bereichsnamen für die übrigen Spalten, sie unterscheiden sich jeweils in der Anfangszelle und in der Spaltenbezeichnung, die für die Berechnung der Anzahl verwendet wird. Achten Sie darauf, dass alle Zell- und Spaltenbezüge unbedingt absolut ($-Zeichen) anzugeben sind.

Monitor	=BEREICH.VERSCHIE-BEN($B$2;;;ANZAHL2($B:$B)-1;)
Drucker	=BEREICH.VERSCHIE-BEN($C$2;;;ANZAHL2($C:$C)-1;)

Zubehör	=BEREICH.VERSCHIE-BEN($D$2;;;ANZAHL2($D:$D)-1;)

Diese berechneten Bereichsnamen werden jetzt mithilfe einer Gültigkeitsliste die Auswahl in den jeweiligen Formularzellen anbieten:

1. Schalten Sie in das Formular *PC-Bestellung*, und markieren Sie die Zelle B3.

2. Wählen Sie *Daten/Gültigkeit*, und schalten Sie auf der ersten Registerkarte unter *Zulassen* auf *Liste*.

3. Tragen Sie als Quelle für diese Liste den ersten berechneten Bereichsnamen ein.

```
=Computer
```

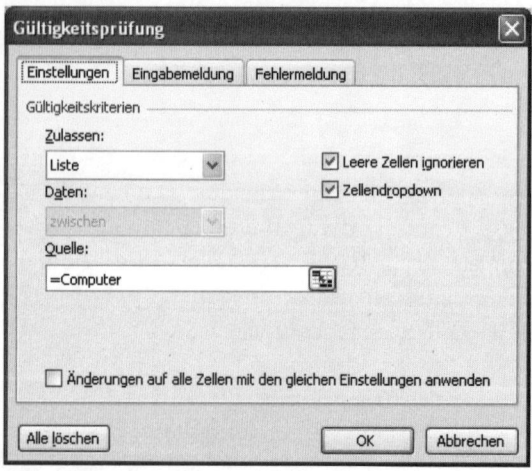

Bild 11.17: Gültigkeitsliste mit Quelle

4. Verfahren Sie so auch mit den übrigen Zellen. Wählen Sie jeweils *Liste* als Zulassung und geben Sie die Bezüge zu den Bereichsnamen ein:

```
B3: =Computer
B4: =Monitor
B5: =Drucker
B6: =Zubehör
```

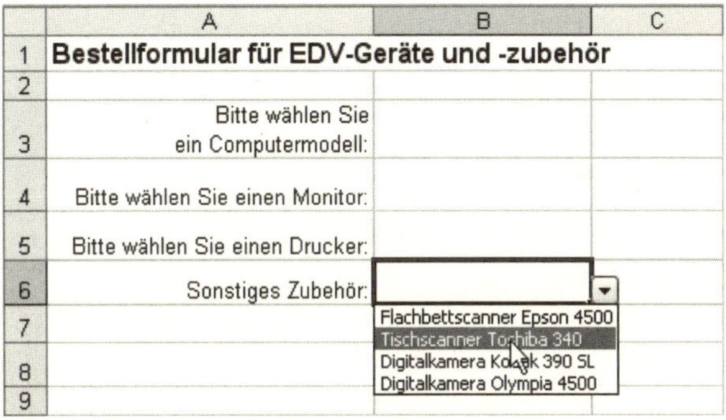

	A	B	C
1	Bestellformular für EDV-Geräte und -zubehör		
2			
3	Bitte wählen Sie ein Computermodell:		
4	Bitte wählen Sie einen Monitor:		
5	Bitte wählen Sie einen Drucker:		
6	Sonstiges Zubehör:	▼	
7		Flachbettscanner Epson 4500	
8		Tischscanner Toshiba 340 Digitalkamera Kodak 390 SL Digitalkamera Olympia 4500	
9			

Bild 11.18: Der Bereich ist der Zelle zugewiesen

Die variablen Bereiche können jetzt jederzeit erweitert oder verkleinert werden, die Gültigkeitsliste zeigt immer alle Einträge aus der Spalte an.

Variable Gültigkeitslisten mit gegenseitigem Bezug

Die Krönung dieser Listentechnik ist die Liste, die sich auf einen Eintrag in einer Zelle bezieht und ihren Inhalt dynamisch anpasst. Die Liste wechselt also ihr Angebot je nachdem, welchen Wert ein Benutzer in einer anderen

Tricks mit der Gültigkeitsprüfung

Liste gewählt hat. In unserem Beispiel benötigen wir dieses Verfahren, um dem Anwender eines Auskunftsportals für Urlaubsreisen die Möglichkeit zu geben, ein Reiseland zu wählen und nach dieser Auswahl das Ziel genauer zu bestimmen. Die Gültigkeitsliste wird sich selbstständig nach dem vom Anwender gewählten Listeneintrag ihren Inhalt zusammenstellen.

1. Erstellen Sie eine Liste mit Reiseländern, schreiben Sie die Länder in die erste Zeile und die Ziele darunter.

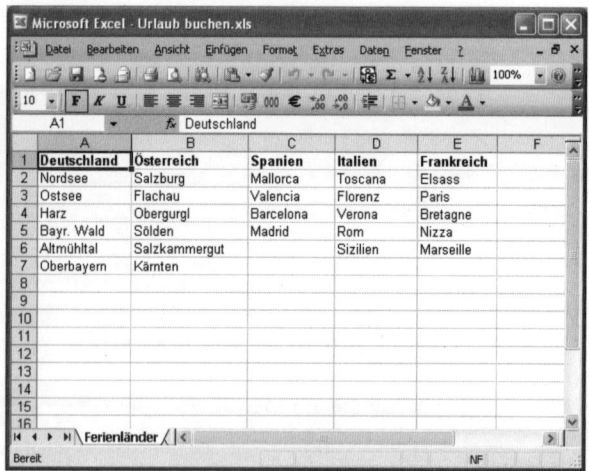

Bild 11.19: Urlaubsländer und -ziele

2. Benennen Sie die Spalten einzeln mit dem Namen des Urlaubslandes, beginnend ab der zweiten Zeile. Sie können dazu wie oben beschrieben die Methode der dynamischen Namen verwenden oder – falls sich die Liste nicht mehr ändert – auch die Überschriften automatisch als Bereichsnamen übernehmen. Markie-

ren Sie dazu den Bereich A1:E7, und wählen Sie *Einfügen/Namen/Erstellen/Aus oberster Zeile*.

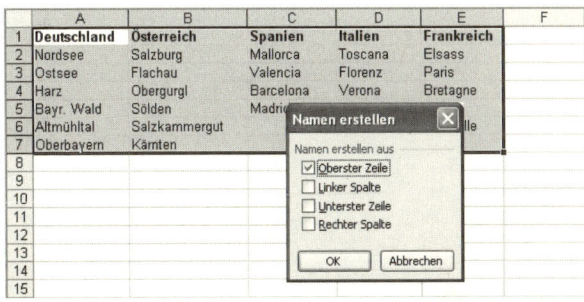

Bild 11.20: Namen zuweisen aus der ersten Zeile

Weisen Sie der ersten Zeile ($A$1:$E$1) der Liste noch mit [Strg] + [F3] einen weiteren Bereichsnamen zu, nennen Sie die Zellen der ersten Zeile *Urlaubsländer*.

3. Erstellen Sie in der nächsten Tabelle mit der Bezeichnung *Urlaub buchen* ein Info-Blatt mit der Auswahl der Reiseländer. Weisen Sie dazu der Zelle B3 eine Gültigkeitsliste zu:

```
Zulassen: Liste
Quelle: =Urlaubsländer
```

4. Die Zelle A5 erhält eine Formel, die den Text nur anzeigt, wenn ein Urlaubsland gewählt wurde:

```
=WENN(B3<>"";"Wählen Sie ein Urlaubsziel in
"&B3;"")
```

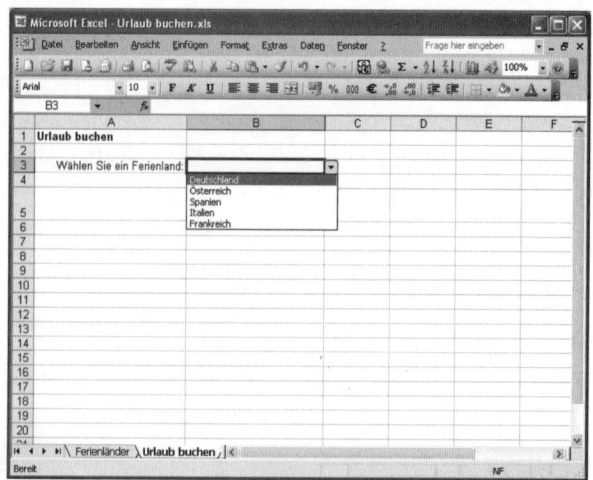

Bild 11.21: Ein Auswahlfeld für die Urlaubsländer

5. Jetzt können Sie die Zelle B5 mit einer Gültigkeitsliste präparieren, die in Abhängigkeit vom gewählten Urlaubsland die Urlaubsziele präsentiert. Verwenden Sie dazu eine Liste, und konstruieren Sie den Bezug über diese Funktion:

```
=WAHL(VERGLEICH($B$3;Urlaubsländer;0);Deutschl
and;Österreich;Spanien;Italien;Frankreich)
```

Die Funktion WAHL übernimmt die Aufgabe, einen der benannten Bereiche zu bestimmen. WAHL erfordert als erstes Argument eine Zahl, und diese ist der Indikator für das zu wählende Argument (z. B. 1 für Argument Nr. 2, 2 für Argument Nr. 3 usw.). Aus diesem Grund sind die Bereichsnamen für die Urlaubsländer als weitere Argumente aufgeführt. Die Funktion VERGLEICH im ersten

Argument sucht den Eintrag in der Nachbarzelle (B3), und vergleicht ihn mit der Liste der Spaltenüberschriften im Bereichsnamen Urlaubsländer (das Argument 0 stellt sicher, dass der Eintrag exakt gefunden wird). Hat der Vergleich die richtige Spaltenüberschrift ausfindig gemacht (was durch die Verwendung der Gültigkeitsliste gewährleistet ist), liefert VERGLEICH die Spaltennummer aus Urlaubsländer, und das ist gleichzeitig der Index für den Bereichsnamen aus der Funktion WAHL, der für die Belegung der Liste sorgt. Liefert der Vergleich eine 1, zeigt die Liste die Ziele aus dem ersten Land an, mit 2 wird das Angebot von Land 2 angeboten.

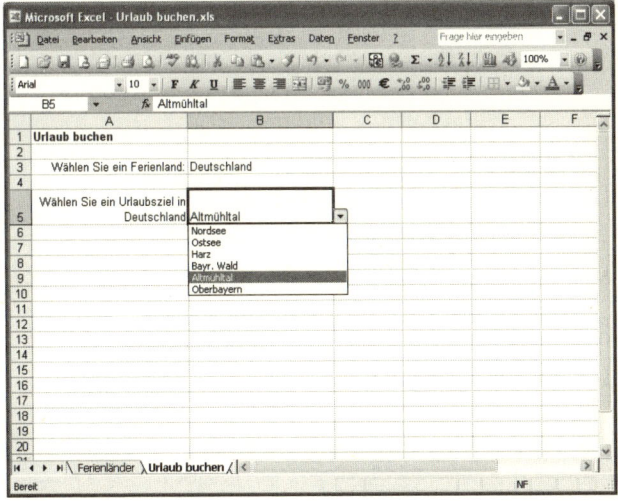

Bild 11.22: Das zweite Listenfeld präsentiert seine Auswahl abhängig von der Auswahl im ersten Feld

Ein besonderer Vorteil dieser Liste, die ihren Inhalt aus
dem in der ersten Liste gewählten Wert errechnet: So
lange der Anwender keinen Gerätetyp gewählt hat, bleibt
die Liste geschlossen, und es werden keine Einträge angezeigt. Nachteil: Ein einmal gewählter Eintrag bleibt in der
zweiten Liste, auch wenn die erste gewechselt wird. Hier
müssen Sie mit Ereignis-Makros eingreifen. Das Makro
wird an das Tabellenblatt *Urlaub buchen* gebunden, es
löscht die Zelle mit der zweiten Liste, wenn der Cursor
bei Neuberechnung (also Änderung) in der Zelle mit der
ersten Liste steht.

```
Private Sub Worksheet_Calculate()
  If ActiveCell.Address = "$B$3" Then
    [B5] = ""
  End If

End Sub
```

Listing 11.1: Makro löscht die Zelle mit dem alten Eintrag

Eingaben zulassen trotz Gültigkeitsprüfung

Gültigkeitsprüfungen müssen nicht immer rigoros sein
und den Benutzer zwingen, sich an die definierten Regeln
zu halten. Sie können die Einschränkung auch abmildern
und z.B. nur eine Warnung oder eine Empfehlung aus-
sprechen, wenn die Gültigkeitsregel verletzt wird. Dazu
ändern Sie einfach das Symbol der Fehlermeldung:

1. Schreiben Sie in die Zelle B1 einer neuen Tabelle das
   Tagesdatum, verwenden Sie die Formel zur Berechnung:

```
=HEUTE()
```

2. Stellen Sie für die Zelle B3 mit *Daten/Gültigkeit* eine
   Gültigkeitsprüfung ein, die prüft, ob der Zellinhalt
   kleiner oder gleich dem Geburtsdatum ist. In diesem
   Fall würde der Eintrag akzeptiert.

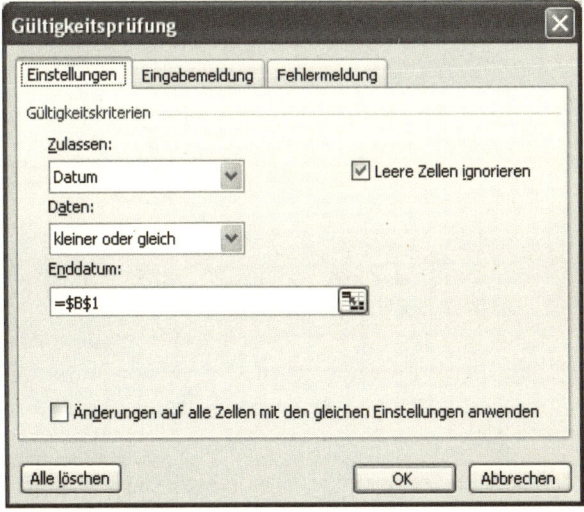

*Bild 11.23: Prüfung, ob Geburtsdatum heute oder in der
Vergangenheit*

3. Schalten Sie auf die Registerkarte *Fehlermeldung*, und
   erstellen Sie eine Meldung, die auf einen möglichen
   Fehler hinweist, wenn das Geburtsdatum größer als

das Tagesdatum ist. Wechseln Sie unter *Typ* auf *Warnung*.

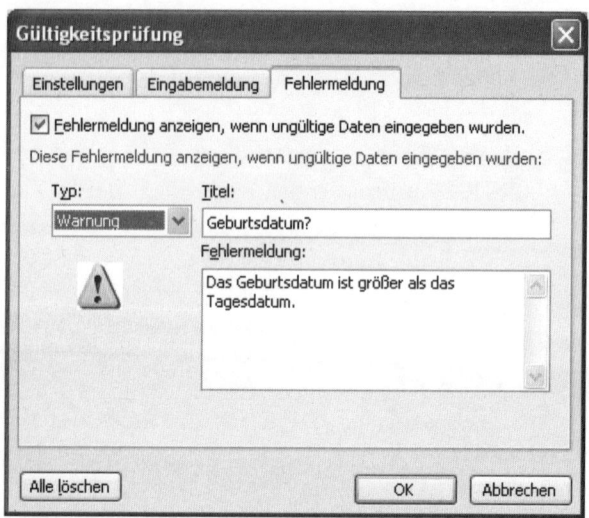

Bild 11.24: Die Fehlermeldung mit dem Typ Warnung ...

4. Testen Sie die Gültigkeitsprüfung, geben Sie ein
   Geburtsdatum ein, das über dem Tagesdatum liegt.
   Die Fehlermeldung wird Sie darauf aufmerksam
   machen, durch die Auswahl des Typs *Warnung*
   erscheint aber ein anderes Symbol, und die Meldung
   bietet die Möglichkeit, die Eingabe zu übernehmen.

Das dritte Symbol in der Auswahl des Fehlermel-
dungstyps heißt *Information*, es bietet ein entsprechen-
des Symbol, und die Fehlermeldung zeigt die
Schaltflächen *OK* und *Abbrechen*. Auch hier kann die
Eingabe übernommen oder verworfen werden.

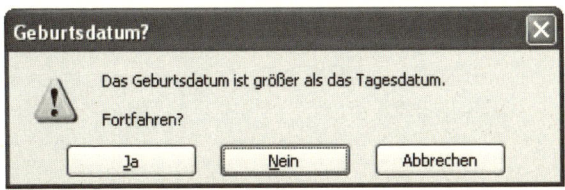

Bild 11.25: ... und das Ergebnis

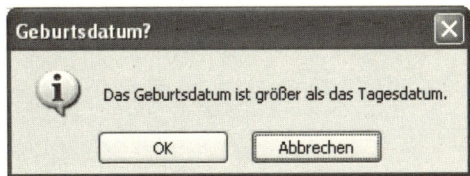

Bild 11.26: Der dritte Typ der Fehlermeldung

12
Die besten Makrotricks

Programmieren Sie schon oder basteln Sie noch? Eine provokante, aber berechtigte Frage: Wer sich mit VBA beschäftigt, hat einen großen Vorsprung. Die Programmiersprache für Excel-Makros bietet alles, um Excel-Prozesse und Abläufe zu automatisieren, Dialoge mit dem Anwender zu schalten und zusätzliche Absicherungen einzubauen, wo immer es nötig ist.

In diesem Kapitel finden Makroprogrammierer und solche, die es werden wollen, nützliche Tricks, tolle Makros und viele Geheimnisse rund um die Makrosprache VBA.

Der Visual Basic Editor – nützliche Kodiertechniken

Der Visual Basic Editor ist das Werkzeug des Programmierers, hier holt er die aufgezeichneten Makros ab und verbessert sie, hier programmiert er Prozeduren und Funktionen in Modulen und UserForms für den Dialog.

Auch der Visual Basic Editor hat seine »Shortcuts«, kleine nützliche Helfer, die das Programmieren schneller und einfacher machen. Hier eine Auswahl der wichtigsten Tipps zu den Visual Basic Editor-Werkzeugen.

Kodierhilfe nutzen

Die Kodierhilfe des VBA-Editors listet alle Methoden und Eigenschaften eines Objektes. So nutzen Sie dieses Werkzeug:

1. Schreiben Sie den Namen des Objektes, und geben Sie einen Punkt ein.

2. Suchen Sie in der Liste nach der passenden Eigenschaft. Sie können den ersten Buchstaben oder alle Buchstaben eintippen, die Sie kennen, der Eintrag wird passend markiert.

3. Wenn der Eintrag markiert ist, drücken Sie die ⇥-Taste, um ihn in die Codezeile zu holen. Mit der ⎯Enter⎯-Taste geht's auch, aber damit schließen Sie die Codezeile ab.

4. Wenn die Kodierhilfe verschwunden ist, löschen Sie den Punkt und geben Sie ihn neu ein.

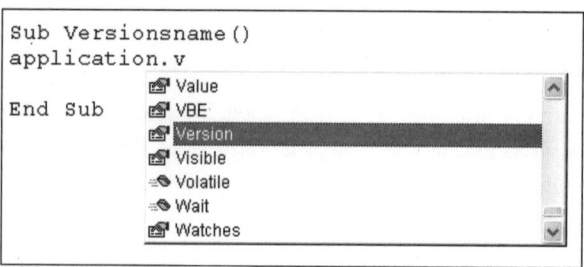

Bild 12.1: Kodierhilfe mit Eigenschaften und Methoden von Objekten

Leider steht die Kodierhilfe nicht für alle Objekte zur Verfügung. `ActiveWorkBook` und `ActiveSheet` sind zwei Beispiele, in denen die Hilfe am Punkt nicht funktioniert.

Breakpoints setzen

Breakpoints sind Stopp-Punkte, an denen das Makro in den Einzelschrittmodus wechselt. Setzen Sie diese per Klick in die graue Zeile am linken Modulrand oder mit der Funktionstaste F9. Mit derselben Taste wird ein Break, mit rotem Hintergrund gekennzeichnet, wieder aufgehoben.

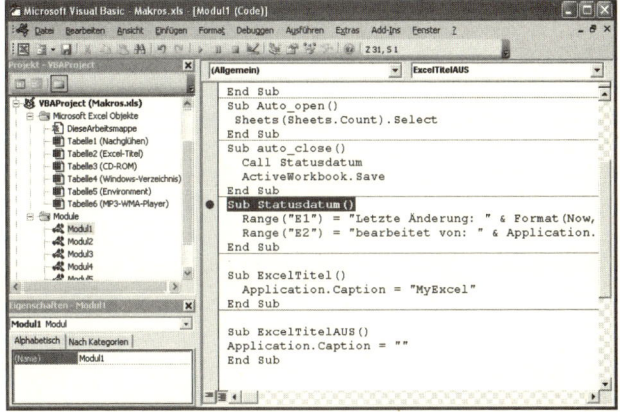

Bild 12.2: Breakpoint im Code setzen

Einzelschrittmodus

Mit der Funktionstaste F8 testen Sie ein Makro im Einzelschrittmodus. Damit befördern Sie die gelbe Markierung von Codezeile zu Codezeile. Wenn Sie die Markierung wieder auf eine bestimmte Zeile zurück- oder auf eine Zeile weiter unten im Code setzen wollen, ziehen Sie einfach den gelben Pfeil am linken Rand mit gedrückter Maustaste an die neue Position oder setzen den Cursor in die gewünschte Zeile und drücken Strg + F9.

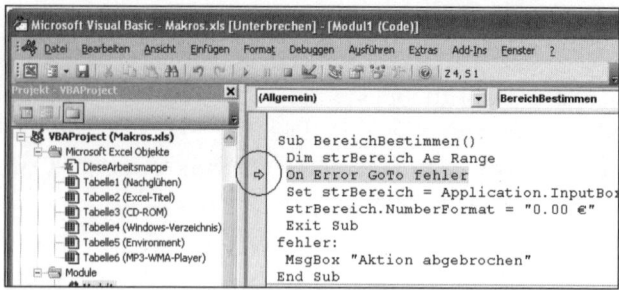

Bild 12.3: Der Pfeil zeigt im Einzelschrittmodus auf die nächste Anweisung

Einzelschritt per Makro starten

Wenn Sie den Einzelschrittmodus per Code erzwingen wollen, schreiben Sie diese Anweisung in eine Codezeile:

```
Stop
```

Das Makro stoppt an dieser Codezeile und wechselt in den Einzelschrittmodus.

Unterprogramme überspringen

Ausgetestete Unterprogramme können Sie beim Testen eines Makros einfach überspringen, indem Sie die Codezeile mit einem Prozedurschritt abarbeiten. In der Symbolleiste *Debuggen* gibt es dafür ein Symbol, schneller geht's aber mit dem Shortcut ⬆ + F8. Drücken Sie diese Kombination, wird das Unterprogramm ausgeführt und die Markierung bleibt im Hauptprogramm.

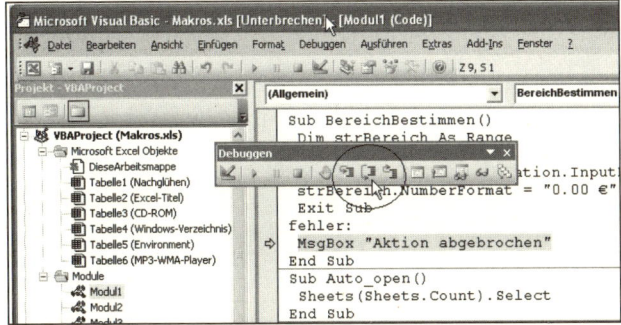

Bild 12.4: Der Prozedurschritt überspringt Unterprogramme

Blöcke auskommentieren

Kommentarzeilen im Code sind wichtig und nützlich, damit dokumentieren Sie Ihre Makros regelmäßig. Wenn Sie mehrere Zeilen oder ganze Codeblöcke ausblenden, aber nicht löschen wollen, kommentieren Sie diese einfach aus:

1. Aktivieren Sie unter *Ansicht/Symbolleisten* die Leiste *Bearbeiten*.

2. Markieren Sie den Codeblock, indem Sie den Mauszeiger am linken Rand (zwischen grauer Randspalte und Code) mit gedrückter Maustaste nach unten ziehen.

3. Klicken Sie auf das Symbol *Block auskommentieren*, und die Codes erhalten je ein Kommentarzeichen am Zeilenanfang.

Bild 12.5: Ganze Codeblöcke auskommentieren

Variablendeklaration erforderlich machen

Wenn Sie in Makros mit Variablen arbeiten, müssen Sie diese auch deklarieren. Das ist zwar nicht unbedingt erforderlich – alle Makros laufen auch ohne Dimensionierung von Makros –, gehört aber erstens zum guten Stil in der Programmierung und ist zweitens Voraussetzung dafür, dass Makros mit optimaler Geschwindigkeit ablaufen. Außerdem werden Sie seltener auf Schreibfehler hereinfallen, wenn Variablen ohne Dimensionierung nicht angenommen werden.

Dimensioniert werden Variablen über die Anweisung DIM. Wenn Sie keinen Datentyp zuweisen, erhält die Variable den Typ *Variant*, der so ziemlich jeden Inhalt erlaubt, aber auch entsprechend viel Speicherplatz braucht. Besser, Sie weisen der Variablen auch gleich den passenden Typ zu:

```
DIM strArtikelbezeichnung
```

Besser:

```
DIM strArtikelbezeichnung as String
```

Sehen Sie in der Visual Basic-Hilfe unter *DIM* nach, hier finden Sie eine Liste aller Datentypen.

Eine Option des Visual Basic Editor sorgt dafür, dass diese Dimensionierung Vorschrift wird für alle Makros in allen Modulen, die Sie neu anlegen. Das hat v.a. den Vorteil, dass Tippfehler im Code nicht versehentlich als Variablen interpretiert werden:

1. Wählen Sie im Visual Basic Editor *Extras/Optionen*.
2. Schalten Sie auf die Registerkarte *Editor*, und kreuzen Sie die Option an:

```
Variablendeklaration erforderlich
```

3. Öffnen Sie ein neues Modul oder das Modulblatt eines Objektes, z.B. der Arbeitsmappe. Die erste Anweisung im Modulblatt lautet jetzt

```
Option Explicit
```

Und damit muss jede Variable, die in diesem Modul verwendet wird, dimensioniert werden. Module, die bereits im Modul angelegt wurden, bleiben davon ausgeschlossen, Sie können diese Anweisung aber einfach als erste Zeile in das Modul schreiben.

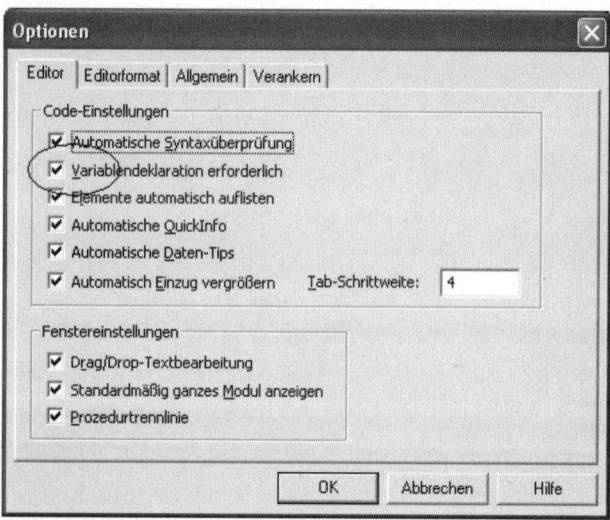

Bild 12.6: Diese Option erzwingt die Dimensionierung von Variablen

Tastenkombinationen im VBA-Editor

Schnelle Tastenkombination im VBA-Editor sind erforderlich, um zügig programmieren und kodieren zu können. Üben Sie die Shortcuts ein, sie sind besser als die Mauszeiger-Rallyes:

F2	Öffnet den Objekt-Katalog
F9	Setzt oder löscht einen Haltepunkt (Breakpoint)
Strg + ⇧ + F9	Löscht alle Haltepunkte
F5	Die markierte UserForm oder das Makro ausführen, in dem der Cursor blinkt

F8	Code zeilenweise ausführen (Einzelschritt)
⇧ + F8	Code im Prozedurschritt ausführen
Strg + Pause	Code unterbrechen
Pos1	Cursor am Anfang einer Textzeile positionieren
Ende	Cursor am Ende einer Textzeile positionieren
Strg + J	Eigenschaften/Methoden anzeigen
Strg + ⇧ + J	Konstanten anzeigen
Strg + I	QuickInfo aktivieren
Strg + ⇧ + I	Parameterinfo aktivieren
Strg + ⬚	Aktivieren von »Wort vervollständigen«
⇧ + F10	Kontextmenü anzeigen
Alt + F5	Ausführen des Fehlerbehandlungscodes oder Zurückgeben des Fehlers an die aufrufende Prozedur
Alt + F8	Sprung in den Fehlerbehandlungscode oder Rückgabe des Fehlers an die aufrufende Prozedur

Shortcuts für Codefenster

Für Module, Fenster der Arbeitsmappe oder Tabellen und Codefenster der UserForms

`Strg` + `F2`	Cursor in das Objektfeld verschieben
`⇧` + `F2`	Definition der ausgewählten Prozedur anzeigen
`Strg` + `↓`	Nächste Prozedur anzeigen
`Strg` + `↑`	Vorherige Prozedur anzeigen
`Bild ↓`	In den Prozeduren des Codes blättern (nach unten)
`Bild ↑`	In den Prozeduren des Codes blättern (nach oben)
`Strg` + `⇧` + `F2`	Letzte Position im Code ansteuern
`Strg` + `Pos1`	Wechseln an den Anfang des Moduls
`Strg` + `Ende`	Wechseln an das Ende des Moduls
`Strg` + `→`	Wort nach rechts
`Strg` + `←`	Wort nach links
`Ende`	Zeilenende markieren
`Pos1`	Zeilenanfang markieren
`Strg` + `Bild ↑`	Zum Ende der aktuellen Prozedur springen

| `Strg` + `Bild ↓` | Zum Anfang der aktuellen Prozedur springen |
| `F6` | Wechseln zwischen Code-Bereichen (bei geteiltem Fenster) |

Kleine Makrohilfen

Bildschirm ausschalten

Wenn Makros sehr viele Aktionen ausführen und dabei häufig zwischen Tabellen oder Mappen wechseln müssen oder Objekte verschieben und kopieren, wird es sehr unruhig auf dem Bildschirm. Der Monitor flackert, weil das Bild trotz Makrogeschwindigkeit mit jedem Wechsel neu aufgebaut werden muss. Mit dieser Anweisung schalten Sie den Bildschirm ab:

```
Application.ScreenUpdating = False
```

Vergessen Sie aber nicht, den Monitor wieder einzuschalten, wenn das Makro einen neuen Status anzeigen soll. Mit dem Ende des Makros wird dieser zwar automatisch hergestellt, diese Anweisung sollte aber am Makroende nicht fehlen:

```
Application.ScreenUpdating = True
```

Durch das Abschalten des Bildschirms wird das Makro
auch bedeutend schneller ablaufen, die dafür benötigte
Zeit wird vom Makroablauf abgezogen.

Warnungen ausschalten

Wenn Sie in einem Makro einen Löschbefehl für eine
Tabelle absetzen, werden Sie wahrscheinlich nicht von
Excel aufgefordert werden wollen, diesen auch noch zu
bestätigen. Die automatischen Warnmeldungen von
Excel lassen sich einfach über diesen Befehl abschalten:

```
Application.DisplayAlerts = False
```

Vergessen Sie aber nicht, die Warnungen sofort nach
Ausführung der Aktion wieder einzuschalten, denn mit
der Anweisung sind alle weiteren Warnungen deaktiviert,
und dazu gehören auch Fehlermeldungen und andere
Sicherheitswarnungen, die Sie vielleicht nicht abschalten
wollten. Schalten Sie die Warnungen wieder ein, wenn die
Aktion beendet ist:

```
Application.DisplayAlerts = True
```

Kompilierung und bedingte Kompilierung

Die Kompilierung gehört zu den wichtigsten Testwerk-
zeugen, sie erspart dem Programmierer so manchen Test-
lauf:

1. Wählen Sie *Debuggen/Kompilieren* von VBAProjekt.

2. Enthält der Makrocode Fehler, werden diese angezeigt, und Sie können sie verbessern.

Keine Reaktion erhalten Sie, wenn keine Fehler zu finden waren. Die Menüoption ist nicht aktivierbar, wenn die letzte Kompilierung erfolgreich war und der Code seitdem nicht mehr geändert wurde.

Mit der Technik der bedingten Kompilierung haben Sie die Möglichkeit, zwei Versionen von Makrocodes zu schreiben, eine Testversion und eine Auslieferversion. Häufig werden Sie Anweisungen in den Code platzieren, die nur zum Austesten der Laufzeit erforderlich sind, aber nicht der Endversion, die an Kunden ausgeliefert wird. Verpacken Sie diese Codeblöcke in bedingte Kompilierungen.

1. Sie brauchen zunächst eine Compilervariable, geben Sie diese mit einer #CONST-Anweisung am Kopf des Moduls ein. Hier heißt die Variable myTest, sie wird auf den Boolean-Wert True gesetzt:

```
#Const myTest = True
```

2. Schreiben Sie ein Makro, das eine Reihe von Zahlen in einem Zellbereich abgreift und in eine Variable aufsummiert.

Listing 12.1: Makro summiert Zahlen auf

```
Sub ZahlenCheck()
  Dim varZelle, lngSumme
```

```
Range("Testzahlen").Select
For Each varZelle In Selection
 lngSumme = lngSumme + varZelle
Next varZelle
```

3. Die Meldung der Summe erfolgt über eine bedingte
   Kompilierung, dazu wird vor If und End If jeweils ein
   #-Zeichen gesetzt.

```
#If myTest = True Then
   MsgBox "Summe: " & lngSumme
#End If
End Sub
```

Dieser Block wird nur ausgeführt, wenn die Compilervariable auf True gesetzt ist. Sie können jetzt in allen Makros
Anweisungsblöcke schreiben, die vom Wert der Compi-
lervariablen abhängig sind. Ist das Makro fertig getestet,
setzen Sie die Variable auf False, und die Blöcke werden
nicht mehr ausgeführt.

Tipp

Schneller geht's mit einem Unterprogramm. Verpacken Sie die kompilierten Bedingungen in eine Subroutine, und rufen Sie diese auf:

```
Call Check
```

```
Sub Check
 #If . . .
 #End If
End Sub
```

Eine sichere Tabellen-Löschfunktion

Wenn Sie per Makro eine neue Tabelle anlegen und eine bereits vorhandene gleichen Namens löschen wollen, müssen Sie gleich mehrere Fehlerquellen ausschalten:

▶ Ist die alte Tabelle noch nicht oder nicht mehr da, erhalten Sie einen Fehler beim Versuch, sie zu löschen.

▶ Ist die alte Tabelle vorhanden, und Sie versuchen, die neue mit dem gleichen Namen zu belegen, erhalten Sie einen Fehler.

Schreiben Sie eine Funktion, die eine Tabelle sicher löscht und auch keinen Fehler produziert, wenn die Tabelle nicht mehr da ist. Packen Sie die Funktion am besten in die persönliche Makro-Arbeitsmappe PERSONL.XLS, dann steht sie für alle Makros in allen Mappen zur Verfügung. Der Aufruf muss nur den Namen der Mappe vorangestellt haben.

Listing 12.2: Makro zum Löschen von Tabellenblättern

```
Sub BlattKiller(blattname)
  ' Warnungen und Fehler ausschalten
  Application.DisplayAlerts = False
  On Error Resume Next
  ' Blatt löschen
  Sheets(blattname).Delete
  ' Warnungen und Fehler wieder einschalten
  Application.DisplayAlerts = True
  On Error GoTo 0
End Sub
```

Jetzt können Sie eine Tabelle löschen, indem Sie ihren
Namen einfach der Funktion übergeben. Ist die Tabelle
nicht vorhanden, passiert nichts weiter (falls Sie den Status abfragen wollen, den Rückgabewert der Funktion
belegen mit BlattKiller = False).

Listing 12.3: Makro löscht die Tabelle Tabelle2

```
Sub BlattLöschen()
  BlattKiller ("Tabelle2")
End Sub
```

Argumente sicher an Funktionen übergeben

Wenn Sie mit Funktionen arbeiten, werden Sie diesen
häufig Argumente übergeben müssen. Dabei tritt leider
häufig ein Fehler auf: Die Funktion weigert sich, ein
Argument anzunehmen, und antwortet mit einer etwas
kryptischen Meldung:

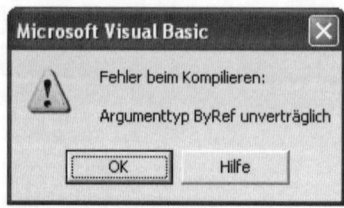

Bild 12.7: Fehler: Das Argument wird nicht akzeptiert

So schaffen Sie Abhilfe:

Schreiben Sie das Argument, das Sie der Funktion übergeben wollen, einfach in Klammern:

```
Variable = Funktion((argument))
```

Makros für Formeln in Tabellen

Formeln in der Tabelle sichtbar machen ...

Excel stellt leider keine Menüoption zur Verfügung, die
alle Formeln in einer Tabelle oder in einem Zellbereich
kenntlich macht. Die Formelanzeige, unter *Extras/
Optionen/Ansicht/Formeln* oder mit [Strg] + [#] aktiviert, bietet zwar eine Übersicht über die Formeln, verbreitert aber auch die Spalten und verändert damit das
Layout.

Mit einem kleinen Makro legen Sie ein Zellmuster auf alle
Zellen, in denen Formeln enthalten sind:

Listing 12.4: Makro färbt alle Formelzellen

```
Sub AlleFormelninMarkierungFärben()
 Dim i
 For i = 1 To Selection.Cells.Count
   If Selection.Cells(i).HasFormula Then
     Selection.Cells(i).Interior.ColorIndex = 36
   End If
 Next i
End Sub
```

632   Die besten Makrotricks

Starten Sie das Makro, nachdem Sie die Markierung auf einen Zellbereich gesetzt hatten. Markieren Sie aber nicht die gesamte Tabelle, das Makro braucht für über 16 Millionen Zellen doch etwas lang. Wenn Sie alle Formeln im »UsedRange«, d. h. im benutzten Bereich, einfärben wollen, setzen Sie die Markierung ab der Zelle A1 bis zur letzten Zelle. Die zuletzt aktive Zelle wird gemerkt und anschließend wieder markiert.

Listing 12.5: Makro färbt alle Zellen im benutzten Bereich

```
Sub AlleFormelnimUsedRangeFärben()
 Dim i, altZelle As String
 altZelle = ActiveCell.Address
 Range("A1",
[A1].SpecialCells(xlCellTypeLastCell)).Select
 For i = 1 To Selection.Cells.Count
   If Selection.Cells(i).HasFormula Then
     Selection.Cells(i).Interior.ColorIndex = 36
   End If
 Next i
 Range(altZelle).Select
End Sub
```

Schreiben Sie noch ein Makro, das alle Formelfarben wieder entfernt, dazu müssen Sie nur den *Colorindex* wieder auf 0 setzen:

```
Selection.Cells(i).Interior.ColorIndex = 0
```

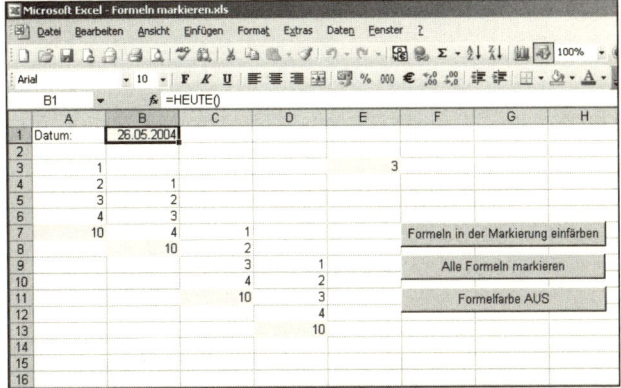

Bild 12.8: Die Makros färben Formelzellen ein

... und jetzt automatisch, ohne Makro

Wie wäre es mit einem Makro, das diese Formeleinfärbung automatisch vornimmt, und zwar sofort nach der Erfassung einer Formel? Natürlich müsste eine solche Lösung die Zellfarbe auch wieder entfernen, wenn eine Formel aus der Zelle gelöscht oder durch Text und Zahl überschrieben wird.

Hier führen mehrere Wege nach Rom, die Mappen-Ereignisse *SheetCalculate* oder *SheetChange* eignen sich für den Code, auch das Bedingungsformat kommt ins Spiel. Hier eine besonders trickreiche, aber elegante Lösung: Erstellen Sie einen Bereichsnamen, der sich auf eine Formel bezieht, und fragen Sie diesen über das Bedingungsformat ab:

1. Wählen Sie *Einfügen/Namen/Definieren* bzw. *Einfügen/Namen/Festlegen* in Excel 97.

2. Geben Sie den Bereichsnamen *HatFormel* ein.

3. Schreiben Sie in das Feld *Bezieht sich auf* diese For-
    mel:

```
=ZELLE.ZUORDNEN(48;INDIREKT("ZS";FALSCH))
```

4. Speichern Sie den Bereichsnamen mit Klick auf *OK*.

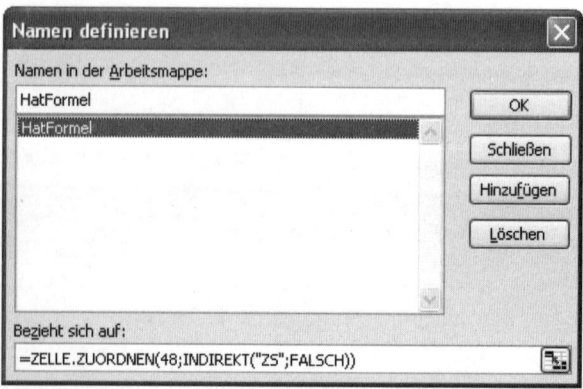

Bild 12.9: Spezial-Bereichsname aus der 4.0-Makrosprache

5. Markieren Sie den Bereich, in dem Sie die Formeln
    einfärben wollen.

6. Wählen Sie *Format/Bedingte Formatierung*.

7. Schalten Sie von *Zellwert ist* auf *Formel ist* um, und
    geben Sie diese Formel ein:

```
=HatFormel
```

8. Wählen Sie über die Schaltfläche *Format* ein Zellmuster, eine Schrift- oder Rahmenart, die Sie in Zellen mit Formeln sehen wollen.

9. Bestätigen Sie mit Klick auf *OK*.

Testen Sie dieses Spezialformat: Tragen Sie eine Formel in eine Zelle ein, wird diese automatisch das Bedingungsformat erhalten. Löschen Sie die Formel wieder, verschwindet auch das Format.

Die Erklärung: `ZELLE.ZUORDNEN` ist eine alte Formel aus der Excel-Makrosprache, die bis Excel Version 4.0 im Einsatz war und mit Excel 5.0 von VBA abgelöst wurde. Die Sprache wird aber weiterhin unterstützt, damit alte Excel 4.0-Makros weiterhin funktionieren, und `ZELLE.ZUORDNEN` liefert in der verwendeten Version zuverlässig den Wahrheitswert `WAHR`, wenn die Zelle eine Formel enthält, und `FALSCH`, wenn nicht.

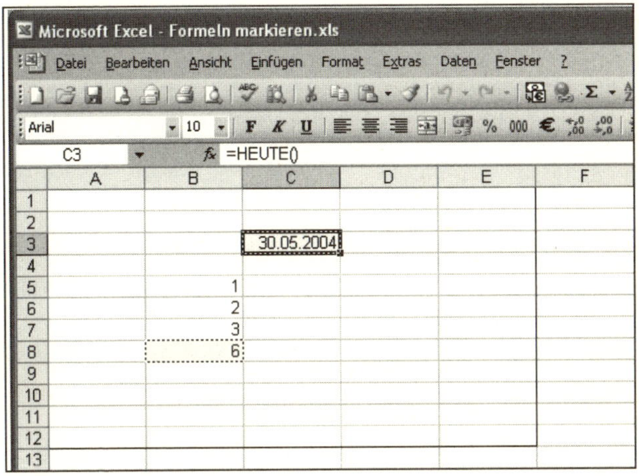

Bild 12.10: Formelzellen werden automatisch markiert

Formelübersicht

Die Anzahl der Formeln in einem Tabellenblatt erhöht sich proportional zur Arbeitszeit, die für die Tabelle aufgewendet wird. Mit der Zeit werden Sie den Überblick verlieren über alle Formelkonstrukte in der Tabelle. Nicht aber, wenn Sie dieses Makro einsetzen, mit dem alle Formeln zusammen mit ihren Adressen und den berechneten Werten in ein Tabellenblatt geschrieben werden.

Listing 12.6: Makro für eine Formelübersicht

```
Sub Formelübersicht()
Dim fzellen As Range, Cell As Range
Dim fblatt As Worksheet
Dim znummer As Integer
' Range-Objekt für alle Formelzellen
On Error Resume Next
Set fzellen = Range("A1").SpecialCells(xlFormulas, 23)
' Wenn keine Formeln zu finden sind
If fzellen Is Nothing Then
 MsgBox "Die Tabelle enthält keine Formeln",
vbInformation
 Exit Sub
End If
' Neues Tabellenblatt, das alte wird vorher gelöscht
On Error Resume Next
Application.DisplayAlerts = False
Sheets("Formeln in " & fzellen.Parent.Name).Delete
On Error GoTo 0
Application.DisplayAlerts = True
Set fblatt = ActiveWorkbook.Worksheets.Add
fblatt.Name = "Formeln in " & fzellen.Parent.Name
' Kopfzeile
With fblatt
Range("A1") = "Adresse"
```

```
Range("B1") = "Formel"
Range("C1") = "Wert"
Range("A1:C1").Font.Bold = True
End With
' Formeln suchen
znummer = 2
For Each Cell In fzellen
 With fblatt
  Cells(znummer, 1) = Cell.Address _
  (rowabsolute:=False, ColumnAbsolute:=False)
  Cells(znummer, 2) = "'" & Cell.FormulaLocal
  Cells(znummer, 3) = Cell.Value
  znummer = znummer + 1
 End With
Next Cell
' Spaltenbreite anpassen
fblatt.Columns("A:C").AutoFit
End Sub
```

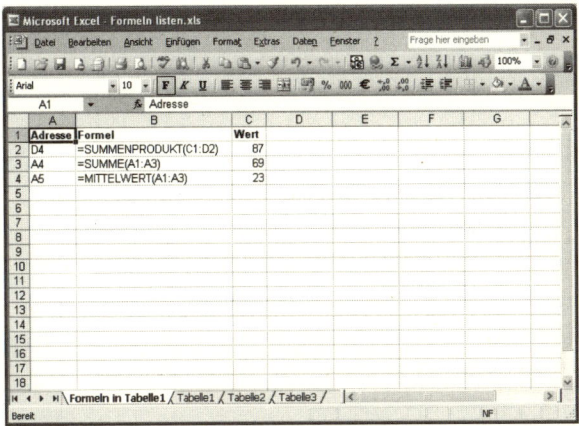

Bild 12.11: Die automatische Formelübersicht in einer neuen Tabelle

Makros für Oberfläche und Arbeitsbereich

Tabellen sortieren

Eigentlich eine leichte Aufgabe, das Sortieren der Tabellenblätter in der aktiven Arbeitsmappe. Aber – so einfach ist es doch nicht, und schon gar nicht ohne Makrounterstützung. Hier ein Beispiel, in dem die Namen der Tabellenblätter in eine Array-Variable eingelesen werden, die anschließend über eine Schleife für die Sortierung sorgt.

Listing 12.7: Makro sortiert alle Tabellennamen alphabetisch aufsteigend

```
Sub Blattsort()
' Variablen dimensionieren
 Dim blätter(), blattzahl, i As Integer, aktname
As String
 blattzahl = Sheets.Count
 ReDim blätter(blattzahl - 1)
' Erste Schleife liest alle Blattnamen ein
 For i = 1 To blattzahl
  blätter(i) = Sheets(i).Name
 Next i
' Neues Tabellenblatt einfügen
 Sheets.Add
 aktname = ActiveSheet.Name
 [a1].Select
' Zweite Schleife schreibt alle Blattnamen in die
Tabelle
 For i = 1 To blattzahl
  ActiveCell.Value = blätter(i)
  Selection.Offset(1, 0).Select
 Next i
```

```
' Bereich auswählen und absteigend sortieren
  Range([a1], Cells(i - 1, 1)).Select
  Selection.Sort Key1:=Range("A1"), _
  Order1:=xlDescending, Header:= _
  xlGuess, OrderCustom:=1, MatchCase:=False, _
  Orientation:= xlTopToBottom
' Dritte Schleife sortiert alle Blattnamen ein
  Dim counter As Variant
  For Each counter In Selection
     Sheets(counter.Value).Move Before:=Sheets(1)
  Next counter
' Eingefügtes Tabellenblatt löschen
  Application.DisplayAlerts = False
  Sheets(aktname).Delete
End Sub
```

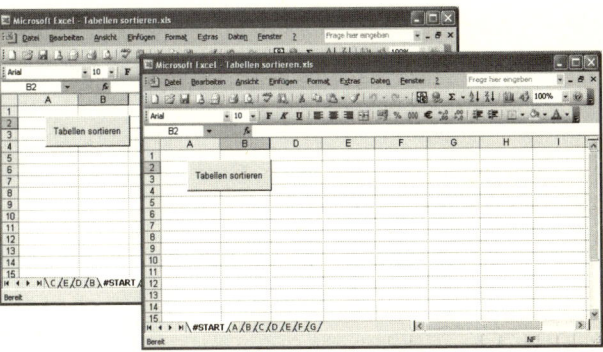

Bild 12.12: Makro sortiert alle Tabellenblätter

Mit zwei ineinander geschachtelten Schleifen lässt sich die Prozedur stark verkürzen. Die innere Schleife prüft die alphabetische Reihenfolge der Blattnamen:

Listing 12.8: Tabellen sortieren mit zwei Schleifen

```
Sub TabSort2()
  Dim Anz, x, y
  Anz = ActiveWorkbook.Worksheets.Count
    For x = 1 To Anz
        For y = x To Anz
            If Worksheets(y).Name < _
Worksheets(x).Name Then
                Worksheets(y).Move _
Before:=Worksheets(x)
            End If
        Next y
    Next x
End Sub
```

AutoMakros – alt und neu

AutoMakros starten, wie der Name schon sagt, automatisch, wenn ein bestimmtes Ereignis ausgelöst wird. Nach dem Umstieg von der Excel 4.0-Makrosprache auf VBA bot die Excel-Version 5.0 zu diesem Zweck Spezial-Makronamen an. Ein Beispiel:

Dieses Makro, in ein beliebiges Modul geschrieben, wird nach dem Start aktiv und schaltet automatisch in das letzte Tabellenblatt:

```
Sub auto_open()
  Sheets(Sheets.Count).Select
End Sub
```

Diese Spezialnamen dürfen in einem beliebigen Modul stehen. Hier eine Liste mit (früheren) AutoMakro-Bezeichnungen:

`auto_open`	Wird nach dem Öffnen der Mappe ausgeführt
`auto_close`	Wird vor dem Schließen der Mappe ausgeführt
`auto_activate`	Wird nach der Aktivierung einer Tabelle ausgeführt
`auto_deactivate`	Wird ausgeführt, wenn ein Tabellenblatt verlassen wird.

Ab der Version Excel 97 ist diese Technik verbessert worden, die Ereignisse können direkt am Objekt programmiert werden. Die alte Technik der AutoMakro-Namen ist zwar weiterhin gültig, bietet aber nicht so viele Möglichkeiten wie die direkte Ereignisprogrammierung:

1. Öffnen Sie eine Arbeitsmappe, und suchen Sie im Projekt-Explorer des Visual Basic Editor das Projekt mit dem Namen der Mappe.

2. Klicken Sie doppelt auf *DieseArbeitsmappe*, um das Codeblatt der Mappe selbst zu öffnen.

3. Wählen Sie im Listenfeld links oben *Workbook*, und öffnen Sie die Liste rechts oben, die jetzt alle Ereignisse anbietet. Das AutoMakro `WorkBook_Open()` wird bereits mit der Auswahl des Objektes angelegt.

4. Ein Klick auf eines der Ereignisse produziert das jeweilige Makro, Sie müssen nur noch die passenden Befehle kodieren.

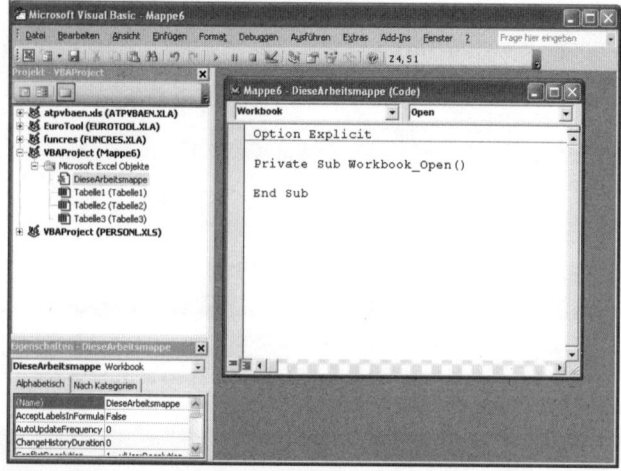

Bild 12.13: Ereignismakros für die Arbeitsmappe

Das Makro für den Sprung zum letzten Tabellenblatt würde dann so aussehen:

```
Sub WorkBook_Open()
 Sheets(Sheets.Count).Select
End Sub
```

Auf diese Art können Sie auch für die einzelnen Tabellenblättern Ereignisse programmieren, z. B. für den Fall, dass der Anwender ...

... das Blatt wechselt	Activate, Deactivate
... den Zellzeiger bewegt	SelectionChange
... den Blattinhalt ändert	Change
.. alles neu berechnet	SheetCalculate

Achten Sie auf das Argument `Target`, das in allen Makros in der Prozedurklammer mitgeliefert wird. Es enthält nichts anderes als die letzte bzw. nächste Zellmarkierung, und damit lassen sich viele schöne Makros zaubern.

»Nachglühen« – Zellen markieren mit kurzer Farbzuweisung

Dieses Makro kennzeichnet beim Wechsel auf einen neuen Zellbereich das Ziel kurz mit einer Farbe (helles Gelb), die dann wieder verschwindet. Dieses »Nachglühen« ist bei lichtschwachen Bildschirmen (Notebooks) und für Projektionen sehr nützlich:

```
Private Sub Worksheet_SelectionChange(ByVal Target
As Range)
   Dim colortime, Start
   colortime = 0.3
   Start = Timer
   Do While Timer < Start + colortime
        Target.Interior.ColorIndex = 36
     Loop
        Target.Interior.ColorIndex = 0
End Sub
```

Ein größeres Namensfeld

Das Namensfeld links oben in der Ecke, in der sich Zeilennummern und Spaltenbuchstaben treffen, spielt eine wichtige Rolle bei der Zuweisung von Bereichsnamen. Diese können direkt in das Feld eingegeben oder nach Klick auf den Pfeil aus dem Feld geholt werden.

Leider ist das Feld ein wenig zu klein geraten, es schneidet größere Bereichsnamen einfach ab und bietet diese auch nicht über die Quick-Info in voller Größe an.

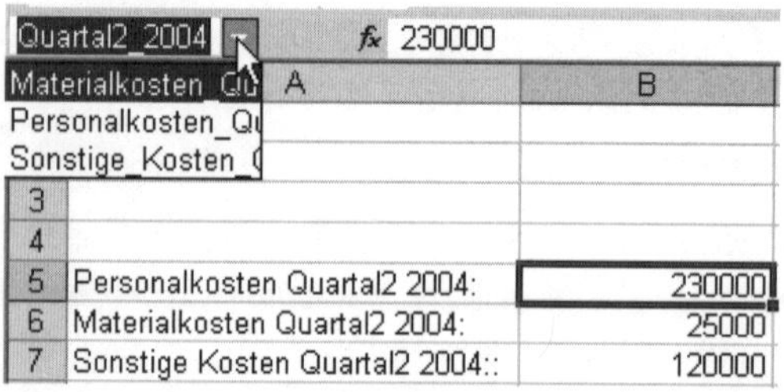

Bild 12.14: Das Namensfeld ist für große Bereichsnamen zu klein

Um das Namensfeld wenigstens nach dem Öffnen per Klick auf das Pfeilsymbol in einer akzeptablen Breite zu präsentieren, schreiben Sie ein Makro, das die benötigten Informationen aus einer Windows-Bibliothek holt. Das ist eine Datei mit der Endung DLL, in der Routinen für Bildschirmelemente bereitstehen.

1. Legen Sie eine neue Arbeitsmappe an, und schalten Sie in den Visual Basic Editor um.

2. Schreiben Sie diese Codeteile in ein neues Modul:

```
Private Const SM_CXSCREEN = 0
Private Const CB_SETDROPPEDWIDTH = &H160
Private Declare Function GetSystemMetrics _
 Lib "user32.dll" ( _
 ByVal nIndex As Long) As Long
Private Declare Function SendMessage _
 Lib "user32" _
 Alias "SendMessageA" ( _
```

```
ByVal hwnd As Long, _
ByVal wMsg As Long, _
ByVal wParam As Long, _
ByVal lParam As Long) As Long
Private Declare Function FindWindowEx _
Lib "user32" _
Alias "FindWindowExA" ( _
ByVal hWnd1 As Long, _
ByVal hWnd2 As Long, _
ByVal lpsz1 As String, _
ByVal lpsz2 As String) As Long
Private Declare Function FindWindow _
Lib "user32" _
Alias "FindWindowA" ( _
ByVal lpClassName As String, _
ByVal lpWindowName As String) As Long
```

3. Jetzt können Sie die Prozedur schreiben, die unter Verwendung dieser Konstanten und Funktionen aus der Bibliothek das Namensfeld neu definiert:

Listing 12.9: Makro setzt das Namensfeld breiter

```
Public Sub NamensfeldBreiter()
Dim hWndExcel As Long, hWndFormBar As Long
Dim hWndNamebox As Long, lngScreenX As Long
Dim lngNewWidth As Long, R As Variant
hWndExcel = FindWindow("XLMAIN", vbNullString)
hWndFormBar = FindWindowEx(hWndExcel, _
 0, "EXCEL;", vbNullString)
hWndNamebox = FindWindowEx(hWndFormBar, _
 0, "ComboBox", vbNullString)
lngScreenX = GetSystemMetrics(SM_CXSCREEN)
lngNewWidth = lngScreenX \ 3
R = SendMessage(hWndNamebox, CB_SETDROPPEDWIDTH, _
```

```
lngNewWidth, 0)
 If R = 0 Then
   MsgBox "Namensfeld konnte nicht _
verbreitert werden", _
   vbExclamation, "Fehler"
 End If
End Sub
```

4. Binden Sie den Aufruf dieses Makros am besten in das
    Open-Ereignis der Mappe ein, öffnen Sie dazu das
    Modul des Objektes *DieseArbeitsmappe*:

```
Private Sub Workbook_Open()
 NamensfeldBreiter
End Sub
```

5. Speichern Sie die Mappe als Add-In (*Datei/Speichern
    unter*) und binden Sie es über den Add-In-Manager in
    die Oberfläche ein. Damit steht das Namensfeld nach
    dem nächsten Start automatisch in neuer Dimension
    zur Verfügung.

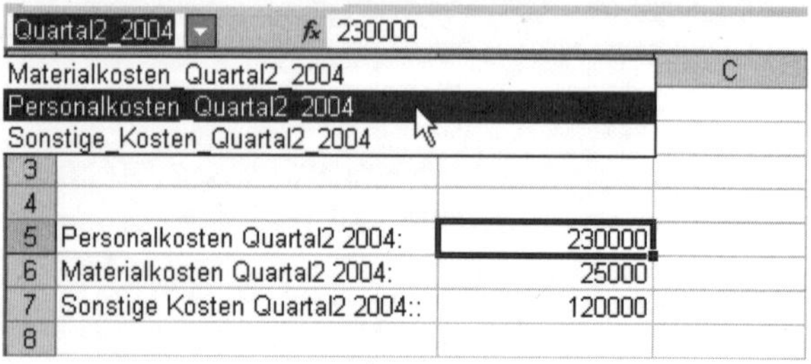

Bild 12.15: Das Namensfeld in neuer Breite

Excel-Fenstertitel umdefinieren

Makros haben nicht nur Macht über Mappen und Tabellen, sie können auch das Excel-Fenster selbst gestalten, Informationen setzen oder auslesen und die Oberfläche umgestalten. Hier ein Makro, das den Titel des Excel-Fensters ändert. Binden Sie den Aufruf in das Open-Ereignismakro der Mappe ein:

```
Sub Workbook_Open()
  Application.Caption = "MyExcel"
End Sub
```

Das Makro für das Close-Ereignis entfernt den selbst definierten Titel wieder:

```
Sub Workbook_BeforeClose()
  Application.Caption = ""
End Sub
```

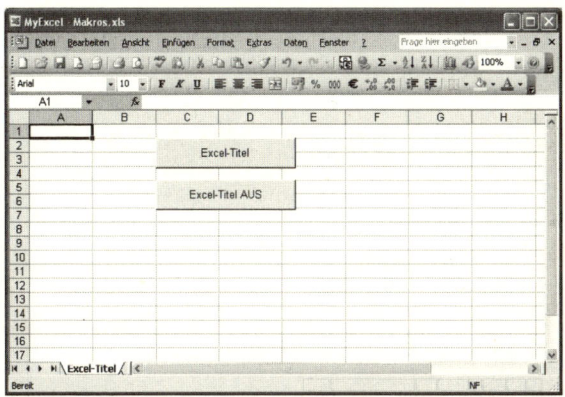

Bild 12.16: Der Excel-Fenstertitel wird neu definiert

Windows-Verzeichnis ermitteln

Der Name des Ordners, in dem Windows installiert ist, lässt sich aus einer externen Bibliothek ermitteln.

```
Private Declare Function GetWindowsDirectory Lib _
"KERNEL32" Alias "GetWindowsDirectoryA" _
(ByVal lpBuffer As String, ByVal nSize As Long) As Long

Public Function WinDir() As String
Dim sDirBuf As String * 255
StrLen = GetWindowsDirectory(sDirBuf, 255)
WinDir = Left$(sDirBuf, StrLen)
End Function
```

Nutzen Sie die Funktion in VBA oder direkt in der Tabelle, der Aufruf ist derselbe:

Excel-Funktion:

```
=WinDir()
```

VBA-Funktion:

```
Sub Show_WinDir
  MsgBox WinDir
End Sub
```

Environment-Variablen ausgeben

Das Environment ist die Betriebssystemumgebung, und in dieser sind zahlreiche Informationen über das Rechnersystem, über zugewiesene Namen, Verzeichnisse und

Profile versteckt. Schreiben Sie ein kleines Makro, das die Variablen ausliest und zusammen mit der Nummer zu einem Textstring zusammenfügt. Dieser wird anschließend ausgegeben.

```
Sub Show_Environ()
  Dim i As Integer, strMText As String
  For i = 1 To 100
    If Environ(i) <> "" Then
      strMText = strMText & i & vbTab & Environ(i) & vbCr
    End If
  Next i
  MsgBox strMText, vbInformation, "Environment INFO"
End Sub
```

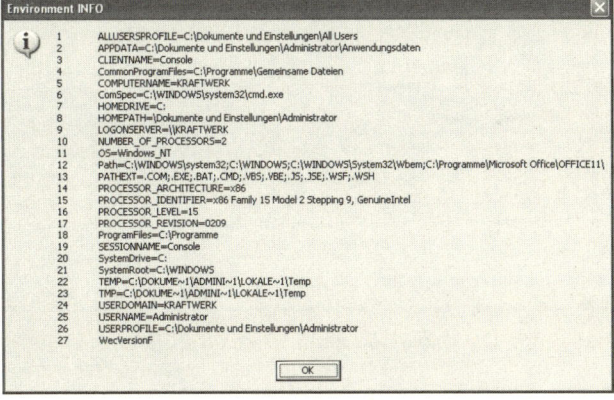

Bild 12.17: Umgebungsvariablen werden ausgegeben

Achten Sie darauf, dass die Meldung u.U. nicht alle Umgebungsvariablen anzeigen kann, wenn deren Anzahl zu groß oder der verfügbare Bildschirmplatz zu klein ist. Schreiben Sie an Stelle oder zusätzlich zur MsgBox-Anweisung noch eine Zeile in die IF-Bedingung, die den Inhalt der jeweiligen Variablen zusätzlich noch in die Spalte B schreibt (die Nummer steht in Spalte A):

```
Cells(i, 1) = i
Cells(i, 2) = Environ(i)
```

Jetzt können Sie die Variablen auch im Tabellenblatt überprüfen und für Ihre Makroaufgaben nutzen.

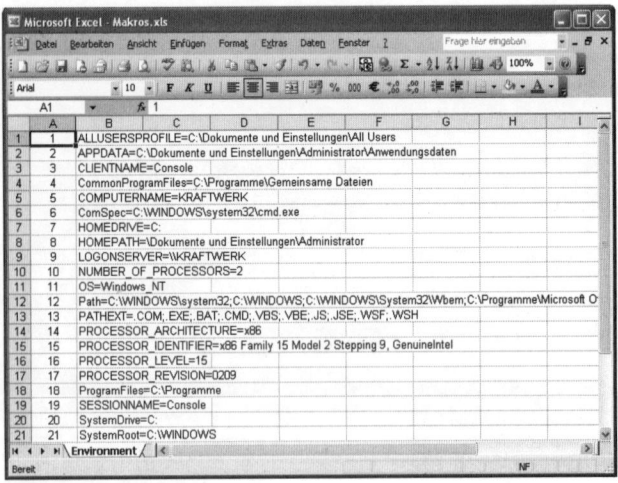

Bild 12.18: Die Umgebungsvariablen im Tabellenblatt

Benutzername und Netzwerkkennung ermitteln

Wenn Sie in ein firmeneigenes Netzwerk oder in das lokale Netzwerk in Ihrem Home-Office eingebunden sind, haben Sie in der Regel einen Benutzernamen, mit dem Sie sich an diesem Netz anmelden. Dieser Name ist oft nicht identisch mit dem Benutzernamen, den Sie in Excel mitführen, da dieser bei der Installation von Office eingetragen wird. Der Benutzername wird automatisch im Feld *Autor* in den Datei-Eigenschaften eingetragen, und das hat zur Folge, dass Ihre Dateien nicht immer deutlich genug gekennzeichnet sind.

Der Netzwerk-Anmeldename erscheint, wenn Sie `Strg` + `Alt` + `Entf` der *Windows-Sicherheit* (ab Excel 2000/ XP) drücken in.

Den Excel-Benutzernamen finden Sie unter *Extras/ Optionen* auf der Registerkarte *Allgemein*. Hier können Sie ihn auch ändern, falls Sie im Netzwerk die Rechte dazu haben.

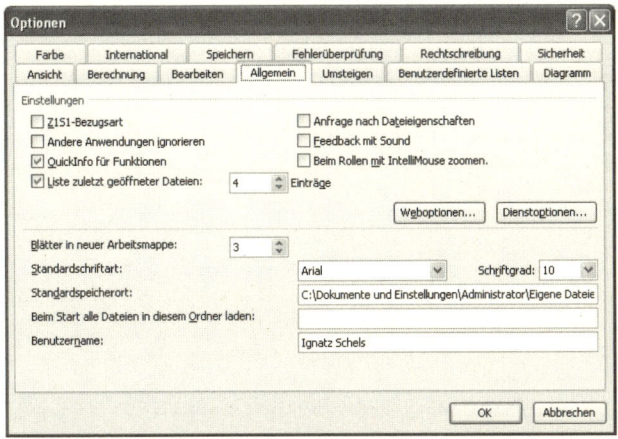

Bild 12.19: Der Benutzername für den Excel-Anwender

Schreiben Sie ein Makro, das diese beiden Namen überprüft und bei Bedarf angleicht. Als Administrator können Sie diese Prozedur automatisch für alle Neuinstallationen durchführen, falls die Netzwerkinstallation nicht automatisch den NetzwerkUser einträgt.

Die Funktion NetzwerkUser ermittelt den Namen, unter dem Sie im Netzwerk angemeldet sind:

Listing 12.10: Makro ermittelt den Anmeldenamen im Netzwerk

```
Private Declare Function GetUserName Lib
"advapi32.dll" Alias _
   "GetUserNameA" (ByVal lpBuffer As String, nSize
As Long) As Long
Private Function NetzwerkUser()
   Dim strS As String, lngCnt As Long
   Dim lngRet As Long, intPos As Integer

   lngCnt = 199
   strS = String$(200, 0)
   lngRet = GetUserName(strS, lngCnt)
   If lngRet <> 0 Then
      NetzwerkUser = Trim(Left$(strS, lngCnt))
      intPos = InStr(NetzwerkUser, Chr$(0))
      If intPos > 0 Then
         NetzwerkUser = Left$(NetzwerkUser, intPos
- 1)
      Else
         NetzwerkUser = NetzwerkUser
      End If
   Else
      NetzwerkUser = ""
   End If
End Function
```

Jetzt können Sie eine Prozedur schreiben, die beide Namen, den Netzwerk-Anmeldenamen und den Excel-Benutzernamen, gegenüberstellt und dem Anwender die Möglichkeit bietet, diese zu synchronisieren. Wenn beide Namen identisch sind, wird nur die Information gezeigt:

Listing 12.11: Makro vergleicht Anmeldename und Benutzername

```
Sub Show_NetzwerkUser()
  Dim strPrompt, msgBack, strNUser
  strNUser = NetzwerkUser
  strPrompt = "Ihr Anmeldename im Netzwerk: " &
strNUser _
  & vbCr & "Ihr Excel-Benutzername: " _
  & Application.UserName
  If Application.UserName <> NetzwerkUser Then
  msgBack = MsgBox(strPrompt & vbCr _
  & "Wollen Sie den Anmeldenamen übernehmen?", _
  vbInformation + vbYesNo, "Namen überprüfen")
  If msgBack = vbYes Then
    Application.UserName = strNUser
  End If
 Else
  MsgBox strPrompt, vbInformation, _
"Namen überprüfen"
 End If
End Sub
```

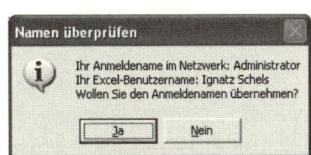

Bild 12.20: Diese Meldung erscheint, wenn die beiden Namen nicht übereinstimmen

654   **Die besten Makrotricks**

CD-ROM-Laufwerk öffnen und schließen

Die Windows-Bibliothek WINMM.DLL ist für Multi-
media-Funktionen zuständig und liefert u.a. Routinen
für MM-Geräte. Öffnen Sie beispielsweise per Makro das
CD-ROM-Laufwerk oder schließen Sie dieses wieder.
Die Funktion steht am Anfang eines Moduls:

```
Private Declare Function mciExecute _
  Lib "winmm.dll" (ByVal lpstrCommand As String) _
  As Long
```

Die Startmakros starten die Funktion mciExecute und
übermitteln ihr das passende Argument zum Öffnen
bzw. Schließen des Laufwerks:

*Listing 12.12: Makros zum Öffnen und Schließen des CD-
ROM-Laufwerks*

```
Public Sub CDROM_Auf()
  Call mciExecute("Set CDaudio door open")
End Sub

Public Sub CDROM_Zu()
  Call mciExecute("Set CDaudio door closed")
End Sub
```

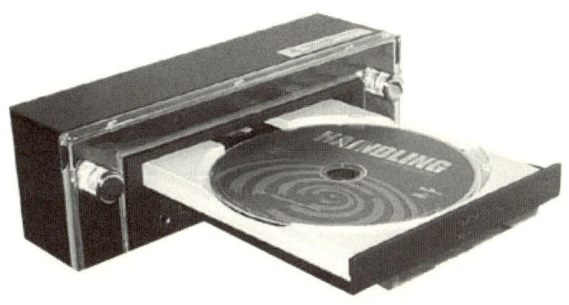

Bild 12.21: Das Makro steuert das CD-ROM-Laufwerk

MP3-Datei wiedergeben

Kann Excel auch MP3-Musikdateien abspielen? Natürlich, und sogar sehr zuverlässig. Die Multimedia-Bibliothek WINMM.DLL ist wieder zuständig, sie liefert die passende Funktion. Schreiben Sie diese an den Anfang eines Moduls:

```
Private Declare Function mciSendString _
  Lib "winmm.dll" Alias "mciSendStringA" _
  (ByVal lpstrCommand As String, ByVal _
  lpstrReturnString As String, _
  ByVal uReturnLength As Long, _
  ByVal hwndCallback As Long) As Long
```

Eine Variable auf Modulebene wird für den Status der Wiedergabe eingerichtet:

```
Private isPlaying As Boolean
```

Schreiben Sie das Makro, das die angegebene Datei mithilfe der Multimedia-Routine wiedergibt:

Listing 12.13: Makro spielt eine MP3-Datei ab

```
Public Sub Play_MP3()
  Dim strMP3 As String, strFile
  strFile = "C:\Superperforator.mp3"
  strMP3 = Chr$(34) & strFile & Chr$(34)
  If isPlaying = True Then
   Call mciSendString("Stop MM", 0&, 0&, 0&)
   Call mciSendString("Close MM", 0&, 0&, 0&)
   Call mciSendString("Open " & strMP3 _
   & " Alias MM", 0&, 0&, 0&)
   Call mciSendString("Play MM", 0&, 0&, 0&)
  Else
   Call mciSendString("Open " & strMP3 _
   & " Alias MM", 0&, 0&, 0&)
   Call mciSendString("Play MM", 0&, 0&, 0&)
   isPlaying = True
  End If
End Sub
```

Mit dieser Routine können Sie die laufende Wiedergabe stoppen:

Listing 12.14: Makro stoppt MP3-Wiedergabe

```
Public Sub Stop_MP3()
    If isPlaying = False Then Exit Sub
  Call mciSendString("Stop MM", 0&, 0&, 0&)
  Call mciSendString("Close MM", 0&, 0&, 0&)
End Sub
```

Wenn Sie Ihre MP3-Dateien von einer CD auf die Fest-
platte überspielt und dazu die Medienbibliothek des
Windows Media Player benutzt haben, können Sie das
Makro natürlich auch zum Abspielen dieser Dateien
benutzen. Die Musikdateien der Medienbibliotheken finden Sie im Ordner *Eigene Dateien/Eigene Musik*, bei
»echten« CDs wird sogar das Cover-Bild aus dem Internet geladen und als JPEG-Bild gespeichert.

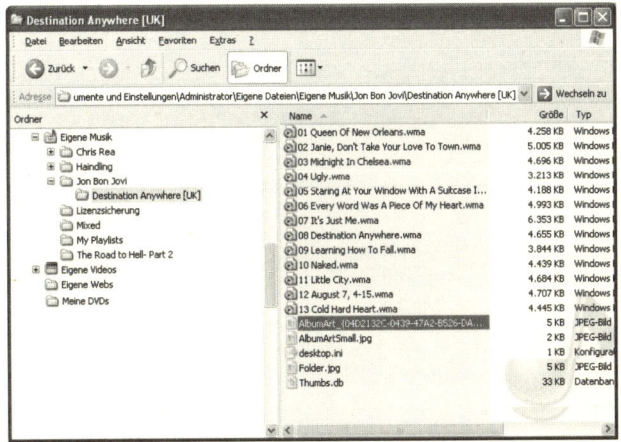

Bild 12.22: Eine Medienbibliothek des Windows Media Player

Schreiben Sie die Prozedur als Funktion, und geben Sie
den Namen der abzuspielenden Datei in Klammern an,
können Sie mehrere Dateien hintereinander abspielen.

```
Public Function Play_MP3(strFile)
   Dim strMP3 As String
   strMP3 = Chr$(34) & strFile & Chr$(34)
```

Jetzt können Sie auch das Cover-Bild aus dem Ordner kopieren und als Makro-Aufrufschaltfläche benutzen:

1. Wählen Sie *Einfügen/Grafik/Aus Datei.*

2. Suchen Sie die JPEG-Datei im Bibliotheksordner, und kopieren Sie sie mit *OK* in die Tabelle.

3. Markieren Sie das Objekt mit der rechten Maustaste, und wählen Sie aus dem Kontext-Menü *Makro zuweisen.*

4. Geben Sie das Abspielmakro an, und bestätigen Sie mit *OK.*

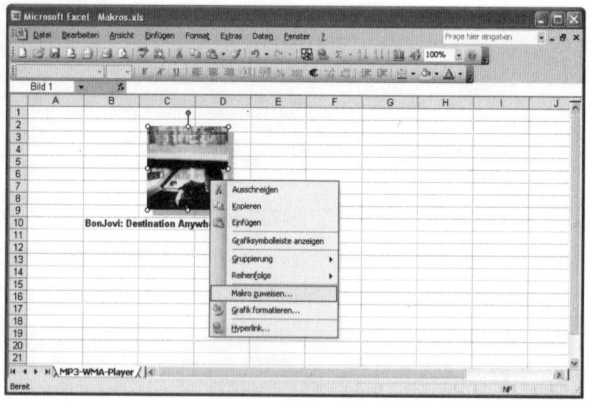

Bild 12.23: Makroaufruf einmal anders

Makrotricks mit Dateien und Ordnern

Dateiname aus Pfad berechnen

Um einen Dateinamen weiterverarbeiten zu können, muss dieser oft aus einer Pfadangabe herausgerechnet werden. Der Pfad der aktiven Mappe wird über die Eigenschaft Fullname ermittelt.

Listing 12.15: Dateiname aus Pfad berechnen

```
Sub DateiAusPfad()
 Dim Pfadname As String, dateiname As String, Pfad
As String
 Dim länge As Integer, n As Integer, position As
Integer
 Pfadname = ActiveWorkbook.FullName
 If Left(Pfadname, 5) = "Mappe" Then
  MsgBox "Die Datei wurde noch nicht gespeichert!"
  Exit Sub
 End If
 länge = Len(Pfadname)
 Do
  n = InStr(n + 1, Pfadname, "\")
  If n = 0 Then Exit Do
   position = n
  Loop
 Pfad = Left(Pfadname, position - 1)
 dateiname = Right(Pfadname, länge - position)
 MsgBox Pfad, vbInformation, "Pfad"
 MsgBox dateiname, vbInformation, "Dateiname"
End Sub
```

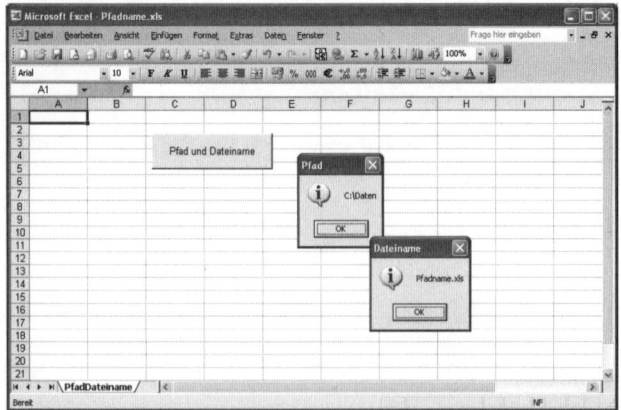

*Bild 12.24: Pfad und Dateiname werden in gesonderten Mel-
dungen ausgegeben*

Dateien und Ordner im aktuellen Verzeichnis listen

Das Makro DateienUndOrdner produziert eine Liste mit
allen Ordnern und Dateien des aktiven Pfades in einer
neuen Tabelle. In diesem Makro werden die Variablen auf
Modulebene deklariert, damit sie beim Verlassen der
Unterprogramme weiter zur Verfügung stehen. Option
Base 1 setzt den Index für die Datenfelder auf 1.

*Listing 12.16: Makro erzeugt eine Ordner- und Dateiliste aus
dem aktuellen Pfad*

```
Option Explicit
Option Base 1
Dim folders() As String, files() As String
Dim filecount As Integer, foldercount As Integer
Dim mypath
```

```
Sub DateienUndOrdner()
 Dim fcount As Integer
 ' Ordnerliste
 Getfolders
 ' Dateiliste
 GetFiles
 ' Neue Tabelle
 Sheets.Add
 [a1] = "Ordner"
 [b1] = "Dateien"
 ' Ordnerliste
 If foldercount > 0 Then
   For fcount = LBound(folders) To UBound(folders)
    [a1].Offset(fcount, 0) = folders(fcount)
   Next fcount
 End If
 ' Dateiliste schreiben
 If filecount > 0 Then
  For fcount = LBound(files) To UBound(files)
    [b1].Offset(fcount, 0) = files(fcount)
  Next fcount
  Columns("A:B").EntireColumn.AutoFit
 End If
End Sub
```

Listing 12.17: Unterprogramm, zählt alle Dateien im aktuellen Ordner

```
Sub GetFiles()
 Dim myfile
 filecount = 0
 myfile = Dir("")
 Do
  filecount = filecount + 1
  ReDim Preserve files(filecount)
```

```
   files(filecount) = myfile
   myfile = Dir()
 Loop Until myfile = ""
End Sub
```

Listing 12.18: Unterprogramm, zählt alle Unterordner im aktuellen Ordner

```
Sub Getfolders()
  Dim mydir
  mypath = CurDir() & "\"
  foldercount = 0
  mydir = Dir("", vbDirectory)
  Do
    If mydir = "." Or mydir = ".." Then GoTo
continue
    If GetAttr(mypath & mydir) = vbDirectory Then
      foldercount = foldercount + 1
      ReDim Preserve folders(foldercount)
      folders(foldercount) = mydir
    End If
continue:
    mydir = Dir()
    Loop Until mydir = ""
End Sub
```

Ordnerauswahl – aber richtig

Wenn Sie in Ihrem Makro einen Laufwerk- oder Ordner-wechsel brauchen, sollten Sie den Benutzer nicht unbe-dingt mit einer Inputbox beglücken, in die er den Pfad einzutragen hat. Hier gibt es eine Funktion in einer Win-dows-Bibliothek, die alle Laufwerke und Ordner in einer schönen Dialogbox bereitstellt.

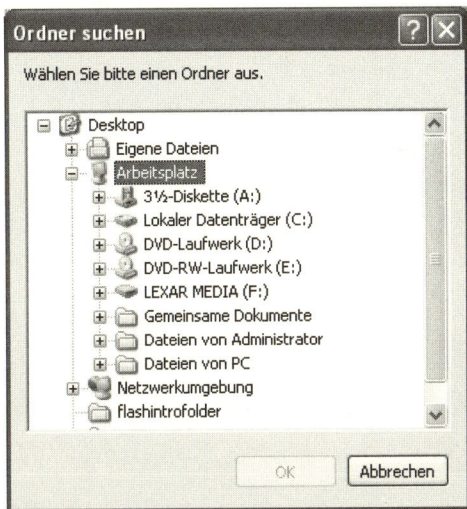

Bild 12.25: Auswahl mit Ordnern und Laufwerken

Schreiben Sie diesen Code in ein neues Modulblatt Ihres Makroprojektes. Zuerst werden ein Typ und zwei Funktionen aus der Bibliothek SHELL32.DLL deklariert, diese Anweisungen müssen am oberen Modulrand stehen:

```
Public Type BROWSEINFO
  hOwner As Long
  pidlRoot As Long
  pszDisplayName As String
  lpszTitle As String
  ulFlags As Long
  lpfn As Long
  lParam As Long
  iImage As Long
End Type
```

```
Declare Function SHGetPathFromIDList Lib "shell32.dll" _
    Alias "SHGetPathFromIDListA" _
    (ByVal pidl As Long, ByVal pszPath As String) As
Long
Declare Function SHBrowseForFolder Lib "shell32.dll" _
   Alias "SHBrowseForFolderA" _
   (lpBrowseInfo As BROWSEINFO) As Long
```

Schreiben Sie eine Funktion, die mithilfe der Bibliotheks-
funktionen ein Dialogfeld mit allen Laufwerken und
Ordnern der aktuellen Windows-Betriebssystemumge-
bung produziert:

Listing 12.19: Funktion zur Anzeige aller Laufwerke und Ord-
ner

```
Function OrdnerAuswahl() As String
  Dim bInfo As BROWSEINFO
  Dim strPath As String
  Dim r As Long, X As Long, pos As Integer
  ' Der Ausgangsordner ist der Desktop
  bInfo.pidlRoot = 0&
  ' Dialogtitel
    bInfo.lpszTitle = "Wählen Sie bitte einen
Ordner aus."
   ' Rückgabe des Unterverzeichnisses
  bInfo.ulFlags = &H1
  ' Dialog anzeigen
  X = SHBrowseForFolder(bInfo)
  ' Ergebnis gliedern
  strPath = Space$(512)
  ' Ausgewähltes Verzeichnis einlesen
  r = SHGetPathFromIDList(ByVal X, ByVal strPath)
  If r Then
    pos = InStr(strPath, Chr$(0))
```

```
      OrdnerAuswahl = Left(strPath, pos - 1)
   Else
      OrdnerAuswahl = ""
   End If
End Function
```

Den Parameter bInfo.pidlRoot = 0& können Sie variieren, um einen anderen Ausgangsordner zu bestimmen. Mit dieser Anweisung präsentiert der Ordnerdialog den Inhalt von *Eigene Dateien*:

```
bInfo.pidlRoot = 5&
```

Starten Sie die Ordnerauswahl über eine Prozedur, die nach dem Aufruf der Funktion den Rückgabewert überprüft und, falls dieser eine Ordnerauswahl enthält, alle Objekte aus dem Desktop anbietet:

```
Sub Show_Ordner()
   Dim neuOrdner
   neuOrdner = OrdnerAuswahl
   If neuOrdner = "" Then
     Exit Sub
   Else
     ChDir neuOrdner
   End If
End Sub
```

666   Die besten Makrotricks

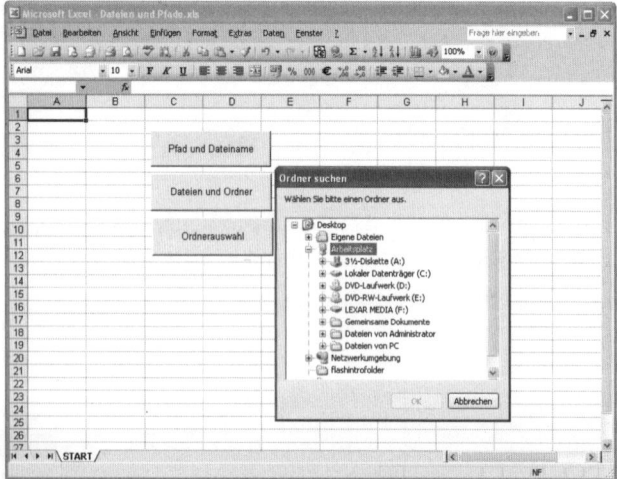

Bild 12.26: Die Ordnerauswahl bietet alle Objekte aus dem Desktop an

Zugriffe auf das VBA-Projekt programmieren

Visual Basic bietet über ein Spezial-Objekt sogar die Möglichkeit, per Makro auf Makros oder andere Objekte der VBE (Visual Basic-Entwicklungsumgebung) zuzugreifen. Die Eigenschaft VBProject gibt ein Objekt zurück, das dem Visual Basic-Projekt der Mappe entspricht. Hier ein Beispiel: Das Makro gibt den Namen des Projektes aus:

```
Sub Show_Projektname()
  MsgBox ThisWorkbook.VBProject.Name, vbInformation
End Sub
```

Da dieser direkte Eingriff in das Projekt von außen aber ebenso riskant wie gefährlich sein kann, hat Microsoft ab der Version Excel 2000 eine zusätzliche Sicherheit eingebaut: Der Aufruf des obigen Makros führt ab Excel 2000 zu einer Fehlermeldung, wenn die zusätzliche Sicherheitsoption nicht deaktiviert wurde:

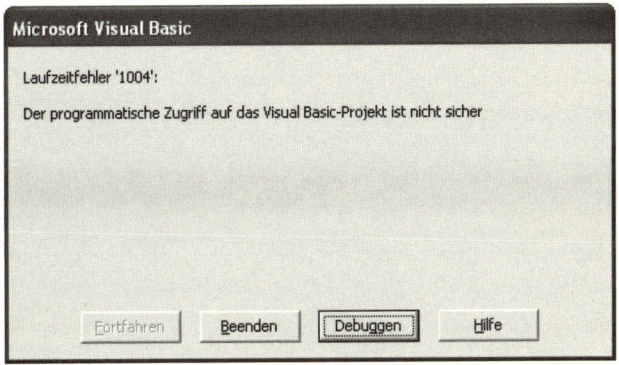

Bild 12.27: Fehlermeldung – kein Zugriff auf das Projekt

Um VBE-Makros trotzdem aktivieren zu können, müssen Sie eine Option im Makro-Sicherheitsbereich des Excel-Fensters einschalten:

1. Wählen Sie *Extras/Makro/Sicherheit*.

2. Schalten Sie auf die zweite Registerkarte *Vertrauenswürdige Herausgeber* um.

3. Aktivieren Sie die Option *Zugriff auf Visual Basic-Projekte vertrauen*.

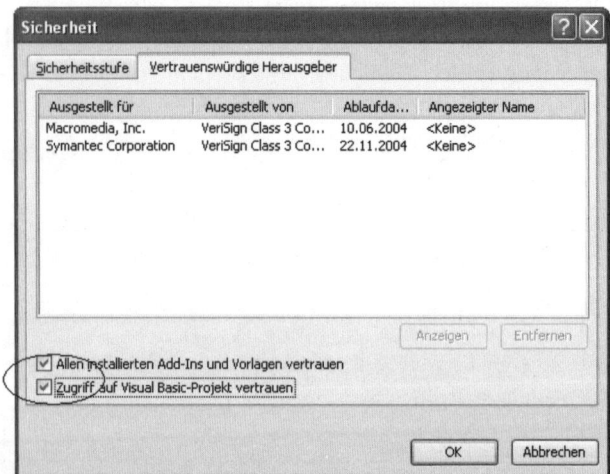

Bild 12.28: Zugriff auf Visual Basic-Projekte genehmigen

Diese Option lässt sich wie alle anderen Makrosicher-
heits-Optionen natürlich nicht per Makro setzen, überprüfen oder ausschalten. Sie können Ihre VBE-Makros
nur mit On Error-Anweisungen abfangen:

Listing 12.20: VBE-Makro mit Fehlersicherung

```
Sub Show_Projektname()
  On Error GoTo fehler
  MsgBox ThisWorkbook.VBProject.Name, vbInformation
  On Error GoTo 0
  Exit Sub
fehler:
MsgBox Err.Description
End Sub
```

Alle Makros aus einem Projekt löschen

Wenn Sie nach dem Start einer Arbeitsmappe die Sicher-
heitsmeldung erhalten und aufgefordert werden, die
Makros zu aktivieren, enthält die Mappe Prozeduren,
Funktionen und/oder UserForms. Mit einem Hilfsmakro
entfernen Sie alle Makroobjekte aus einer geöffneten
Mappe, vorausgesetzt, Sie haben über die zuvor beschrie-
bene Option den Zugriff auf das VBA-Projekt genehmigt:

Listing 12.21: Makro löscht alle Makros aus der Arbeitsmappe

```
Sub Delete_VB(Dateiname)
Dim wb As Workbook, x, a, t, n
Set wb = Workbooks(Dateiname)
For x = wb.VBProject.VBComponents _
.Count To 1 Step -1
n = wb.VBProject.VBComponents(x).Name
a = wb.VBProject.VBComponents(x) _
.CodeModule.CountOfLines
If a > 0 Then
wb.VBProject.VBComponents(x) _
.CodeModule.DeleteLines 1, a
End If
t = wb.VBProject.VBComponents(x).Type
If t < 4 Then _
wb.VBProject.VBComponents.Remove _
wb.VBProject.VBComponents(x)
Next x
End Sub
```

Da das Makro ein Argument enthält, kann es nur als
Unterprogramm aktiviert werden. Schreiben Sie den
Aufruf der Subroutine, und übergeben Sie den Namen
einer aktiven Arbeitsmappe als Argument:

670   Die besten Makrotricks

Listing 12.22: Makro startet das Unterprogramm zum Löschen aller Makros

```
Sub LöscheMakrosAusMappe()
  Dim strMappe As String
  strMappe = InputBox("Welche Mappe?")
  If strMappe = "" Then Exit Sub
  Delete_VB (strMappe)
End Sub
```

Hinweis

Das Makro löscht alle UserForms, alle Module und alle Makros aus den anderen Objekten (Arbeitsmappe, Tabellen), also auch die Auto-Makros für die Mappe.

Kopf- und Fußzeilen programmieren

Tabelle mit Pfad ausstatten

Excel stellt erst mit der Version 2002 einen Kopf/Fußzeilencode für den kompletten Pfad der Datei zur Verfügung. Wenn Sie diesen Eintrag per Makro steuern wollen, schreiben Sie diesen Code (hier für den linken Fußzeilenbereich):

Listing 12.23: Makro für Pfad in Fußzeile

```
Sub TabelleMitPfadAusstatten()
With ActiveSheet.PageSetup
 .LeftFooter = ActiveWorkbook.FullName
End With
End Sub
```

Das Makro können Sie direkt starten oder von einem Ereignismakro der Mappe oder der Tabelle starten lassen. Binden Sie den Aufruf beispielsweise in das Drucken-Ereignis ein, wird der Pfad immer aktuell eingetragen, bevor die Tabelle gedruckt wird:

1. Klicken Sie doppelt auf das Tabellen- oder Arbeitsmappenobjekt im Projekt-Explorer.

2. Wählen Sie im Codeblatt links oben WorkBook oder Work Sheet.

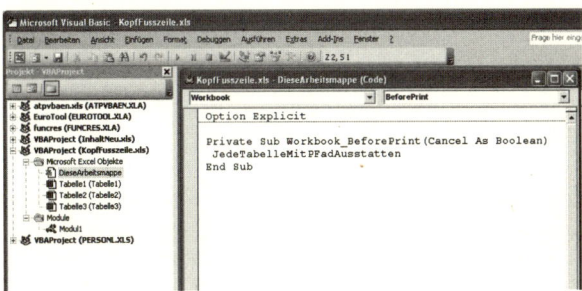

Bild 12.29: Makro startet vor dem Ausdruck

3. Mit diesem Makro bestücken Sie alle Tabellen der aktuellen Arbeitsmappe mit Pfadangaben:

Listing 12.24: Makro für Pfad in allen Tabellen

```
Sub JedeTabelleMitPFadAusstatten()
Dim Tabelle As Worksheet
For Each Tabelle In ActiveWorkbook.Worksheets
 Tabelle.PageSetup.LeftFooter = _
ActiveWorkbook.FullName
Next Tabelle
End Sub
```

Makrotricks mit Datum und Zeit

Ein Statusdatum

Die Funktion =HEUTE() liefert mit jeder Neuberechnung
das aktuelle Datum aus der Systemzeit von Windows.
Excel bietet leider im Unterschied zu Word keine Funktion für das Statusdatum der Mappe, d.h. das Datum, zu
dem die Mappe angelegt und zuletzt bearbeitet wurde.
Dieses alte Problem lösen Sie am einfachsten mit einem
Ereignismakro. Schreiben Sie es in das Codeblatt der
Mappe, verwenden Sie das Ereignis WorkBook_Close, hier
für ein Statusdatum in der Zelle E1. Der Name des Bear-
beiters wird in die Zelle darunter geschrieben, er stammt
aus der Registerkarte *Allgemein* unter *Extras/Optionen*:

*Listing 12.25: Makro setzt beim Schließen der Mappe ein
Statusdatum*

```
Sub WorkBook_Close()
  Call Statusdatum
  ActiveWorkbook.Save
End Sub
```

```
Sub Statusdatum()
  Range("E1") = "Letzte Änderung: " _
  & Format(Now, "dddd, dd.MM.YY hh:mm") & " Uhr"
  Range("E2") = "bearbeitet von: " &
Application.UserName
End Sub
```

Systemdatum programmieren

Das Systemdatum steht dem Excel-Anwender sowohl als Funktion als auch in der Programmiersprache VBA zur Verfügung, kann aber in beiden Fällen nur ausgelesen werden:

Funktionen:	=HEUTE() =JETZT()
VBA:	Date Time

Wenn Sie das Systemdatum per VBA kontrollieren und bei Bedarf auch neu definieren wollen, erstellen Sie eine Prozedur, die auf API-Funktionen zurückgreift.

Hinweis

API ist die Abkürzung für »Application Programming Interface«, der Begriff bezeichnet eine Auswahl von Funktionen, die in externen Dateien (Windows-Systemdateien) mit der Endung DLL gespeichert sind. Es gibt mehrere API-Sammlungen, die Windows-API wird benutzt, um Elemente des Betriebssystems Windows direkt anzusteuern.

Die DLL-Funktion GetLocalTime liefert das aktuelle
Datum und die Uhrzeit aus der Systemzeit, SetLocal Time
bietet die Möglichkeit, Datum und Zeit neu zu definieren. Legen Sie ein Klassenmodul an, in dem Sie für jedes
einzelne Argument der Funktion eine Eigenschaft definieren. Damit schaffen Sie die Möglichkeit, aus allen
Bereichen Ihrer Anwendung (Prozeduren, Funktionen,
UserForms) auf die Systemzeitparameter zuzugreifen.

1. Aktivieren Sie den Visual Basic-Editor, und fügen Sie
   mit *Einfügen/Klassenmodul* ein neues Klassenmodul
   in Ihr Projekt ein. Nennen Sie dieses Modul clsZeit.

2. Schreiben Sie die beiden Funktionen im Deklarations-
   teil, und deklarieren Sie auch den von den Funktionen
   benötigten Typ, der alle Teilinformationen fixiert:

```
Private Declare Sub GetLocalTime _
Lib "kernel32" (lpSystem As SYSTEMTIME)
Private Declare Function SetLocalTime _
Lib "kernel32" _
(lpSystem As SYSTEMTIME) As Long

Private Type SYSTEMTIME
  wYear As Integer
  wMonth As Integer
  wDayOfWeek As Integer
  wDay As Integer
  wHour As Integer
  wMinute As Integer
  wSecond As Integer
  wMilliseconds As Integer
End Type
```

3. Für das Argument SYSTEMTIME legen Sie eine private Variable fest:

```
Private sysLocalTime As SYSTEMTIME
```

4. Jetzt können Sie die erste Property-Funktion schreiben. Sie ruft die Funktion GetLocalTime auf und holt sich die Information aus dem Typ-Argument.

```
Public Property Get Stunde() As Integer
 GetLocalTime sysLocalTime
 Stunde = sysLocalTime.wHour
End Property
```

5. Schreiben Sie nach diesem Muster für jede Eigenschaft eine eigene Property-Funktion.

```
Public Property Get Minute() ...
Public Property Get Jahr() ...
```

Sie können die neue Klasse beispielsweise in einer User-Form verwenden und die einzelnen Systemzeit-Informationen mit Steuerelementen verknüpfen. Erzeugen Sie einfach ein Objekt für die neue Klasse und verwenden Sie die Eigenschaften dieses Objektes:

```
Dim Zeit As New clsZeit
Sub ZeitTest()
  MsgBox Zeit.Stunde
End Sub
```

Über die Funktion SetLocalTime können Sie jeden Parameter der Systemzeit und des Systemdatums ändern, vorausgesetzt, die Eigenschaften der Klasse clsZeit sind
wieder einzeln definiert. Hier die Property-Funktion, die
eine Änderung des Arguments Stunde ermöglicht:

```
Public Property Let Stunde(intStunde As Integer)
    GetLocalTime sysLocalTime
    sysLocalTime.wHour = intStunde
    SetLocalTime sysLocalTime
End Property
```

Kalenderwoche berechnen

Die Funktion =KALENDERWOCHE() aus dem Add-In *Analyse-
funktionen* ist falsch, sie rechnet nicht entsprechend der
deutschen DIN-Norm 1355:

Der 1. Januar eines Jahres gehört dann zur ersten Kalenderwoche, wenn dieser Tag auf einen Montag, Dienstag,
Mittwoch oder Donnerstag fällt. Falls der 1. Januar ein
Freitag, Samstag oder Sonntag ist, zählt er, ggf. auch der
2. und 3. Januar, noch zur letzten Kalenderwoche des
vorherigen Jahres. Außerdem können der 29., 30. und
31.12. eines Jahres schon zur Kalenderwoche 1 des neuen
Jahres gehören. Das ist genau dann der Fall, wenn der
31.12. auf einen Montag, Dienstag oder Mittwoch fällt.

In Kapitel 6 finden Sie eine Funktion zur Berechnung der
Kalenderwoche, hier das passende Makro dazu, das Sie an
Stelle der Funktion nutzen, wenn weitere Aktionen nötig
sind (z.B. Formatierungen oder Zellzeigerpositionie-
rung).

Listing 12.26: Funktion zur Berechnung der Kalenderwoche nach DIN-Norm

```
Function DINKalW(dat As Date) As Integer
Dim KW As Integer
KW = Int((dat - DateSerial(Year(dat), 1, 1) + _
((Weekday(DateSerial(Year(dat), 1, 1)) + 1) _
Mod 7) - 3) / 7) + 1
If KW = 0 Then
 KW = DINKw(DateSerial(Year(dat) - 1, 12, 31))
ElseIf KW = 53 And (Weekday(DateSerial(Year(dat),
12, 31)) - 1) Mod 7 <= 3 Then
 KW = 1
End If
DINKalWw = KW
End Function
```

Für den Aufruf schreiben Sie eine Prozedur, die das Datum anfordert und das Funktionsergebnis in einer Meldung ausgibt:

Listing 12.27: Makro berechnet die Kalenderwoche eines Datums

```
Public Sub Show_KW()
 Dim strKW As String
 strKW = InputBox("Bitte Datum eingeben:")
 If strKW = "" Then Exit Sub
 MsgBox "Datum: " & vbTab & strKW _
        & vbCr _
        & "KW: " & vbTab & DINKalW((strKW))
End Sub
```

Den ersten Tag einer Kalenderwoche ermitteln

Die Kalenderwoche lässt sich berechnen, aber was ist mit
dem Datum des ersten Tages? Wenn die Kalenderwoche
und das Jahr bekannt sind, können Sie dieses Datum
berechnen. Schreiben Sie diese Funktion, die zwei Argumente erwartet:

*Listing 12.28: Funktion berechnet den ersten Tag einer Kalen-
derwoche*

```
Function TaginKW(intjahr As Integer, _
intKW As Integer)
 Dim intTag As Integer, intWoche As Integer
 If intjahr = 0 Then
  TaginKW = 0
  Exit Function
 End If
 intTag = 1
 intWoche = DINKalW(DateSerial(intjahr, 1, 1))
 If intWoche <> 1 Then
 Do Until _
 DINKalW(DateSerial(intjahr, 1, intTag)) = 1
  intTag = intTag + 1
Loop
 Else
Do Until _
DINKalW(DateSerial(intjahr, 1, intTag)) <> 1
 intTag = intTag - 1
Loop
intTag = intTag + 1
 End If
 TaginKW = DateSerial(intjahr, 1, intTag) _
+ (intKW - 1) * 7
End Function
```

Für den Aufruf schreiben Sie eine Funktion, die Jahr und Kalenderwoche aus der Tabelle übernimmt oder wie in diesem Beispiel über eine InputBox anfordert:

Listing 12.29: Makro ruft Funktion zur Berechnung des ersten Tages einer Kalenderwoche auf

```
Sub Show_TaginKW()
 Dim strJahr, strKW
 strJahr = InputBox("Welches Jahr?")
 If strJahr = "" Then Exit Sub
 strKW = InputBox("Welche KW?")
 If strKW = "" Then Exit Sub
 MsgBox "Datum des ersten Tages:" _
        & vbCr & TaginKW((strJahr), (strKW))
End Sub
```

Schaltjahr berechnen

Das Jahr ist ein Schaltjahr, wenn es durch 4, aber nicht durch 100 teilbar ist. Auch Jahre, die durch 400 teilbar sind, sind Schaltjahre. Diese Funktion ermittelt zuverlässig, ob es sich bei dem übermittelten Jahr um ein Schaltjahr handelt:

Listing 12.30: Funktion zur Schaltjahr-Berechnung

```
Function Schaltjahr(Jahreszahl)
If (Jahreszahl Mod 4) = 0 _
And (Jahreszahl Mod 100) <> 0 _
Or ((Jahreszahl Mod 400) = 0) Then
  Schaltjahr = "Ja"
Else
  Schaltjahr = "Nein"
```

```
End If
End Function
```

Dieses Makro überprüft die Schaltjahre der nächsten
50 Jahre ab dem aktuellen Jahr und gibt die Information
in einer Meldung aus:

```
Sub Show_Schaltjahre()
  Dim aktJahr, i As Integer, strMText As String
  aktJahr = Year(Date)
  For i = aktJahr To aktJahr + 50
    If Schaltjahr(i) = "Ja" Then
      strMText = strMText & i & vbCr
    End If
  Next i
  MsgBox strMText, vbInformation, _
    "Schaltjahre der nächsten 50 Jahre"
End Sub
```

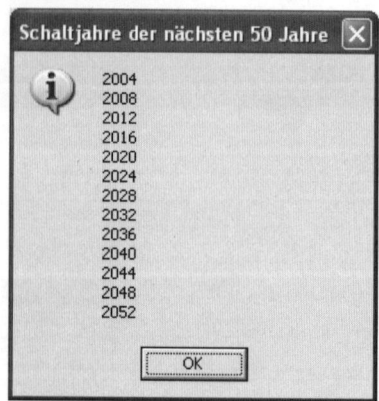

Bild 12.30: Die nächsten Schaltjahre

Makros für Diagramme

Ein Diagramm aus den markierten Daten

Eine der häufigsten Problemstellungen für den Makroprogrammierer ist die Übernahme der markierten Daten
in ein Diagramm, händisch einfach mit der Funktionstaste F11. Zeichnen Sie diese Aktion aber mit dem
Makrorecorder auf, wird dieser leider die absoluten
Bezüge eintragen:

1. Schreiben Sie eine Monatsreihe von Januar bis März in
   die erste Spalte und Umsatzzahlen in die zweite
   Spalte.

2. Starten Sie den Makrorecorder, und markieren Sie die
   Daten in Spalte A und B mit Strg + ⇧ + *.

3. Erstellen Sie ein Diagrammobjekt in der Tabelle.

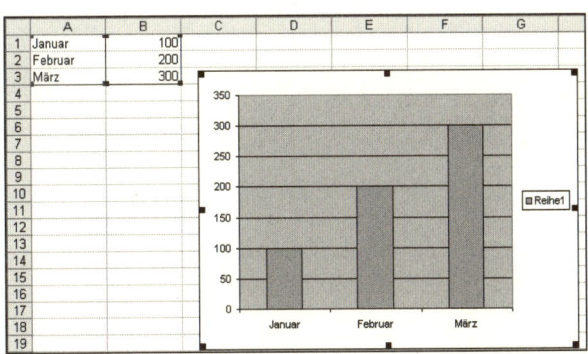

*Bild 12.31: Ein Diagrammobjekt aus den Daten in den ers-
ten Spalten*

4. Schließen Sie die Aufzeichnung, erhalten Sie ein
   Makro, das immer den vorgefundenen Bereich in ein
   Diagrammobjekt umsetzt:

```
Sub DiaMakro()
 Range("A1").Select
 Selection.CurrentRegion.Select
 Charts.Add
 ActiveChart.ChartType = xlColumnClustered
 ActiveChart.SetSourceData Source:=Sheets("Tabelle1").Range("A1:B3")
 ActiveChart.Location Where:=xlLocationAsObject, Name:="Tabelle1"
End Sub
```

Bild 12.32: Der Recorder zeichnet einen festen Bezug auf

5. Ändern Sie den Code, damit das Makro immer den
   Bereich ab A1 in das Diagramm übernimmt:

```
Sub DiaMakro()
 Dim diabereich
 Range("A1").Select
 Selection.CurrentRegion.Select
 ' Aktuelle Markierung in Variable schreiben
 diabereich = Selection.Address
 Charts.Add
 ActiveChart.ChartType = xlColumnClustered
 ' Bereich aus der Variable zum Datenbereich
machen
 ActiveChart.SetSourceData
Source:=Sheets("Tabelle1").Range(diabereich)
 ActiveChart.Location
Where:=xlLocationAsObject, Name:="Tabelle1"
End Sub
```

Datenreihenbeschriftung aus anderen Bereichen

Die Beschriftung der Datenreihe wird automatisch aus den Werten übernommen, aus denen die Reihe gebildet wird. In der Praxis ist das nicht immer sinnvoll, häufig stehen die für die Balken, Linien oder Tortensegmente vorgesehenen Werte in anderen Zellbereichen. Hier ein Beispiel: Die Balkenreihe wird aus den Werten in Spalte B gebildet, in Spalte D stehen die für die Beschriftung vorgesehenen Werte.

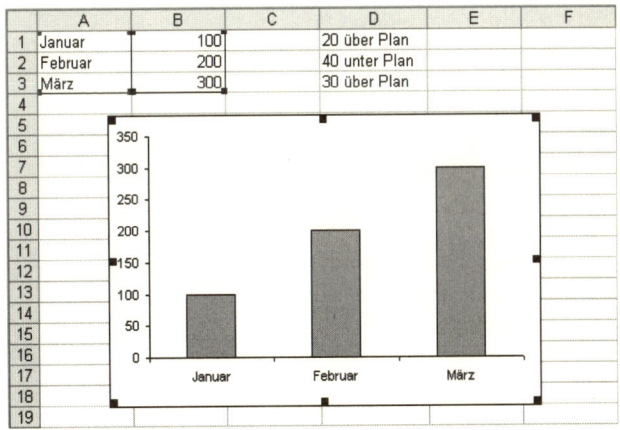

Bild 12.33: Beschriftung und Daten für das Balkendiagramm sind unterschiedlich

Ein kleines Makro mit einer Schleife erledigt diese Aufgabe zuverlässig:

```
Sub DatenreiheBeschriftenAusD()
 Dim i As Integer, altZ As Range
  ' Markierte Zelle merken
 Set altZ = ActiveCell
  ' Diagrammobjekt markieren
 ActiveSheet.ChartObjects(1).Activate
  ' Datenbeschriftung zuweisen
 ActiveChart.ApplyDataLabels ShowValue:=True
  ' Punkte einzeln mit den Werten
  ' aus Spalte D füllen
 With ActiveChart.SeriesCollection(1)
   For i = 1 To .Points.Count
     .Points(i).DataLabel.Select
     Selection.Characters.Text =
ActiveSheet.Cells(i, 4)
   Next i
 End With
  ' Alte Zelle wieder markieren
 altZ.Select
End Sub
```

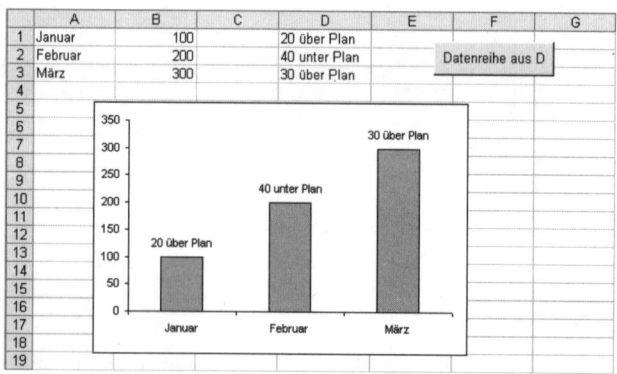

Bild 12.34: Das Makro schreibt die Zahlen aus Spalte D über die Balken

Makrotricks für die Dialog-
programmierung

InputBox abgebrochen?

Besonders elegant ist sie nicht, die InputBox, eher das
Stiefkind der Dialogprogrammierung. Für eine schnelle
und einfache Benutzeranfrage eignet sie sich aber, das
Eingabefeld kann auch mit einem Vorgabewert gefüllt
werden, und der angezeigte Prompt lässt sich auch mithilfe von Systeminformationen gestalten. Hier ein Makro
mit InputBox-Anweisung, das den Benutzernamen aus
Extras/Optionen/Allgemein verwendet und die Möglichkeit bietet, diesen neu zu definieren:

Listing 12.31: Makro definiert den Benutzernamen neu

```
Sub UserNameNeu()
  Dim strAltName As String, strEingabe As String
  Dim strMText As String
  strAltName = Application.UserName
  strMText = "Hallo " & strAltName & ", " & vbCr _
  & "wollen Sie den Benutzernamen neu definieren?"
  strEingabe = InputBox(strMText, "Benutzername", _
  strAltName)
  If strEingabe = "" Then
    Exit Sub
  Else
    Application.UserName = strEingabe
  End If
End Sub
```

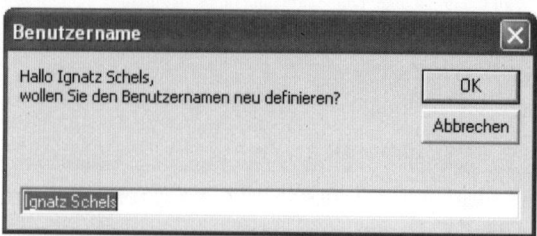

Bild 12.35: Die InputBox fordert den Benutzernamen an

So weit, so gut, aber die InputBox hat einen kleinen Haken: Sie können nicht unterscheiden, ob der Benutzer nichts eingegeben und *OK* gedrückt oder die Schaltfläche *Abbrechen* benutzt hat. Die Hilfefunktion schweigt sich auch darüber aus, aber es gibt eine undokumentierte Funktion, die prüft, was in der Inputbox passiert ist:

Verwenden Sie die Funktion StrPtr(), sie liefert den Wert 0 für die *Abbrechen*-Schaltfläche und einen Leerwert, wenn das Eingabefeld leer war:

```
StrPtr(strEingabe)
```

Jetzt können Sie alle drei Eingabevarianten zuverlässig prüfen:

Listing 12.32: InputBox exakt überprüfen

```
If StrPtr(strEingabe) = 0 Then
  MsgBox "Sie haben Abbrechen gedrückt"
 ElseIf strEingabe = "" Then
   MsgBox "Sie haben nichts eingeben!"
 Else
```

```
    Application.UserName = strEingabe
End If
```

Inputbox mit Bereichsauswahl

Brauchen Sie vom Anwender des Makros nur eine
Bereichsadresse, müssen Sie nicht zur aufwändigeren
UserForm greifen, hier reicht auch die InputBox. For-
dern Sie den Benutzer auf, einen bestimmten Bereich zu
markieren, den das Makro nachher weiterverarbeitet. Die
Variable muss vom Typ Range sein, und mit dem Argument Type wird der Typ der Eingabe festgehalten. Das
Beispielmakro integriert die InputBox in eine Bereichsva-
riable:

Listing 12.33: Bereichsauswahl per InputBox

```
Sub BereichmitEuroFormatieren()
Dim strBereich As Range
On Error GoTo fehler
Set strBereich = _
Application _
.InputBox(prompt:="Bitte Bereich markieren", _
Type:=8)
strBereich.NumberFormat = "0.00 _"
Exit Sub
fehler:
MsgBox "Aktion abgebrochen"
End Sub
```

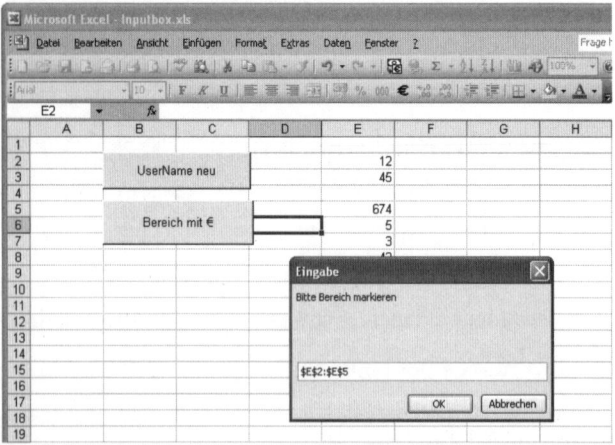

Bild 12.36: Bereichsabfrage in der InputBox

UserForm exportieren

UserForms sind nicht einfach zu erstellen, sie erfordern oft viel Aufwand, da jedes einzelne Element programmiert werden muss. Der Programmierer legt sich deshalb einige »Vorlagen« an, UserForms, die schon die wichtigsten Elemente und Makrocodes beinhalten. Diese sollten natürlich auch den firmeneigenen Programmiervorschriften entsprechen, die Position und Größe von Firmenlogo, Schrift und Farben von Dialogen genau definieren. So bleibt die »Corporate Identidy« gewahrt, der Programmierer spart Zeit und Arbeit, und die Anwender arbeiten mit identischen Oberflächen.

Exportieren Sie fertig gestaltete und auskodierte UserForms in Dateien, und holen Sie diese bei Bedarf in neue Projekte:

1. Markieren Sie die UserForm im Projekt-Explorer.

2. Wählen Sie *Datei/Exportieren* aus dem Datei-Menü oder dem Kontextmenü der rechten Maustaste.

3. Geben Sie einen neuen Namen ein, oder übernehmen Sie den vorgeschlagenen Objektnamen mit der Endung FRM.

4. Die UserForm wird in die Datei exportiert. Um sie in einem anderen Projekt zu benutzen, markieren Sie das Projekt im Projekt-Explorer und wählen *Datei/ Importieren*.

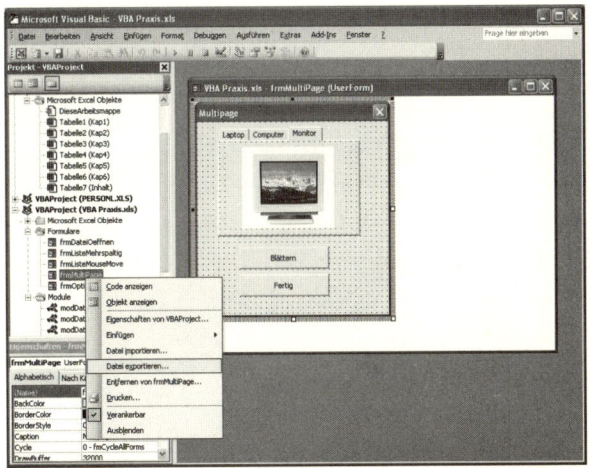

Bild 12.37: Die UserForm wird exportiert

UserForm im Projekt kopieren

Schneller geht's mit Drag&Drop, wenn die beiden Projekte offen sind, das Projekt mit der UserForm und das neue Projekt:

1. Ziehen Sie die markierte UserForm einfach mit
   gedrückter Maustaste im Projekt-Explorer auf das
   neue Projekt.

2. Sobald Sie die Maustaste loslassen, wird das Objekt
   kopiert. Das gilt übrigens auch für Modulblätter.

UserForm immer anzeigen lassen

UserForms haben wie Meldungsdialoge (MsgBox) die oft
unangenehme Eigenschaft, die Kontrolle über die
Anwendung zu übernehmen. In manchen Fällen möchte
der Anwender aber gern im Hintergrund weiterarbeiten
und nur bei Bedarf auf die Box zurückgreifen. Und das
geht natürlich, aber erst ab der Version Excel 2000.

Fügen Sie der Anweisung zum Start der UserForm die
Konstante vbModeless hinzu, dann können Sie die User-
Form im Hintergrund halten und in der Mappe weiterar-
beiten. Jeweils ein Klick aktiviert die Tabelle bzw. die
UserForm.

Listing 12.34: Diese UserForm wird immer angezeigt

```
Sub showform()
  UserForm1.Show vbModeless
End Sub
```

Auto_Close: Schließen-Symbol deaktivieren

Da die UserForm ein Windows-Fensterelement abbildet,
bietet sie auch ein Schließen-Kästchen rechts oben an.
Wenn Sie dem Anwender nicht erlauben wollen, über

dieses Element den Dialog zu schließen, schreiben Sie folgendes Makro in das Codeblatt der UserForm:

```
Private Sub UserForm_QueryClose _
  (Cancel As Integer, CloseMode As Integer)
  If CloseMode = vbFormControlMenu Then
    Cancel = True
  End If
End Sub
```

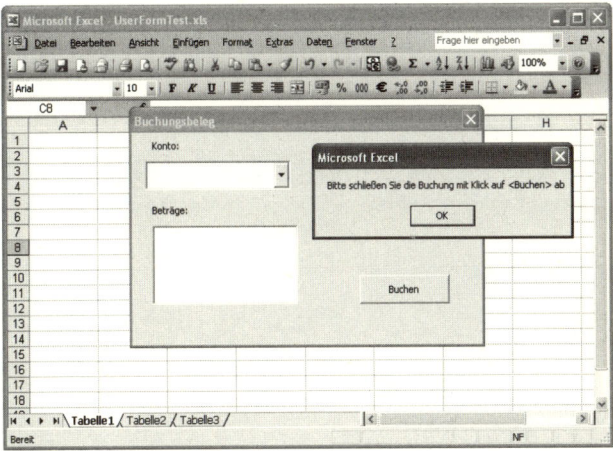

Bild 12.38: Hier wurde das Schließen-Kästchen deaktiviert und mit Meldung versehen

Symbolleisten an die Arbeitsmappe binden

Symbolleisten bieten die einfachste und bequemste Plattform für Makroaufrufe. Die Symbole sind schnell erstellt, und das Zuweisen der Makros ist einfach. Achten Sie aber auf diese Fallstricke: Symbolleisten gehören zunächst zur

Excel-Oberfläche, nicht zur Mappe, in der die Codes gespeichert sind.

So binden Sie eine Leiste an die Arbeitsmappe:

1. Wählen Sie *Ansicht/Symbolleisten/Anpassen*.

2. Klicken Sie in der Registerkarte *Symbolleisten* auf *Neu*, und erstellen Sie eine neue Symbolleiste.

3. Ziehen Sie alle benötigten Symbole in die Leiste ein und weisen Sie diesen die Makros zu.

4. Wählen Sie *Symbolleisten/Anfügen* (*Anbinden* in Excel 97), um die Leiste an die Mappe zu binden. Markieren Sie die Leiste(n), und klicken Sie auf *Kopieren*, um sie an die Mappe zu binden.

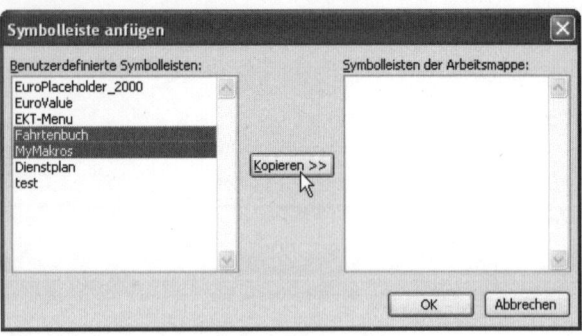

Bild 12.39: Symbolleiste an die Mappe anbinden

Achten Sie darauf, dass diese Anbindung wiederholt werden muss, wenn Sie die Makros oder die Symbolzuweisungen ändern. Löschen Sie sicherheitshalber die Symbolleiste aus der Mappe, und binden Sie die neue Leiste wieder ein.

Symbolleiste mit dem Öffnen der Mappe erzeugen

Die sicherste Art, Arbeitsmappen mit Symbolleisten zu steuern, ist, die Leiste mit dem Start der Mappe zu generieren. Verlassen Sie sich nicht darauf, dass eine Mappe beim Öffnen ihre Steuersymbole vorfindet, programmieren Sie die Leiste lieber und verknüpfen Sie den Code mit dem Workbook_Open-Ereignis:

Schreiben Sie für die Arbeitsmappe ein Startmakro, das die alte Leiste löscht, falls sie nicht da ist, und die neue Leiste erzeugt:

Listing 12.35: Makro erzeugt eine Symbolleiste mit drei Symbolen

```
Sub WorkBook_Open()
  Call SymbolleisteNeu
End Sub
Sub SymbolleisteNeu()
Dim strSName As String
Dim intZähler As Integer
strSName = "KS-Verwaltung"
' Symbolleiste strSName generieren
With Application
  ' Die alte Symbolleiste wird gelöscht
  On Error Resume Next
    .CommandBars(strSName).Delete
  On Error GoTo 0
    ' Symbolleiste anzeigen und Buttons einfügen
    .CommandBars.Add(Name:=strSName).Visible = True
    For intZähler = 1 To 3
      .CommandBars(strSName).Controls.Add
    Next intZähler
End With
```

```
' Symbole mit Beschriftung und Makrozuweisung
versehen
With Application.CommandBars(strSName)
    .Controls(1).Style = msoButtonCaption
    .Controls(1).Caption = "Kostenstellen eintragen/
löschen"
    .Controls(1).OnAction = "KSErfassen"

    .Controls(2).Style = msoButtonCaption
    .Controls(2).Caption = "Kostenstellen auswerten"
    .Controls(2).OnAction = "KSAuswerten"

    .Controls(3).Style = msoButtonCaption
    .Controls(3).Caption = "Diagramm"
    .Controls(3).OnAction = "KSDiagramm"
  ' Symbolleiste auf dem Bildschirm anordnen
    .Top = 100
    .Left = 580
    .Width = 50
End With
End Sub
```

Symbolleiste mit dem Schließen der Mappe löschen

Wenn die Symbolleiste ausschließlich Makros steuert, die nach dem Schließen der Mappe nicht mehr verfügbar sind, sollten Sie die Leiste mit dem Schließen-Ereignis aus der Oberfläche entfernen. Ein Klick auf ein Makrosymbol öffnet nämlich die Arbeitsmappe mit dem Makro, falls diese nicht aktiv ist. Das kann eine nützliche Funktion sein, wenn so gewollt, ist im anderen Fall aber kritisch, wenn die Arbeitsmappe nicht immer verfügbar ist.

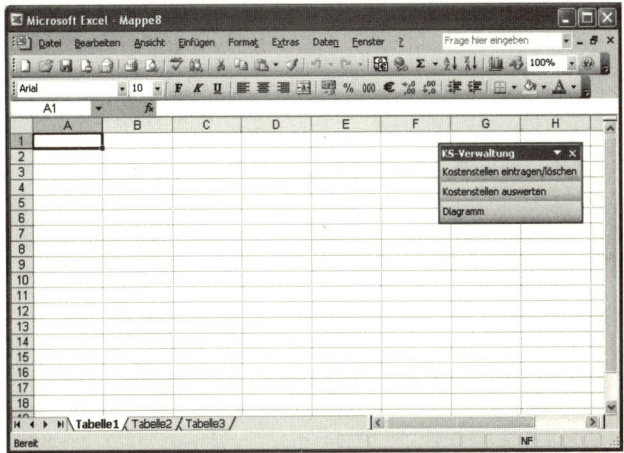

Bild 12.40: Die neue Symbolleiste ist angelegt, die Symbole zeigen ihre Beschriftungen an

Wenn Sie Add-Ins mit Symbolleisten oder Menüeinträgen steuern, sollten Sie in jedem Fall alle Aufrufe mit dem Close-Ereignis beseitigen, damit das Add-In problemlos entfernt werden kann.

Schreiben Sie dieses Makro für das Close-Ereignis der Arbeitsmappe. Die On Error-Anweisung sorgt dafür, dass bei zuvor bereits gelöschter Symbolleiste kein Fehler auftritt:

```
Private Sub Workbook_BeforeClose(Cancel As
Boolean)
 On Error Resume Next
 Application.CommandBars("KS-Verwaltung").Delete
End Sub
```

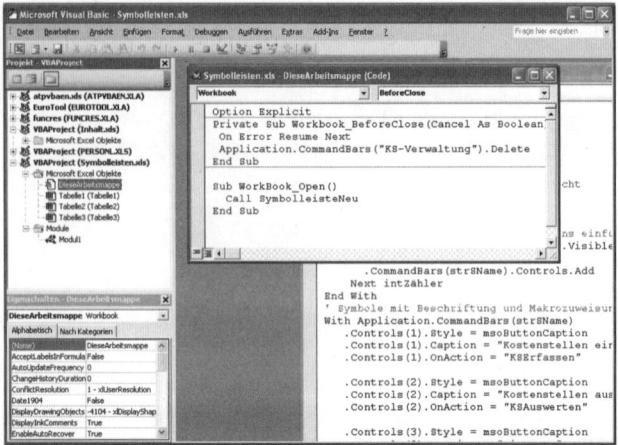

Bild 12.41: Die Symbolleiste wird automatisch entfernt

Face-IDs für Symbole in Symbolleisten

Wer die Symbole in Symbolleisten programmieren und steuern will und dabei die Symbolbilder benutzt, braucht die Face-IDs der einzelnen Bilder. Die Face-ID ist eine Nummer, die das Bild kennzeichnet und mit der entsprechenden Anweisung aus der Bibliothek holt.

Listing 12.36: Ein neues Symbol mit Face-ID

```
Application.Commandbars("KS-Verwaltung") _
.Controls.Add(Type:=msoControlButton)
 With Application.Commandbars("KS-Verwaltung") _
.Controls(1)
 .FaceId = 59
 .Caption = "Beschriftung"
 .OnAction = "Makroname"
 End With
```

Leider schweigt sich die Hilfe darüber aus, welche Face-IDs es gibt und welche Symbolbilder diesen zuzuordnen sind. Dieses Makro erzeugt eine Liste aller Face-IDs und kopiert die Symbolbilder daneben. Das Makro wird etwas länger laufen, da es über 4.000 IDs anlegen muss.

```
Private Const MaxFaceIds = 4393
Sub CommandBarFaceIDListe()
Dim cbb As CommandBarButton, ComBar As CommandBar,
cbc As CommandBarControl
Dim a, b, i, w
Sheets.Add
Application.DisplayAlerts = False
On Error Resume Next
Sheets("Face-IDs").Delete
On Error GoTo 0
Application.DisplayAlerts = True
ActiveSheet.Name = "Face-IDs"
Set ComBar =
Application.CommandBars.Add(Name:="test",
Position:=msoBarTop)
Set cbb = ComBar.Controls.Add(ID:=1)
b = 0
For a = 1 To MaxFaceIds
  With cbb
    .FaceId = a
    .CopyFace
  End With
  Sheets("Face-IDs").Activate
  With ActiveSheet
    .Cells((a Mod 100) + 1, (a \ 100) + b +
1).Formula = a
    .Cells((a Mod 100) + 1, (a \ 100) + b +
2).Select
    .Paste
```

```
  End With
  If (a + 1) Mod 100 = 0 Then b = b + 1
    Report "Erstellen des Face-Id-Listings", a
Next a
For i = 1 To (a / 100 + 1) * 2
  Select Case i Mod 3
   Case 1: w = 4
   Case 0: w = 5
  End Select
  Columns(i).Select
  Selection.ColumnWidth = w
Next i
On Error Resume Next
Cells(1, 1).Activate
Report "Erstellen des Face-Id-Listings", 99999
Application.ScreenUpdating = True
End Sub

Private Sub Report(tText, tCount)
Select Case tCount
Case 0
  Application.StatusBar = tText + " - Bitte
warten..."
  Case 99999
  Application.StatusBar = tText + " - Beendet."
  Case Else
  Application.StatusBar = CStr(tCount) + " " _
          + tText + " - Bitte warten..."
  End Select
  DoEvents
End Sub
```

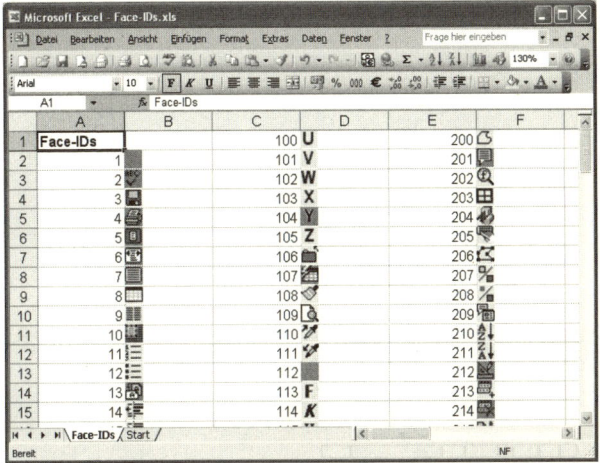

Bild 12.42: Das Makro reproduziert alle Face-IDs und die Symbolbilder dazu

Kombinationsfeld (Dropdown) in der Symbolleiste programmieren

Für Kombinationsfelder in Symbolleisten benutzen Sie den speziellen Typ msoControlDropdown. Die Einträge werden einfach als Elemente in das Control eingefügt.

```
Const SymbName = "Makrotest"
Sub Symbolleiste_erstellen()
 Call LöscheSymbolleiste
 CommandBars.Add Name:=SymbName
  With CommandBars(SymbName)
    .Position = msoBarTop
    .Visible = True
    .Controls.Add Type:=msoControlDropdown
  End With
  With CommandBars(SymbName).Controls(1)
```

```
    .Caption = SymbName
    .AddItem "Auswahl 1"
    .AddItem "Auswahl 2"
    .AddItem "Auswahl 3"
    .ListIndex = 1
    .OnAction = "Testmakro"
    .TooltipText = "Bitte wählen ..."
    End With
End Sub

Sub LöscheSymbolleiste()
    On Error Resume Next
    CommandBars(SymbName).Delete
End Sub
```

Das Makro, das dem Symbol zugewiesen ist, überprüft, welcher Eintrag gewählt wurde, und reagiert über eine Select Case-Anweisung:

```
Sub Testmakro()
  Dim objList As CommandBarControl
  Dim Auswahl As Byte
  Set objList = CommandBars.ActionControl
  Auswahl = objList.ListIndex
  Select Case Auswahl
      Case 1:
          MsgBox "Makro 1", vbExclamation
      Case 2:
          MsgBox "makro 2", vbExclamation
      Case 3:
          MsgBox "Makro 3", vbExclamation
  End Select
End Sub
```

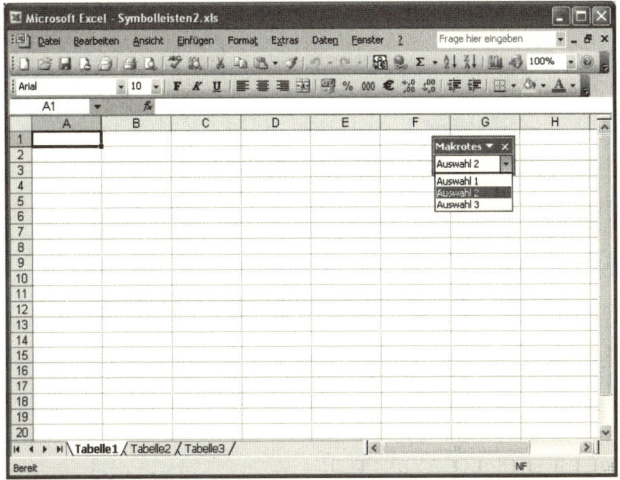

Bild 12.43: So wird ein Kombinationsfeld programmiert

Makros für externe Programme

Excel ist fremden Programmen gegenüber sehr aufge-
schlossen und bietet über VBA viele Schnittstellen zu
anderen Applikationen. Ideal ist die Verbindung natürlich zu Programmen, die eine passende Objektbibliothek
liefern. Diese wird einfach eingebunden, und schon kennt
VBA die Objekte, Eigenschaften und Methoden des
Nachbarn.

Objektbibliotheken einbinden

Objektbibliotheken sind Dateien, die das Objektmodell
eines Programms (einer Applikation) enthalten. Die
Objektbibliothek von Outlook heißt beispielsweise
MSOUTL.OLB (Outlook 2002) bzw. MSOUTL9.OLB

(Outlook 2000). Wenn Sie beispielsweise die Objekte der Textverarbeitung Word benutzen wollen, binden Sie die Objektbibliothek in Ihr Projekt ein:

1. Wählen Sie im Visual Basic Editor *Extras/Verweise*.

2. Suchen Sie den Eintrag *Microsoft Word 11.0 Object Library* (die Versionsnummer ist abhängig von der installierten Office-Version und heißt 8.0, 9.0, 10.0 oder 11.0).

3. Markieren Sie die Option, und bestätigen Sie mit *OK*.

4. Jetzt sind die Objekte aus der Word-Bibliothek verfügbar, und Sie können das Makro schreiben, das die Daten aus Excel nach Word transferiert.

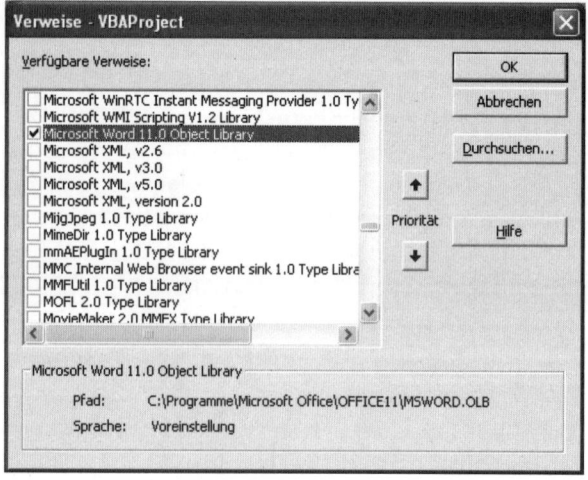

Bild 12.44: Die Objektbibliothek von Word ist verfügbar

Achten Sie auf den Pfad, der unten angezeigt wird, hier zeigt die Dialogbox, welche Datei verknüpft wird. Sie können die neue Bibliothek auch im Objektkatalog überprüfen, hier ist der Name auch vollständig zu lesen:

1. Drücken Sie F2 für den Objektkatalog.

2. Wählen Sie in der Liste links oben den Eintrag Word.

3. Die Klassenobjekte von Word werden angezeigt, im rechten Fenster stehen die Elemente zur Ansicht.

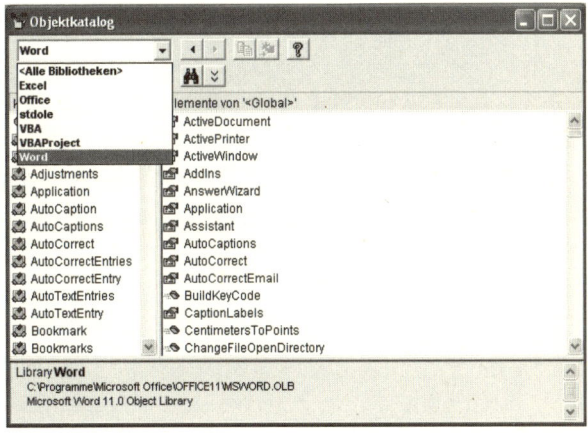

Bild 12.45: Die Objekte von Word im Objektkatalog

Der Eintrag »nicht vorhanden: ...«

Dieser Eintrag weist darauf hin, dass ein Makro versucht hat, Objekte aus einer Bibliothek auszulesen, die nicht verfügbar war. Der Bibliotheksname zeigt, welche Datei nicht zu finden war. In der Regel handelt es sich um Bibliotheken, die in den einzelnen Versionen unterschiedliche Namen haben.

Die Bezeichnungen der Objekte, Eigenschaften und
Methoden ist in allen Bibliotheken gleich, Abweichungen
gibt es natürlich bei Objekten, die von neuen Office-Ver-
sionen eingeführt wurden. Wird in einer VBA-Prozedur
oder -Funktion die Word-Bibliothek benutzt, sollte es
keine Rolle spielen, mit welcher Version das Makro zur
Anwendung kommt, sofern ein Verweis auf die jeweilige
Bibliothek eingerichtet ist.

Probleme können durch unterschiedliche Namen der
Bibliotheken oder durch veränderte Speicherpositionen
entstehen. Schreiben Sie beispielsweise ein Makro unter
Excel 2002, das die Objektbibliothek von Outlook
benutzt, wird im Code die Referenz auf die Bibliotheks-
datei MSOUTL.OLB gesetzt. Verwenden Sie dieses
Makro aber unter Excel 2000, sucht das Makro nach den
Objekten in der Datei MSOUTL9.OLB, und da diese
nicht zu finden ist, bricht es mit einer Fehlermeldung ab.

Inkompatible Bibliothekszugriffe anpassen

Im Normalfall sollte das Problem der fehlenden Bibliothek durch Einfügen eines Verweises erledigt sein. Wenn
sich das Makro hartnäckig weigert, eine verwendete Bibliothek zu akzeptieren, bleibt Ihnen nur diese Möglichkeit:

1. Kopieren Sie den Code des Makros aus dem Modul
   heraus in die Zwischenablage.

2. Löschen Sie das Modul mit *Datei/Entfernen von
   Modul*.

3. Fügen Sie ein neues Modul ein, und kopieren Sie den
   Code wieder zurück.

Bindungsart beachten

Beim Zugriff auf Bibliotheken gibt es die beiden Methoden *Frühe Bindung* und *Späte Bindung* (Early/Late Bin-
ding).

Die frühe Bindung wird eigentlich immer von Program-
mierern empfohlen, die VBA-Makros laufen damit
schneller und kompakter. Frühe Bindung wird aber nicht
in Script-Sprachen unterstützt, und da die Outlook-Pro-
grammierumgebung auf Scripting basiert, kann es bei dieser Methode zu Problemen kommen. Für Outlook
empfiehlt sich also, die Methode der späten Bindung
anzuwenden.

Frühe Bindung

```
Dim ol as Applicaton
Set ol = New Outlook.Application
```

Späte Bindung

```
Dim ol As Object
Set ol = CreateObject("Outlook.Application")
```

Bibliotheksverweise überprüfen

Sie können als Makroprogrammierer Routinen einbauen,
die gesetzte und nicht gesetzte oder »gebrochene« Biblio-
theksverweise überprüfen und ggf. neu setzen. Diese
Anweisungen greifen aber in die VBE, die VBA-Pro-
grammierumgebung ein, und dazu muss Excel der
Zugriff vom Benutzer erlaubt werden. Unter *Extras/*

Makro/Sicherheit wird dazu auf der Registerkarte *Vertrauenswürdige Herausgeber* (*Quellen* in Excel 97) das Kontrollkästchen *Zugriff auf Visual Basic Projekt vertrauen* gesetzt.

Das nächste Makro listet alle Bibliotheken, muss dazu aber selbst einen Verweis auf eine Bibliothek gesetzt bekommen, in der Objekte der VBE zu finden sind:

1. Wählen Sie im Visual Basic-Editor *Extras/Verweise*.

2. Markieren Sie die Bibliothek *Microsoft Visual Basic for Application Extensibility 5.3*.

3. Bestätigen Sie mit *OK*.

Schreiben Sie das Makro, das alle Verweise mit Speicherort und Bibliotheksname in ein neues Tabellenblatt der aktiven Mappe schreibt:

Listing 12.37: Makro listet alle externen Verweise

```
Sub InfosZuBibliothekenAusgeben()
 Dim Verweis As Reference
 On Error Resume Next
 Sheets.Add
 [A1] = "Verweis"
 [B1] = "Speicherort"
 [C1] = "Name"
 Range("$A$1:$C$1").Font.Bold = True
 [a2].Select
 For Each Verweis In _
  Application.VBE.ActiveVBProject.References
  With ActiveCell
    .Value = Verweis.Description
    .Offset(0, 1) = Verweis.FullPath
    .Offset(0, 2) = Verweis.Name
```

```
   End With
   ActiveCell.Offset(1, 0).Select
  Next Verweis
  Columns("A:C").EntireColumn.AutoFit
 End Sub
```

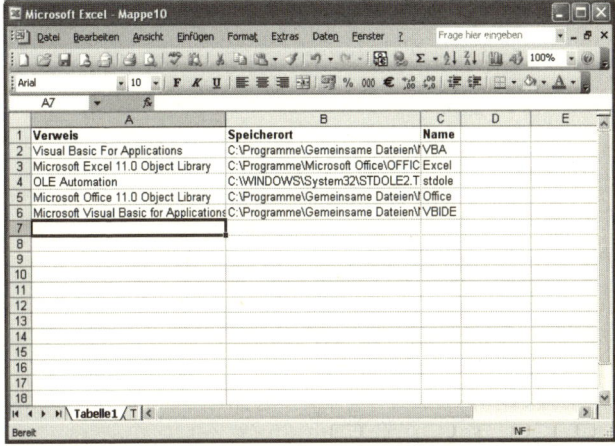

Bild 12.46: Alle Bibliotheken in einer Übersicht

Excel-Daten nach Word übergeben

Übermitteln Sie häufig Daten aus Excel-Tabellen in Word-Dokumente, sollten Sie diese Aufgabe automatisieren. Mit GetObject lässt sich Word direkt in Excel als Objekt ansteuern, dazu wird ein ActiveX-Objekt erstellt. Anschließend können Sie die VBA-Sprachelemente von Word benutzen. Zeichnen Sie sich diese einfach mit dem Makrorekorder auf, den auch Word in seinem VBA-Editor anbietet.

```
Sub ExcelTabelleNachWordZwischenablage()
Dim WordObj As Object
Dim WordDoc As Object
Dim i As Integer
  Sheets("Tabelle1").Activate
  i = ActiveSheet.UsedRange.Rows.Count
  Range("A1:D" & i).Copy
  On Error Resume Next
  Set WordObj = GetObject(, "Word.Application")
  If Err.Number = 429 Then
    Set WordObj = CreateObject("Word.Application")
    Err.Number = 0
  End If
  On Error GoTo 0
  WordObj.Visible = True
  Set WordDoc = WordObj.Documents.Add
  WordObj.Selection.Paste
  Application.CutCopyMode = False
  Set WordObj = Nothing
  Set WordDoc = Nothing
End Sub
```

E-Mails über Outlook versenden

Outlook ist ein idealer Partner für Excel, das Mailprogramm stellt seine Bibliothek zur Verfügung und kann als ActiveX-Objekt angesteuert werden. Schreiben Sie ein Makro, das eine Nachricht entwirft und inklusive Anhang an einen Empfänger sendet. Vergessen Sie nicht, vorher die Outlook-Bibliothek über *Extras/Verweise* einzubinden.

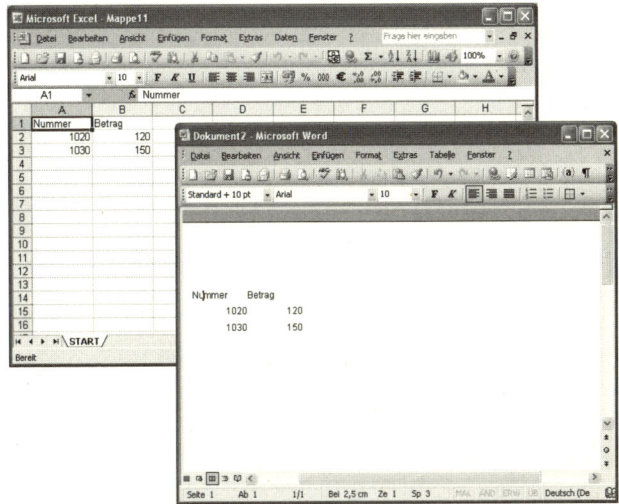

Bild 12.47: Das Makro kopiert Daten von Excel nach Word

```
Sub Mail_senden()
 Dim olApp As Object
 Set olApp = CreateObject("Outlook.Application")
 With olApp.CreateItem(0)
  'Empfänger
  .Recipients.Add "adresse@provider.de"
  'Betreff
  .Subject = "Kostenbericht"
  'Nachricht
  .Body = "Sehr geehrter Herr Müller," _
      & vbCr & "hier der versprochene Bericht." _
      & vbCr & vbCr & "Mit freundlichen Grüssen ..." _
      & vbCr
  'Lesebestätigung ausschalten
  .ReadReceiptRequested = False
  'Dateianhang
```

```
  .Attachments.Add "c:\Daten\Kostenstellenbericht.xls"
  ' E-Mail senden
  ' .Send
 End With
 Set olApp = Nothing
End Sub
```

Alle Mails im Outlook-Posteingang listen

Mit dem nächsten Makro transferieren Sie Ihre Makros
aus dem Posteingang in eine neue Excel-Tabelle. Das
Objekt ermöglicht über `GetNamespace("MAPI")` den
Zugriff auf alle Outlook-Ordner, hier wird der Posteingang ausgelesen.

```
Sub AlleMailsImPosteingang()
 Dim OLF As Outlook.MAPIFolder, CurrUser As String
 Dim EmailItemCount As Integer, i As Integer,
EmailCount As Integer
 Application.ScreenUpdating = False
 Sheets.Add
 Cells(1, 1).Formula = "Betreff"
 Cells(1, 2).Formula = "Empfangen am"
 Cells(1, 3).Formula = "Anhänge"
 Cells(1, 4).Formula = "gelesen"
 Range("A1:D1").Font.Bold = True
 Set OLF = GetObject("", "Outlook.Application") _
  .GetNamespace("MAPI").GetDefaultFolder(olFolderInbox)
 EmailItemCount = OLF.Items.Count
 i = 0: EmailCount = 0
 While i < EmailItemCount
   i = i + 1
```

```
    If i Mod 50 = 0 Then Application.StatusBar = "E-
Mails werden gelesen ..." & Format(i / EmailItemCount,
"0%") & "..."
        With OLF.Items(i)
            EmailCount = EmailCount + 1
            Cells(EmailCount + 1, 1).Formula = .Subject
            Cells(EmailCount + 1, 2).Formula =
Format(.ReceivedTime, "dd.mm.yyyy hh:mm")
            Cells(EmailCount + 1, 3).Formula =
.Attachments.Count
            If .UnRead Then
                Cells(EmailCount + 1, 4).Formula = "Nein"
            Else
                Cells(EmailCount + 1, 4).Formula = "Ja"
            End If
        End With
    Wend
    Application.Calculation = xlCalculationAutomatic
    Set OLF = Nothing
    Columns("A:D").AutoFit
    Range("A2").Select
    ActiveWindow.FreezePanes = True
    Application.StatusBar = False
End Sub
```

Windows-Programme ausführen

Eine andere Form der Einbindung externer Programme
bietet die Anweisung Shell. Damit werden externe Programme direkt aus einem VBA-Makro heraus gestartet.
Verwenden Sie SendKeys, um dem gestarteten Programm
Daten zu übergeben, denn dieses übernimmt anschließend die Kontrolle. Hier der Aufruf des Windows-Pro-
gramms NotePad (Notizblock-Editor):

712 Die besten Makrotricks

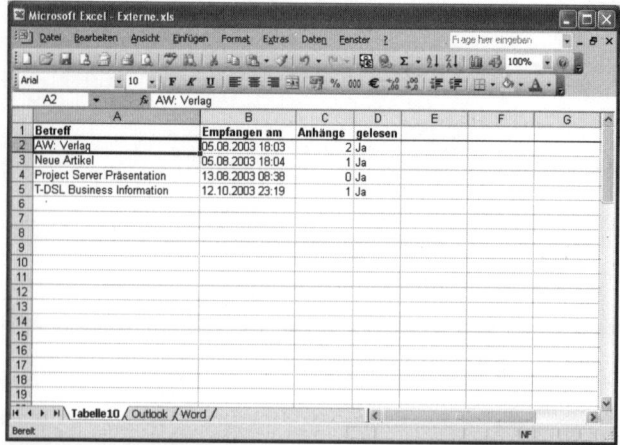

Bild 12.48: Outlook-Mails aus dem Posteingang in einer neuen Liste

Listing 12.38: Den Notizblock-Editor per Makro aktivieren

```
Sub StartExtApp()
  Dim ok
  SendKeys "Hallo!"
  ok = Shell("notepad.exe", vbNormalFocus)
End Sub
```

13
Die Reaktion auf Excel-Fehlermeldungen

Fehler sind wie bei der Programmierung auch bei der Konstruktion von Formeln unvermeidbar. Excel bietet aber eine ausgereifte Fehlerbehandlung und lässt den Anwender nicht mit dem Fehler allein. Unterscheiden Sie zwischen Fehlermeldungen und Fehlerwerten:

Eine *Fehlermeldung* erscheint, wenn die Formel nach der Eingabe zum ersten Mal berechnet wird. Die Meldung weist darauf hin, dass die Formel einen syntaktischen Fehler enthält (Schreibfehler, fehlende Klammer etc.). Wird die Meldung bestätigt, öffnet Excel die Bearbeitungsleiste bzw. die Zelle mit der Funktion und bietet diese zur Nachbesserung an. In seltenen Fällen repariert Excel die Formel auch selbst, z.B. wenn bei nicht geschachtelten Funktionen eine letzte abschließende Klammer fehlt.

Ein *Fehlerwert* ist das Ergebnis einer Funktionsberechnung, das in der Zelle präsentiert wird. Der Fehlerwert weist auf falsche oder fehlende Faktoren für die Formel hin, die Formel oder die Funktionskonstruktion sind erkennbar richtig.

Fehlermeldungen

Allgemeine Fehlermeldungen

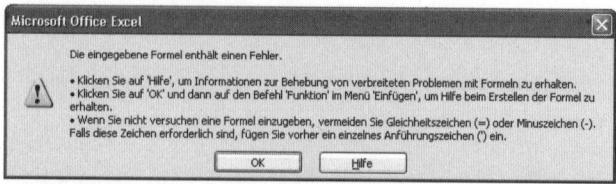

Bild 13.1: Allgemeine Fehlermeldung

Hier hat Excel den Fehler nicht lokalisieren können, die Fehlermeldung fällt allgemein aus. Sie können die Hilfe aktivieren, was mit etwas Glück direkt zur Funktionsbeschreibung führt, oder die Meldung mit *OK* bestätigen und den Fehler suchen.

Fehlermeldung bei reparierbaren Fehlern

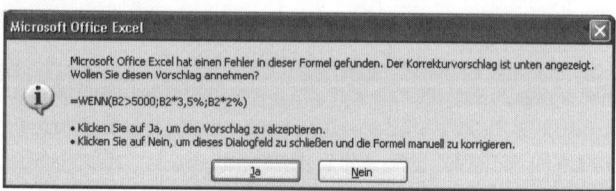

Bild 13.2: Reparierbarer Fehler

Diesen Fehler kann Excel lokalisieren und reparieren, der Korrekturvorschlag wird angezeigt. Meist handelt es sich um eine Klammer, die am Ende fehlt. Überprüfen Sie, ob die vorgeschlagene Formel korrekt ist, und klicken Sie auf *Ja,* um sie zu übernehmen.

Fehlermeldung bei Zirkelbezügen

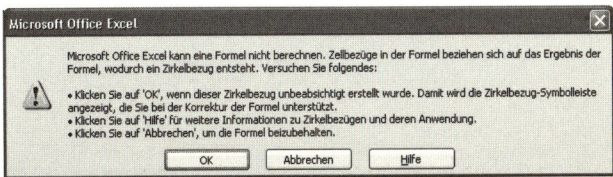

Bild 13.3: Zirkelbezug

Die häufigste Fehlerursache für diesen Fehler ist die Verwendung eines Zellbezugs, in dem die Formel selbst steht. Wenn Sie z.B. versuchen, =SUMME(A1:A10) in die Zelle A10 zu schreiben, erhalten Sie einen Zirkelbezug. Lösen Sie diesen nicht auf, bleibt eine Meldung in der Statusleiste zurück, und Sie können mit der Tabelle weiterarbeiten.

Fehlermeldungen in der Zeile

Fehler allgemeiner Art werden sofort markiert, nachdem Sie eine Fehlermeldung mit *OK* bestätigt haben, so z.B. störende Texteinträge (Leerzeichen) oder falsche Sonderzeichen (\). Die Markierung steht anschließend meist, außer in sehr komplexen Formeln, auf dem fehlerhaften Teil der Formel.

Fehlermeldungen in der Zelle sind unübersehbar. Sie entstehen mit falschen Formeln, fehlenden oder falsch geschriebenen Funktionen und in Fällen, in denen die Argumente den Funktionen nicht die richtigen Werte liefern. Hier eine Übersicht:

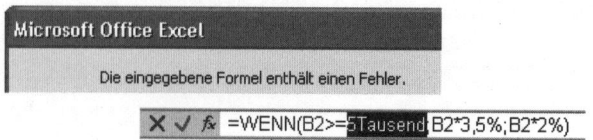

Bild 13.4: Der fehlerhafte Teil wird markiert

#DIV/0!

Division durch 0. Die Formel enthält einen Bezug auf eine leere Zelle, eine Zelle mit 0 als Zellinhalt oder eine direkte Division durch 0.

#NV

Wert nicht verfügbar. Der Fehler tritt oft auf, wenn ein Argument einer Funktion (z.B. VERWEIS) auf eine Zelle verweist, die keinen gültigen Inhalt hat (meist wird eine leere Zelle einbezogen). Der Fehler erscheint auch, wenn ein Funktionsmakro nicht den gewünschten Wert liefert.

#NAME?

Name nicht verfügbar. Sie haben in der Formel oder Funktion einen Namen verwendet, der weder als Bereichsname noch als Funktion verfügbar ist, oder einen Textteil nicht in Anführungszeichen gesetzt. Die Fehlermeldung erscheint auch, wenn der Doppelpunkt in einem Bereichsbezug (A1:C20) fehlt.

#NULL!

Falsche Schnittmenge. Sie haben in der Bereichsangabe einen ungültigen Operator verwendet oder diesen weggelassen. Die Meldung weist auf eine Schnittmenge hin, die sich nicht schneidet.

#ZAHL!

Falsche Zahl. Weist auf ein Argument hin, das eine für die Funktion nicht gültige Zahl verwendet (z.B. WURZEL(-1)) oder der für Excel gültige Zahlenbereich überschritten wurde. Einige Funktionen melden damit auch falsche Iterationsergebnisse (IKV, ZINS).

#BEZUG!

Ungültige Zelle. Die in der Formel angegebene Zelladresse bezieht sich auf Zellen, die gelöscht oder verschoben wurden, oder die Formel enthält Bezüge auf nicht verfügbare externe Anwendungen.

#WERT!

Ungültiger Wert. Die Formel enthält einen für die Berechnung ungültigen Wert, evtl. Text, wo eine Zahl erforderlich ist. Häufig wurde auch ein Bereich angegeben, wo eine Zahl erforderlich ist, oder umgekehrt (z.B. =ABS(A1:A2)). Die Fehlermeldung weist häufig auch darauf hin, dass die Formel als Array (mit Strg + ⇧ + ↵) abgeschlossen werden muss.

Weitere Fehlermeldungen sowie Lösungsansätze

Applikationsfehler

Fehlermeldung

»Die Anweisung in »0x30026d89« verweist auf Speicher in »0x00000000«. Der Vorgang »read« konnte auf dem Speicher nicht durchgeführt werden.«

Lösungsansatz

Registrieren Sie Excel neu. Dazu gehen Sie wie folgt vor:

1. Beenden Sie Microsoft Excel.
2. Geben Sie in Windows unter *Start/Ausführen* die Zeile `"LW:\Pfad\excel.exe" /unregserver` ein.
3. Klicken Sie die Schaltfläche *Ausführen*.
4. Geben Sie anschließend dann die Zeile `"LW:\Pfad\excel.exe" /regserver` ein und bestätigen Sie mit *Ausführen*.

Hinweis

`LW` bedeutet Laufwerk, `Pfad` bedeutet Office-Pfad.

Makros laufen nicht

Problem

Beim Öffnen einer Arbeitsmappe, die Makros enthält, können die Makros nicht ausgeführt werden. Woran kann das liegen?

Lösungsansatz

Möglicherweise sind die Sicherheitseinstellungen in Excel zu hoch eingestellt. Um die Sicherheitseinstellungen anzupassen, verfahren Sie wie folgt:

1. Wählen Sie aus dem Menü *Extras* den Befehl *Makro/ Sicherheit*.

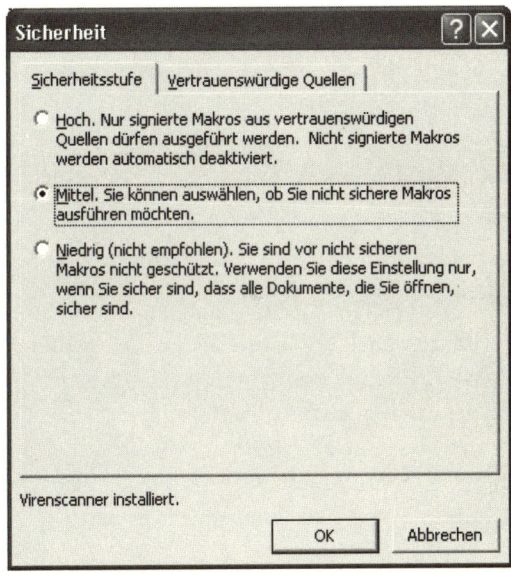

Bild 13.5: Die Sicherheitsstufe heruntersetzen

2. Aktivieren Sie die Option *Mittel*.
3. Bestätigen Sie mit *OK*.
4. Öffnen Sie die Datei nochmals.

Fehlermeldung beim Starten von Excel

Sie bekommen beim Starten von Excel eine Fehlermeldung, die in etwa wie folgt lauten könnte:

Fehlermeldungen

»Fehler im verborgenen Modul.«

oder

»Laufzeitfehler 9 – Index außerhalb des gültigen Bereichs.«

oder

»Laufzeitfehler 1004 – Anwendungs- oder objektdefinierter Fehler.«

Lösungsansatz

Mit großer Wahrscheinlichkeit liegt es dann daran, dass Sie ein Add-In installiert haben, das nicht ordnungsgemäß arbeitet. Kontrollieren Sie daher einmal den Add-Ins-Manager, indem Sie aus dem Menü *Extras* den Befehl *Add-Ins* auswählen und nachsehen, welche Add-Ins dort installiert sind. Deinstallieren Sie bei Bedarf unbekannte Add-Ins, beenden Sie Excel und starten es neu.

Eine weitere Möglichkeit, sind Arbeitsmappen, die sich im Startverzeichnis Office/Office/XLstart befinden. Alle dort befindlichen Arbeitsmappen werden beim Excel-Start automatisch geöffnet. Möglicherweise enthält eine dieser Mappen ein Ereignismakro, das beim Öffnen ausgeführt wird und einen Fehler erzeugt. Schieben Sie die dort befindlichen Arbeitsmappen in einen anderen Ordner und starten Sie Excel erneut.

Fehlermeldung beim Starten einer Mappe aus dem Explorer

Fehlermeldung

»Stellen Sie sicher, dass der Pfad- und Dateiname stimmen und alle notwendigen Bibliotheken verfügbar sind.«

Lösungsansatz

Führen Sie folgende Arbeitsschritte durch:

1. Starten Sie den Explorer
2. Wählen Sie aus dem Menü *Extras* den Befehl *Ordneroptionen*.
3. Wechseln Sie auf die Registerkarte *Dateitypen*.
4. Kontrollieren Sie, ob der Endung XLS auch die Anwendung Excel zugewiesen ist.
5. Wenn nicht, dann klicken Sie die Schaltfläche *Ändern* und weisen die Anwendung Excel zu.

Zu wenig Arbeitsspeicher

Fehlermeldung

»Nicht genügend Arbeitsspeicher.«

Lösungsansatz

Die Größe des Arbeitsspeichers ist unerheblich, da Excel maximal 64 MByte verwalten kann. Die Fehlermeldung erscheint aufgrund der Überschreitung einer Excel-Limitation.

Sollte beim Öffnen einer Arbeitsmappe diese Meldung erscheinen, dann versuchen Sie Folgendes:

Bild 13.6: Die registrierten Typen kontrollieren

1. Wählen Sie aus dem Menü *Extras* den Befehl *Optionen*.

2. Wechseln Sie auf die Registerkarte *Berechnung*.

3. Deaktivieren Sie die Option *Externe Verknüpfungswerte speichern*.

4. Bestätigen Sie mit *OK*.

5. Versuchen Sie nochmals die Datei zu öffnen.

Keine weiteren Schriftarten

Fehlermeldung

»Keine weiteren neuen Schriftarten dürfen in dieser Datei hinzugefügt werden.«

Lösungsansatz

Bei dieser Fehlermeldung trifft Excel auf seine Leistungsgrenzen. Sie haben eventuell zu viele Diagramme in einer Arbeitsmappe oder verwenden zu viele verschiedene Formate.

In der folgenden Tabelle sind die Spezifikationen exemplarisch der Excel-Version 2002 angegeben. Sehen Sie in der Online-Hilfe unter dem Suchbegriff *Spezifikationen* nach, sofern Sie eine andere Excel-Version im Einsatz haben.

Feature	Maximaler Wert
Geöffnete Arbeitsmappen	Durch den verfügbaren Speicher und die Systemressourcen begrenzt
Arbeitsblattgröße	65.536 Zeilen mal 256 Spalten
Spaltenbreite	255 Zeichen
Zeilenhöhe	409 Punkte
Seitenwechsel	1.000 horizontal und vertikal

Tabelle 13.1: Die Maximalleistung der Excel-Features

Feature	Maximaler Wert
Länge des Inhalts der Zelle (Text)	32.767 Zeichen. Nur 1.024 Zeichen werden in einer Zelle angezeigt; alle 32.767 werden in der Formelleiste angezeigt.
Blätter in einer Arbeitsmappe	Durch den verfügbaren Speicher begrenzt (Standardwert 3 Blätter)
Farben pro Arbeitsmappe	56
Zellformate pro Arbeitsmappe	4.000
Benannte Ansichten in einer Arbeitsmappe	Durch den verfügbaren Speicher begrenzt
Benutzerdefinierte Zahlenformate	Durch den verfügbaren Speicher begrenzt
Namen pro Arbeitsmappe	Durch den verfügbaren Speicher begrenzt
Fenster pro Arbeitsmappe	Durch die Systemressourcen begrenzt
Ausschnitte pro Fenster	4
Verknüpfte Blätter	Durch den verfügbaren Speicher begrenzt
Szenarios	Durch den verfügbaren Speicher begrenzt; in einem Übersichtsbericht werden nur die ersten 251 Szenarios angezeigt

Tabelle 13.1: Die Maximalleistung der Excel-Features

Feature	Maximaler Wert
Sich ändernde Zellen pro Szenario	32
Anpassbare Zellen in Solver	200
Benutzerdefinierte Funktionen	Durch den verfügbaren Speicher begrenzt
Zoom-Bereich	10 bis 400 Prozent
Berichte	Durch den verfügbaren Speicher begrenzt
Sortierbezüge	3 in einem einfachen Sortiervorgang; bei sequenziellen Sortiervorgängen unbegrenzt
Rückgängig-Stufen	16
Felder pro Datenformular	32
Benutzerdefinierte Symbolleisten pro Arbeitsmappe	Durch den verfügbaren Speicher begrenzt
Benutzerdefinierte Schaltflächen der Symbolleiste	Durch den verfügbaren Speicher begrenzt

Tabelle 13.1: Die Maximalleistung der Excel-Features

Datei ist defekt

Lässt sich eine Arbeitsmappe nicht mehr öffnen, dann haben Sie die Möglichkeit, diese zu restaurieren. Dabei gehen Sie wie folgt vor:

1. Starten Sie Microsoft Excel.

2. Wählen Sie aus dem Menü *Datei* den Befehl *Öffnen*.

3. Gehen Sie in den Ordner, der Ihre defekte Datei enthält, und klicken dann die Schaltfläche *Abbrechen*.

4. Da Sie sich nun im gleichen Verzeichnis wie Ihre defekte Arbeitsmappe befinden, können Sie eine neue, noch leere Arbeitsmappe erstellen, indem Sie aus dem Menü *Datei* den Befehl *Neu* wählen.

5. Führen Sie einen Klick auf den Hyperlink *Leere Arbeitsmappe* durch.

6. Stellen Sie nun die Verknüpfung zu Ihrer defekten Arbeitsmappe her, indem Sie folgende Formel eingeben: `=Dateiname.xls!A1` und mit der Taste `Enter` abschließen.

7. Wenn der Dialog zum Auswählen der Tabellenblätter erscheint, wählen Sie bitte das Tabellenblatt aus, das die gewünschten Daten enthält, und bestätigen das mit *OK*.

In der ersten Zelle ist nun eine Verknüpfung zur defekten Arbeitsmappe hergestellt. Ihre Aufgabe ist es nun, die restlichen Daten ebenso noch zu retten. Dazu gehen Sie wie folgt vor:

1. Kopieren Sie die Zelle A1.

2. Anschließend markieren Sie einen Bereich, der in etwa so groß ist wie der Bereich in der ursprünglichen Datei, der die Daten enthält.

3. Wählen Sie aus dem Menü *Bearbeiten* den Befehl *Einfügen*.

4. Nun müssen noch die Verknüpfungen durch Festwerte ersetzt werden. Wählen Sie dazu aus dem Menü *Bearbeiten* den Befehl *Inhalte einfügen*.

5. Aktivieren Sie im Dialog *Inhalte einfügen* die Option
   Werte und bestätigen Sie mit *OK*.

Ihre Daten haben Sie somit gerettet. Alle Zellen, die keine
Daten enthalten, werden mit der Zahl Null aufgefüllt.

Sollte diese Reparatur nicht klappen, dann können Sie
den Umweg über Microsoft Access gehen. Dazu verfahren Sie wie folgt:

1. Starten Sie Microsoft Access.

2. Im Startbildschirm von Access aktivieren Sie die
   Option *Leere Access-Datenbank* und bestätigen mit
   OK.

3. Geben Sie im Dialog *Neue Datenbankdatei* der neuen
   Datenbank einen Namen und klicken auf die Schaltfläche *Erstellen*.

4. Wählen Sie aus dem Menü *Datei* den Befehl *Externe
   Daten/Importieren*.

5. Stellen Sie im Kombinationsfeld *Dateityp* den Eintrag
   Microsoft Excel (*.xls) ein.

6. Klicken Sie auf die Schaltfläche *Importieren*.

7. Da Sie die einzelnen Tabellen nur nacheinander in
   Access importieren können, wählen Sie die
   gewünschte Tabelle im Listenfeld aus.

8. Übergehen Sie die nächsten Schritte, indem Sie auf die
   Schaltfläche *Weiter* klicken.

9. Klicken Sie zum Abschluss auf die Schaltfläche *Fertig
   stellen*.

Die importierte Excel-Tabelle liegt nun als Access-
Tabelle vor. Sorgen Sie dafür, dass daraus wieder eine

Excel-Tabelle erzeugt wird. Dazu befolgen Sie die nächsten Arbeitsschritte:

1. Klicken Sie in Microsoft Access mit der rechten Maustaste auf die gerade importierte Tabelle.

2. Wählen Sie aus dem Kontextmenü den Befehl *Exportieren*.

3. Im Dialog *Exportieren* wählen Sie aus dem Kombinationsfeld *Dateityp* den Eintrag *Microsoft Excel 97-2002(*.xls)*.

4. Geben Sie der Tabelle im Feld *Dateiname* einen gewünschten Namen und klicken Sie auf die Schaltfläche *Exportieren*.

5. Starten Sie im Anschluss Microsoft Excel und öffnen Sie die gerade erstellte Excel-Tabelle.

Fehlermeldung beim Einfügen von Spalten

Fehlermeldungen

»Objekte können nicht über das Blatt hinaus verschoben werden«

oder

»Microsoft Excel kann ausgefüllte Zeichen nicht über das Blatt hinaus verschieben, um einen möglichen Datenverlust zu vermeiden.«

Lösungsansatz

Diese Meldung erscheint, wenn Sie versuchen, neue Spalten einzufügen, und in der Tabelle verbundene Zellen existieren. Um sicherzugehen, empfiehlt es sich, temporär diese verbundenen Zellen aufzulösen. Dazu verfahren Sie wie folgt:

1. Drücken Sie die Tastenkombination ⌷Strg⌷ + ⌷⇧⌷ + ⌷Ende⌷, um alle verwendeten Zellen der Tabelle zu markieren.

2. Wählen Sie aus dem Menü *Format* den Befehl *Zellen*.

3. Wechseln Sie auf die Registerkarte *Ausrichtung*.

4. Deaktivieren Sie das Kontrollkästchen *Zellen verbinden*.

5. Bestätigen Sie mit *OK*.

Die neuen Spalten lassen sich nun ohne Problem einfügen.

Kontrollieren Sie auch, ob Sie bereits alle 256 Spalten gefüllt haben!

Fehlermeldung beim Kopieren

Fehlermeldung

»Für diese Aktion müssen alle verbundenen Zellen dieselbe Größe haben.«

Lösungsansatz

Möglicherweise enthält der Zielbereich verbundene Zellen. Heben Sie den Zellenverbund auf und wiederholen Sie den Vorgang nochmals.

Fehler bei Zellenformaten

Fehlermeldungen

»Zu viele verschiedene Zellformate«

oder auch

»Es können keine weiteren benutzerdefinierten Formate mehr hinzugefügt werden.«

Lösungsansatz

Entfernen Sie nicht mehr benötigte benutzerdefinierte Formate aus der Arbeitsmappe.

1. Wählen Sie aus dem Menü *Format* den Befehl *Zellen*.

2. Wechseln Sie auf die Registerkarte *Zahlen*.

3. Stellen Sie im Listenfeld *Kategorie* den Eintrag *Benutzerdefiniert* ein.

4. Markieren Sie die nicht mehr benötigten Formate und klicken Sie die Schaltfläche *Löschen*.

5. Bestätigen Sie am Ende mit *OK*.

Die Obergrenze von insgesamt 4.000 verschiedenen Zellenformaten kann nicht erweitert werden. Am besten, Sie verwenden eine Standardschriftart. Verwenden Sie auch die Ränder konsistent. Wenn Sie die rechte Seite einer Zelle mit einem Rand versehen, ist es nicht erforderlich, einen Rand auf der linken Seite der Zelle rechts davon hinzuzufügen, da die Ränder sich überlappen.

> **Hinweis**
>
> Auch die bedingte Formatierung unterliegt einer Kapazitätsgrenze. So ist bei mehr als 2.050 Zeilen Schluss.

Zwischenablage kann nicht geleert werden

Fehlermeldung

»Kann die Zwischenablage nicht leeren.«

Lösungsansätze

Diese Fehlermeldung kann mehrere Ursachen haben.

▶ Diese Meldung kann durch einen Grafiktreiber verursacht werden. Versuchen Sie, eine niedrigere Auflösung und/oder Farbtiefe zu wählen, um das Problem zu beheben, bzw. installieren Sie einen aktuelleren Grafiktreiber.

▶ Sie führen einen Vorgang aus, der den Zugriff auf die Zwischenablage erfordert. Die Zwischenablage ist jedoch voll und Excel kann sie nicht leeren. Dies kann aus folgenden Gründen der Fall sein:

– Eine andere Anwendung greift auf die Zwischenablage zu, während Excel 97 versucht, Daten in der Zwischenablage auszuschneiden oder zu kopieren. Versuchen Sie erneut, den aktuellen Vorgang auszuführen.

– Eine andere Anwendung hat auf die Zwischenablage zugegriffen, diese jedoch nicht ordnungsgemäß geschlossen, sodass andere Anwendungen nicht mehr darauf zugreifen können. Beenden Sie Excel 97 und starten Sie Excel erneut. Versuchen Sie nochmals, auf die Zwischenablage zuzugreifen.

▶ Es ist nicht genügend Speicherplatz und/oder es sind nicht genügend Systemressourcen verfügbar, um mit der Zwischenablage zu arbeiten. Versuchen Sie es nach dem Schließen anderer Dokumente und Anwendungen erneut. Führen Sie ggf. einen Neustart des Systems durch.

▶ Die verwendete Mappe ist beschädigt. Versuchen Sie, das Problem an einer neuen Datei zu reproduzieren, und erstellen Sie sich ggf. eine neue Datei über das Menü *Datei/Speichern unter*.

Negative Stundenzahl liefert

Problem

Beim Ergebnis einer negativen Stundenzahl quittiert Excel dieses Ergebnis mit einem nicht enden wollenden Gartenzaun, der die komplette Spaltenbreite ausfüllt.

Lösungsansatz

Excel unterstützt zwei Datumssysteme, von dem eines negative Stunden richtig ausgeben kann. Um dieses Datumsformat einzustellen, verfahren Sie wie folgt:

1. Wählen Sie aus dem Menü *Extras* den Befehl *Optionen*.

2. Wechseln Sie auf die Registerkarte *Berechnung*.

3. Aktivieren Sie das Kontrollkästchen *1904-Datumswerte*.

4. Bestätigen Sie mit *OK*.

> ### Hinweis
>
> Sollten im Tabellenblatt schon Datumswerte stehen, so werden diese um vier Jahre versetzt. Bei der 1904-Datumsrechnung beginnt der erste Tag der Excel-Zeitrechnung am 01.01.1904.

Formel zu lang

Die Eingabe von Formeln in Zellen ist in der Länge der Formel nicht unbegrenzt möglich. Bei mehr als 1.024 Zeichen ab Excel 2000 macht Excel Schluss damit.

Fehlermeldung

»Formel zu lang.«

Lösungsansatz

Versuchen Sie die Formel zu verkürzen und ggf. mit Namen zu arbeiten.

Falsche Addition von Zeiten

Problem

Scheinbar rechnet Excel falsch, wenn Sie versuchen, einige Stundenwerte zu addieren. Immer wenn 24 Stunden vollgelaufen sind, wird wieder bei 0 angefangen, was natürlich ein falsches Ergebnis bringt.

Lösungsansatz

Weisen Sie der Zielzelle das benutzerdefinierte Format [hh]:mm zu. Damit wird das korrekte Ergebnis in Excel angezeigt.

734 Die Reaktion auf Excel-Fehlermeldungen

Die Zirkelbezug-Problematik

Problem

Existiert in einer Arbeitsmappe einer bzw. mehr Zirkelbezüge, dann kann es passieren, dass Sie nicht erkennen können, wo sich der Zirkelbezug befindet.

Lösungsansatz

1. Wählen Sie aus dem Menü *Extras* den Befehl *Optionen*.

2. Wechseln Sie auf die Registerkarte *Berechnung*.

3. Setzen Sie die Berechnungsoption auf *Manuell*.

4. Deaktivieren Sie das Kontrollfeld *Iterationen*.

5. Setzen Sie die Symbolleiste *Detektiv* ein, um den Fehler zu finden.

6. Korrigieren Sie den Fehler und schalten Sie die Berechnung dann wieder ein.

Die PERSONL.XLS-Meldung

Die Meldung, dass eine Datei PERSONL.XLS jetzt wieder bereit oder schreibgeschützt ist und nicht bearbeitet werden kann, hat folgende Ursachen:

Wenn Sie ein Makro aufzeichnen und als Zielort die persönliche Makroarbeitsmappe wählen, legt Excel eine Datei namens PERSONL.XLS an. Die Datei wird ausgeblendet und beim Beenden des Programms im XLSTART-Verzeichnis gespeichert. Mit dem Start des Programms wird auch PERSONL.XLS wieder geladen.

Öffnen Sie, aus welchen Gründen auch immer, eine zweite Excel-Sitzung, wird diese versuchen, die Datei wieder zu laden. Da sie aber von der ersten Excel-Sitzung in Beschlag genommen wurde, erscheint diese Meldung:

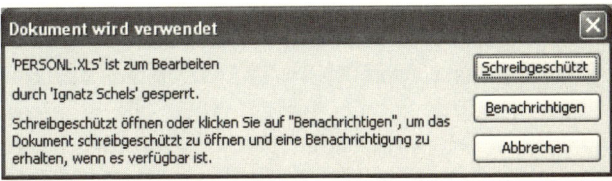

Bild 13.7: Die persönliche Makromappe ist schon geladen

VBA-Makrofehler

Erzeugt ein Makro einen Fehler, dann gibt es hierfür eine ganze Reihe möglicher Fehlerursachen.

Syntax in Ordnung?

Bild 13.8: Diese Meldung deutet auf einen Syntaxfehler hin

Enthält Ihr Programmcode Syntaxfehler, wird beim Starten des Makros eine Syntaxprüfung durchgeführt. Klicken Sie auf die Schaltfläche *OK*. Excel markiert dann den Befehl im Makro, an dem der Syntaxfehler auftritt. Informieren Sie sich über die richtige Syntax des Befehls, indem Sie die Taste F1 drücken und in der Online-Hilfe nachsehen.

Variablendefinition gegeben?

Einen weiteren häufigen Fehlerfall stellt das Fehlen der Definitionen von Variablen dar. Die Meldung in dem folgenden Bild tritt jedoch nur auf, wenn Sie in Ihrem Modulblatt die Anweisung `Option=exlicit` angegeben haben. Diese Anweisung bewirkt, dass Variablen definiert werden müssen, um eingesetzt werden zu können. Diese Einstellung sollten Sie auf jeden Fall beibehalten, weil sie später die Suche nach Fehlern erleichtert und für eine bessere Übersichtlichkeit sorgt.

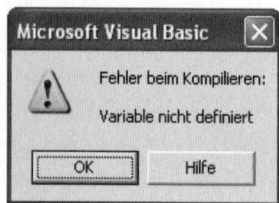

Bild 13.9: Die Variable ist nicht definiert

Definieren Sie die fehlende Variable und starten Sie das Makro erneut.

Objekt vorhanden?

Oft treten Fehler auf, wenn Sie versuchen, auf Elemente in Excel zuzugreifen, die gar nicht zur Verfügung stehen. So liefert der Versuch, auf ein Tabellenblatt zu springen, welches in der Arbeitsmappe nicht vorhanden ist, die Fehlermeldung in dem folgenden Bild.

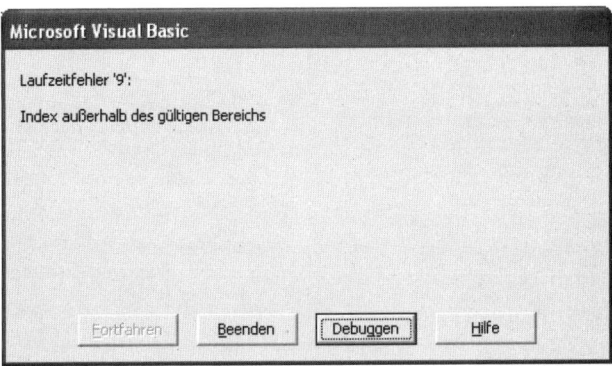

Bild 13.10: Laufzeitfehler Nummer 9

Wenn Sie auf die Schaltfläche *Debuggen* klicken, springt Excel genau an die Stelle im Code, die diesen Fehler verursacht. Alternative Nummern von Fehlermeldungen für dasselbe Problem sind 424 bzw. 1.004.

Tipp

Eine komplette Liste von auffangbaren Fehlern können Sie der Online-Hilfe entnehmen, wenn Sie den Suchbegriff *AUFFANGBARE FEHLER* eingeben.

Klicken Sie auf den Hyperlink der Fehlerbezeichnung, um weitere Informationen zum Fehler und eine Beschreibung zu erhalten, wie Sie diesen Fehler vermeiden können.

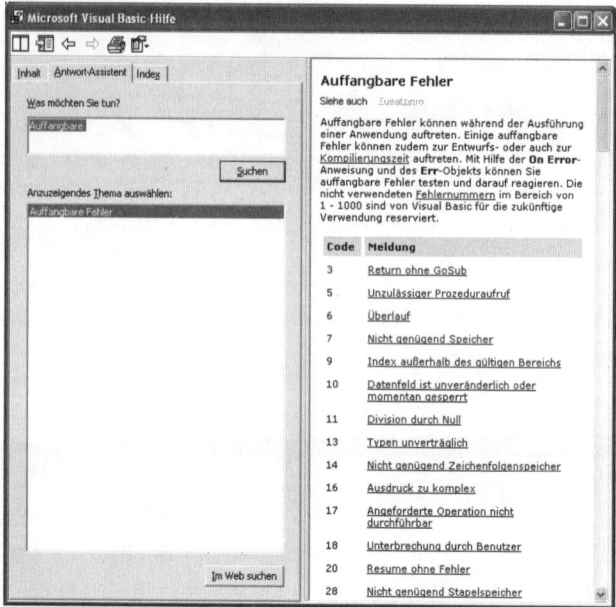

Bild 13.11: Alle auffangbaren Fehler in der Online-Hilfe von Excel

Methode, Eigenschaft verfügbar?

Zum Fehler kommt es auch, wenn Sie versuchen, eine Eigenschaft bzw. eine Methode, welche gar nicht zu Verfügung steht, auf ein Objekt anzuwenden.

Hier empfiehlt es sich, im Objektkatalog nachzusehen, welche Eigenschaften bzw. Methoden das Objekt zur Verfügung hat. Drücken Sie in der Entwicklungsumgebung die Taste F2, um den Objektkatalog zu starten, und listen Sie alle Eigenschaften und Methoden zum gewünschten Objekt auf.

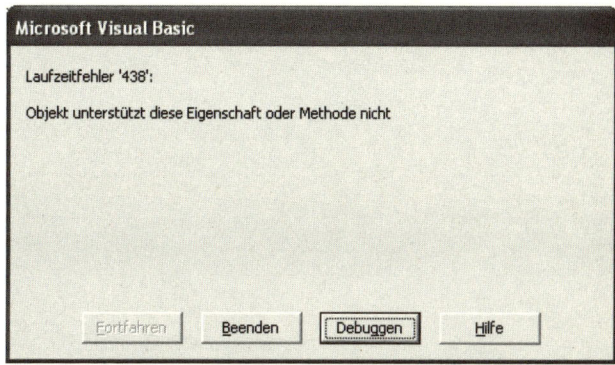

Bild 13.12: Laufzeitfehler 438

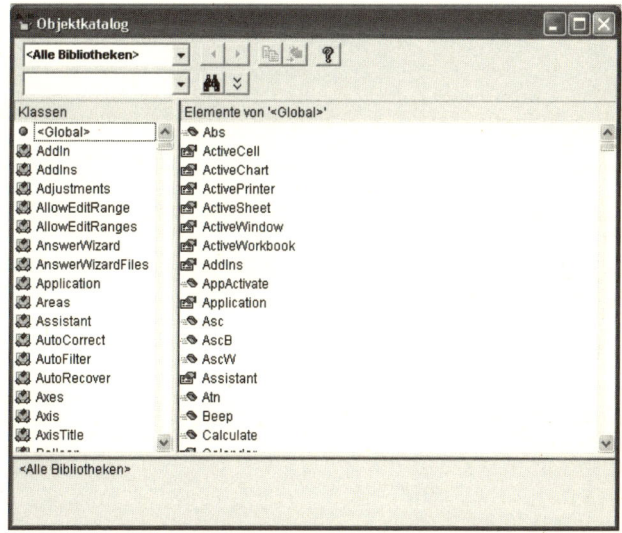

Bild 13.13: Der Objektkatalog gibt Auskunft über verfügbare Methoden und Eigenschaften

14
Alle Tastenkombinationen

ENTER	Schließt die Eingabe Enter in einer Zelle ab
ESC	Bricht die Eingabe Enter ab
F4	Wiederholt die letzte Aktion
ALT + ENTER	Beginnt eine neue Zeile in derselben Zelle
STRG + ALT + ⇆	Fügt einen Tabstopp in eine Zelle ein
←	Löscht das Zeichen links von der Einfügemarke oder löscht die Markierung
Entf	Löscht das Zeichen rechts der Einfügemarke oder löscht die Markierung
STRG + Entf	Löscht den Text bis zum Ende der Zelle
[Pos1]	Geht an den Anfang der Zelle
⇧ + F2	Bearbeitet eine Zellnotiz
STRG + ⇧ + F3	Erstellt Namen aus dem Text in der Zelle
STRG + U	Füllt nach unten aus
STRG + R	Füllt nach rechts aus
STRG + ENTER	Füllt den markierten Zellbereich mit dem aktuellen Eintrag aus

ENTER	Schließt die Zelleingabe ab und bewegt sich in der Markierung nach unten
⬙ + ENTER	Schließt die Zelleingabe ab und bewegt sich in der Markierung nach oben
⇥	Schließt die Zelleingabe ab und bewegt sich in der Markierung nach rechts
⬙ + ⇥	Schließt die Zelleingabe ab und bewegt sich in der Markierung nach links

Formatieren von Daten

ALT + ' (Apostroph)	Führt den Befehl *Formatvorlage* (Menü *Format*) aus
STRG + 1	Führt den Befehl *Zellen* (Menü *Format*) aus
STRG + &	Weist das Standard-Zahlenformat zu
STRG + $	Weist das Währungsformat mit zwei Dezimalstellen zu (negative Zahlen werden in Klammern dargestellt)
STRG + %	Weist das Prozentformat ohne Dezimalstellen zu

`STRG` + `(`	Weist das Format für Exponentialzahlen mit zwei Dezimalstellen zu
`STRG` + `⇧` + `!`	Weist das Format mit zwei Dezimalstellen und Tausendertrennzeichen zu
`STRG` + `_` (Unterstrich)	Weist einen Gesamtrahmen zu
`STRG` + `ALT` + `_` (Unterstrich)	Entfernt alle Gesamtrahmen
`STRG` + `⇧` + `F`	Weist die Formatierung *Fett* zu oder entfernt sie
`STRG` + `⇧` + `K`	Weist die Formatierung *Kursiv* zu oder entfernt sie
`STRG` + `⇧`+`U`	Weist die Formatierung *Unterstrichen* zu oder entfernt sie
`STRG` + `5`	Weist die Formatierung *Durchgestrichen* zu oder entfernt sie

Bearbeiten und Verschieben von Daten

Markieren in Tabellenblättern und Arbeitsmappen

⬦ + PFEILTASTE	Erweitert die Markierung um eine Zelle
STRG + ⬦ + PFEILTASTE	Erweitert die Markierung in Pfeilrichtung bis an den Rand des aktuellen Datenbereichs
⬦ + POS1	Erweitert die Markierung bis zum Anfang der Zeile
STRG + ⬦ + POS1	Erweitert die Markierung bis zum Anfang des Tabellenblatts
STRG + ⬦ + ENDE	Erweitert die Markierung bis zur letzten Zelle des Tabellenblatts (rechte untere Ecke)
STRG + ⬚	Markiert die gesamte Spalte
⬦ + ⬚	Markiert die gesamte Zeile
STRG + A	Markiert das gesamte Tabellenblatt
⬦ + ←	Reduziert die Markierung auf die aktive Zelle
⬦ + BILD ↓	Erweitert die Markierung um eine Bildschirmseite nach unten
⬦ + BILD ↑	Erweitert die Markierung um eine Bildschirmseite nach oben

`STRG` + `*` (Stern)	Markiert den aktuellen Daten-bereich
`STRG` + `⇧` + `_____`	Markiert alle Objekte auf einem Blatt, falls ein Objekt markiert ist
`STRG` + `6`	Wechselt zwischen dem Ein- und Ausblenden von Objekten und dem Anzeigen von Platzhal-tern für Objekte
`STRG` + `0` (Null)	Blendet die Standard-Symbol-leiste ein oder aus
`ENDE`	Schaltet den Ende-Modus ein oder aus
`ENDE`, `⇧` + `Cursor`	Erweitert die Markierung in Pfeilrichtung bis zum Ende des Datenbereichs
`ENDE`, `⇧` + `POS1`	Erweitert die Markierung bis zur letzten Zelle im Tabellen-blatt (untere rechte Ecke)
`ENDE`, `⇧` + `ENTER`	Erweitert die Markierung bis zur letzten Zelle in der aktuellen Zeile (steht nicht zur Verfügung, wenn das Kontrollkästchen *Alternative Bewegungstasten* aktiviert wurde)
`↑` oder `↓`	Führt den Bildlauf um eine Zeile nach oben oder unten durch
`←` oder `→`	Führt den Bildlauf um eine Spalte nach links oder rechts durch

⟨⌂⟩ + ⟨POS1⟩	Erweitert die Markierung bis zur obersten linken Zelle im Fenster
⟨⌂⟩ + ⟨ENDE⟩	Erweitert die Markierung bis zur untersten rechten Zelle im Fenster
⟨Rollen⟩	Schaltet den Bildlauf-Feststellmodus ein oder aus

Hinweis

Wenn Sie die Tasten für den Bildlauf (wie ⟨BILD ↑⟩ und ⟨BILD ↓⟩) bei ausgeschaltetem Bildlauf-Feststellmodus verwenden, wird die Markierung über den Bereich des Bildlaufs erweitert. Soll die Markierung beibehalten werden, müssen Sie zunächst den Bildlauf-Feststellmodus einschalten.

Markieren von Zellen mit besonderen Merkmalen

⟨STRG⟩ + ⟨⌂⟩ + ⟨N⟩	Markiert alle Zellen mit Notizen
⟨STRG⟩ + ⟨/⟩	Markiert die gesamte Matrix, zu der die aktive Zelle gehört

STRG + \	Markiert die Zellen, deren Inhalt von dem der Vergleichszelle in jeder Zeile verschieden ist (die Vergleichszelle befindet sich in jeder Zeile in der gleichen Spalte wie die aktive Zelle)
STRG + ⇧ + Ö	Markiert Zellen, deren Inhalt sich von dem der Vergleichszelle in jeder Spalte unterscheidet (die Vergleichszelle befindet sich in jeder Spalte in der gleichen Zeile wie die aktive Zelle)
STRG + Ü	Markiert nur die Zellen, auf die sich Formeln in der Markierung direkt beziehen
STRG + ⇧ + Ü	Markiert alle Zellen, auf die sich Formeln in der Markierung direkt oder indirekt beziehen
STRG + Ä	Markiert nur die Zellen mit Formeln, die sich direkt auf die aktive Zelle beziehen
STRG + ⇧ + Ä	Markiert alle Zellen mit Formeln, die sich direkt oder indirekt auf die aktive Zelle beziehen
ALT + Ö	Markiert nur sichtbare Zellen in der aktuellen Markierung

Markieren von Diagrammelementen

> **Hinweis**
>
> Einige Elemente, wie z.B. Datenreihen und Datenbe-
> schriftungen, sind in Gruppen zusammengefasst.
> Markieren Sie zuerst die gesamte Gruppe und
> anschließend das einzelne Element der Gruppe.

↓	Markiert die vorherige Gruppe von Elementen
↑	Markiert die nächste Gruppe von Elementen
→	Markiert das nächste Element in der Gruppe
←	Markiert das vorherige Element in der Gruppe

Bewegen innerhalb einer Markierung

ENTER	Bewegt sich in der Markierung von oben nach unten oder eine Zelle nach rechts, wenn nur eine Zeile markiert ist
⇧ + ENTER	Bewegt sich in der Markierung von unten nach oben oder eine Zelle nach links, wenn nur eine Zeile markiert ist

⬚	Bewegt sich in der Markierung von links nach rechts. Ist die letzte Zelle markiert, springt der Zellzeiger auf die erste Zelle.
⬚ + ⬚	Bewegt sich in der Markierung von rechts nach links. Ist die erste Zelle markiert, springt der Zellzeiger auf die erste Zelle.
STRG + ' (Apostroph)	Bewegt sich im Uhrzeigersinn zur nächsten Ecke der Markierung
STRG + ALT + →	Bewegt sich nach rechts zwischen nicht angrenzenden Markierungen
STRG + ALT + ←	Bewegt sich nach links zwischen nicht angrenzenden Markierungen

Einfügen, Löschen und Kopieren einer Markierung

STRG + C	Kopiert die Markierung
STRG + V	Fügt die Markierung ein
STRG + X	Schneidet die Markierung aus
Entf	Löscht in der Markierung Formeln und Daten
STRG + ⬚ + +	Fügt leere Zellen ein

STRG + -	Löscht die Markierung
STRG + Z	Macht die letzte Aktion rück-gängig

Bewegen in Tabellenblättern und Arbeitsmappen

Cursor	Bewegt sich um eine Zelle in Pfeilrichtung
STRG + Cursor	Bewegt sich an den Rand des aktuellen Datenbereichs
⇥	Bewegt sich zwischen nicht gesperrten Zellen in einem geschützten Tabellenblatt
POS1	Geht zum Anfang der Zeile
STRG + POS1	Geht zum Anfang des Tabellen-blatts
STRG + ENDE	Geht zur letzten Zelle im Tabel-lenblatt (in der unteren linken Ecke)
BILD ↓	Bewegt sich eine Bildschirmseite nach unten
BILD ↑	Bewegt sich eine Bildschirmseite nach oben
ALT + BILD ↓	Bewegt sich eine Bildschirmseite nach rechts
ALT + BILD ↑	Bewegt sich eine Bildschirmseite nach links

STRG + BILD ↓	Wechselt zum nächsten Blatt in der Arbeitsmappe
STRG + BILD ↑	Wechselt zum vorherigen Blatt in der Arbeitsmappe
STRG + F6	Wechselt zur nächsten Arbeitsmappe
STRG + ⇧ + F6	Wechselt zur vorherigen Arbeitsmappe
F6	Wechselt zum nächsten Ausschnitt
⇧ + F6	Wechselt zum vorherigen Ausschnitt
ENDE	Schaltet den Ende-Modus ein oder aus
ENDE, Cursor	Bewegt sich in einer Spalte oder Zeile in Pfeilrichtung zum Ende des Blocks
ENDE, POS1	Bewegt sich zur letzten Zelle im Tabellenblatt (in der unteren rechten Ecke)
ENDE, ENTER	Bewegt sich zur letzten Zelle der aktuellen Zeile (steht nicht zur Verfügung, wenn das Kontrollkästchen Alternative Bewegungstasten aktiviert ist)
POS1	Wechselt zur Zelle in der oberen linken Ecke des Fensters

`ENDE`	Wechselt zur Zelle in der oberen rechten Ecke des Fensters
`Rollen`	Schaltet den Bildlauf-Feststellmodus ein oder aus

Hinweis

Wenn Sie die Tasten für den Bildlauf (wie `BILD ↑` und `BILD ↓`) bei ausgeschaltetem Bildlauf-Feststellmodus verwenden, wird die Markierung über den Bereich des Bildlaufs erweitert. Soll die Markierung beibehalten werden, müssen Sie zunächst den Bildlauf-Feststellmodus einschalten.

Blättern in einem Arbeitsmappenfenster

`BILD ↑` oder `BILD ↓`	Bewegt sich um eine Bildschirmseite nach oben oder unten
`ALT` + `BILD ↓`	Bewegt sich um eine Bildschirmseite nach rechts
`ALT` + `BILD ↑`	Bewegt sich um eine Bildschirmseite nach links
`STRG` + `BILD ↑`	Geht zum vorherigen Blatt in der Arbeitsmappe
`STRG` + `BILD ↓`	Geht zum nächsten Blatt in der Arbeitsmappe

`STRG` + `F6` oder `STRG` + `⇥`	Zeigt das nächste Fenster an
`STRG` + `⇧` + `F6` oder `STRG` + `⇧` + `⇥`	Zeigt das vorherige Fenster an
`STRG` + `←`	Zeigt die aktive Zelle an
`Rollen`	Schaltet den Bildlauf-Feststell-modus ein oder aus
`↑` oder `↓` (bei eingeschaltetem Bildlauf-Feststell-modus)	Führt den Bildlauf um eine Zeile nach oben oder unten durch
`←` oder `→` (bei eingeschaltetem Bildlauf-Feststell-modus)	Führt den Bildlauf um eine Spalte nach links oder rechts durch

15
Die volle Zellen-Power

In diesem Kapitel erfahren Sie anhand von wertvollen Zellen-Makros, wie man diese nützlichen Funktionen in ein eigenes Menü packen und darauf aufbauend ein Add-In erstellen kann.

Beim Add-In *Zellen-Power* handelt es sich um ein Add-In, mit dem Standardaufgaben, wie beispielsweise das Aufspüren und Kennzeichnen von Extremwerten, das Einfügen von Kommentaren und vieles mehr, noch schneller erledigt werden können. Auch das Markieren von besonderen Zellen wie beispielsweise Formelzellen oder Zellen, die eine Gültigkeit oder ein bedingtes Format enthalten, wird durch den Einsatz dieses Add-Ins zum Kinderspiel. Sollen bestimmte Zellen in einer Tabelle gelöscht oder Formate, Kommentare oder ähnliches entfernt werden, dann empfiehlt sich auch hierfür das Add-In.

Was sind Add-Ins?

Add-Ins sind nützliche Makros, die mit Excel geladen werden und in der Regel neue Funktionen, Menüs oder Symbole bzw. Symbolleisten anlegen. Diese »Tools« stellen kleine, nützliche Zusatzprogramme dar. So gibt es beispielsweise ein Add-In, welches in regelmäßigen Abständen zum Speichern der aktiven Arbeitsmappe auffordert, eines für die Umrechnung von Fremdwährungen in Euro und noch viele andere. Einige Menüeinträge in Excel stammen aus Add-Ins, die automatisch mit dem

Start von Excel aktiviert werden, so zum Beispiel der *Solver*. Entwickler nutzen die Möglichkeit, Add-Ins zu programmieren, um ihre Programme in die Menüoberfläche von Excel einzubinden.

Das eigene Menü zur Laufzeit

Die einzelnen Befehle und Funktionen der Add-Ins werden in einem eigenen Menü, ganz rechts in der Arbeitsplatzmenüleiste, angeboten. Dazu wird folgendes Makro aus Listing 15.1 erstellt.

Listing 15.1: Das eigene Menü erstellen

```
Sub NeuesMenüEinfügen()
Dim intPos As Integer
Dim intPosHilfe As Integer
Dim intMenueZ As Integer
Dim MenueNeu As CommandBarControl
Dim Mb As CommandBarControl
Dim unterm As CommandBarPopup

For intMenueZ = 1 To Applica-tion.CommandBars(1).
Controls.Count
 If Application.CommandBars(1).Controls(intMenueZ).
  Caption = "Zellen-Power" Then Exit Sub
Next intMenueZ

 intPos = Application.CommandBars(1).Controls.Count
 intPosHilfe = Applicati-on.CommandBars(1).Controls
  (intPos).Index
 Set MenueNeu = Application.CommandBars(1). _
 Controls.Add(Type:=msoControlPopup, _
 Before:=intPosHilfe, Temporary:=True)
 MenueNeu.Caption = "Zellen-Power"
```

```
Set Mb = MenueNeu.Controls.Add _
    (Type:=msoControlPopup)
With Mb
    .Caption = "Markierte Zellen..."
    .BeginGroup = True
End With

With Mb.Controls.Add(Type:=msoControlButton)
.Caption = "Höchstwert finden"
.FaceId = 25
.OnAction = "HöchstWertFinden"
End With

With Mb.Controls.Add(Type:=msoControlButton)
.Caption = "Kleinstwert finden"
.FaceId = 202
.OnAction = "MinWertFinden"
End With

With Mb.Controls.Add(Type:=msoControlButton)
.Caption = "Kommentar einfügen"
.FaceId = 1546
.Style = msoButtonIconAndCaption
.OnAction = "NotizEinfügenInZellen"
.BeginGroup = True
End With

With Mb.Controls.Add(Type:=msoControlButton)
.Caption = "Zellentext als Kommentar"
.FaceId = 1546
.Style = msoButtonIconAndCaption
.OnAction = "ZellentextAlsKommentar"
End With

With Mb.Controls.Add(Type:=msoControlButton)
.Caption = "säubern"
.FaceId = 536
.Style = msoButtonIconAndCaption
```

```
 .OnAction = "ZellenSäubern"
 .BeginGroup = True
 End With

 With Mb.Controls.Add(Type:=msoControlButton)
  .Caption = "Leerzeichen vorne/hinten raus"
  .FaceId = 47
  .Style = msoButtonIconAndCaption
  .OnAction = "LeerzeichenEntfernen"
 End With

 With Mb.Controls.Add(Type:=msoControlButton)
 .Caption = "Zellenverbund aufheben"
 .FaceId = 800
 .Style = msoButtonIconAndCaption
.OnAction = "ZellenverbundAufheben"
 .BeginGroup = True
 End With

 With Mb.Controls.Add(Type:=msoControlButton)
 .Caption = "Buchstaben eliminieren"
 .FaceId = 290
 .Style = msoButtonIconAndCaption
 .OnAction = "BuchstabenEntfernen"
 .BeginGroup = True
 End With

 With Mb.Controls.Add(Type:=msoControlButton)
 .Caption = "Zahlen eliminieren"
 .FaceId = 358
 .Style = msoButtonIconAndCaption
 .OnAction = "ZahlenEntfernen"
 End With

 With Mb.Controls.Add(Type:=msoControlButton)
 .Caption = "Formeln in Festtext"
 .FaceId = 99
 .Style = msoButtonIconAndCaption
```

```
 .OnAction = "FormelnInFesttext"
 End With

Set Mb = MenueNeu.Controls.Add _
(Type:=msoControlPopup)
 With Mb
 .Caption = "Markieren..."
 .BeginGroup = True
 End With
 With Mb.Controls.Add(Type:=msoControlButton)
 .Caption = "Alle Kommentarzellen"
 .FaceId = 1589
 .OnAction = "KommentarzellenMarkieren"
 End With
 With Mb.Controls.Add(Type:=msoControlButton)
 .Caption = "Alle Formelzellen"
 .FaceId = 622
 .OnAction = "Formelzellenmarkieren"
 End With
 With Mb.Controls.Add(Type:=msoControlButton)
 .Caption = "Alle Zellen mit Gültigkeitsprüfung"
 .FaceId = 1019
 .OnAction = "Gültigkeitszellenmarkieren"
 End With
 With Mb.Controls.Add(Type:=msoControlButton)
 .Caption = "Alle Zellen mit bedingten Formaten"
 .FaceId = 439
 .OnAction = "BedingteFormatzellenmarkieren"
 End With

 Set Mb = MenueNeu.Controls.Add _
 (Type:=msoControlPopup)
 With Mb
 .Caption = "Löschen..."
 .BeginGroup = True
 End With

 With Mb.Controls.Add(Type:=msoControlButton)
```

```
.Caption = "Alle Kommentare"
.FaceId = 1592
.OnAction = "KommentareLöschen"
End With
With Mb.Controls.Add(Type:=msoControlButton)
.Caption = "Alle Formeln und Verknüpfungen"
.FaceId = 358
.OnAction = "FormelnLöschen"
End With
With Mb.Controls.Add(Type:=msoControlButton)
.Caption = "Alle Inhalte"
.FaceId = 1786
.OnAction = "InhalteLöschen"
End With
With Mb.Controls.Add(Type:=msoControlButton)
.Caption = "Alle Gültigkeitsprüfungen"
.FaceId = 358
.OnAction = "GültigkeitLöschen"
End With
With Mb.Controls.Add(Type:=msoControlButton)
.Caption = "Alle bedingten Formate"
.FaceId = 1786
.OnAction = "BedFormateLöschen"
End With
With Mb.Controls.Add(Type:=msoControlButton)
.Caption = "Alle Formate"
.FaceId = 358
.OnAction = "FormateLöschen"
End With
End Sub
```

Bei der Erstellung des neuen Menüs wird in einer
Schleife vorab überprüft, ob das Menü eventuell bereits
schon angelegt ist. In diesem Fall wird das Makro über
die Anweisung Exit Sub beendet. Mithilfe der Anweisung Application.CommandBars(1).Controls.Count wird
die genaue Einfügeposition des neuen Menübefehls in

der Arbeitsblattmenüleiste (`Controls.Count`) ermittelt.
Danach wird der neue Menübefehl über die Methode `Add`
vor dieser Einfügestelle integriert. Über die Eigenschaft
`Caption` wird die Beschriftung des Menübefehls, also der
Text, der im Menü angezeigt werden soll, festgelegt. Bei
der Eigenschaft `OnAction` wird bekannt gegeben, welches
Makro ausgeführt wird, wenn der entsprechende Menübefehl ausgewählt wird. Die Eigenschaft `BeginGroup`
sorgt dafür, dass ein horizontaler Trennstreifen vor dem
Befehl im Menü eingefügt wird. Mithilfe der Eigenschaft
`FaceId` können Sie das Symbol für den jeweiligen Befehl
festlegen.

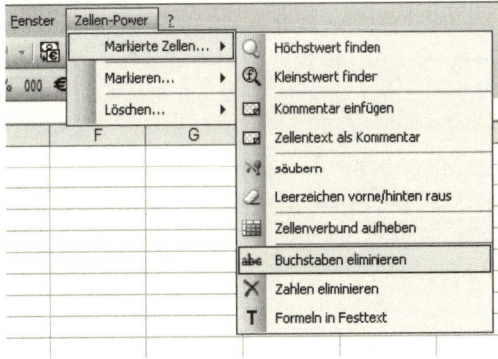

*Bild 15.1: Das neue Menü mit Zusatzfunktionen für
die Zellen bearbeitung*

Menü entfernen

Um das Menü wieder zu entfernen, wird das Makro aus
Listing 15.2 eingesetzt.

Listing 15.2: Das eigene Menü wieder entfernen

```
Sub MenüLöschen()
On Error Resume Next
    With Application.CommandBars(1)
        .Controls("Zellen-Power").Delete
    End With
End Sub
```

Damit die beiden Makros automatisch ausgeführt wer-
den, erfolgt der Aufruf der Makros innerhalb der Ereig-
nisse Workbook_Open und Workbook_Before Close. Sinn und
Zweck dieser Vorgehensweise ist, dass beim Öffnen der
Arbeitsmappe bzw. beim Aktivieren des späteren Add-
Ins das Menü automatisch angelegt wird. Beim Schließen
bzw. Deaktivieren des Add-Ins wird dann das Menü wie-
der gelöscht. Sehen Sie sich dazu das Listing 15.3 an.
Legen Sie diese beiden Ereignisse direkt hinter die Klasse
DieseArbeitsmappe.

Listing 15.3: Mehr Automatismus über Ereignisse erreichen

```
Private Sub Workbook_BeforeClose(Cancel As Boolean)
MenüLöschen
End Sub

Private Sub Workbook_Open()
NeuesMenüEinfügen
End Sub
```

Die einzelnen Funktionen des Add-Ins

Das neue Menü ist in drei Kategorien eingeteilt. In der Gruppe MARKIERTE ZELLEN werden alle Aufgaben, die in dieser Gruppe stehen, für alle vorher markierten Zellen durchgeführt.

Aufgaben mit markierten Zellen durchführen

Unter anderem sind dies Funktionen für das Säubern von Zellen und Automatisierungsfunktionen wie das Auffinden von Extremwerten in einem markierten Bereich. Entnehmen Sie dem Listing 15.4 alle Funktionen aus dem Menüpunkt MARKIERTE ZELLEN.

Listing 15.4: Die Funktionen aus der Kategorie
MARKIERTE ZELLEN

```
Sub LeerzeichenEntfernen()
Dim rngZelle As Range

For Each rngZelle In Selection
 rngZelle.Value = Trim(rngZelle.Value)
Next rngZelle
End Sub

Sub ZellenSäubern()
Dim rngZelle As Range

For Each rngZelle In Selection
 rngZelle.Value = Application.Clean(rngZelle.Value)
Next rngZelle
End Sub

Sub NotizEinfügenInZellen()
Dim strEingabe As String
Dim rngZelle As Range
```

```
strEingabe = InputBox("Geben Sie den Kommentartext
ein!")
If Len(strEingabe) = 0 Then Exit Sub
For Each rngZelle In Selection
 With rngZelle
On Error Resume Next
 .AddComment
 .Comment.Text strEingabe
 .Comment.Visible = True
 .Comment.Shape.Select
 .Comment.Shape.TextFrame.AutoSize = True
 .Comment.Visible = False
 End With
 Next rngZelle
End Sub


Sub ZellentextAlsKommentar()
Dim rngZelle As Range

For Each rngZelle In Selection
 With rngZelle
On Error Resume Next
 .AddComment
 .Comment.Text rngZelle.Value
 .Comment.Visible = True
 .Comment.Shape.Select
 .Comment.Shape.TextFrame.AutoSize = True
 .Comment.Visible = False
 End With
Next rngZelle
End Sub


Sub MaxWertFinden()
Dim rngZelle As Range
Dim sngWert As Single
sngWert = Application.WorksheetFunction.Max(Selection)
For Each rngZelle In Selection
```

```
  If rngZelle.Value = sngWert Then rngZelle.Interior.
  ColorIndex = 5
Next rngZelle
End Sub


Sub MinWertFinden()
Dim rngZelle As Range
Dim sngWert As Single

sngWert = Application.WorksheetFunction.Min(Selection)
For Each rngZelle In Selection
  If rngZelle.Value = sngWert Then rngZelle.Interior.
  ColorIndex = 3
Next rngZelle
End Sub


Sub ZellenverbundAufheben()
Dim rngZelle As Range

For Each rngZelle In Selection
  If rngZelle.MergeCells = True Then
   rngZelle.MergeCells = False
  End If
Next rngZelle
End Sub


Sub BuchstabenEntfernen()
Dim rngZelle As Range
Dim intZ As Integer
Dim strNeu As String

For Each rngZelle In Selection
 For intZ = 1 To Len(rngZelle)
  Select Case Asc(Mid(rngZelle, intZ, 1))
   Case 0 To 64, 123 To 197
    strNeu = strNeu & Mid(rngZelle, intZ, 1)
   End Select
  Next intZ
```

```vba
   rngZelle.Value = strNeu
   strNeu = ""
 Next rngZelle
 End Sub


 Sub ZahlenEntfernen()
 Dim rngZelle As Range
 Dim intZ As Integer
 Dim strNeu As String

 For Each rngZelle In Selection
  For intZ = 1 To Len(rngZelle)
   Select Case Asc(Mid(rngZelle, intZ, 1))
    Case 48 To 57
    'leerer Zweig
    Case Else
     strNeu = strNeu & Mid(rngZelle, intZ, 1)
  End Select
  Next intZ
  rngZelle.Value = strNeu
  strNeu = ""
 Next rngZelle
 End Sub


 Sub FormelnInFesttext()
 Dim rngZelle As Range

 For Each rngZelle In Selection
  rngZelle.Value = rngZelle.Value
 Next rngZelle
 End Sub
```

Bestimmte Zellen markieren

Die Gruppe MARKIEREN enthält Funktionen, die spezielle Zellen einer Tabelle markieren. Unter anderem sind dies Zellen, die Formeln, bedingte Formate, Gültigkeiten oder Kommentare enthalten. Aus Listing 15.5 können Sie alle Funktionen dieser Kategorie entnehmen.

Listing 15.5: Die Funktionen aus der Kategorie
MARKIEREN

```
Sub KommentarzellenMarkieren()
On Error GoTo fehler

 Selection.SpecialCells(xlCellTypeComments).Select
Exit Sub
fehler:
MsgBox "Es gibt keine Kommentare in der Tabelle!", _
 vbInformation
End Sub


Sub FormelzellenMarkieren()
On Error GoTo fehler

 Selection.SpecialCells(xlCellTypeFormulas).Select
Exit Sub

fehler:
MsgBox "Es gibt keine Formeln in der Tabelle!", _
vbInformation
End Sub


Sub GültigkeitszellenMarkieren()
On Error GoTo fehler

 Selection.SpecialCells(xlCellTypeAllValidation).Select
Exit Sub
```

```
fehler:
MsgBox "Es gibt keine Zellen mit Gültigkeitsfunktion in
der Tabelle!",
vbInformation
End Sub


Sub BedingteFormatzellenMarkieren()
On Error GoTo fehler

Selection.SpecialCells(xlCellTypeAllFormatConditions).
 Select
Exit Sub

fehler:
MsgBox "Es gibt keine Zellen mit bedingten Formaten in
 der Tabelle!",
vbInformation
End Sub
```

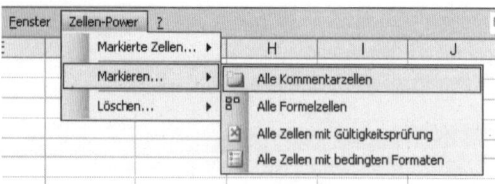

Bild 15.2: Funktionen aus dem Menü MARKIEREN

Bestimmte Zellen löschen

In der letzten Gruppe LÖSCHEN sind Funktionen untergebracht, über die Sie Formeln und Verknüpfungen,
bedingte Formate, Gültigkeiten und Kommentare
löschen können, die sich in einer Tabelle befinden. Dazu
müssen vorher keine Zellen markiert werden. Die
Makros aus dieser Gruppe finden Sie in Listing 15.6.

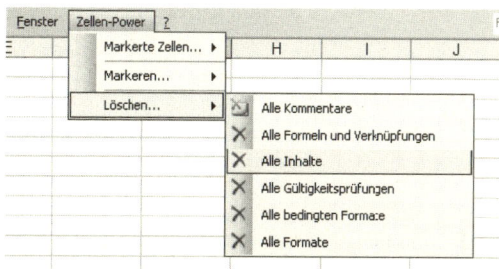

Bild 15.3: Funktionen aus dem Menü LÖSCHEN

Listing 15.6: Die Makros aus der LÖSCHEN *Kategorie*

```
Sub KommentareLöschen()
Dim Notiz As Comment

On Error GoTo fehler
For Each Notiz In ActiveSheet.Comments
 Notiz.Delete
Next Notiz
Exit Sub

fehler:
MsgBox "Es gibt keine Kommentare in der Tabelle!", _
        vbInformation
End Sub

Sub FormelnLöschen()
Dim rngZelle As Range

On Error GoTo fehler
 Selection.SpecialCells(xlCellTypeFormulas).Select

 For Each rngZelle In Selection
 rngZelle.Value = rngZelle.Value
 Next rngZelle
Exit Sub
```

```
fehler:
MsgBox "Es gibt keine Formeln in der Tabelle!", _
        vbInformation
End Sub

Sub GültigkeitLöschen()
Dim rngZelle As Range

On Error GoTo fehler
 Selection.SpecialCells(xlCellTypeAllValidation).Select

 For Each rngZelle In Selection
 rngZelle.Validation.Delete
 Next rngZelle
Exit Sub

fehler:
MsgBox "Es gibt keine Zellen mit Gültigkeitsprüfung in
        der Tabelle!",
vbInformation
End Sub

Sub BedFormateLöschen()
Dim rngZelle As Range

On Error GoTo fehler
 Selection.SpecialCells _
(xlCellTypeAllFormatConditions).Select

 For Each rngZelle In Selection
 rngZelle.FormatConditions.Delete
 Next rngZelle
Exit Sub
```

Das Add-In erstellen und einrichten

Um ein Add-In zu erstellen, sollten zuerst die Eigenschaften im Menü DATEI gepflegt werden. Auf der Registerkarte ZUSAMMENFASSUNG sollten zumindest der Titel sowie einige Kommentare eingeben werden. Diese Informationen werden später im ADD-INS-MANAGER angezeigt. Ein Add-In wird immer aus einer ganz normalen Arbeitsmappe erzeugt, indem diese in das Add-In-Format (*.xla*) umgewandelt wird. Um ein Add-In aus einer Standardarbeitsmappe zu erstellen, wird der Dialog SPEICHERN UNTER aus dem Menü DATEI aufgerufen. Im diesem Dialog wird im Drop-down-Feld DATEITYP der Eintrag *Microsoft Excel-Add-In (*.xla)* ausgewählt. Daraufhin wird das Standardverzeichnis ADDINS eingestellt, in dem das Add-In gespeichert werden kann. Nachdem der Erstellung des Add-Ins wird Excel sicherheitshalber geschlossen und direkt danach wieder geöffnet.

Nun wird das Add-In eingebunden, indem folgende Schritte durchgeführt werden:

▶ Aus dem Menü EXTRAS wird der Befehl ADD-IN-MANAGER (*Excel 97*) beziehungsweise der Befehl ADD-INS *(2000/XP)* gewählt.

▶ Ein Klick wird auf die Schaltfläche DURCHSUCHEN durchgeführt sowie der Ordner eingestellt, der das Add-In enthält.

▶ Das Add-In *ZellenPower.xla* wird markiert.

▶ Die Bestätigung erfolgt mit einem Klick auf OK.

▶ Das Add-In wird jetzt eingebunden. Der ADD-IN-MANAGER kann mit einem Klick auf OK geschlossen werden.

Nach dem Einbinden steht das Add-In über das Menü
ZELLEN-POWER in der Arbeitsblattmenüleiste zur Verfügung.

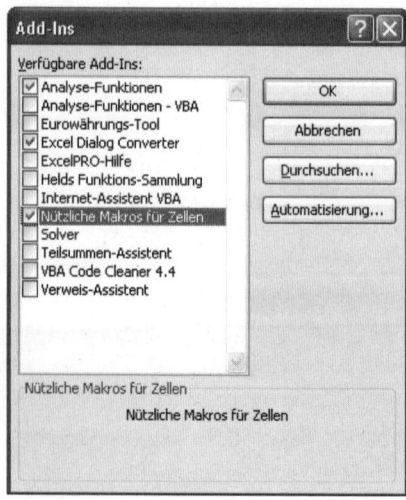

Bild 15.4: Das AddIn wird über den Add-Ins-Manager
eingebunden.

Stichwortverzeichnis

Zahlen-Festival!

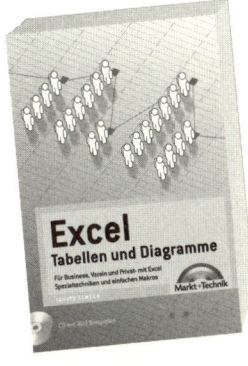

Ignatz Schels
3-8272-4010-7
19.95 EUR [D]

Ignatz Schels
3-8272-6836-2
19.95 EUR [D]

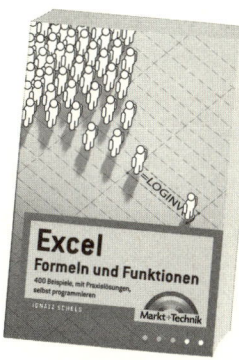

Von diesen Büchern können Sie nur profitieren! Sie helfen Ihnen im täglichen Kampf mit Excel und Sie lernen wie ein Profi virtuos und kreativ mit Excel umzugehen. Jeweils mit CD.

....
Mehr auf www.mut.de

Für Ihren Erfolg im Büro

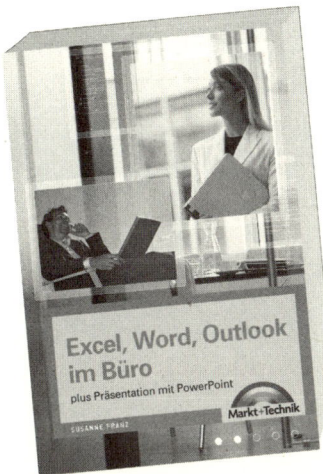

Die besten Praxis-Workshops für Ihren Büroalltag mit Microsoft Office! Excel, Word, Outlook, PowerPoint werden hier anhand der in in den meisten Büros praktizierten Arbeitsabläufe dargestellt: Sie verfassen einen Projektbericht, schreiben eine Rechnung, erstellen eine Broschüre, organisieren Termine, machen eine Produktkalkulation, planen Umsätze, führen eine Präsentation vor. Außerdem bekommen Sie wichtige Tipps für für Ihre erfolgreiche E-Mail-Korrespondenz. Das Buch wurde mit der Version Office 2003 erstellt.

Susanne Franz
3-8272-6819-2
29.95 EUR [D]

Mehr auf www.mut.de

Fertige, sofort einsetzbare Tools auf CD!

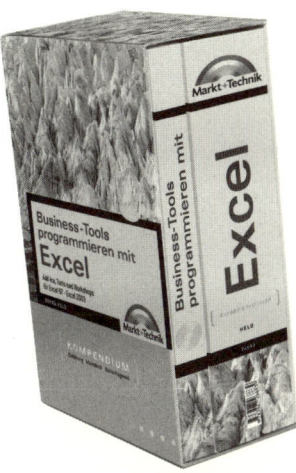

In diesem Buch werden zahlreiche Tools und Add-Ins Schritt für Schritt erstellt. Diese Tools können Sie entweder erweitern oder 1:1 frei verwenden. Beim Programmieren der Tools lernen Sie, worauf es bei der Entwicklung von Tools ankommt. So erstellen Sie unter anderem eigene Menü- und Symbolleisten, entwerfen Dialoge und programmieren eigene Funktionen.

Bernd Held
3-8272-6883-4
69.95 EUR [D]

Sie suchen ein professionelles Handbuch zu wichtigen Programmen oder Sprachen? Das Kompendium ist Einführung, Arbeitsbuch und Nach-schlagewerk in einem. Ausführlich und praxisorientiert.
Mehr auf www.mut.de

Frage gestellt - Lösung gefunden

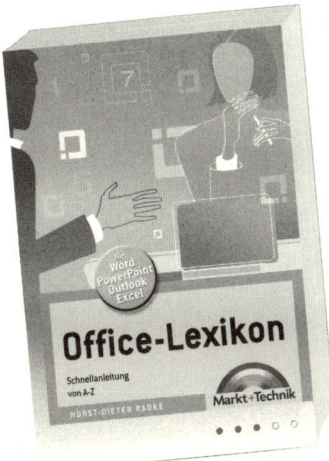

Hier finden Sie keine langatmigen Menübeschreibungen und die Aufzählung sämtlicher Features Ihrer eingesetzten Bürosoftware, sondern echte Lösungen. Der Autor nennt die Tätigkeit beim Namen und bietet dafür jeweils eine schnelle Lösung an. Von A wie Ablaufdiagramm bis Z wie Zirkelbezug finden Sie hier alphabetisch sortiert, hilfreiche Schnellanleitungen zu den wichtigsten Fragen mit den einzelnen Modulen (Word, Excel, PowerPoint und Outlook und dem Mac-Pendant Entourage) der MS Office-Software.

Für PC und Mac!

Horst-Dieter Radke
3-8272-6975-X
19.95 EUR [D]

Mehr auf www.mut.de

Statistik verstehen und anwenden

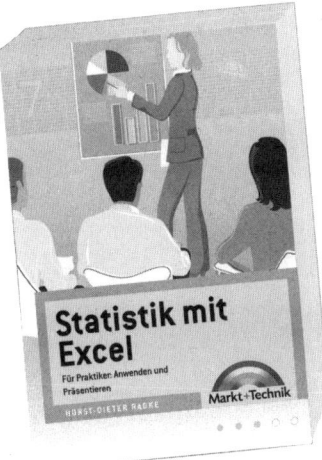

Praxisnah und leicht verständlich bringt Ihnen hier der Autor das Thema Statistik nahe. Dabei wird großer Wert auf Präsentationen gelegt, also die Auswahl von Zahlenbereichen und insbesondere die Präsentation in Diagrammen. Ein Buch für Praktiker!

Horst-Dieter Radke
3-8272-6999-7
19.95 EUR [D]

Mehr auf www.mut.de